해상교통법규 원론

Regulations for Preventing Collisions at Sea

김인철 · 정대율 공저

도서출판 두남

머리말

해상교통법규를 해설한 좋은 서적은 국내외에서 쉽게 찾아볼 수 있음에도 불구하고 한 권을 더하게 된 것은 항법을 좀 더 쉽게 설명함으로써 항법의 원리를 바로 익혀 여러 모로 응용할 수 있어야 한다는 생각 때문입니다.

대부분의 서적이 항법과 함께 이와 관련된 복잡한 해양사고를 예시하여 해설하고 있어 입문하는 독자에게는 오히려 항법이 난해한 것이라는 오해를 불러일으킬 수 있다는 우려도 있었습니다.

필자는 COLREG 원문이 가장 좋은 학습서라고 생각합니다. 이를 위해 이 책의 한쪽에 COLREG 원문을 제시하고 다른 쪽에 번역문과 「해사안전법」의 해당 조문을 나열함으로써 간편하게 참조할 수 있을 것으로 기대합니다. 원문과 번역문만으로는 이해하기 쉽지 않은 조문에 대해서는 설명을 곁들였으며, 심화학습란을 별도로 두었으나 되도록 원문을 충실히 읽어 보시기를 권합니다.

또한 국내 해상교통법규로서 「해사안전법」과 「선박의 입항 및 출항 등에 관한 법률」에 대한 설명을 덧붙여 국내외 항법 전반을 이해할 수 있도록 하였습니다.

이 책의 부족한 부분에 대한 독자들의 소중한 제언과 권고를 부탁드리며, 학습에 큰 발전이 있으시기를 바랍니다. 그리고 오대양 육대주를 누비는 모든 항해자들에게 안전항해를 기원합니다.

Bon voyage!

2020년 7월

저자 일동

차 례

머리말 / 3

제1장 개 요 9

1. 개정 연혁 ······ 10
2. 협약의 일반적 구성 ······ 16
3. COLREG 요약 ······ 25
   3.1. 제1장(총칙), 제1조~제3조 ······ 26
   3.2. 제2장(선박조종 및 항법), 제4조~제19조 ······ 26
   3.3. 제3장(등화와 형상물), 제20조~제31조 ······ 29
   3.4. 제4장(음향 및 발광 신호), 제32조~제37조 ······ 30
   3.5. 제5장(적용 예외), 제38조 ······ 30
   3.6. 제6장(협약이행 검증), 제39조~제41조 ······ 31
   3.7. 부속서(Annexes) ······ 31

제2장 조문 해설 33

1. (Part A) 총칙 ······ 34
   1.1. 제1조 적용 ······ 34
   1.2. 제2조 책임 ······ 47
   1.3. 제3조 용어의 정의 ······ 52

2. (Part B) 선박조종 및 항법 ··· 66
2.1. 제4조 적용, 제5조 경계 ··· 67
2.2. 제6조 안전한 속력 ··· 74
2.3. 제7조 충돌의 위험성 ··· 88
2.4. 제8조 충돌을 피하기 위한 동작 ··· 94
2.5. 제9조 좁은 수로 ··· 108
2.6. 제10조 통항분리제도 ··· 126
2.7. 제11조 적용 ··· 143
2.8. 제12조 범선 ··· 144
2.9. 제13조 추월 ··· 148
2.10. 제14조 마주치는 상태 ··· 158
2.11. 제15조 횡단하는 상태 ··· 165
2.12. 제16조 피항선의 동작 ··· 171
2.13. 제17조 유지선의 동작 ··· 178
2.14. 제18조 선박 사이의 책무 ··· 187
2.15. 제19조 제한시계 항법 ··· 195

3. (Part C) 등화와 형상물 ··· 207
3.1. 제20조 적용 ··· 208
3.2. 제21조 정의 ··· 210
3.3. 제22조 등화의 가시거리 ··· 216
3.4. 제23조 항행 중인 동력선 ··· 218
3.5. 제24조 항행 중인 예인선 및 피예인선 ··· 225
3.6. 제25조 항행 중인 범선 및 노도선 ··· 239
3.7. 제26조 어선 ··· 244
3.8. 제27조 조종불능선과 조종제한선 ··· 252
3.9. 제28조 흘수제약선, 제29조 도선선 ··· 264
3.10. 제30조 정박선 및 좌초선 ··· 268
3.11. 제31조 수상항공기 ··· 272
3.12. 등화와 형상물 요약 ··· 273

4. (Part D) 음향 및 발광 신호 279
4.1. 제32조~제37조 280
4.2. 음향 및 발광 신호 요약 296
5. (Part E) 적용 예외 301
6. (Part F) 협약이행 검증 305
6.1. 제39조~제41조 306

제3장 부속서(Annex) 315

1. 부속서 I 316
2. 부속서 II 330
3. 부속서 III 334
4. 부속서 IV 340

제4장 국내 해상교통법규 345

1. 해사안전법 346
1.1. 용어의 정의 및 적용(제2조~제3조) 346
1.2. 해사안전관리계획(제6조~제7조의3) 351
1.3. 수역 안전관리(제8조~제14조의2) 352
1.4. 해상교통 안전진단(제15조~제24조) 362
1.5. 항행장애물의 처리(제25조~제30조) 368
1.6. 항해 안전관리(제31조~제44조) 375
1.7. 선박 및 사업장의 안전관리(제45조~제54조) 393
1.8. 선박 점검 및 사업장 안전관리(제55조~제60조) 398

2. 선박의 입항 및 출항 등에 관한 법률 ······ 406

2.1. 적용 범위(제1조) 및 용어의 정의(제2조) ······ 406
2.2. 다른 법률과의 관계(제3조) ······ 411
2.3. 입항·출항 및 정박(제4조~제9조) ······ 412
2.4. 항로 및 항법(제10조~제23조) ······ 415
2.5. 위험물의 관리, 선박 수리허가 등(제32조~제37조) ······ 426
2.6. 수로의 보전(제38조~제44조) ······ 427
2.7. 불빛 및 신호(제45조~제46조) ······ 434

제5장 IMO 권고사항 437

1. 항해당직 기본원칙 ······ 438

2. 항해당직 시행지침 ······ 444

개　요

국제적인 선박 통항규칙의 제정은 19세기 중반에 유럽을 중심으로 해상 교역이 활발해지면서 선박 교통량이 늘어남에 따라 충돌 등 해양사고가 발생할 위험이 높아진데 기인한다.

이 장에서는 국제해상충돌예방규칙협약(COLREG 72)이 제정된 연혁과 국제협약이 어떻게 구성되는지에 대해 소개한다.

1 개정 연혁

1972년에 제정된 국제해상충돌예방규칙협약(COLREG 72)의 출현 배경은 19세기 중반부터 유럽에서 해상을 통한 국제교역이 활발해지면서 항만과 연안에서 선박 교통량이 늘어남에 따라 선박 충돌사고가 증가하자 위험도를 낮추기 위해 모든 선박에게 적용되는 통항규칙을 정할 필요가 커졌기 때문이었다.

각국은 각국의 전통과 사정에 따라 개별적인 항행 법규를 가지고 있었으나 국제적으로 통일된 항법은 존재하지 않았다. 일례로 미국은 1838년 의회에서 일몰과 일출 사이에 운항하는 증기선은 하나 이상의 신호등을 표시하도록 규정하였다. 다만 이때는 신호등의 색상, 가시성 및 위치는 지정되지 않았다.

1840년에 이르러 런던에서 전문가 그룹(Trinity House)이[1] 당시 선박의 통항 관행을 정리하여 통항규칙을 마련하였다. 대표적인 관행으로는 두 척의 동력선이 좁은 수로에서 마주치면 자선의 좌현측으로 다른 선박이 통과하도록 하는 것과, 횡단하는 상태에서 충돌의 위험이 있으면 자선을 우현으로 조타하여 다른 선박과 좌현대 좌현(Port to Port)으로 통과하는 것이었다. 18세기부터 정립된 범선의 통항 관행으로는 항행 중인 범선이 좌현 측에서 바람을 받고 있으면 우현 측에서 바람을 받고 있는 다른 범선을 피해야 한다는 것이었다.

1846년에 영국 의회를 통해 이 두 가지 선종의 대표적인 관행을 포함한 통항규칙이 기선항행법(Steam Navigation Act)으로 발효되었다. 2년 후인 1848년에는 등화에 관한 규정이 신설되어 현등을 홍등과 녹등으로 하며 백색의 마스트등을 장착하여야 한다고 규정하였다. 1858년에는 범선의 현등과 선박의 무중신호에 관한 규정도 신설되었다.

1863년에는 영국 무역위원회(British Board of Trade)에서 주관하고 프랑스 정부가 참여하여 공동으로 제정한 통항규칙이 시행되었으며, 1864년 말에 이르러 미국과 독일을 포함한 30개국 이상이 이를 채택하였다.

---

1) 1514년에 런던 템스 강에서 도선 제공 및 노령 선원 복지를 목적으로 설립되었다. 현재 등대·항로표지 설치 및 관리업무(General Lighthouse Authority)와 연안도선 제공업무(Deep Sea Pilotage Authority), 선원 교육 및 복지 등의 업무를 관장하고 있다. 1987년부터 정부로부터 도선사 시험을 이관 받아 시행한다.

당시에 도입된 중요한 규정으로는 '특별한 상황에서 긴박한 위험을 피하기 위한 경우에는 규정된 항법을 따르지 않을 수 있다'고 명문화하였으며 현재도 COLREG 72, 제2조 (b)항으로 유지되고 있다.[2] 이는 충돌을 피하거나 그 위험을 최소화하는 것이 통항규칙의 지상과제였으므로 규정된 통항규칙만으로 해결되지 않는 상황에서는 최선을 다하여 충돌을 피하라는 규정으로 볼 수 있다.

또 다른 주요 규정으로는 횡단하는 상태에서 충돌의 위험이 있으면 자선의 우현측으로 상대선박을 바라보는 선박이 피해야 한다는 원칙과, 마주치는 상태에서 두 척의 선박은 각자 우현으로 변침하여야 한다는 원칙이다. 추월하는 선박은 추월당하는 선박의 진로를 피해 추월하여야 하는 등 피항선이나 유지선의 개념도 이 당시에 도입되었다.[3]

1880년에는 충돌 방지를 위한 동작을 가리키는 음향신호가 추가되었다. 1884년에는 조난신호를 신설하고 규정을 정리하여 총 27개의 조문이 되었으나 이전과 근본적인 변화는 없었다.

1889년에 미국이 주도하여 해상충돌 예방규칙에 관한 첫 번째 국제회의가 워싱턴에서 개최되었다. 28개국 대표들이 모여서 일명 '워싱턴 규칙'이라는 해상충돌 예방규칙을 제정하였다. 이때 유지선은 속력과 침로를 유지해야 하고 피항선은 다른 선박의 선수를 횡단하지 말아야 하며, 동력선은 마스트등을 하나 더 구비해야 한다는 규정이 신설되었다. 워싱턴 규칙은 1897년부터 영국과 미국 등 몇 나라에서 시행되었다.[4]

1910년에 브뤼셀에서 국제회의가 개최되어 워싱턴 규칙 일부를 개정한 선박 통항규칙이 채택되었으며 이 통항규칙은 1954년까지 시행되었다.

1912년 타이타닉호 사고를 계기로 채택된 1914년 해상인명안전협약(14 SOLAS) 제3장에 '항해의 안전'이라는 제목으로 선박 통항규칙이 포함되었으나 제1차 세계대전

---

2) Austin J. (2008), General Prudential Rule (ColRegs/Inland 2(b), Available online: http://www.professionalmariner.com/August-2008/General-Prudential-Rule-ColRegs-Inland-2b/

3) 1867년에 영국 무역위원회 해사부의 국장(Assistant Secretary to the Marine Department) 토마스 그레이(Thomas Gray)가 통항규칙을 외우기 쉽도록 간략히 정리하여 해상 통항규칙(Rules of the Road at Sea)이라는 팜플릿을 만들어 배포했는데 당시 인기를 끌었으며, 이때 팜플릿에 쓰인 문구들이 여러 나라 말로 번역되어 통일적 통항규칙 전파에 일조하였다.

4) Cockcroft A.N., Lameijer J.N.F. (2004), A Guide to the Collision Avoidance Rules, Elsevier Butterworth-Heinemann, Massachusetts, pp.xi~xv.

발발로 14 SOLAS는 시행되지 못하였다.

1929년 해상인명안전협약(29 SOLAS)에서는 선박 통항규칙을 일부 개정하여 부속서 제2편(29 SOLAS, Annex Ⅱ)으로 개편하였다. 그리고 1931년 7월부터 29 SOLAS를 국제적으로 시행할 예정이었으나 각국의 준비 미흡으로 지연되다가 제2차 세계대전이 일어나 시행되지 못하였다. 이 당시 통항규칙에서 선박 조타명령 일부를 직관적으로 개정하여 '우현 변침하라'는 명령(Right rudder 또는 Starboard)이 선박의 타를 우현으로 돌리라는 뜻으로 정립되었다. 그 전에는 동일한 구령이 타를 좌현으로 돌리라는 뜻이었다. 이 조치는 1933년부터 시행됨에 따라 조타명령과 선박의 움직임이 달라 발생하던 혼선이 해소되었다.

1948년에 세 번째로 개정된 해상인명안전협약(48 SOLAS)이 채택(Adoption)되었으며 1954. 1. 1일부터 시행(Entry into force)됨에 따라 48 SOLAS에 포함된 통항규칙도 함께 국제적으로 시행되었다. 이 당시 통항규칙은 이전과 비교하여 큰 변화는 없었다. 다만 길이 150피트 이상인 동력선에는 제2의 마스트등 설치와 항행 중인 거의 모든 선박에 대해 선미등 설치가 강제화 되었다. 그리고 유지선이 보낼 수 있는 경고신호로 5회의 연속된 단음이 도입된 정도였다.

1948년에 해상인명안전협약(SOLAS) 채택을 위해 개최된 외교회의[5] 당시에는 일부 군함을 빼고 레이더(Radar)를 장착한 상선이 거의 없었다. 그러나 외교회의에서 레이더와 같은 무선 항해장비를 보유한 선박이라 하더라도 제한된 시계에서 적용되는 규정 적용을 면제하지 않는다는 권고가 있었다.

1948년에 정부간 국제해사 자문기구 설립을 위한 협약이 채택되어 1958년에 발효됨에 따라 1959년에 정부간 국제해사자문기구(IMCO)라는[6] 명칭으로 설립되었다. 이후로는 통항규칙이 국제해사자문기구(IMCO)를 중심으로 개정되었다.

60 SOLAS협약은 1965년부터 시행되었다. 이때 개정된 통항규칙에서는 제한된 시계에서 선박의 항법에 관한 규정이 신설되었으며, 제한된 시계에서 자선의 정횡(abeam) 앞쪽에 선박이 탐지되면 근접상태(close-quarters situation)를 피하기 위해 조기에 충분한 동작(early and substantial action)을 취하도록 하였다. 상선

5) 국제협약을 채택하기 위해서는 각국 대표가 참석하는 외교회의가 개최된다.

6) Inter-Governmental Maritime Consultative Organization, 1982년에 IMO로 명칭이 변경되었다.

에서 레이더 사용도 확산됨에 따라 통항규칙의 부속서(Annex)로 레이더 사용에 대한 권고가 첨부되었고, 이외에도 일부 조문이 개정되었으나 비교적 경미한 사항이었다.

1960년에는 영국항해학회(British Institute of Navigation) 주관으로 도버 해협에서 교통관리를 위한 전문가회의(working group)가 개최되었으며, 후년에는 프랑스와 독일의 항해학회에서도 참여하여 통항을 분리하는 방식을 고안하였다. 1964년에는 추가로 여러 나라의 대표들이 합류하여 새로운 전문가회의가 개최되어 항로지정방식(Routeing schemes)에 대한 논의가 전개되었다.

새로운 통항관리 방식을 국제해사자문기구(IMCO)에서 채택함에 따라 1967년에 도버해협에서 역사상 처음으로 통항분리제도(Traffic Separation Schemes, TSS)가 도입되었다.

1972년에 국제해사자문기구(IMCO)가 주도한 외교회의가 런던에서 개최되어 SOLAS 협약에서 분리한 통항규칙을 국제해상충돌예방규칙협약(COLREG 72)으로[7] 채택하여 오늘에 이르고 있다.

이 당시 유지선에 대한 규정이 개정되어 피항선도 조기에 필요한 조치를 취할 수 있도록 하였으며, 서로 시계나 제한된 시계와 상관없이 우현 변침하도록 규정이 강화되었으며, 경계(look-out), 안전한 속력, 충돌의 위험과 통항분리제도에 관해서도 다루었다. 그리고 등화 및 형상물과 음향신호에 대한 기술기준이 부속서(Annex)로 옮겨졌다.

이후로는 협약 자체를 개정하지는 않았으므로 COLREG 72로 계속 불리고 있으며, 조문에 대한 몇 차례 개정은 〈표 1-1〉과 같이 이루어졌다. 이러한 개정사항이 포함된 협약을 '72 COLREG, as amended'라고 한다. 1981년도에 개정된 협약을 지칭하려면 '72 COLREG, as amended in 1981'로 표시할 수 있다.

그 동안 몇 가지 신설되거나 개정된 조문을 예시하자면, 1981년에는 길이 20미터 미만 선박이나 범선이 연안통항대(Inshore Traffic Zones)를 사용할 수 있도록 하였고(10(d)), 편대 항행 중인 군함이나 선단을 이루어 조업 중인 어선에 대한 등화 및 형상물 등에 관해 각국이 특별규칙을 제정할 수 있도록 하는(1(c)) 등의 규정 신설 및 개정이 있었다.

---

7) Convention on the International Regulations for Preventing Collisions at Sea, 1972.

1987년에는 COLREG 72 중 다른 선박의 통항을 방해하지 않도록 요구받는 선박의 피항동작(8(f)(i), (ii)) 등의 규정 신설 및 개정이 있었다.

1989년에는 연안통항대를 이용할 수 있는 선박에 어로에 종사하고 있는 선박을 추가하고(10(d)(i)), 인접한 항구로 출입항하는 선박, 도선사 승하선 장소에 출입하는 선박, 급박한 위험을 피하기 위한 선박도 사용할 수 있도록 하였다(10(d)(ii)).

1993년에는 등화 및 형상물 등에 대한 일부 개정, 2001년에는 수면비행선박(WIG, Wing-In-Ground)의 도입에 대비한 규정 신설 등, 2007년에는 부속서 제4편(Annex IV)의 조난신호(Distress signals)를 개정하여 무선전신 경보신호(radio-telegraph alarm signal)와 무선전화 경보신호(radio-telephone alarm signal) 부분을 구체적으로 나열한 일부 개정이 있었다.[8)]

2013년에는 국제해사기구(IMO)에서 회원국의 해사 행정기관의 구성과 작용에 대해 직접 평가하는 제도인 회원국감사제도(IMSAS)를[9)] 시행함에 따라 국제해상충돌예방규칙협약(COLREG 72)을 협약이행 검증 대상에 포함시키기 위하여 제6장(Part F)을 신설하고 3개 조문을 추가하였다.

---

8) COLREG 부속서 Ⅳ(조난신호)

(l) 디지털 선택 호출 (DSC) 수단에 의해 발신된 조난 신호;

(i) 초단파(VHF) 채널 70 또는

(ii) 주파수 2187.5㎑, 8414.5㎑, 4207.5㎑, 6312㎑, 12577㎑ or 16804.5㎑의 중파(MF) 및 단파(HF)

(m) 선박의 해사인공위성 또는 기타 위성 이동통신 서비스 업자가 제공한 선박지구국에서 발사된 선박 대 육상 조난신호;

9) (IMSAS) IMO Member State Audit Scheme

〈표 1-1〉 COLREG 72 개정 상세사항

	문서번호	채택일/ 발효일	개정 조항
1972 제정	외교회의	20. Oct. 1972 15. Jul. 1977	조문 신설
1981 개정	A.464(12)	19. Nov. 1981 01. Jun. 1983	Rule 1(c), 3(g), 3(g)(v), 10(b)(iii), 10(d), 10(e), 10(k), 10(1), 13(a), 22(d), 23(c), 24(a)(i), 24(c)(1), 24(d), 24(e), 24(g), 24(h), 24(1), 25(b), 27(b), 27(b)(iii), 27(c) 27(d), 27(e), 27(f), 27(g), 29(a)(iii), 30(e), 30(f), 33(a), 34(b)(iii), 35(d), 36, 37, 38, 38(h), Annex I/sec. 1, 2(f), 2(i)(i), 2(i)(ii), 2(j), 2(k), 3(b), 3(c), 5, 8, 9(a)(i), 9(a)(ii), 10(a), 10(b), 13, Annex III/1(d), 2(a), 2(b), 3
1987 개정	A.626(15)	19. Nov. 1987 19. Nov. 1989	Rule 1(e), 3(h), New rule 8(f), 10(a), 10(c), Annex 1/section 2(d), 2(i)(ii), 10(a), (b), Annex IV/new para 1(o)
1989 개정	A.678(16)	19. Oct. 1989 19. Apr. 1991	Rule 10(d)(i), 10(d)(ii)
1993 개정	A.736(18)	04. Nov. 1993 04. Nov. 1995	Rule 26(b)(i), 26(c)(i), 26(d), Annex I/sec. 3(d), sec. 9(b), 9(b)(ii), New sec. 13, Annex II/sec. 2(a), 2(b), 2(c), Annex IV/subpara. 1(0)
2001 개정	A.910(22)	29.Nov.2001 29.Nov.2003	Rule 3(a), (m), Rule 8(a), Rule 18(f), Rule 23(c), Rule 31, Rule 33(a), Rule 35(i), Annex I/sec. 13, Annex 11 I/sec. 1-Whistles para. (a), (c), sec. 2-Bell or gong para. (b)
2007 개정	A.1004(25)	29. Nov. 2007 01. Dec. 2009	Annex IV
2013 개정	A.1085(28)	10. Dec. 2013 01. Jan. 2016	Rule 39 (new), Rule 40 (new), Rule 41 (new)

2 협약의 일반적 구성

국제해상충돌예방규칙협약(COLREG 72)은 1972. 10. 20일에 채택되었다. 채택(Adoption)이란 협약의 문안이 완성되었다는 것이므로 발효(Entry into force)와는 별개이다.

국제협약을 채택하려면 각국의 정부대표가 참석하는 외교회의(Diplomat Conference)가 개최되며 국제협약의 문안이 상정된다. 각국 대표는 문안을 검토한 후에 성안되었음을 인정하는 서명(Signature)을 하게 된다. 이때를 채택일이라 한다. 따라서 채택은 되었으나 발효되지 않은 협약도 흔히 발견할 수 있다.

국제해상충돌예방규칙협약(COLREG 72)은 채택된 지 약 5년 후인 1977. 7. 15일에 발효되었다.[10] 협약은 채택된 이후로 필요에 따라 개정될 수 있기 때문에 개정된 협약과 구분하기 위하여 채택년도를 함께 표시한다. 'COLREG 72' 또는 '72 COLREG'라고 할 때 '72'가 1972년도에 채택되었다는 의미이다.[11]

국제협약은 서두에서 체약국에게[12] 협약 준수 의무를 부여하고, 협약의 수락·개정·폐기 방법 등에 관한 내용을 먼저 둠으로써 협약을 어떻게 운영할 것인지를 기술한다. 이 부분을 협약 운영조문(Convention articles)이라 한다.

해사 협약에서 실제 규정하려는 내용은 이런 협약 운영조문에 첨부되는 형식으로 구성되는 것이 일반적이다.

우리가 알고 있는 COLREG라 함은 국제해상충돌예방규칙협약(COLREG 72)의 협약 운영 조문인 〈표 1-2〉의 내용 이후에 첨부된 통항규칙을 뜻한다.

---

10) 협약 발효요건이 '총톤수 100톤 이상의 세계 총 선복에서 척수 또는 톤수 중 어느 쪽이든지 세계 총 선복량의 65% 이상을 차지하는 15개국이 본 협약의 당사국이 된 날로부터 12개월이 경과함으로써 발효한다.'고 하였으며, 그러한 경우에도 '1976. 1. 1일 이전에는 발효하지 않는다.'고 하였다.

11) 상선의 안전을 위한 가장 중요한 협약인 해상인명안전협약(SOLAS)은 1914년에 타이타닉호 사고를 계기로 대서양 연안의 국가들이 모여 채택하였다. 그리고 1929년에 개정판이 채택되었으며, 1948년에 세 번째 개정판, 1960년에 네 번째 개정판이 채택되었다. 이를 각각 14 SOLAS, 29 SOLAS, 48 SOLAS, 60 SOLAS로 부른다.

12) 협약에 가입한 국가를 체약국이라고 하며, 협약 당사국(Parties to the present Convention), 체약국 정부(Contracting Government)라고도 표현한다.

〈표 1-2〉 COLREG 72 운영에 관한 조문 구성

Convention on the International Regulations for Preventing Collisions at Sea, 1972 (Adopted in London, UK on 20 October 1972)	
협약 당사국은 ······ 다음과 같이 합의하였다. The Parties to the present Convention ...... HAVE AGREED as follows:	
ARTICLE I	General Obligations(협약당사국의 의무)
ARTICLE II	Signature, Ratification, Acceptance, Approval and Accession(서명, 비준, 수락, 승인, 가입 절차)
ARTICLE III	Territorial Application(적용 영역)
ARTICLE IV	Entry into Force(발효)
ARTICLE V	Revision Conference(개정 회의)
ARTICLE VI	Amendments to The Regulations(규정 개정)
ARTICLE VII	Denunciation(폐기)
ARTICLE VIII	Deposit and Registration(비준서 기탁 및 등록)
ARTICLE IX	Languages(사용 언어)

협약 운영조문에 번호를 매길 때는 Article 1, 2, 3 등으로 쓰며, 형식이나 내용은 대부분의 협약에서 대동소이하다.[13]

협약의 실질적인 내용이 담기는 본문의 각 조문은 규칙(Regulation) 1, 2, 3 또는 규정(Rule) 1, 2, 3 등으로 쓰거나 그냥 숫자만 쓰는 등, 명칭 여하에도 불구하고 협약마다 조문번호 구성방법이 다양하여 통일성이 없다.

해상인명안전협약(SOLAS)의 운영조문에 첨부된 본문은 장(Chapter)과 규칙(Regulation)으로 구성된다. 그리고 매 장(Chapter)마다 조문번호가 새로 시작되기 때문에 조문번호만 가지고는 어떤 장에 속한 조문인지 알기 어렵다.[14]

해양오염방지협약(MARPOL)의 운영조문에 첨부된 본문은 여섯 개의 부속서(Annex)로 이루어져 있으며, 각 부속서는 장(Chapter)과 규칙(Regulation)으로 구성된다. 그

13) SAR협약 운영조문 예시

러나 같은 부속서 안에서 장(Chapter)이 바뀌더라도 조문번호는 연속해서 쓰기 때문에 SOLAS와 다르다. 따라서 MARPOL 규정은 부속서(Annex) 몇 번의 어떤 조문번호인지를 표기해야 정확한 규정을 알 수 있다.[15)]

COLREG 72의 운영조문에 첨부된 본문은 장(Part)과 규정(Rule)으로 구성되며, 장(Part)이 바뀌더라도 연속된 조문번호를 사용한다. 따라서 같은 조문번호가 없기 때문에 조문번호만 있으면 정확한 규정을 확인할 수 있다.[16)]

〈표 1-3〉은 COLREG 72의 운영조문이다. 우리나라가 가입한 국제협약은 외교부 누리집의 조약정보에서[17)] 확인할 수 있으며, 영문인 경우에는 대부분 번역문을 함께 제공하고 있다.

(International Convention on Maritime Search And Rescue, 1979)
(Adopted in Hamburg, Germany on 27 April 1979)

협약 당사국은 …… 다음과 같이 합의하였다.
The Parties to the Convention …… HAVE AGREED as follows

ARTICLE I	General Obligations under the Convention(협약당사국의 의무)
ARTICLE Ⅱ	Other Treaties and Interpretation(다른 협약과 관계 및 해석)
ARTICLE Ⅲ	Amendments(개정)
ARTICLE Ⅳ	Signature, Ratification, Acceptance, Approval and Accession (서명, 비준, 수락, 승인, 가입 절차)
ARTICLE Ⅴ	Entry into Force(발효)
ARTICLE Ⅵ	Denunciation(폐기)
ARTICLE Ⅶ	Deposit and Registration(비준서 기탁 및 등록)
ARTICLE Ⅷ	Languages(사용 언어)

14) SOLAS는 14개의 장(Chapter)으로 구성되고 각 장마다 제1규칙, 제2규칙, 제3규칙 등으로 조문번호가 진행되므로 단순히 조문번호만 나열하면 다른 장에서 중복되는 규칙번호가 있기 때문에 정확한 규칙을 알 수 없다.

15) MARPOL의 본문은 여섯 개의 부속서(Annex)로 이루어졌으며, 각 부속서는 장(Chapter)과 규칙(Regulation)으로 구성되어 있다. 각 부속서마다 같은 조문번호가 있을 수 있기 때문에 부속서 번호와 조문번호를 같이 언급하여야 정확한 조문을 알 수 있다.

16) 운영규정도 제1조, 본문도 제1조와 같이 기술하고 있으나 영어로는 운영규정의 제1조는 Article 1, 본문의 제1조는 Rule 1로 영어 표기가 다르다. 원칙적으로 본문의 조문은 제1규정으로 표현하는 것이 옳겠으나 대다수의 책자에서 제1조로 표시하고 있어 이 책에서도 그리 표현하였다.

17) 외교부 다자조약 누리집 http://www.mofa.go.kr/www/wpge/m_3835/contents.do

〈표 1-3〉 COLREG 72 운영조문 영한 대조

Articles of the Convention on the International Regulations for Preventing Collisions at Sea, 1972

원문	번역문
ARTICLE I (General Obligations) The Parties to the present Convention undertake to give effect to the Rules and other Annexes constituting the International Regulations for Preventing Collisions at Sea, 1972, (hereinafter referred to as "the Regulations") attached hereto.	**제1조(협약 당사국의 의무)** 본 협약의 당사국은 첨부된 바와 같이 1972년 국제해상충돌예방규칙을 구성하는 규정과 부속서를 이행한다. (이하 "규칙"이라 함)
ARTICLE II (Signature, Ratification, Acceptance, Approval and Accession) 1. The present Convention shall remain open for signature until 1 June 1973 and shall thereafter remain open for accession. 2. States Members of the United Nations, or of any of the Specialized Agencies, or the International Atomic Energy Agency, or Parties to the Statute of the International Court of Justice may become Parties to this Convention by: (a) signature without reservation, as to ratification, acceptance or approval; (b) signature subject to ratification, acceptance or approval followed by ratification, acceptance or approval; or (c) accession. 3. Ratification, acceptance, approval or accession shall be effected by the deposit of an instrument to that effect with the Inter-Governmental Maritime Consultative organization (hereinafter referred to as "the Organization") which shall inform the Governments of States that have signed or	**제2조(서명, 비준, 수락, 승인 및 가입 절차)** 1. 본 협약은 1973. 6. 1일까지 서명을 위하여 개방되고 그 이후는 가입을 위하여 개방된다. 2. 국제연합 또는 동 전문기구 또는 국제원자력기구의 회원국이나 국제사법재판소 헌장의 당사국은 다음 중 어느 한 방법으로 본 협약의 당사국이 될 수 있다. 가. 비준, 수락 또는 승인을 유보하지 아니한 서명 나. 비준, 수락 또는 승인을 조건으로 하는 서명을 한 후의 비준, 수락 또는 승인 다. 가입 3. 비준, 수락, 승인 또는 가입은 이를 위한 문서가 정부간 해사자문기구(이하 "기구"라 함)에 기탁됨으로써 유효하며, 기구는 본 협약에 서명 또는 가입한 국가의 정부에 각 문서의 기탁 사실과 기탁 일자를 통보한다.

원문	번역문
acceded to the present Convention of the deposit of each instrument and of the date of its deposit.	
ARTICLE III (Territorial Application)	**제3조(적용 영역)**
1. The United Nations in cases where they are the administering authority for a territory, or any Contracting Party responsible for the international relations of a territory, may at any time by notification in writing to the Secretary-General of the Organization (hereinafter referred to as "the Secretary-General"), extend the application of this Convention to such a territory.	1. 어느 영역의 시정권자로서의 국제연합 또는 어느 영역의 국제관계에 대하여 책임을 지는 체약국은, 언제든지 기구의 사무총장(이하 "사무총장"이라 함)에게 서면으로 통고함으로써 이 협약의 적용을 그 영역으로 확장할 수 있다.
2. The present Convention shall, upon the date of receipt of the notification or from such other date as may be specified in the notification, extend to the territory named therein.	2. 본 협약은 통지가 접수된 일자 또는 통지에 명시된 특정일자로부터 그 통지에서 지정한 영역으로 확장 적용된다.
3. Any notification made in accordance with paragraph 1 of this Article may be withdrawn in respect of any territory mentioned in that notification and the extension of this Convention to that territory shall cease to apply after one year or such longer period as may be specified at the time of the withdrawal.	3. 본조 제1항에 따른 통지는 그 통지에서 명시하는 영역에 대해서 철회될 수 있으며, 또한 본 협약의 그 영역에 대한 확장은 그 철회 시로부터 1년 후 또는 그 철회 시에 명시된 그 이상의 일정기간 후에 적용이 정지된다.
4. The Secretary-General shall inform all Contracting Parties of the notification of any extension or withdrawal of any extension communicated under this Article.	4. 사무총장은 본조에 의해 통보된 확장의 통지 또는 확장의 철회를 모든 체약국에게 통보하여야 한다.
ARTICLE IV (Entry into Force)	**제4조(발효)**
1	1.
(a) The present Convention shall enter into force twelve months after the date on	가. 본 협약은, 척수 또는 톤수 중에 어느 쪽이든지 먼저 총톤수 100톤 이

원문	번역문
which at least 15 States, the aggregate of whose merchant fleets constitutes not less than 65 per cent by number or by tonnage of the world fleet of vessels of 100 gross tons and over have become Parties to it, whichever is achieved first.	상으로 세계 총 보유선박의 65% 이상을 차지하는 15개국이 본 협약의 당사국이 된 날로부터 12개월이 경과함으로써 발효한다.
(b) Notwithstanding the provisions in sub-paragraph (a) of this paragraph, the present Convention shall not enter into force before 1 January 1976.	나. 본 항의 세항 (가)에도 불구하고 본 협약은 1976. 1. 1일 이전에는 발효하지 않는다.
2. Entry into force for States which ratify, accept, approve or accede to this Convention in accordance with Article II after the conditions prescribed in subparagraph 1 (a) have been met and before the Convention enters into force, shall be on the date of entry into force of the Convention.	2. 세항 1(가)에 규정된 제 조건이 충족된 이후부터 본 협약이 발효하기 이전까지 제2조에 따라 본 협약을 비준, 수락, 승인 또는 가입한 국가에 대하여는 본 협약이 발효하는 날로부터 발효한다.
3. Entry into force for States which ratify, accept, approve or accede after the date on which this Convention enters into force, shall be on the date of deposit of an instrument in accordance with Article II.	3. 본 협약이 발효한 이후에 비준, 수락, 승인 또는 가입한 국가에 대하여는 제2조에 따라 동 문서를 기탁한 날로부터 발효한다.
4. After the date of entry into force of an amendment to this Convention in accordance with paragraph 4 of Article VI, any ratification, acceptance, approval or accession shall apply to the Convention as amended.	4. 제6조 제4항에 따른 이 협약의 개정안의 발효일자 이후의 여하한 비준, 수락, 승인 또는 가입은 개정된 협약에 적용된다.
5. On the date of entry into force of this Convention, the Regulations replace and abrogate the International Regulations for Preventing Collisions at Sea 1960.	5. 규칙은 본 협약의 발효일자에 1960년 국제 해상충돌 방지 규칙을 대치하고 이를 폐기한다.
6. The Secretary-General shall inform the Governments of States that have signed or acceded to this Convention of the date of its entry into force.	6. 사무총장은 본 협약에 서명 또는 가입한 국가의 정부에 본 협약의 발효일자를 통보한다.

원문	번역문
ARTICLE V (Revision Conference) 1. A Conference for the purpose of revising this Convention or the Regulations or both may be convened by the Organization. 2. The Organization shall convene a Conference of Contracting Parties for the purpose of revising this Convention or the Regulations or both at the request of not less than one-third of the Contracting Parties.	**제5조(수정 회의)** 1. 본 협약, 규칙 또는 이 양자를 수정하기 위한 회의는 기구에서 소집한다. 2. 기구는 체약국의 1/3 이상의 요청에 의해 본 협약, 규칙 또는 이 양자를 수정하기 위한 체약 당사국 회의를 소집한다.
ARTICLE VI (Amendments to the Regulations) 1. Any amendment to the Regulations proposed by a Contracting Party shall be considered in the Organization at the request of that Party. 2. If adopted by a two-thirds majority of those present and voting in the Maritime Safety Committee of the Organization, such amendment shall be communicated to all Contracting Parties and Members of the Organization at least six months prior to its consideration by the Assembly of the Organization. Any Contracting Party which is not a Member of the Organization shall be entitled to participate when the amendment is considered by the Assembly. 3. If adopted by a two-thirds majority of those present and voting in the Assembly, the amendment shall be communicated by the Secretary-General to all Contracting Parties for their acceptance. 4. Such an amendment shall enter into force on a date to be determined by the Assembly at the time of its adoption unless, by a prior date determined by the	**제6조(규칙 개정)** 1. 어느 체약국이 제의한 규칙의 개정안은 동 당사국의 요청에 따라 기구에서 검토된다. 2. 기구의 해상안전위원회에 출석 투표한 국가의 2/3 다수에 의해 채택되면 그 개정안은 기구의 총회에서 검토되기 최소한 6개월 전에 모든 체약국과 기구의 회원국에 통지되어야 한다. 기구의 회원국이 아닌 여하한 체약국도 개정안이 총회에서 검토될 때 이에 참가할 수 있다. 3. 총회에 출석하여 투표한 국가의 2/3에 의해 채택되면 그 개정안은 사무총장에 의해 모든 체약국에 그 수락을 위하여 통지되어야 한다. 4. 그러한 개정안은 총회에서 함께 결정하는 일자까지 체약국 1/3보다 많은 수의 체약국이 동 개정안에 대한 반대를 통고하지 않는 한 이 개정안의

원문	번역문
Assembly at the same time, more than one-third of the Contracting Parties notify the Organization of their objection to the amendment. Determination by the Assembly of the dates referred to in this paragraph shall be by a two-thirds majority of those present and voting.	채택 시에 총회에서 결정하는 일자에 발효된다. 본 항에 언급된 총회에 의한 일자의 결정은 출석 투표한 국가 2/3의 다수에 의한다.
5. On entry into force any amendment shall, for all Contracting Parties which have not objected to the amendment, replace and supersede any previous provision to which the amendment refers.	5. 개정안은 발효와 동시에 이에 반대하지 않은 모든 체약국에 대하여 동 개정안에서 언급된 구 조항을 대치한다.
6. The Secretary-General shall inform all Contracting Parties and Members of the Organization of any request and communication under this Article and the date on which any amendment enters into force.	6. 사무총장은 모든 체약국과 기구의 회원국에게 본 조에 의한 요청이나 통지 및 각 개정안의 발효일자를 통보한다.
ARTICLE VII (Denunciation)	**제7조(폐기)**
1. The present Convention may be denounced by a Contracting Party at any time after the expiry of five years from the date on which the Convention entered into force for that Party.	1. 본 협약은 어느 당사국에 대하여 발효한 일자로부터 5년이 경과된 후에는 그 당사국에 의해 언제든지 폐기될 수 있다.
2. Denunciation shall be effected by the deposit of an instrument with the Organization. The Secretary-General shall inform all other Contracting Parties of the receipt of the instrument of denunciation and of the date of its deposit.	2. 폐기는 그 문서를 기구에 기탁함으로써 유효하다. 사무총장은 기타 모든 체약국에게 폐기서의 접수와 그 기탁일자를 통보한다.
3. A denunciation shall take effect one year, or such longer period as may be specified in the instrument, after its deposit.	3. 폐기는 그 기탁일로부터 1년 후 또는 폐기서에 명시된 그 이상의 기간 이후부터 유효하다.
ARTICLE VIII (Deposit and Registration)	**제8조(기탁 및 등록)**
1. The present Convention and the	1. 본 협약과 규칙은 기구에 기탁되며

원문	번역문
Regulations shall be deposited with the Organization, and the Secretary-General shall transmit certified true copies thereof to all Governments of states that have signed this Convention or acceded to it.	사무총장은 인증등본을 본 협약의 서명국 및 가입국의 정부에 송부한다.
2. When the present Convention enters into force, the text shall be transmitted by the Secretary-General to the Secretariat of the United Nations for registration and publication in accordance with Article 102 of the Charter of the United Nations.	2. 본 협약이 발효하는 때에 그 원문은 사무총장에 의해 국제연합헌장 제102조에 따라 등록과 발간을 위해 국제연합 사무국에 송부한다.
ARTICLE IX (Languages)	**제9조(사용 언어)**
The present Convention is established, together with the Regulations, in a single copy in the English and French languages, both texts being equally authentic. Official translations in the Russian and Spanish languages shall be prepared and deposited with the signed original.	본 협약은 규칙과 함께 영어와 불어로 된 단일본으로 작성되며 양 원문은 동등한 정본이다. 러시아어 및 스페인어의 공식 번역본이 작성되며, 서명된 원본과 함께 기탁된다.
IN WITNESS WHEREOF the undersigned* being duly authorized their respective Governments for that purpose have signed the present Convention. *[*Signatures omitted.]*	이상의 증거로 각국 정부로부터 이 목적을 위해 정당하게 권한을 부여받은 아래 서명자가[18] 본 협약에 서명하였다.
DONE AT LONDON this twentieth day of October one thousand nine hundred and seventy-two.	일천 구백 칠십 이년 시월 이십일에 런던에서 작성하였다.

18) 서명자는 편의상 생략하였으며 원문에는 나열되어 있다.

3 COLREG 요약

1972년 COLREG협약은 1960년에 채택된 SOLAS협약(60 SOLAS)에 포함되어 있던 국제해상충돌예방규칙(International Regulations for Preventing Collisions at Sea, 1960)을 분리하여 마련되었다.

1972. 10. 20일에 채택된 국제해상충돌예방규칙협약(Convention on the International Regulations for Preventing Collisions at Sea, 1972)은 1977. 7. 15일에 발효되었다.

1972년 COLREG 개정조문 중에서 주목할 내용으로 제10조 통항분리제도(Traffic Separation Scheme)를 꼽을 수 있다. 통항분리제도는 1967년에 처음으로 도버해협에서 자율적으로 시행되었다. 그리고 1971년에 국제해사기구 총회에서 통항분리제도 준수에 관한 결의서가[19] 채택됨에 따라 강제화 되었으며, COLREG 72에 통항분리제도 항법이 신설되었다. 그 외에도 안전한 속력(Safe speed), 충돌의 위험성(Risk of collision) 등이 도입되었다.

COLREG 72의 표현 중에는 '하여야 한다(Shall)'와 '할 수 있다(May)'라는 표현이 있는데 SHALL은 명령이며 대체할 수 있는 방안이 없다. 즉 강행규정으로서 법적 구속력을 가지므로 반드시 준수하여야 한다. 반면에 MAY는 제안이며 대안이 있을 수 있다는 것으로 구분된다.

참고로 STCW협약은[20] 운영조문에 첨부된 본문이 부속서(Annex) A와 B로 구성되어 있다. 부속서 A는 강행규정, 부속서 B는 권고규정이다. 이에 강행규정은 'SHALL'을, 권고규정은 'SHOULD'를 사용하고 있으나 대부분의 번역서에서 모두 '하여야 한다.'라고 번역하고 있으나 'SHOULD'는 '할 것을 권고한다.'로 번역하는 것이 적절하다.

COLREG 본문은 41개 규정을 6개의 장에 나누어 싣고 있다.

제1장(Part A)은 총칙이며, 제2장(Part B)은 선박조종과 항법, 제3장(Part C)은 등화와 형상물, 제4장(Part D)은 음향 및 발광 신호, 제5장(Part E)은 적용 예외, 제6

---

19) IMO. A.228(Ⅶ): Observance of Traffic Separation Schemes. 1971.

20) (STCW) International Convention on Standards of Training, Certification and Watchkeeping for Seafarer, 선원의 훈련·자격증명 및 당직근무 기준에 관한 협약

장(Part F)은 협약이행 준수 여부 검증에 관한 내용이다.

그리고 네 종류의 부속서가 있는데 ① 등화 및 형상물의 배치와 기술적 명세, ② 근접하여 어로 작업을 하는 어선들에 대한 부가적 신호, ③ 음향신호 장치의 기술적 명세, ④ 조난신호이다.

3.1. 제1장(총칙), 제1조~제3조

제1조(Application)는 해상충돌예방규칙의 적용에 대해 규정하고 있다. 즉 적용선박 및 적용수역, 연안국의 특별규칙 제정 및 우선 적용, 등화·형상물·기적신호에 관한 특별규칙 제정·시행 등을 규정하고 있다.

제2조(Responsibility)는 선박소유자, 선박[21], 선장 및 해원이[22] 해상충돌예방규칙을 준수해야 할 책임과 상황에 맞는 충돌회피동작을 시행하도록 규정하고 있다.

제3조(General Definitions)는 해상충돌예방규칙에서 사용되는 용어의 정의이다.

3.2. 제2장(선박조종 및 항법), 제4조~제19조

3.2.1. 제1절(모든 시계 항법), 제4조~제10조

제1장(Section 1)은 어떤 시계상태인지 불문하고 모든 선박이 준수해야 하는 내용이며 제4조부터 제10조까지이다.

제4조(Application)는 제1장의 규정이 모든 시계에서 적용된다고 하였다.

제5조(Look-out)는 모든 선박은 주위 상황을 살펴 다른 선박과 충돌할 위험성이 있는지 충분히 파악하기 위해 시각·청각 및 이용할 수 있는 모든 수단을 활용하여 항상 적절한 경계를 하도록 규정하였다.

제6조(Safe Speed)는 모든 선박이 언제나 안전한 속력을 항해하여야 한다고 규정하고, 안전한 속력을 결정하는데 필요한 고려요소를 기술하고 있다. 그리고 고려요소의 하나로 선박에 장착된 레이더를 적절히 사용토록 특별히 언급하고 있다.

---

21) 협약에서는 선박에 대해서도 책임을 부과하고 있다. 즉 충돌사건에서 양 선박의 항해당직자가 경계태만 및 졸음운항으로 충돌할 때까지 서로 발견하지 못하여 아무런 조치를 취하지 아니한 경우에도 항법을 적용하여 그 책임을 물을 수 있다. 따라서 향후 무인자동화 선박이 운항되더라도 항법의 적용에는 크게 문제는 없다고 할 것이다.

22) 해원(Crew)이라 함은 선장을 제외한 선원을 말한다.

제7조(Risk of Collision)는 모든 활용할 수 있는 수단(all available means)을 동원하여 충돌의 위험을 파악토록하고 있으며, 부정확한 정보에 의존하여 추측하면 아니 된다고 하며, 특히 레이더의 부정확한 정보에 주의토록 하고 있다.

제8조(Action to Avoid Collision)는 충돌의 피하기 위한 동작을 다룬다.

제9조(Narrow Channels)는 좁은 수로나 항로를 따라 항해하는 선박이 지켜야할 내용으로서 수로나 항로의 바깥쪽 경계 가까이로 항해토록 하고 있다. 길이 20미터 미만 선박이나 범선은 좁은 수로나 항로만을 이용하여 안전하게 항해할 수 있는 선박의 통항을 방해하지 못하도록 규정하고 있다.

그리고 좁은 수로나 항로만을 이용하여 안전하게 항해할 수 있는 선박의 통항을 방해하는 횡단 항해를 금지하고 있으며, 방해하지 말라(not to impede)는 통항불방해 의무규정은 1987년 개정 때 따로 분류해 규정된 것이다. 다른 선박의 통항을 방해하지 말아야 하는 선박에 대해 다른 선박의 안전한 통항을 위해 조기에 충분한 수역을 제공토록 조치하도록 강조하고 있다.

충돌의 위험이 있어 충돌 회피 동작을 취할 때는 선박조종과 항법에 관한 규정을 준수할 의무를 부여하고 있다. 피항의무를 부담하는 선박을 피항선이라고 한다.

제10조(Traffic Separation Schemes)는 국제해사기구에서 채택한 통항분리제도나 통항분리항로 인근에 있는 선박의 동작을 다루고 있다. SOLAS협약 제5장 항해의 안전(Safety of Navigation) 편의 제8규칙은 국제해사기구를 선박의 항로지정에 관한 국제적 기준을 다루는 적정하고 유일한 기구로 인정하고 있다.

통항분리제도의 효과는 1981년에 국제항해학회연합(IAIN)에서[23] 검증한 바 있다. 이에 따르면 1956년과 1960년 사이에는 도버해협에서 60건이 충돌사고가 있었으며, 통항분리제도가 도입된 20년 후까지 단지 16건의 사고만 발생하였다.

통항분리제도가 도입되지 않은 다른 지역에서는 충돌사고가 급속히 늘어난 것과 비교된다. 새로운 통항분리제도가 정기적으로 도입되고 있으며 기존의 통항분리제도 또한 교통조건의 변화에 대응하여 필요할 때마다 수정이 이루어지고 있다. 가능한 한 개정안을 조속히 처리하기 위하여 해사안전위원회(MSC)는 국제해사기구 총회를 대신하여 통항분리제도를 개정하고 채택하는 권한을 위임받고 있다.

제10조는 통항로를 가로지르는 선박에 필요한 사항으로서 가로질러야만 한다면 선박

---

23) (IAIN) International Association of Institutes of Navigation

의 선수방위(Heading)가 일반적인 교통흐름에 가능한 한 수직에 가깝게 가로지르도록 하고 있다. 이러한 조치는 횡단선박의 의도나 침로에 대해 다른 선박에게 혼란을 줄이고 동시에 가능한 한 가장 빨리 횡단할 수 있도록 하려는 것이다.

어로작업선은 통항로를 따라 항해하는 선박의 통항을 방해하면 아니 된다(shall not impede)고 하고 있으며 어로작업 자체를 금지하는 것은 아니다. 이러한 규정은 제9조와 일치하는 조문으로서 어로작업선이 좁은 수로나 항로를 따라 항해하는 다른 선박의 통항을 방해하면 아니 된다(shall not impede)는 규정과 같다.

1981년에 규정이 개정되어 제10조에 두 가지 조문이 신설되었는데 통항분리제도가 적용되는 수역에서 항해 안전을 위해 작업 중인 선박이나 케이블 부설작업을 하는 선박은 조종성능에 제한을 받기 때문에 작업에 필요한 범위 내에서 이 규칙의 준수가 면제되었다.

1987년에는 다시 개정되었는데 제10조는 국제해사기구가 채택한 통항분리제도에 대해 적용하며 어떤 규정에 의해서도 제10조에 의해 선박에 부여된 의무를 경감하지 아니한다고 강조하고 있다. 또한 통항로를 횡단해야만 한다면 일반적인 교통흐름에 가능한 한 수직으로 횡단하도록 명확히 하고 있다.

1989년에 또 다시 개정되는데 연안통항대(Inshore Traffic Zone)를 이용할 수 있는 선박에 대해 명확히 한 것이다.

3.2.2. 제2절(서로 시계 항법), 제11조~제18조

제2절(Section II)은 다른 선박이 눈으로 보일 때 지켜야 할 항법이며 제11조부터 제18조까지이다.

제11조(Application)는 제2절이 서로 시계일 때 적용한다고 규정하고 있다.

제12조(Sailing Vessels)는 두 척의 범선이 접근할 때 취해야 할 동작이다.

제13조(Overtaking)는 추월항법으로 추월하려는 선박은 추월당하는 선박의 진로를 피하도록 하고 있다.

제14조(Head-on Situation)는 마주치는 상태, 제15조(Crossing Situation)는 횡단상태에 관한 규정이다.

제16조(Action by Give-Way Vessel)는 피항선이 시행할 조치이며, 제17조(Action by Stand-on Vessel)는 유지선의 동작을 규정하고 있다. 그리고 유지선이라 하더

라도 피항선이 적절한 조치를 취하고 있지 않다는 것이 명백해지는 대로 자선의 조종만으로 충돌을 피하기 위한 조치를 취할 수 있다고 규정하였다.

제18조(Responsibilities between Vessels)는 다른 선박의 진로를 피해야 하는 선박이 지켜야 할 조치를 포함하여 선박들 사이의 책임을 다루고 있다.

3.2.3. 제3절(제한 시계 항법), 제19조

제3절(Section Ⅲ)은 다른 선박을 눈으로 볼 수 없을 때 지켜야 할 항법이며 제19조 하나로 구성되어 있다.

제19조(Conduct of Vessels in Restricted Visibility)는 모든 선박이 처해진 환경과 시정 제한 상태에 적합한 안전한 속력으로 통항하여야 한다고 규정하고 있다. 레이더로 다른 선박을 탐지한 선박은 충돌의 위험이 있는지 결정하여야 하며, 충돌의 위험이 있다면 회피동작을 시행해야 한다. 다른 선박의 무중신호를 청취한 선박은 최소 속력으로 감속(減速)하여야 한다.

3.3. 제3장(등화와 형상물), 제20조~제31조

제3장(Part C)의 등화와 형상물은 제20조부터 제31조까지 있다.

제20조(Application)에서 등화에 관한 규정은 일몰시부터 일출시까지 적용된다고 규정하고 있으며, 제21조(Definitions)는 용어의 정의에 관한 내용이다.

제22조(Visibility of Lights)는 등화가 몇 해리까지 보여야 하는지 가시거리에 관한 내용 등이며 선박의 길이나 종류에 따라 결정된다.

제23조(Power-Driven Vessels Underway)는 동력선이 항해 중일 때 켜야 하는 등화를 다루고 있다.

제24조(Towing and Pushing)는 끌고 가거나 밀고 가는 선박에 다는 등화에 관한 내용이다.

제25조(Sailing Vessels Underway and Vessels Under Oars)는 범선이 항해 중일 때와 노도선의 등화에 관한 내용이다.

제26조(Fishing Vessels)는 어로작업 중인 선박의 등화이다.

제27조(Vessels not under Command or Restricted in Their Ability to Manoeuvre)는 조종불능선(NUC: Not under command)이나 조종제한선(RAM:

Restricted in their ability to manoeuvre)의 등화이다.

제28조(Vessels Constrained by Their Draught)는 흘수제약선(CBD: Constrained by their draught)의 등화이다.

제29조(Pilot Vessels)는 도선선의 등화이다.

제30조(Anchored Vessels and Vessels Aground)는 닻을 놓고 있거나 좌초한 선박의 등화이며, 제31조(Seaplanes)는 수상항공기와 수면비행선박(WIG)의 등화를 다루고 있다.

3.4. 제4장(음향 및 발광 신호), 제32조~제37조

제4장(Part D)은 음향신호와 발광신호에 관한 내용으로 제32조부터 제37조로 구성된다.

제32조(Definitions)는 기적, 단음, 장음에 관한 용어의 정의이다.

제33조(Equipment for Sound Signals)는 길이 12미터 이상인 선박은 기적 한 개, 길이 20미터 이상인 선박은 기적 한 개, 종(鐘, Bell) 한 개, 길이 100미터 이상인 선박은 징(Gong) 한 개를 더 비치토록 하고 있다.

제34조(Manoeuvring and Warning Signals)는 기적이나 빛으로 선박 조종신호와 경고신호를 발하는 방법을 다루고 있다.

제35조(Sound Signals in Restricted Visibility)는 제한시계에서 사용해야 하는 음향신호를 다룬다.

제36조(Signals to Attract Attention)는 주의를 끌기 위한 주의환기신호를 다룬다.

제37조(Distress Signals)는 조난신호를 다룬다.

3.5. 제5장(적용 예외), 제38조

제38조(Exemptions)는 1960년 충돌예방규칙이 적용되는 선박과 1972년 선박충돌예방규칙이 시행되었을 때 건조되었거나 이미 건조중인 선박에 적용하기 위한 규정이다. 그런 선박은 특정 기간 동안 음향 및 발광신호 장치를 설치해야 할 의무를 면제하고 있다.

3.6. 제6장(협약이행 검증), 제39조~제41조

제6장은 국제해사기구에서 국제협약의 당사국인 회원국이 국제협약의 의무조항을 준수하는지 등을 직접 감사하기 위한 제도를 도입함에 따라 COLREG 체약국에 대한 의무적 감사 요건을 충족하기 위해 2013년에 신설한 장이다.

제39조(Definitions)는 용어의 정의이다.

제40조(Application)는 체약국이 현재 협약에 포함된 의무와 책임을 시행하는데 있어 이행코드(Code for implementation)의 규정을 준수토록 하고 있다.

제41조(Verification of compliance)는 COLREG 준수 여부 검증을 위해 모든 체약국은 주기적으로 국제해사기구의 감사를 받도록 규정한 내용이다.

3.7. 부속서(Annexes)

부속서는 본문에 따른 기술적·보충적 사항을 기술한 네 종류로 구성되어 있다.

① (Annex 1) 등화 및 형상물의 배치와 기술적 명세

② (Annex 2) 근접하여 어로 작업을 하는 어선들에 대한 부가적 신호

③ (Annex 3) 음향신호 장치의 기술적 명세

④ (Annex 4) 조난신호

참고

□ 국제협약에 서명, 비준, 수락, 승인의 구분

- (서명, Signature) 협약문을 포함한 최종의정서(Final Act)에 하는 서명은 통상 조약문의 채택 및 정본인증의 효과만을 가짐. 협약에서 따로 정하면 기속적 동의 표시(조약법에 관한 비엔나협약 제12조 1항)
- (비준, Ratification) 정부 대표가 서명한 조약을 조약체결권자가 확인함으로써 국가의 기속적 동의를 최종적으로 표시하는 행위
- (수락, Acceptance) 서명절차를 거치지 않고 기속적 동의를 표시하게 되는 조약의 경우에는 가입과 유사하며, 기속적 동의 표시를 수반하지 않는 서명후에 별도로 최종적인 동의를 표명하는 방법으로 이용되는 경우에는 비준과 유사함.
- (승인, Approval) 수락의 경우와 마찬가지로 승인을 조건으로 하는 서명에 사용된 경우에는 비준과 유사, 서명 또는 승인이 개방되어 있는 조약에 사용되는 경우에는 가입과 동일
- (유보, Reservation) 다자조약 체결 시(서명, 비준, 가입, 승인 또는 수락) 행하는 일방적 선언으로, 그 조약의 특정 조항의 법적 효과를 자국에 대하여 배제하거나 제한 · 변경하기 위한 조치

□ 조약의 폐기 및 탈퇴, 종료, 등록

- (폐기 및 탈퇴, Denunciation and Withdrawal) 대다수의 조약은 그 유효기간의 종료, 폐기, 탈퇴 등에 관한 규정을 포함하고 있으며, 없으면 당사국의 합의나 국제관습법에 의하여 조약의 종료나 탈퇴가 확정됨
- (종료, Termination) 국제법상 인정된 방법에 의한 조약의 소멸이며, 위법한 행위를 전제로 하는 조약의 무효, 취소와는 구별됨. 당사국 간에 동일내용에 대하여 새로운 조약을 체결한 경우 구조약은 종료함.
- (등록, Registration) 유엔헌장 제102조는 유엔회원국이 당사자인 모든 조약은 유엔사무국에 등록토록 하고 등록되지 않은 조약은 유엔의 어떤 기구에서도 원용할 수 없음을 규정하고 있음.

제2장

조문 해설

1	Part A. 총칙	(Rule 1–3)
2	Part B. 항법	(Rule 4–19)

Section 1	모든 시계 항법	(Rule 4–10)
Section 2	서로 시계 항법	(Rule 11–18)
Section 3	제한 시계 항법	(Rule 19)

3	Part C. 등화와 형상물	(Rule 20–31)
4	Part D. 음향 및 발광 신호	(Rule 32–37)
5	Part E. 적용 예외	(Rule 38)
6	Part F. 협약이행 검증	(Rule 39–41)

부속서 1	동화 및 형상물의 배치와 기술 명세
부속서 2	근접 어로작업선에 대한 부가 신호
부속서 3	음향신호장치의 기술 명세
부속서 4	조난 신호

COLREG 본문은 41개의 조문을 6개의 장(Part)에 나누어 싣고 있다. 이 중에 제1장(Part A)부터 제4장(Part D)에 실려 있는 37개의 조문이 통항규칙이다.

제1장(Part A)은 일반사항으로서 3개 조문이며, ① 협약이 적용되는 범위, ② 협약을 준수해야 할 책임과 주의의무, ③ 협약에서 사용하는 용어의 정의를 싣고 있다. 제2장(Part B)의 항법에서는 시계 상태에 따라 각기 준수하여야 할 항법을 규정하고 있다. 제3장(Part C)의 등화와 형상물에 관한 규정은 제2장(Part B)의 항법규정을 실행함에 있어 자선의 존재와 상태를 표시하기 위한 보조적인 규정이다. 제4장(Part D)의 음향 및 발광신호도 제2장(Part B)의 항법규정을 실행함에 있어 서로 시계상태에서 자선이 취한 동작을 음향 및 발광신호를 통해 상대 선박에게 알려주고, 제한된 시계상태에서 자선의 존재를 알려주며, 주의를 환기시켜 주기 위한 것으로서 보조적 규정이다.

1 (Part A) 총칙

1.1. 제1조 적용

PART A – GENERAL

Rule 1 (Application)

(a) These Rules shall apply to all vessels upon the high seas and in all waters connected therewith navigable by seagoing vessels.
(b) Nothing in these Rules shall interfere with the operation of special rules made by an appropriate authority for roadsteads, harbours, rivers, lakes or inland waterways connected with the high seas and navigable by seagoing vessels. Such special rules shall conform as closely as possible to these Rules.
(c) Nothing in these Rules shall interfere with the operation of any special rules made by the Government of any State with respect to additional station or signal lights, shapes or whistle signals for ships of war and vessels proceeding under convoy, or with respect to additional station or signal lights or shapes for fishing vessels engaged in fishing as a fleet. These additional station or signal lights, shapes or whistle signals shall, so far as possible, be such that they cannot be mistaken for any light, shapes or signal authorized elsewhere under these Rules.
(d) Traffic separation schemes may be adopted by the Organization for the purpose of these Rules.
(e) Whenever the Government concerned shall have determined that a vessel of special construction or purpose cannot comply fully with the provisions of any of these Rules with respect to the number, position, range or arc of visibility of lights or shapes, as well as to the disposition and characteristics of sound-signalling appliances, such vessel shall comply with such other provisions in regard to the number, position, range or arc of visibility of lights or shapes, as well as to the disposition and characteristics of sound-signalling appliances, as her Government shall have determined to be the closest possible compliance with these Rules in respect to that vessel.

1.1.1. 해석

제1장 총칙

제1조(적용범위)

(a) 이 규칙은 공해와 그 공해와 접속된 수역으로서 해항선이 항행할 수 있는 모든 수역에 있는 모든 선박에 적용한다.

(b) 이 규칙의 어떠한 규정도 공해와 접속되어 있고 해항선이 항행할 수 있는 정박지, 항구, 하천, 호수 및 내수로에 관하여 관할관청이 제정한 특별규칙의 시행을 배제하는 것은 아니다. 다만 이 특별규칙은 될 수 있는 한 이 규칙과 일치하여야 한다.

(c) 이 규칙의 어떠한 규정도 군함이나 호송되어 항행하고 있는 선단에 추가로 설치한 위치등, 신호등, 형상물이나 기적신호 또는 선단을 지어서 어로에 종사하는 어선이 추가로 설치한 위치등, 신호등 또는 형상물에 관하여 각국 정부가 제정한 특별규칙의 시행을 배제하는 것은 아니다. 다만, 이 추가로 설치한 위치등, 신호등, 형상물 또는 기적신호 등은 가능한 한 이 규칙에서 규정한 등화, 형상물 또는 신호와 오인되지 아니하는 것이어야 한다.

(d) 이 규칙의 목적을 위하여 기구(IMO)는 통항분리제도를 채택할 수 있다.

(e) 특수한 구조나 목적을 가진 선박이 이 규칙에서 규정하는 등화나 형상물의 수, 위치, 시인거리, 사광권 및 음향신호기구의 배치 및 특성을 따를 수 없을 때에는 그 정부는 그 선박에 관하여 가능하면 이 규칙에 가깝게 그러한 규정을 만들고, 그러한 선박은 등화나 형상물의 수, 위치, 시인거리, 사광권 및 신호기구의 배치와 특성에 관하여 그 정부가 제정한 규정을 따라야 한다.

PART A – GENERAL

해사안전법

제3조(적용범위) ① 이 법은 다음 각 호의 어느 하나에 해당하는 선박과 해양시설에 대하여 적용한다.

1. 대한민국의 영해, 내수(해상항행선박이 항행을 계속할 수 없는 하천·호수·늪 등은 제외한다. 이하 같다)에 있는 선박이나 해양시설. 다만, 대한민국선박이 아닌 선박(이하 "외국선박"이라 한다) 중 다음 각 목에 해당하는 외국선박에 대하여 제46조부터 제50조까지의 규정을 적용할 때에는 대통령령으로 정하는 바에 따라 이 법의 일부를 적용한다.
  가. 대한민국의 항(港)과 항 사이만을 항행하는 선박
  나. 국적의 취득을 조건으로 하여 선체용선(船體傭船)으로 차용한 선박
2. 대한민국의 영해 및 내수를 제외한 해역에 있는 대한민국선박
3. 대한민국의 배타적경제수역에서 항행장애물을 발생시킨 선박
4. 대한민국의 배타적경제수역 또는 대륙붕에 있는 해양시설

② ~ ③ (생략)

제97조(등화 및 형상물의 설치와 표시에 관한 특례) 선박의 구조나 그 운항의 성질상 이 장 제4절에 따른 등화나 형상물을 설치 또는 표시할 수 없거나 표시할 필요가 없는 선박에 대하여는 해양수산부령으로 정하는 바에 따라 등화 및 형상물의 설치와 표시에 관한 특례를 정할 수 있다.

해사안전법 시행규칙

제57조(등화 및 형상물의 설치와 표시에 관한 특례) 법 제97조에서 등화나 형상물을 설치 또는 표시할 수 없거나 표시할 필요가 없는 선박은 「선박안전법」 제26조에 따른 선박시설기준에 따라 등화의 설치가 면제된 선박이나 「어선법」 제3조에 따른 기준에 따라 등화나 형상물의 설치 또는 표시가 면제된 선박으로 한다.

1.1.2. 해설

적용범위는 지리적 적용대상으로 일정한 수역과 물적 적용대상으로 선박을 들고 있다. 그리고 이에 대한 특례를 정하고 있다.

1) 적용수역

COLREG는 공해와[24] 그 공해와 접속된 수역으로서 해항선(sea-going vessel)이[25] 항해할 수 있는 모든 수역에 적용한다. 여기서 선박의 항해와 관련하여 공해라 함은 한 국가의 영해 밖의 수역을 말한다고 할 수 있다. 공해와 접속된 수역이라 함은 한 국가의 영해(territorial sea) 및 내수(internal waters)를 포함하여 이 수역에 위치한 정박지, 항구, 하천, 호수 및 내륙수로(inland waterways) 등이라 할 수 있다. 다만 이러한 공해와 접속된 수역의 경우에는 해항선이 항해할 수 있는 수역이어야 한다.

---

24) 공해란 1958년 제네바에서 채택하여 1962년 발효된 공해에 관한 협약(Convention on the High Seas, 1958) 제1조에서 '공해란 한 국가의 영해 또는 내수에 포함되지 않는 바다의 모든 부분을 말한다(The term "hihg seas" means all parts of the sea that are not included in the territorial sea or in the internal waters of a State.)'고 정의하였다. UN해양법협약(UNCLOS: United Nations Convention on the Law of the Sea) 제7장 공해(Part Ⅶ High Seas)의 적용과 관련하여 제86조에서 "이 장의 규정은 한 국가의 배타적경제수역, 영해 또는 내수, 또한 군도국가의 군도수역에 포함되지 않는 바다의 모든 부분에 적용한다. 이 조는 제58조에 따라 배타적경제수역에서 모든 국가가 향유하는 자유에 제약을 가져오지 않는다."라고 규정하고 있다. 즉 유엔해양법에서 공해에는 한 국가의 배타적경제수역 밖의 수역이나, 배타적경제수역에서 모든 국가가 항해의 자유를 포함한 6가지의 공해의 자유를 누릴 수 있다는 것이다. UN해양법협약 제87조제1항에서 규정하고 있는 공해의 자유 6가지는 다음과 같다. ① 항해의 자유, ② 상공비행의 자유, ③ 제6장에 따른 해저전선 및 파이프라인 부설의 자유, ④ 제6장에 따른 국제법상 허용되는 인공섬과 그 밖의 시설 건설의 자유, ⑤ 이 장의 제2절에서 정하여진 조건에 따른 어로의 자유, ⑥ 제6장 및 제13장에 따른 과학조사의 자유
- 1958년 공해에 관한 협약 제2조에서는 ① 항해의 자유, ② 어로의 자유, ③ 해저 전선 및 파이프라인 부설의 자유, ④ 공해 상공 비행의 자유 4가지만을 규정하고 있다.

25) 해항선(sea-going vessel)에 관해서는 CLC, Fund, HNS, Bunker 협약 등 민사책임협약에서 적용 선박(ship)을 정의할 때도 사용하고 있다. IMO 법률위원회에는 난파물제거협약을 제정하는 과정에서 적용 선박(ship)을 정의함에 있어 적용수역이 연안국의 영해 이내일 경우 '해양환경에서 운항하는 모든 형태의 배(vessel)'로 하였으나, 적용수역이 영해 밖의 배타적경제수역까지로 확대되자 '모든 형태의 해항선(sea-going vessel)'으로 수정하였다(IMO, 「THE NAIROBI INTERNATIONAL CONVENTION ON THE REMOVAL OF WRECKS」, Article 1, Para. 2; IMO, Draft Convention on the Wreck Removal submitted by Norway, Italy and Denmark; 정대율, "IMO 제92차 법률(LEG)위원회 회의 참석 결과보고서", 「해사법연구」 제19권 제1호, 한국해사법학회, 2007. 3. 403쪽). 즉 해항선은 COLREG의 적용수역과 관련하여 영해 밖의 수역인 공해(high sea)를 항해할 수 있는 능력을 갖춘 선박을 말한다고 할 것이다.

해항선이 우리나라 영해 밖의 수역인 서해 수역에서부터 우리나라의 내수에[26] 위치한 인천항 항로를 거쳐 내륙수로인 경인아라뱃길을 따라 한강에 진입한다면, 해항선이 항해할 수 있는 경인아라뱃길이나 한강의 일부 수역에서는 COLREG가 적용된다.[27] 인천항 갑문 안의 수역에서도 해항선이 항해할 수 있으므로 COLREG가 적용된다. 그러나 충주호와 같이 넓은 수역이라 하더라도 해항선이 공해로부터 계속 항해할 수 없는 수역의 경우에는 COLREG가 적용되지 않는다.

2) 적용선박

COLREG는 해항선이 항해할 수 있는 수역에 있는 모든 선박이다. 여기서 선박이란 제3조 (a)항에서 정의하고 있는 '선박'을 말한다. 즉 선박이란 수상의 운송수단으로 사용되거나 사용될 수 있는 모든 종류의 배를 말하고, 수면비행선박 및 수상항공기와 같이 무배수량 선박도 포함한다. 그리고 선박의 크기, 종류, 형태 및 용도를 묻지 아니한다. 선박에 관해 정의하고 있는 국제협약 중에서 COLREG가 가장 포괄적으로 정의하고 있다.

심화학습

우리나라 법률은 일반적으로 제1조에서 법률의 '제정 목적'을 나열하고, 제2조에서 법에서 사용하는 '용어의 정의'를 두며, 제3조에서 법률의 '적용 범위'를 정하고 있다. 「해사안전법」에서도 제3조에 '적용 범위'를 두고 있으며, 항법 적용과 관련된 부분은 제1항 제1호의 본문과[28] 제2호이다.

우선 제3조 제1호의 본문은 대한민국 관할해역에서는 선박의 국적을 불문하고 적용된다는 뜻이므로 속지주의의[29] 형태이며, 제2호에서는 대한민국 선박은 공해나 외국의 관할해역에 있어도 적용된다는 의미이므로 속인주의의[30] 형태이다.

---

26) 영해의 기점이 되는 기선(baseline)의 육지쪽 수역을 말한다. 우리나라는 동해안의 경우 해안선을 이용한 통상기선을 사용하고 있으며, 남해안과 서해안의 경우 섬이 많아 섬과 섬을 이은 직선기선을 지정하고 있다.
- UN해양법협약(UNCLOS) 제8조(내수) 1. 제4부에 규정된 경우를 제외하고는 영해기선의 육지쪽 수역은 그 국가의 내수의 일부를 구성한다.
2. 제7조에 규정된 방법에 따라 직선기선을 설정함으로써 종전에 내수가 아니었던 수역이 내수에 포함되는 경우, 이 협약에 규정된 무해통항권이 그 수역에서 계속 인정된다.

27) 한강의 수역은 해항선이 항해할 수 없어 COLREG가 적용되지 않았으나, 경인아라뱃길로 인해 해항선이 항해할 수 있게 됨으로써 COLREG의 적용이 가능하게 된 것이다.

COLREG의 적용범위를 '이 규칙은 해항선이 항행할 수 있는 공해와 이와 접속한 모든 수역에 있는 선박에 적용한다.'라고 하면 오역이 될 수 있다. '항행할 수 있는(navigable)'이라는 표현의 위치가 적절하지 않기 때문이다.

COLREG 제2조의 적용 대상을 나눠보면 물적 대상이 선박(all vessels)이다. 그리고 지리적 대상으로 그 선박이 ① 공해(upon the high seas)와, ② 공해와 접속된(in all waters connected therewith) 해항선의 가항수역(navigable by seagoing vessels)에 있어야 한다고 한정하고 있다. 따라서 '공해와 이에 접속된 수역 중에서 행항선이 항해할 수 있는 수역에 있는 모든 선박에 적용된다.'라는 뜻으로 해석하여야 적절하다.

「해사안전법」에서는 '대한민국의 영해, 내수(해상항행선박이 항행을 계속할 수 없는 하천·호수·늪 등은 제외한다. 이하 같다)에 있는 선박이나 해양시설'이라고 정의함으로써 COLREG의 정의를 온전히 수용하고 있다.

3) 적용의 특례

가) 적용수역에 관한 특례

COLREG는 공해와 접속되어 있고 해항선이 항행할 수 있는 정박지(roadsteads)[31], 항구, 강, 호수 또는 내륙수로에서 연안국이 특별규칙을 제정하여 이를 COLREG에서 규정하고 있는 규칙에 우선하여 시행할 수 있도록 하였다. 그 이유는 이러한 수역

---

28) 법률의 '조'나 '항'이 '다만'으로 나뉘어 있을 때 앞부분을 본문, 뒷부분을 단서라고 한다. 단서는 '조'나 '항'의 주된 내용에 대한 예외를 인정하거나 규율 대상 중 일부에 대해 달리 정할 필요가 있을 때에 접속사 '다만'을 사용하여 규정한다. 단서는 본문에 규정된 행위 주체 중 일부를 제외하거나 특정 행위 주체에만 행위·절차 등을 달리 정하는 경우, 일정한 상황에서 의무나 요건을 강화하거나 완화하는 경우, 적용 대상을 일부 배제하는 경우 등을 규정할 수 있다.

29) 屬地主義(territorial principle) 어떤 사건에 대해 재판할 권리 등 관할권의 행사 주체가 사건이 발생한 장소(소재국)에 주어진다는 국제적으로 확립된 원칙이다.

30) 屬人主義(Nationality principle) 속지주의와 반대되는 개념, 그 나라의 국적을 가진 국민이라면 자국이 아닌 어느 곳에 있더라도 국적을 부여한 국가의 법률을 적용한다. 우리 형법에서는 속지주의를 원칙으로 하고 재외 한국인에 대해 속인주의를 병용한다.

31) 선박이 닻(錨)을 놓는 곳으로서 투묘지(投錨地) 또는 묘박지(錨泊地)라고 한다. 그러나 「해사안전법」에서 선박이 닻을 놓고 있는 상태를 정박(碇泊)이라고 규정하고 있으므로 닻을 놓는 곳을 정박지(碇泊地)라고 말하는 것이 적절하다.

- 실무에서는 정박지를 Anchorage라고 하는데 UN해양법협약(UNCLOS) 등 일부 협약에서 Roadsteads라는 표현을 사용하고 있다.
- UNCLOS 제12조(碇泊地, Roadsteads) 선박이 화물을 선적, 양육 및 투묘를 위하여 통상적으로 사용되는 정박지는 전부 또는 일부가 영해의 외측한계 밖에 위치하는 경우에도 영해에 포함된다.

에서는 해상교통이 밀집하여 충돌의 위험성이 높을 뿐만 아니라, 항해상의 위험요소도 많을 수밖에 없기 때문이라 할 것이다.

다만 연안국은 이러한 특별규칙을 제정·시행함에 있어서 가능한 한 COLREG의 규정을 따라야 한다. 우리나라는 COLREG의 특별규칙으로 「해사안전법」 및 「선박의 입항 및 출항 등에 관한 법률」과[32] 이 법령들에 근거한 각종 행정규칙이[33] 있다.

한편 COLREG는 우리나라 정부가 비준한 국제협약으로서 헌법에 의하여 국내법과 같은 효력을 가지므로[34] 「해사안전법」 및 「선박입출항법」과 법률로서 동등한 효력을 가진다. 따라서 「해사안전법」 및 「선박입출항법」은 COLREG와 동등한 효력을 가지나, COLREG와 달리 규정하고 있는 사항에 대해서는 적용수역에 따라 우선 적용한다고 할 것이다.

먼저 「해사안전법」을 살펴보면, 「해사안전법」과 COLREG에서 달리 정하고 있는 부분이 있다면 우리나라의 영해 및 내수에서 대한민국 선박뿐만 아니라 외국선박에 대하여 특별법으로서 우선 적용한다. 또한 대한민국 선박에 대해서는 영해 밖의 수역에서도 우선 적용한다. 그리고 「해사안전법」에 규정하고 있지 않은 사항에 대해서는 COLREG의 규정을 보충적으로 적용한다.

특히 「해사안전법」에서는 COLREG에서 규정하고 있지 않지만, 우리나라 여건을 고려하여 교통안전특정해역[35] 및 유조선통항금지해역[36] 등을 지정·시행하고 있으며, 이러한 해역에서의 선박의 항행과 관련하여서는 특별법으로서 「해사안전법」을 우선 적용한다.

다만, 「해사안전법」은 국제협약인 COLREG의 규정을 수용하고 있는 국내법으로서 COLREG의 항법규칙과 동일하게 규정하여야 하나, 수용하는 과정에서 영문 해석상

---

32) 법령의 명칭이 긴 경우에는 약칭을 둔다. 「선박의 입항 및 출항 등에 관한 법률」은 「선박입출항법」이라 한다.

33) 「해사안전법」 제80조에 따른 등화 및 형상물의 기준과 같은 법 제91조에 따른 기적·호종 및 징의 기준 등에 관한 사항은 「선박설비기준」에 규정하고 있다.

34) 「헌법」 제6조 ① 헌법에 의하여 체결·공포된 조약과 일반적으로 승인된 국제법규는 국내법과 같은 효력을 가진다.

35) 우리나라는 선박의 교통량이 아주 많거나 거대선, 위험화물운반선 및 고속여객선 등의 통항이 잦은 해역으로서 해양사고가 발생할 우려가 있는 해역을 교통안전특정해역으로 정하고, 이 해역 안에서 항로지정제도를 시행하고 있다(「해사안전법」 제10조).

36) 우리나라는 유조선의 안전운항을 확보하고 해양사고로 인한 해양오염 피해를 저감하기 위하여 '유조선통항금지해역'을 정하고, 일정 규모 이상의 기름이나 유해액체물질을 싣고 다니는 선박에게 부득이한 경우를 제외하고 이 해역을 항행하지 않도록 하고 있다(「해사안전법」 제14조).

의 문제 등으로 COLREG와 차이를 보여 항법 적용에 문제가 생기는 사례가 있다. 예를 들면, COLREG에서는 제10조 (c)항에 따라 통항분리제도에서 통항로의 횡단을 실행 가능한 한 피하도록 하고 있는 반면에, 「해사안전법」에서는 제68조 제3항에 따라 통항로의 횡단을 금지하고 있고, 부득이한 사유가[37] 있을 때에만 가능하다고 하여 원칙적으로 통항로의 횡단을 금지하는 것으로 달리 규정하고 있다.

또한 「선박입출항법」은 선박의 항법과 관련하여 우리나라 무역항의 수상구역 등에서 COLREG 및 「해사안전법」에 대하여 특별법의 지위를 가지며 우선적으로 적용한다. 즉 「선박입출항법」은 제3장 항로 및 항법(제10조~제18조)에서 항로에서의 항법, 방파제 부근 및 부두등 부근에서의 항법, 우선피항선의 진로방해 금지, 예선 등의 항법, 속력 등의 제한, 항행 선박 간의 거리 등 항법에 관한 사항을 규정하고 있는데 이러한 규정은 COLREG 및 「해사안전법」에 우선하여 적용한다.

그리고 「선박입출항법」에서 규정하고 있지 않은 사항, 즉 경계, 안전한 속력, 충돌의 위험성 및 충돌을 피하기 위한 동작 등에 관한 사항은 「해사안전법」 및 COLREG의 규정을 보충적으로 적용한다.

그러나 COLREG에서는 「해사안전법」 및 「선박입출항법」에서 정하는 선박의 특별한 항법 규정이 COLREG에서 규정하고 있는 항법과 가능한 한 일치하도록 요구하고 있다. 그 이유는 COLREG의 특별법에 해당하는 「해사안전법」 및 「선박입출항법」이 적용되는 우리나라의 영해와 내수에 위치한 무역항의 수상구역 등에 처음 출입하는 외국선박에게 항법상 혼란을 야기하지 않도록 하기 위함에 있다고 할 것이다. 특히 특별법은 COLREG의 기본적인 항법 원칙인 우측통항원칙과 조종성능이 우수한 선박이 조종성능이 나쁜 선박의 진로를 피하여야 한다는 규정을 부득이한 경우를 제외하고 따라야 할 것이다.

나) 등화, 형상물 및 기적신호에 관한 특례

COLREG에서 연안국이 특별규칙을 제정·시행하는 것은 해역에 대해서뿐만 아니라 특수한 구조나 목적을 가진 선박에 대해서도 적용할 수 있다.

복수의 군함이나 호송선대와 같이 특수한 임무를 수행하거나, 석유시추선과 같이 그

---

37) 「해사안전법」 제68조제3항에서는 '부득이한 사유'에 대해 별도로 규정하고 있지 않다. 다만 같은 법 제8항에 통항분리수역과 그 출입구 부근에 정박을 금지하면서 '해양사고를 피하거나 인명이나 선박을 구조하기 위하여 부득이하다고 인정되는 사유가 있는 경우에는 그러하지 아니하다.'고 단서규정을 하고 있어 '부득이한 사유'를 같은 법 제8항의 단서규정으로 해석하고 있다.

구조와 기능이 특수한 경우에는 등화, 형상물 또는 기적신호에 관하여 COLREG에서 규정하고 있는 규칙을 따르기가 어려운 수가 많다. 따라서 제1조 (c)항에서는 특별한 구조나 목적을 가진 선박에 대하여 등화와 형상물, 신호방법도 각국 정부가 그 선박의 특별한 사정에 맞게 특별규정을 제정하여 시행할 수 있음을 규정하고 있다. 「해사안전법」에서는 제97조에[38] 적용 특례규정을 두고 있다. 그러나 COLREG에서는 이러한 특별규정을 제정·시행함에 있어서도 항법과 마찬가지로 COLREG에서 규정하고 있는 등화와 형상물 또는 신호방법과 되도록 오인되지 않도록 하여야 한다.

우리나라는 부산항을 중심으로 운항하는 길이 200미터가 넘는 예인선열에 대해 야간이나 시계가 제한될 경우에는 녹색 섬광등을[39] 켜도록 규정하고 있고, 이러한 규정은 COLREG의 특별규칙에 해당하고, 녹색 섬광등의 표시는 COLREG에서 별도로 규정하고 있지 않아 다른 등화로 오인되지 않아 시행하는데 문제가 없다고 할 것이다.

호주 등 여러 나라에서는 자국의 항만 내 교통상황을 감안하여 항내에 진입하는 여객선에게만 특별한 등화나 형상물을 표시하고 항해토록 하며, 이러한 등화나 형상물을 게양한 선박에게 통항 우선권을 주는 것은 COLREG의 특별규칙에 해당한다.[40]

영해 밖이나 국제해협에서 특별규칙을 제정하려는 경우에는 국제해사기구에서 승인되어야 한다. 일례로 싱가포르 당국은 싱가포르, 말레이시아, 인도네시아가 함께 관할하는 싱가포르 해협 내에 있는 통항분리제도(TSS)의 통항로를 횡단하는 선박들과 통항분리제도의 통항로를 이용하는 선박들의 충돌을 피하기 위해 횡단하는 선박의 야간 신호등으로 수직선상에 녹색 전주등 3개를 표시하는 것을 강제화하자고 몇 차례 제안한 바 있다. 그러나 이러한 싱가포르 당국의 제안은 각국의 호응을 얻지 못하여 채택되지 못하고 있으나 향후에 COLREG 개정 시 반영이 유력시 된다.

4) 국제해사기구(IMO)의 통항분리제도 채택

국제해사기구는 COLREG의 목적을 위하여 통항분리제도(TSS)를 채택할 수 있다.

---

38) 「해사안전법」 제97조(등화 및 형상물의 설치와 표시에 관한 특례) 선박의 구조나 그 운항의 성질상 이 장 제4절에 따른 등화나 형상물을 설치 또는 표시할 수 없거나 표시할 필요가 없는 선박에 대하여는 해양수산부령으로 정하는 바에 따라 등화 및 형상물의 설치와 표시에 관한 특례를 정할 수 있다.

39) 섬광등은 매분 120 또는 그 이상의 회수로 규칙적인 섬광을 발하는 등화를 말한다(COLREG Rule 21(f)).

40) 호주 시드니 항은 오렌지색 다이아몬드 형상물을 게양한 페리선에게 항해 우선권을 주고 있다.

국제해사기구의 해사안전위원회(MSC)에서는 각 회원국에서 제출한 통항분리제도의 설정 제안에 대해 심리하여 채택하고, 이렇게 채택된 통항분리제도는 '선박의 항로지정(Ships' Routeing)'에 반영하여 발행한다.

선박의 항로지정(Ships' Routing)과 관련된 국제협약은 COLREG 외에 해상인명안전협약(SOLAS) 제5장 제10규칙과[41] UN해양법협약(UNCLOS) 제22조를[42] 들 수

---

41) SOLAS 제5장 제10규칙(선박의 항로지정) 1. 선박의 항로지정제도는 해상에서의 인명 안전, 항해의 안전 및 효율, 그리고/또는 해양환경의 보호에 기여한다. 선박의 항로지정제도는 기구가 개발한 지침과 기준에 따라 채택되고 시행될 때, 모든 선박, 특정 범주의 선박 또는 특정 화물을 운송하는 선박에 대하여 사용을 권고하고 강제화할 수 있다.

2. 기구는 선박의 항로지정제도의 국제적 수준에 관한 지침, 기준 및 규칙을 개발하는 유일한 국제단체로 인정된다. 체약국 정부는 선박의 항로지정제도의 채택에 위한 제안을 기구에 말하여야 한다. 기구는 채택된 모든 선박의 항로지정제도에 관한 모든 관련 정보를 체약국 정부에게 수집 및 배부하여야 한다.

3. 선박의 항로지정제도 설정을 위한 조치의 시작은 관련된 정부 또는 정부들의 책임이다. 기구의 채택을 위한 이와 같은 제도를 개발할 때, 기구가 개발한 지침 및 기준은 고려하여야 한다.

4. 선박의 항로지정제도는 채택을 위하여 기구에 제출되어질 수 있다. 그러나 채택하기 위하여 기구에 제출할 의도가 없거나 기구에서 채택되지 아니한 선박의 항로지정제도를 시행하는 정부 또는 정부들은 가능한 한 기구가 개발한 지침 및 기준을 고려할 것을 권고한다.

5. 두 나라 이상의 정부가 특정 구역에서 공동 이해관계를 가지는 경우, 그들 정부간의 협정문을 근간으로 항로지정제도의 묘사와 이용에 대한 공동 제안을 공식화하여야 한다. 이와 같은 제안서를 접수하면 채택을 위하여 심의를 시작하기 전에, 기구는 제안서의 상세내용을 제안된 선박의 항로지정제도 부근에 있는 국가를 포함하여 그 지역에서 공동 이해관계를 갖는 정부들에게 배부하여야 한다.

6. 체약국 정부들은 선박의 항로지정과 관련하여 기구가 채택한 조치를 준수하여야 한다. 체약국 정부들은 채택된 선박의 항로지정제도의 안전하고 효과적인 이용에 필요한 모든 정보를 공표하여야 한다. 관련 정부 또는 정부들은 이 선박의 항로지정제도들의 교통 상황을 감시할 수 있다. 체약국 정부들은 기구가 채택한 선박의 항로지정제도의 적절한 이용을 보장하기 위하여 그들이 할 수 있는 모든 조치를 취하여야 한다.

7. 선박은 그 선박의 범주 또는 운송되는 화물을 위하여 요구되고, 발효 중인 관련 규정에 따라 기구가 채택한 강제적 선박의 항로지정제도를 이용하여야 한다. 다만 특정 선박의 항로지정제도를 사용할 수 없는 부득이 이유가 있는 경우에는 이에 따르지 아니할 수 있다. 이와 같은 모든 이유는 항해일지에 기록하여야 한다.

8. 강제적 선박의 항로지정제도는 기구가 개발한 지침 및 기준에 따라 관련 체약국 정부 또는 정부들에 의하여 검토되어야 한다.

9. 채택된 모든 선박의 항로지정제도와 이 제도를 시행하기 위하여 취한 조치는 1982년 해양법에 관한 유엔협약의 관련 규정을 포함한 국제법과 일치되어야 한다.

10. 이 규칙과 이와 관련된 지침 및 기준의 어떠한 것도 국제 항해 및 군도 해로에 이용되는 해협의 국제법 또는 법적 영역 하에서 정부들의 권리 및 의무를 침해하지 아니 한다.

42) UNCLOS 제22조(영해의 항로대 및 통항분리제도) 1. 연안국은 항해의 안전을 고려하여 필요한 경우 영해에서 무해통항권을 행사하는 외국선박에 대하여 선박의 통항을 규율하기 위하여 지정하거나 규정한 항로대 및 통항분리제도를 이용하도록 요구할 수 있다.

있다.

우리나라 연안에도 통항분리제도가 설정된 수역이[43] 있으나 우리나라의 영해 안에 위치하고 있고 국제해사기구에 상정할 필요성이 높지 않아 「해사안전법」에 따라 지정하고 해도에 표시하고 있다.

연안국이 영해 밖이나 국제해협에[44] 항로를 지정하려면 국제적 합의가 있어야 한다. 국제해사기구는 SOLAS 제5장에[45] 따라 선박이 충돌과 같은 위험을 피함으로써 선박, 선원 및 해양환경에 피해를 야기하지 아니하도록 선박의 항로를 지정할 수 있는 유일한 국제기구이다.

통항분리제도(TSS) 및 항로지정(Ships' Routeing)은 선박 통항밀도가 높은 해역에 설정된다. 방식은 통항분리대를 기준으로 분리한 양방향 통항로(Two-way routes),

---

2. 특히 유조선, 핵추진선박 및 핵 또는 기타 본질적으로 위험하거나 유해한 물질이나 재료를 운반하는 선박에 대하여는 그와 같은 항로대만을 통항하도록 요구할 수 있다.
3. 연안국은 이 조에 따라 통항대를 지정하고 통항분리제도를 규정하는 경우에 아래 각호의 사항을 고려하여야 한다.
가. 권한 있는 국제기구의 권고
나. 국제항해를 위하여 관습적으로 이용되고 있는 모든 수로
다. 특정한 선박 및 수로의 특성
라. 교통량의 정도
4. 연안국은 이와 같은 항로대 및 통항분리제도를 해도에 명확하게 표시하고 이를 적절히 공표하여야 한다.

43) 우리나라는 「해사안전법」상 3곳(보길도, 거문도 및 홍도)에 통항분리제도를 설정하고 있다. 또한 무역항의 수상구역 밖의 해역에 교통안전특정해역 5개소를 설정하고 이 중 3곳에 지정항로를 설정·시행하고 있고, 지방해양수산청장이 고시로 26곳에 지정항로를 설정하는 등 총 32곳에 통항분리제도를 설정·시행하고 있다.

44) UNCLOS 제34조(국제항해용 해협을 형성하는 수역의 법적 지위) 1. 이 장(this Part)에서 설정하는 국제항해용 해협의 통항제도는 이와 같은 해협을 형성하는 수역의 법적 지위 또는 그 수역과 그 수역의 상공, 해저 및 하층토에 대한 해협 연안국의 주권이나 관할권의 행사에 영향을 미치지 아니한다.
2. 해협 연안국은 주권이나 관할권은 이 장 및 국제법의 기타 규칙에 따라 행사한다.
제36조(국제항해용 해협 내의 공해 통과항로 또는 배타적경제수역 통과항로)
이 장은, 항해상 및 수로상의 특성에 있어서 유사한 편의를 가지는 공해 통과항로 또는 배타적경제수역 통과항로가 그 해협 내에 존재한다면, 국제항해용 해협에 적용하지 아니한다. 이와 같은 통과항로에 있어서, 항해 및 항공비행의 자유에 관한 규정을 포함한 이 협약의 다른 관련 장은 적용한다.

45) SOLAS 제5장 제10규칙 2. 국제해사기구는 선박의 항로지정제도의 국제적 수준에 관한 지침, 기준 및 규칙을 개발하는 유일한 국제단체로 인정된다. 체약국 정부는 선박의 항로지정제도의 채택에 위한 제안을 기구에 말하여야 한다. 기구는 채택된 모든 선박의 항로지정제도에 관한 모든 관련 정보를 체약국 정부에게 수집 및 배부하여야 한다.

점선으로 표시한 추천항로(Recommended tracks), 정밀하게 수심과 침몰물을 측량하여 지정하는 깊은 수심 항로(Deep water routes), 교통흐름의 방향을 표시해 놓을 수 있는 주의해역(Precautionary areas), 통항금지해역(Areas to be avoided) 등이 있다.

국제해사기구가 승인한 전 세계 각지에 지정된 항로는 'Ships' Routeing'이란 책자에 실려 있으며 공인된 해도에도 표기되어 있다.

심화학습

선장 및 항해사는 선박의 항법을 적용함에 있어 최우선적으로 적용 수역에 대하여 검토하여야 한다.

선박이 항행 중인 수역이 무역항의 수상구역 등인지, 우리나라의 영해 및 내수인지, 좁은 수로인지, 통항분리제도가 설정된 수역인지 등을 먼저 확인하여 우선적으로 어떤 법령이 적용되는지 알아야 한다. 두 척의 선박이 충돌하였을 때에도 마찬가지이다.

예를 들면, 총톤수 6만 톤인 선박이 맑은 날씨에 인천항의 제1항로를 따라 입항하면서 인천대교 부근 수역을 항해하고 있다면 이 선박이 준수하여야 하는 규정을 살펴보도록 하자.

먼저 인천항은 우리나라 항만법 상 무역항이고, 제1항로는 인천항의 수상구역에 해당하기 때문에 「선박입출항법」이 우선적으로 적용된다. 특히 인천지방해양수산청장은 「인천항·경인항 선박통항규칙」을 제정하여 인천항·경인항 및 부근수역에서 선박교통의 안전을 확보하고 해상교통질서를 유지함을 목적으로 「선박입출항법」의 규정에 의한 정박지, 항로, 항법 및 속력제한 등과 그 밖의 필요한 사항을 규정하고 있다. 이 규칙에서 정한 속력제한 규정에 따라 속력 10노트 이하로 항행하여야 하고, 별도로 정하고 있는 항법의 규정에 따라야 한다.

따라서 이 선박은 최우선적으로 「인천항·경인항 선박통항규칙」상 항법을 적용하고, 다음으로 「선박입출항법」상 항법을 적용하며, 마지막으로 「인천항·경인항 선박통항규칙」 및 「선박입출항법」에서 규정하고 있지 않은 경계, 안전한 속력, 충돌의 위험성, 충돌을 피하기 위한 동작 등 항법규정에 대하여 「해사안전법」 및 COLREG를 보충적으로 적용한다.

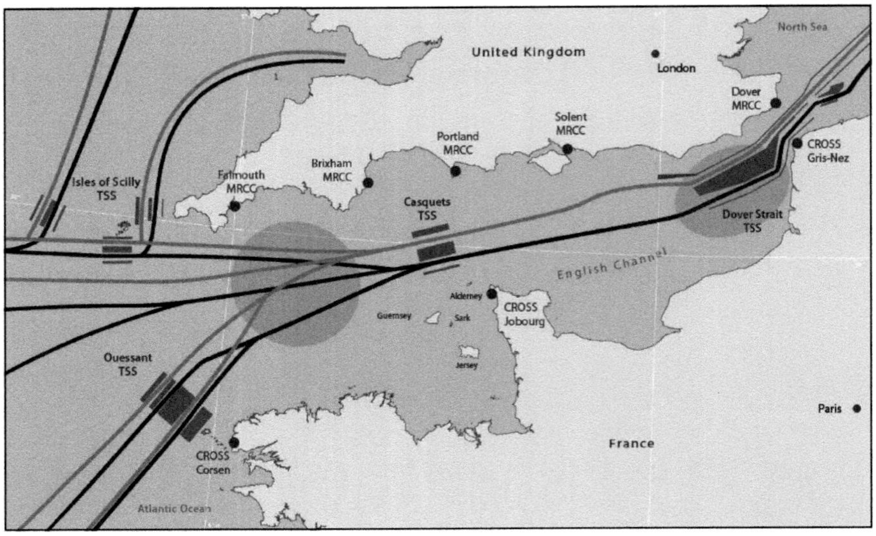

〈그림 2-1〉 Organization of maritime traffic in the English Channel

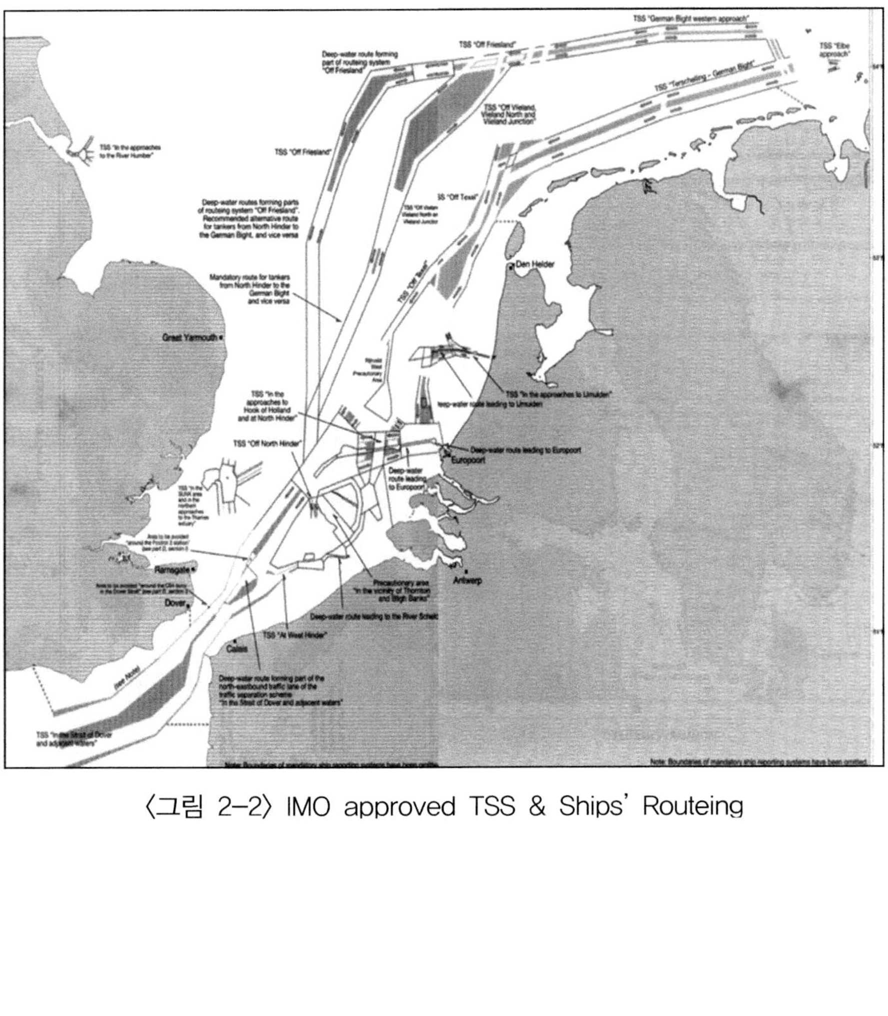

〈그림 2-2〉 IMO approved TSS & Ships' Routeing

1.2. 제2조 책임

PART A – GENERAL
Rule 2 (Responsibility) (a) Nothing in these Rules shall exonerate any vessel, or the owner, master or crew thereof, from the consequences of any neglect to comply with these Rules or of the neglect of any precaution which may be required by the ordinary practice of seamen, or by the special circumstances of the case. (b) In construing and complying with these Rules due regard shall be had to all dangers of navigation and collision and to any special circumstances, including the limitations of the vessels involved, which may make a departure from these Rules necessary to avoid immediate danger.

1.2.1. 해석

제1장 총칙
제2조(책임) (a) 이 규칙의 어느 규정도 이 규칙의 이행을 태만히 한 결과 또는 선원의 통상적인 업무수행 상이나 특수한 사정에 의하여 필요로 하는 주의를 태만히 함으로써 생긴 결과에 대하여 어떠한 선박, 선박소유자, 선장 또는 해원의 책임을 면제하여 주지 아니한다. (b) 이 규칙을 해석하고 실행에 옮기는데 있어서는 항해 및 충돌상의 모든 위험에 대하여 그리고 관계 선박의 성능의 한계에서 오는 사정을 포함한 모든 특수한 사정에 대하여 합당한 주의를 하여야 하고, 그러한 모든 위험이나 특수한 사정이 있을 때에는 절박한 위험을 피하기 위하여 이 규칙에 따르지 아니할 수도 있다. **해사안전법** **제6절 특수한 상황에서 선박의 항법 등** **제96조(절박한 위험이 있는 특수한 상황)** ① 선박, 선장, 선박소유자 또는 해원은 다른 선박과의 충돌 위험 등 절박한 위험이 있는 모든 특수한 상황(관계 선박의 성능의 한계에 따른 사정을 포함한다. 이하 같다)에 합당한 주의를 하여야 한다. ② 제1항에 따른 절박한 위험이 있는 특수한 상황에 처한 경우에는 그 위험을 피하기 위하여 제1절부터 제3절까지에 따른 항법을 따르지 아니할 수 있다. ③ 선박, 선장, 선박소유자 또는 해원은 이 법의 규정을 태만히 이행하거나 특수한 상황에 요구되는 주의를 게을리함으로써 발생한 결과에 대하여는 면책되지 아니한다.

1.2.2. 해설

제2조는 항해자에게 해상충돌예방규칙을 준수해야 할 뿐만 아니라, 적극적으로 충돌을 회피해야 할 책무를 부여한 규정이다.[46]

COLREG의 유일한 목적은 다른 선박뿐만 아니라 해저를 포함한 어떤 것과도 충돌을 예방하는데 있다. 따라서 어떤 상황에서든지 충돌이나 좌초가 발생한다면 항법을 위반한 것으로 추정된다.[47]

제2조 (a)항에서 사고결과에 대한 책임을 져야 하는 경우를 두 가지로 나누고 있다. 우선 ① 규정을 지키지 않아(any neglect to comply with these Rules) 발생한 결과를 책임져야 한다는 것이며, 두 번째로 ② 주의를 게을리 하여(the neglect of any precaution) 발생한 결과를 책임져야 한다는 규정으로 구성되어 있다.

주의를 다해야 하는 경우도 두 가지로 나누고 있다. 우선 ① 선원이 통상적인 업무를 수행할 때(ordinary practice of seamen)와 ② 특수한 사정이 있을 때(special circumstances of the case)이다.

따라서 선원은 ① 일상적인 업무를 수행할 때나(ordinary practice of seamen), ② 특수한 사정에 따른 조치를 시행할 때나(special circumstances of the case), 상황에 맞는 적절한 주의를(due regard) 태만히 하여서는(neglect of any precaution) 아니 된다.

위반책임을 구분하면 〈표 2-1〉과 같다.

〈표 2-1〉 사고 책임의 근원

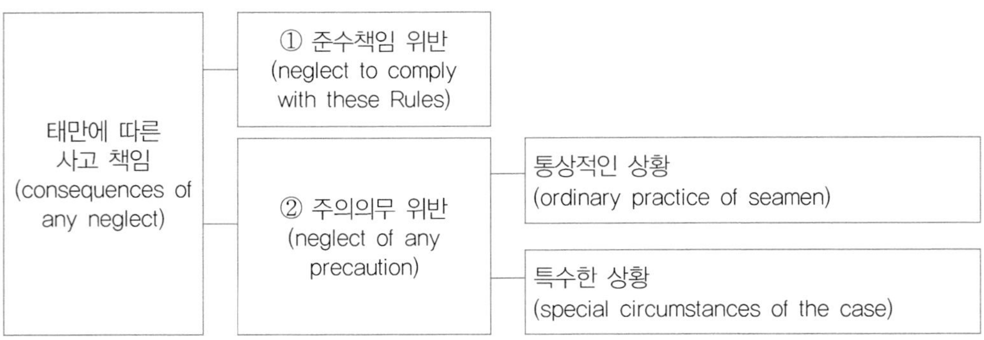

46) 본문의 번역은 외교부 다자조약 누리집의 내용을 그대로 인용하였다.
(출처) http://www.mofa.go.kr/www/wpge/m_3835/contents.do

47) 헌법 제27조 제4항은 "형사피고인은 유죄의 판결이 확정될 때까지는 무죄로 추정된다."고 선언함으로써 일반 사건에서는 무죄추정의 원칙이 적용되지만 해양안전심판에서는 적용되지 않으며 오히려 사고원인에 관련이 있다고 추정된다.

특수한 상황에서 합당한 주의를 다하는 방식으로 제2조 (b)항을 두고 있는데 'General Prudential Rule'이라[48] 한다. 이를 신중한 항해자의 법리에 따른 주의의무라고[49] 번역할 수 있으며, 항법준수 책임과 적극적으로 충돌을 피해야 하는 항해자의 의무에 대한 포괄적인 표현으로 볼 수 있다.

이에 따라 COLREG에서 규정하고 있는 항법을 적용하는 것만으로는 충돌을 피할 수 없을 때는 항법 규정을 벗어난 조치를 취할 수 있는 근거가 된다.

1) 선원의 상무로서 주의의무

선원에게 요구되는 일상적인 주의의무(precaution required by the ordinary practice of seamen)를 '선원의 상무(常務)'라고도 해석한다. 선원들은 STCW협약에 따라 교육받고 자격을 갖추어 해상에 투입되기 때문에 대부분이 비슷한 지식을 갖추고 있다. 따라서 일반적인 선원이라면 당연히 알고 있고 실행할 수 있는 정도의 일상적인 업무를 '선원의 상무'라고 한다.

선원의 상무는 선원이라면 동일한 항해의 위험(dangers of navigation)이나 충돌의 위험(dangers of collision)을 피하기 위해 동일한 선택을 할 것이라는 신뢰의 원칙을 제공한다.

2) 특별한 상황에서 주의의무

선원에게 요구되는 특별한 주의의무(Precaution required by the special circumstances of the case)란 COLREG에서 정해 놓지 않은 특별한 상황이 전개될 때 필요로 하는 주의의무이다.

COLREG에서 마주치거나 횡단하거나 추월할 때 적용하는 규정은 오직 두 척의 선박을 전제로 제정된 항법이다. 따라서 COLREG로는 해결되지 않는 특수한 상황 중에는 세 척 이상의 동력선이 한꺼번에 만난다든지, 어선 군이나 군함 편대와 조우하는 상황이 있을 수 있다.

---

48) The General Prudential Rule은 아래와 같이 구성된다.
- Forehandedness and prudence
- The mariner is responsible not only for complying with the Rules but also for avoiding a collision.

49) 주의의무는 영문 법률용어로 'Due diligence'이며 상당한 주의, 선량한 관리자의 주의의무(선관의무) 등으로 번역된다. COLREG 또한 항행에 관한 법률임을 고려할 때 제2조를 주의의무 조항이라 하면 선관의무와 혼동의 우려가 있으므로 COLREG 제2조의 제목과 같이 책무 조항이라고 하는 것이 적절하다고 본다.

세 척 이상의 선박 만났을 때 한 척이 다른 한 척과는 항법에 따라 충돌 예방조치가 가능한 반면, 그렇게 하면 또 다른 선박과는 충돌의 위험이 커지는 특별한 경우가 있을 수 있다.

두 척이 선박이 마주보는 상태에서도 특별한 경우가 발생할 수 있다. 서로 마주보는 선박이 좌현대 좌현(Port to Port)으로 피하고자 우현으로 변침하여야 하지만 우현 측에 암초가 있거나 수심이 낮아 우현으로 변침할 수 없는 사정이 있다면 특별한 경우라고 할 수 있다. 또한 양 선박이 교신하여 어떻게 피해가자고 합의한 경우에는 규정된 항법보다 서로 합의한 바를 따라야 하므로 이 또한 특별한 경우로 본다.

이러한 특수한 경우로 상황이 전개될 수 있다면 조기에 충분한 동작을 취하여 위험한 상황을 만들지 말아야 한다. 그럼에도 불구하고 충돌이 임박한 상황이라면 COLREG의 규정에 얽매이지 않고 적극적으로 적절한 조치를 취할 수 있도록 허용한다는 취지를 포함하고 있다.

일반적으로 두 선박이 서로를 발견하였을 때 COLREG 제15조에 따라[50] 상대선박을 자선의 우현 측에서 발견한 선박이 피해주어야 한다.[51] 반면에 상대선박을 좌현 측에서 발견하였다 하더라도 상대선박이 조종성능에 문제가 있는 조종불능선,[52] 조종제한선,[53] 흘수제약선,[54] 어로에 종사하고 있는 선박, 범선 등이라면[55] 제18조에 따

50) 제15조(횡단상태) 두 척의 동력선이 서로 진로를 횡단할 경우에 충돌의 위험이 있을 때에는 다른 선박을 우현측에 두고 있는 선박이 다른 선박의 진로를 피하여야 하며, 사정이 허락하는 한 다른 선박의 전방을 횡단하여서는 아니 된다.

51) Rule 15 (Crossing Situation) When two power-driven vessels are crossing so as to involve risk of collision, the vessel which has the other on her own starboard side shall keep out of the way and shall, if the circumstances of the case admit, avoid crossing ahead of the other vessel.

52) NUC: Vessel Not Under Command. Due to some exceptional circumstance, cannot maneuver according to the rules. Unable to keep out of the way. Highest priority of AVOID.

53) RAM: Restricted in Ability to Maneuver due to nature of her work. Unable to keep out of way of other vessels. Next highest order of AVOID.

54) CBD: Constrained By Draft. Cannot maneuver out of the way because of insufficient water.

55) 동력선이 기관고장이나 타기고장, 닻이 끌리는 주묘 등과 같은 예외적인 사정으로 조종성능이 제한되거나 상실되어 다른 선박의 진로를 피할 수 없게 된다. 이를 발견한 동력선은 충돌회피동작을 시행하여야 한다.

- 흘수가 깊어 항만 접근수로에서 깊은 수심 항로를 따라서만 항행해야 하는 경우에도 관계 선박의 성능의 한계에서 오는 사정이 있다고 보아 이를 발견한 동력선은 충돌회피동작을 시행하여야 한다.
- 범선은 바람이라는 외력에 의지해 운항하기에 조종성능이 떨어진다. 따라서 이를 발견한 동력선은 범선의 진로를 피하여야 한다.

라 항해 중인 동력선이 이러한 선박들의 진로를 피하여야 한다. 그러나 제18조에서 정한 피항 우선순위에 따라 상대선의 진로를 피할 수 없거나 피하는 것만으로는 충돌을 피할 수 없는 절박한 위험이 있다면 피항 우선순위에 얽매이지 말고 최선의 충돌회피 동작을 적극적으로 취하여야 한다.

사고가 발생하였으나 본선에서 특수한 상황이라 판단하여 COLREG의 규정을 따르지 않았다고 주장하면 해양사고 조사당국에서는 특수한 상황을 판단하기 위해 두 가지 기준을 적용한다.

우선 ① 상황이 특별해야 한다(the circumstance be special), 그리고 ② 위험이 임박해야 한다(the danger be immediate).

상황이 특별한 경우만으로는 면책을 주장할 수 없다. 이 두 가지 요건이 모두 만족되지 않으면 특수한 상황에 따라 다른 항법규정의 적용 배제를 주장할 수 없다.

심화학습

「해사안전법」 제96조의 조문이 COLREG 제2조의 뜻을 표현하고 있지만 문장이 병렬적으로 일치하지는 않는 것은 '주의의무'라는 관습적인 내용을 조문화하면서 불문 항법인 항행상의 모든 관습이 포괄적으로 승인된 것으로 오인되지 않도록 규정하기 위하여 '선원의 상무'를 제외함으로써 변형된 조문으로 보아야 한다.

COLREG Rule 2 (Responsibility)	해사안전법 제96조 (절박한 위험이 있는 특수한 상황)
(a) Nothing in these Rules shall exonerate any vessel, or the owner, master or crew thereof, from the consequences of any neglect to comply with these Rules or of the neglect of any precaution which may be required by the ordinary practice of seamen, or by the special circumstances of the case.	③ 선박, 선장, 선박소유자 또는 해원은 이 법의 규정을 태만히 이행하거나 특수한 상황에 요구되는 주의를 게을리함으로써 발생한 결과에 대하여는 면책되지 아니한다.
(b) In construing and complying with these Rules due regard shall be had to all dangers of navigation and collision and to any special circumstances, including the limitations of the vessels involved, which may make a departure from these Rules necessary to avoid immediate danger.	① 선박, 선장, 선박소유자 또는 해원은 다른 선박과의 충돌 위험 등 절박한 위험이 있는 모든 특수한 상황(관계 선박의 성능의 한계에 따른 사정을 포함한다. 이하 같다)에 합당한 주의를 하여야 한다. ② 제1항에 따른 절박한 위험이 있는 특수한 상황에 처한 경우에는 그 위험을 피하기 위하여 제1절부터 제3절까지에 따른 항법을 따르지 아니할 수 있다.

1.3. 제3조 용어의 정의

PART A – GENERAL
Rule 3 (General Definitions) For the purpose of these Rules, except where the context otherwise requires: (a) The word 'vessel' includes every description of water craft, including non-displacement craft, WIG craft and seaplanes, used or capable of being used as a means of transportation on water. (b) The term 'power-driven vesse' means any vessel propelled by machinery. (c) The term 'sailing vessel' means any vessel under sail provided that propelling machinery, if fitted, is not being used. (d) The term 'vessel engaged in fishing' means any vessel fishing with nets, lines, trawls or other fishing apparatus which restrict maneuverability, but does not include a vessel fishing with trolling lines or other fishing apparatus which do not restrict maneuverability. (e) The word 'seaplane' includes any aircraft designed to manoeuvre on the water.

1.3.1. 해석

제1장 총칙

제3조(용어의 정의)

이 규칙에서 사용하는 용어의 정의는 문맥상 다른 의미로 해석하여야 할 필요가 있을 때를 제외하고는 다음과 같다.

(a) '선박'이란 수상의 운송수단으로 사용되거나 또는 사용될 수 있는 모든 배 종류이며, 수면비행선박 및 수상항공기와 같이 배수량을 갖지 않는 선박을 포함한다.

「**해사안전법**」 **제2조** 2. **"선박"**이란 물에서 항행수단으로 사용하거나 사용할 수 있는 모든 종류의 배(물 위에서 이동할 수 있는 수상항공기와 수면비행선박을 포함한다)를 말한다.

(b) '동력선'이란 기계류를 사용하여 추진하는 모든 선박을 말한다.

「**해사안전법**」 **제2조** 9. **"동력선"**(動力船)이란 기관을 사용하여 추진(推進)하는 선박을 말한다. 다만, 돛을 설치한 선박이라도 주로 기관을 사용하여 추진하는 경우에는 동력선으로 본다.

(c) '범선'이란 돛을 사용하는 선박과 추진기계를 장치하고 있더라도 이를 사용하고 있지 않고서 돛을 사용 하고 있는 일체의 선박을 말한다.

「**해사안전법**」 **제2조** 10. **"범선"**(帆船)이란 돛을 사용하여 추진하는 선박을 말한다. 다만, 기관을 설치한 선박이라도 주로 돛을 사용하여 추진하는 경우에는 범선으로 본다.

(d) '어로에 종사하고 있는 선박'이란 조종성능을 제한하는 어망, 낚싯줄, 트롤망 또는 기타 어구를 사용하여 어로하고 있는 선박을 말하며, 조종성능을 제한하지 아니하는 낚싯줄 또는 기타 어구를 사용하여 어로하고 있는 선박은 포함하지 아니한다.

「**해사안전법**」 **제2조** 11. **"어로에 종사하고 있는 선박"**이란 그물, 낚싯줄, 트롤망, 그 밖에 조종성능을 제한하는 어구(漁具)를 사용하여 어로(漁撈) 작업을 하고 있는 선박을 말한다.

(e) '수상항공기'란 수상에서 조종할 수 있도록 설계된 비행기를 말한다.

「**해사안전법**」 **제2조** 3. **"수상항공기"**란 물 위에서 이동할 수 있는 항공기를 말한다.

PART A – GENERAL

(f) The term 'vessel not under command' means a vessel which through some exceptional circumstance is unable to manoeuvre as required by these Rules and is therefore unable to keep out of the way of another vessel.

(g) The term 'vessel restricted in her ability to manoeuvre' means a vessel which from the nature of her work is restricted in her ability to manoeuvre as required by these Rules and therefore is unable to keep out of the way of another vessel. The term 'vessels restricted in their ability to manoeuvre' shall include but not be limited to;

- (i) a vessel engaged in laying, servicing or picking up a navigation mark, submarine cable or pipeline;
- (ii) a vessel engaged in dredging, surveying or underwater operations;
- (iii) a vessel engaged in replenishment or transferring persons, provisions or cargo while underway;
- (iv) a vessel engaged in the launching or recovery of aircraft;
- (v) a vessel engaged in mineclearance operations;
- (vi) a vessel engaged in a towing operation such as severely restricts the towing vessel and her tow in their ability to deviate from their course.

(h) The term 'vessel constrained by her draught' means a power-driven vessel which because of her draught in relation to the available depth and width of navigable water, is severely restricted in her ability to deviate from the course she is following.

제1장 총칙

(f) '조종이 자유롭지 못한 선박'이란 예외적인 사정으로 인하여 이 규칙이 요구하는 대로 조종될 수 없고, 따라서 타선의 진로를 피할 수 없는 선박을 말한다.

「**해사안전법**」 **제2조** 12. "**조종불능선**"(操縱不能船)이란 선박의 조종성능을 제한하는 고장이나 그 밖의 사유로 조종을 할 수 없게 되어 다른 선박의 진로를 피할 수 없는 선박을 말한다.

(g) '조종성능이 제한된 선박'이란 종사하고 있는 작업의 성질상 이 규칙이 요구하는 대로 조종될 수 없어서 타선의 진로를 피할 수 없는 선박을 말한다. 다음은 '조종 성능이 제한되어 있는 선박'에 포함되나 이에 한정되지 아니한다.

(ⅰ) 항로표지, 해저전선 또는 도관의 부설·보수 또는 인양에 종사하고 있는 선박;
(ⅱ) 준설, 측량 또는 수중작업에 종사하고 있는 선박;
(ⅲ) 항해하면서 해상보급 또는 인원, 식량 또는 화물의 이송에 종사중인 선박;
(ⅳ) 비행기의 발착에 종사하고 있는 선박;
(ⅴ) 기뢰제거 작업에 종사하고 있는 선박;
(ⅵ) 예선이나 피예선이 자기의 침로에서 벗어날 수 없도록 심히 행동을 제약하는 성질의 예인작업에 종사하고 있는 선박.

「**해사안전법**」 **제2조** 13. "**조종제한선**"(操縱制限船)이란 다음 각 목의 작업과 그 밖에 선박의 조종성능을 제한하는 작업에 종사하고 있어 다른 선박의 진로를 피할 수 없는 선박을 말한다.

가. 항로표지, 해저전선 또는 해저파이프라인의 부설·보수·인양 작업
나. 준설(浚渫)·측량 또는 수중 작업
다. 항행 중 보급, 사람 또는 화물의 이송 작업
라. 항공기의 발착(發着)작업
마. 기뢰(機雷) 제거작업
바. 진로에서 벗어날 수 있는 능력에 제한을 많이 받는 예인(曳引)작업

(h) '흘수에 의하여 제약을 받는 선박'이란 흘수로 인하여 가항수역의 수심과 폭에 여유가 적어서 현재 취하고 있는 침로를 이탈할 능력이 극히 제한된 동력선을 말한다.

「**해사안전법**」 **제2조** 14. "**흘수제약선**"(吃水制約船)이란 가항(可航)수역의 수심 및 폭과 선박의 흘수와의 관계에 비추어 볼 때 그 진로에서 벗어날 수 있는 능력이 매우 제한되어 있는 동력선을 말한다.

PART A – GENERAL

(i) The word 'underway' means that a vessel is not at anchor, or made fast to the shore, or aground.

(j) The words 'length' and 'breadth' of a vessel mean her length overall and greatest breadth.

(k) Vessels shall be deemed to be in sight of one another only when one can be observed visually from the other.

(l) The term 'restricted visibility' means any condition in which visibility is restricted by fog, mist, falling snow, heavy rainstorms, sandstorms or any other similar causes.

(m) The term 'Wing-In-Ground (WIG) craft' means a multimodal craft which, in its main operational mode, flies in close proximity to the surface by utilizing surface-effect action.

제1장 총칙

(i) '항행 중'이란 선박이 정박하거나 또는 육안에 계류하거나 또는 좌초하지 아니한 상태를 말한다.

「**해사안전법**」 **제2조** 22. "**항행 중**"이란 선박이 다음 각 목의 어느 하나에 해당하지 아니하는 상태를 말한다.

가. 정박(碇泊)

나. 항만의 안벽(岸壁) 등 계류시설에 매어 놓은 상태[계선부표(繫船浮標)나 정박하고 있는 선박에 매어 놓은 경우를 포함한다]

다. 얹혀 있는 상태

(j) '선박의 길이 및 폭'이란 그 선박의 전장 및 최대의 폭을 말한다.

「**해사안전법**」 **제2조** 23. "**길이**"란 선체에 고정된 돌출물을 포함하여 선수(船首)의 끝단부터 선미(船尾)의 끝단 사이의 최대 수평거리를 말한다.

「**해사안전법**」 **제2조** 24. "**폭**"이란 선박 길이의 횡방향 외판의 외면으로부터 반대쪽 외판의 외면 사이의 최대 수평거리를 말한다.

(k) 한 선박이 다른 선박을 육안으로 볼 수 있는 경우만을 '서로 시계 내에 있다'고 본다.

(l) '제한 시계'라 함은 안개, 강설, 폭풍우, 모래폭풍 또는 기타 유사한 원인으로 인하여 시계가 제한된 모든 상태를 말한다.

「**해사안전법**」 **제2조** 19. "**제한된 시계**"란 안개·연기·눈·비·모래바람 및 그 밖에 이와 비슷한 사유로 시계(視界)가 제한되어 있는 상태를 말한다.

(m) '표면효과선박(WIG)'이란 표면효과작용을 이용하여 표면에 근접하여 주로 비행하는 여러 형태의 선박을 말한다.

「**해사안전법**」 **제2조** 4. "**수면비행선박**"이란 표면효과 작용을 이용하여 수면 가까이 비행하는 선박을 말한다.

1.3.2. 해설

선박을 정의하고 분류하는 방법은 선박의 추진방법, 선형, 크기, 용도 등에 따라 여러 가지가 있으며, 국제협약에서는 그 협약의 제정 목적에 따라 선박에 대한 정의와 분류를 달리 정하고 있다.

SOLAS에서는 여객선과 화물선에 대한 안전기준을 달리 정하기 위해 여객선과 화물선에 대한 정의를 두고 있으며, 현존선과 신조선에 대한 규정을 일률적으로 정하기 어렵기 때문에 현존선과 신조선에 대한 정의도 두고 있다.56)

「해사안전법」에는 대한민국선박, 위험화물운반선, 거대선, 고속여객선에 관한 정의를57) 두고 있는데 COLREG와는 관계없으며, 항법 이외의 조문에서 사용하기 위해 정의한 것이다.

이와 반대로 통항로, 항로지정제도, 분리선 또는 분리대, 연안통항대, 예인선열, 대수속력은 COLREG의 정의에는 없으나 COLREG 본문에 내용이 있어 「해사안전법」에 별도로 정의해 둔 것이다.

1) 선박

COLREG는 해상에서 충돌을 예방하기 위한 목적이므로 가항수역에서 다른 선박과 조우할 수 있는 모든 교통수단을 대상으로 한다. 선박의 종류는 ① 동력선, ② 범선, ③ 어로에 종사하고 있는 선박, ④ 수상항공기, ⑤ 조종불능선, ⑥ 조종제한선, ⑦ 흘수제약선, ⑧ 수면비행선박으로 나누고 있다.

---

56) SOLAS 제1장 제2규칙(용어의 정의)
(f) "여객선"이라 함은 12인을 초과하는 여객을 운송하는 선박을 말한다.
(g) "화물선"이라 함은 여객선이 아닌 선박을 말한다.
(h) "탱커"란 인화성 액체화물의 산적운송을 위하여 건조되거나 개조된 화물선을 말한다.
(i) "어선"이라 함은 어류, 고래류, 해표, 해마, 기타 해양 생물자원을 포획하기 위해 사용되는 선박을 말한다.
(j) "원자력선"이라 함은 원자력 시설을 설비한 선박을 말한다.
(k) "신조선"이라 함은 1980. 5. 25일 이후에 용골을 거치하거나 동등한 건조 단계에 있는 선박을 말한다.
(l) "현존선"이라 함은 신선이 아닌 선박을 말한다.

57) 「해사안전법」 제2항 5. "대한민국선박"이란 「선박법」 제2조 각 호에 따른 선박을 말한다.
6. "위험화물운반선"이란 선체의 한 부분인 화물창(貨物倉)이나 선체에 고정된 탱크 등에 해양수산부령으로 정하는 위험물을 싣고 운반하는 선박을 말한다.
7. "거대선"(巨大船)이란 길이 200미터 이상의 선박을 말한다.
8. "고속여객선"이란 시속 15노트 이상으로 항행하는 여객선을 말한다.

각각의 선박은 다른 선박과 만나 유지선이나 피항선 또는 서로 피항선인 항법관계가 형성된다. 수상항공기도 수면에 접근하여 비행하거나 수면에 내려앉아 이동하면 다른 선박과 항법관계가 형성되므로 선박의 종류에 포함되어 있다.

항법관계는 기본적으로 조종성능이 좋은 선박이 그렇지 못한 선박을 피하도록 규정되어 있다. 따라서 동력선은 바람에 의해 움직이는 범선이나 어구 때문에 조종성능이 제한받고 있는 '어로에 종사하고 있는 선박'을 피하도록 하고 있다.

심화학습

COLREG에서는 선박을 '수상에서 운송수단(means of transportation)으로 사용되거나 사용될 수 있는 모든 종류의 배'로 정의하고 있는 반면에, 「해사안전법」에서는 '물에서 항행수단으로 사용하거나 사용할 수 있는 모든 종류의 배'로 정의하고 있다. 여기서 항행수단은 운송수단보다 폭넓은 의미를 포함하고 있다. 운송수단이라 함은 여객 또는 화물의 운송에 국한한다고 해석되어 자원의 탐사·개발, 해양과학조사 또는 해상레저를 목적으로 사용하는 경우 선박에 해당하지 아니하다고 해석될 수 있다.

「해사안전법」에서는 '해양시설'에 대하여 '자원의 탐사·개발, 해양과학조사, 선박의 계류(繫留)·수리·하역, 해상주거·관광·레저 등의 목적으로 해저(海底)에 고착된 교량·터널·케이블·인공섬·시설물이거나 해상부유 구조물로서 선박이 아닌 것을 말한다.'고 규정하고 있다. 해상시추선은 통상적으로 해저면에 고정된 형태로 운영된다. 그러나 최근 부유식 해상시추선 중 동적계류 시추선(Dynamic Positioning Drillship)이나[58] 유조선을 개조하여 선수에서 계류줄(Mooring Rope)을 내어 단점부표계선장치(Single Point Buoy Mooring System)에 계류하는 해상시추선은 시추작업 후 자력으로 이동한다.

따라서 동적계류 시추선이나 유조선을 개조한 해상시추선은 시추작업 중 「해사안전법」상 '해양시설'에 해당하지만, 자력으로 이동할 경우 '항행수단으로 사용하는 배'로서 '선박'에 해당한다.

2) 동력선

SOLAS협약에 따라 어선으로 등록되어 있는 선박이라 하더라도 어로에 종사하지 않

58) 동적계류 시추선(Dynamic Positioning Drillship)은 시추작업 중 시추선의 운동을 시추지점으로부터 일정한 범위 내로 고정시키기 위해 선수와 선미에 설치된 트러스트(Thrust)를 이용하여 동적계류장치를 사용한다.

고 있다면 선박 조종에 지장이 없으므로 COLREG에서는 동력선으로 본다. 낚시어선과 같이 여가를 즐기려는 목적으로 몇 개의 낚싯대를 드리우고 있는 어선의 경우에 낚싯대 때문에 조종성능이 제한된다고 볼 수 없다면 COLREG에서 말하는 어로에 종사하고 있는 선박으로 볼 수 없다.

기관을 장착한 범선이 돛을 이용하면 범선, 돛을 이용하지 않고 기관으로 움직인다면 이 또한 동력선으로 본다.

3) 어로에 종사하고 있는 선박

'어로에 종사하고 있는 선박'은 '조종성능을 제한하는 그물, 낚싯줄, 트롤망 또는 기타 어구를 사용하여 어로(漁撈)작업을 하고 있는 모든 선박을 말한다.'고 규정하고 있으며, 단서에서 '조종성능을 제한하지 아니한 낚싯줄 또는 기타 어구를 사용한 어로작업을 하고 있는 경우는 이에 해당하지 아니한다.'고 규정하고 있다.

즉 어선이 어로작업을 하되 조종성능을 제한하는 어구를 사용하는 경우로 한정하고 있다.[59)]

또한 '어로에 종사하고 있는 선박'은 등화와 형상물에 관한 규정에서 항행 중이거나 정박 중과 관계없이 해당 등화와 형상물을 표시하도록 규정하고 있다. 따라서 정박상태에서 조종성능을 제한하는 어구를 사용하여 어로작업에 종사하고 있는 경우에도 '어로에 종사하고 있는 선박'에 해당한다.

심화학습

「해사안전법」에서는 '어로에 종사하고 있는 선박'을 '그물, 낚싯줄, 트롤망, 그 밖에 조종성능을 제한하는 어구(漁具)를 사용하여 어로(漁撈)작업을 하고 있는 선박을 말한다.'라고 규정하고 있어 조종성능을 제한받는 것과 무관하게 그물 또는 낚싯줄을 사용하여 어로작업을 하고 있는 것만으로도 '어로에 종사하고 있는 선박'에 해당하는 것으로 해석할 수 있다.

---

59) '어로에 종사하고 있는 선박'은 하나의 용어로서 '조종성능을 제한하는 어구를 사용하여 어로작업을 하고 있는 선박'으로 정의하고 있다. 따라서 「해사안전법」상 항법과 관련하여 '어로조업선', '어로 중인 선박', '어로작업 중인 선박', '어로에 종사하는 선박' 등과 같은 용어를 사용하는 경우 항법 상 '어로에 종사하고 있는 선박'의 지위를 갖는 선박을 말한다고 볼 수 없다. 만약 '어로에 종사하고 있는 선박'을 반복하여 표기하여야 하는 상황에서 용어가 길어 축약하여 사용하고자 한 경우에는 '어로에 종사하고 있는 선박(이하 '어로작업 중인 선박'이라 한다)'와 같이 미리 표기하고, 이후 '어로작업 중인 선박'으로 사용하기를 추천한다.

4) 조종불능선(操縱不能船, NUC)

조종불능선은[60] 고장 또는 그 밖의 예외적인 사정으로 인하여 이 규칙의 규정에 따라 조종할 수 없어 다른 선박의 진로를 피할 수 없는 선박을 말한다.

선박이 다른 선박의 진로를 피할 수 없는 특별한 사정에는 닻을 놓아 정박하고 있는데 닻이 끌리는 경우(dragging anchor), 기관고장이나 타기고장으로 보침(course keeping)이 되지 아니한 경우, 범선이 항행 중 바람이 불지 아니하여 조종할 수 없는 경우 등이 이에 해당한다고 할 수 있다.

일반적으로 기상이 나빠 선박조종이 일부 제한되어 어렵다는 이유만으로는 조종불능선에 해당한다고 할 수 없고, 또한 선박이 조종불능선에 해당하는 등화와 형상물을 표시하고[61] 있다고 하여 조종불능선으로 인정되지 아니한다.

선박은 당시 이 규칙에서 정하고 있는 조종불능선에 해당하고, 조종불능선을 나타내는 등화와 형상물을 표시하고 있어야 조종불능선으로 인정된다. 다만 등화와 형상물을 표시하고 있지 아니하나, VTS센터 및 해상교통문자방송(NAVTEX) 등을 통해 방송되고 해당 선박의 연돌에서 검은 연기가 피어나면서 다른 선박이 육안으로 보기에 쉽게 기관고장 등으로 조종불능상태임을 인식할 수 있을 정도로 예측이 가능한 상황이라면 조종불능선의 등화와 형상물을 표시하지 아니한 경우에도 조종불능선으로 인정될 수 있다.

특히 선박이 무역항의 입항시간 대기를 위해 연안에서 기관을 정지하고 있고, 야간에 항해등에 추가하여 홍색 전주등 2개를 켜고 있다고 해서 '조종불능선'에 해당한다고 인정되지 아니한다. 이 선박은 주기관이 고장이 나지 아니하여 언제든지 움직일 수 있는 상태이나 스스로 표류를 선택한 경우이기 때문에 항법 상 '대수속력이 없는 동력선'에 해당하며, 규정된 항해등 이외 조종불능선의 등화를 표시하면 아니 된다.

5) 조종제한선(操縱制限船, RAM)

조종제한선(RAM)도[62] 조종불능선(NUC)과 같이 이 규칙의 규정에 따라서 다른 선

---

60) '조종불능선'은 COLREG에서 '조종이 자유롭지 못한 선박'으로 해석되고, 운전부자유선 또는 조종부자유선 등으로 불리고 있으나, 「해사안전법」에서 '조종불능선'이라고 규정하고 있다. 저자는 항법을 배우는 자들의 혼동을 피하기 위해 「해사안전법」과 동일하게 이후 '조종불능선'이라 한다.

61) 조종불능선(NUC)은 야간에 홍색 전주등 두 개를 같은 수직선상에서 켜고, 주간에 2개의 구형 형상물을 같은 수직선상에 게양하여야 한다.

62) '조종제한선'은 COLREG에서 '조종성능이 제한된 선박'으로 해석되고, '조종성능제한선박', '조종능력제한선박', '조종능력이 제한되어 있는 선박'이라 불리고 있으나, 「해사안전법」에서 '조종제

박의 진로를 피할 수 없는 경우이다. 그러나 조종제한선(RAM)은 조종불능선과 달리 선박이 고장이나 결함으로 인해 이 규칙의 규정을 따를 수 없는 것이 아니라 정상적으로 작동하고 있다는 것이다. 다만 선박이 당시 수행하고 있는 작업의 성질 때문에 선박의 조종성능이 제한되어 이 규칙의 규정에 따라 다른 선박의 진로를 피할 수 없다는 것이다.

COLREG에서는 조종제한선에 해당하는 여섯 가지 종류의 작업에 종사하고 있는 선박을 열거하고 있고,[63] 이러한 작업에 종사하고 있는 선박에만 한정하고 있지 않는다고 규정하고 있다.

한편 '어로에 종사하고 있는 선박'은 작업의 성질 즉 어로작업으로 인하여 조종성능을 제한받아 다른 선박의 진로를 피할 수 없어 '조종제한선'에 해당한다고 할 수 있다. 그러나 '조종제한선'의 정의에서 열거하고 있는 여섯 종류의 작업에 종사하고 있는 선박의 작업 성질과 비교할 때 조종성능을 제한하는 어구를 사용하여 하는 어로작업이 조종성능면에서 더 양호하다고 할 수 있다.

따라서 조종제한선은 열거하고 있는 여섯 종류의 작업에 종사하고 있는 선박과 유사할 정도로 조종성능의 제한을 받는 작업에 종사하고 있는 선박이라야 조종제한선에 해당한다고 할 수 있을 것이며, 적어도 '어로에 종사하고 있는 선박'보다는 더 조종성능이 제한되는 작업에 종사하여야 한다고 판단된다.

6) 서로 시계와 제한된 시계

선박의 항법은 상대선박을 눈으로 볼 수 있는가에 따라 서로 시계 안에 있는 경우와 제한된 시계에 있는 경우로 구분하며, 시계 상태와 상관없이 적용되는 모든 시계상태로 구분한다.

'서로 시계 내에 있다'는 것은 한 선박이 다른 선박을 눈으로 볼 수 있는 경우만을 뜻한다. '제한된 시계'란 안개, 강설, 폭풍우, 모래폭풍 또는 기타 유사한 원인으로 인

한선'이라고 규정하고 있다. 저자는 항법을 배우는 자들의 혼동을 피하기 위해 「해사안전법」과 동일하게 이후 '조종제한선'라 한다.

63) 가. 항로표지, 해저전선 또는 해저파이프라인의 부설·보수·인양 작업
나. 준설(浚渫)·측량 또는 수중 작업
다. 항행 중 보급, 사람 또는 화물의 이송 작업
라. 항공기의 발착(發着)작업
마. 기뢰(機雷)제거작업
바. 예선과 피예인선이 침로에서 벗어날 능력이 심하게 제한하는 예인(曳引)작업

하여 시계가 제한된 모든 상태를 말한다.[64] 즉 어느 정도의 상태가 서로 시계 또는 제한된 시계인지 명시하지 아니한 채 선언적인 문구로 정의하고 있어 항법을 적용함에 있어서는 관습이나 판례를 참고하여야 한다.

판례에서는 서로 시계 및 제한된 시계는 현등(Sidelights)의 법정 최소 가시거리를 기준으로 판단하고 있다. 예를 들면, 길이 50미터 이상인 선박은 현등의 법정 가시거리가 3마일로서 이를 기준으로 시계가 3마일 미만인 경우 '제한된 시계상태', 그리고 시계가 3마일 이상인 경우 '서로 시계안에 있다'고 본다.[65]

일부 의견으로 서로 시계와 제한된 시계를 기적의 가청거리를 기준으로 판단하는 경우도 있다. 기적의 가청거리는 선박의 길이에 따라 0.5마일에서 2마일까지 규정되어 있다.[66]

선박이 다른 선박을 현등의 법정 가시거리 안에서 눈으로 볼 수는 없으나 레이더로 탐지할 수 있더라도 서로 시계항법이 적용되지 않는다.

심화학습

「선박입출법」에서 무역항의 수역구역에 설정된 항로항법 중 추월은 원칙적으로 금지하고 있으나, 추월선이 추월하려는 선박을 눈으로 볼 수 있고 안전하게 추월할 수 있다고 판단되는 경우 추월을 일부 허용하였다. 즉 무역항의 수상구역에서 추월은 양 선박이 서로 시계안에 있을 때 가능하고 제한된 시계상태에서는 불가하다. 그리고 서로 시계안에 있을 경우에도 안전하게 추월할 수 있다고 판단되는 경우에 가능하고, 추월하고자 하는 선박은 좁은 수로에서와 같이 추월하려는 선박에게 기적신호를 하여 추월하겠다는 의사를 표시하고, 추월당하는 선박이 그 의도에 동의하여 기적신호로 그 의사를 표현할 때 추월이 가능하다.

---

64) 시계제한을 유발하는 요인으로는 안개(fog), 수증기(mist), 강설(falling snow), 폭풍우(heavy rainstorms), 모래폭풍(sandstorms)이 있으며 유사한 원인으로는 산림화재에 따른 연기(smoke), 연무(haze), 먼지폭풍(dust storms) 등이 있을 수 있다.

65) 등화의 가시거리

특성(전장) \ 등화	마스트등	현등	선미등	예인등	전주등
50미터 이상	6해리	3해리	3해리	3해리	3해리
20~50미터 미만	5해리	2해리	2해리	2해리	2해리
12~20미터 미만	3해리	2해리	2해리	2해리	2해리
12미터 미만	2해리	1해리	2해리	2해리	2해리

66) 기적의 최소 가청거리는 길이 20m 미만의 선박 0.5해리, 길이 20m 이상 75m 미만의 선박 1.0해리, 길이 75m 이상 200m 미만의 선박 1.5해리, 길이 200m 이상의 선박 2.0해리이다.

7) 길이와 폭

선박의 '길이'와 '폭'도 선박의 종방향과 횡방향에서 가장 긴 거리 즉 길이는 전장(全長, Length overall),[67] 너비는 최대 너비(Greatest breadth)를 채택하고 있다. 이는 선박이 충돌할 때 먼저 접촉하는 부분이기도 하다. 선박의 흘수는 COLREG에 규정되어 있지 않지만 선수부 흘수인지 선미부 흘수인지를 따지지 않고 좌초할 때 가장 먼저 접촉하는 부분으로 보아 선박의 수직방향에서 물에 잠긴 가장 긴 길이라는 추측이 합리적이다.

8) 항행 중(underway)

항행 중이라 함은 선박이 ① 닻을 놓고 정박 중인 경우(at anchor), ② 계류줄로 부두에 묶어 계류 중인 경우(made fast to the shore), ③ 좌초한 경우(aground)를 제외한 모든 상태를 말한다. 그러나 항행 중은 선박이 대수속력이나 대지속력이 있어야 하는 것을 전제로 하지 않는다.

선박이 정박 중이라 함은 닻을 놓을 때(let to anchor)부터 닻이 해저에서 파루력을 잃고 떨어질 때(anchor aweigh)까지를 말한다고 할 수 있다. 선박이 계류 중이라 함은 첫 번째 계류줄이 부두의 계선주에 걸릴 때(first line to berth)부터 계류줄이 부두의 계선주에서 모두 벗겨질 때(all lines let go)까지를 말한다고 할 수 있다.

따라서 선박이 정박 중 닻이 끌리거나 닻을 놓지 않은 채로 수중 작업을 지원하거나, 정류상태로 도선사의 승선을 기다리고 있는 경우도 항행 중에 해당한다.

심화학습

「해사안전법」에서는 선박이 단점부표계선장치(SBM) 등의 계선부표(繫船浮標)나 정박하고 있는 선박에 매어 놓은 경우를 '계류 중'으로 규정하였으나, 국제해상충돌예방규칙에서 '항행 중'의 정의를 고려할 경우 '정박 중'에 해당한다.

---

67) 선박국적증서 및 선박검사증서에 기재된 선박의 길이는 선박법 상 아래와 같이 정의하고 일명 '등록장(Resistered length)'이라고 불리며, 전장(全長)보다 짧다.
"선박의 길이"는 최소 형(型) 깊이의 85퍼센트의 위치에서 계획만재흘수선에 평행한 흘수선(吃水線) 전장(全長)의 96퍼센트와 그 흘수선상의 선수재(船首材) 전면으로부터 타두재(舵頭材) 중심선까지의 거리 중 긴 것을 말한다(「선박법 시행규칙」 제11조제1항제9호).

참고

□ 국제신호기

Alpha •— Diver down	Bravo —••• Dangerous cargo on board	Charlie —•—• Affirmative - Yes	Delta —•• Keep clear
Echo • Turning to Starboard	Foxtrot ••—• I am disabled. Communicate with me	Golf ——• I require a pilot / Hauling nets.	Hotel •••• Pilot on board
India •• Turning to Port	Juliet •——— On fire keep clear	Kilo —•— I wish to communicate	Lima •—•• Stop your vessel
Mike —— My vessel is stopped	November —• Negative - No	Oscar ——— Man Overboard	Papa •——• I am proceeding to sea / My nets are stuck fast
Quebec ——•— I request free pratique	Romeo •—•	Sierra ••• My engines are in astern propulsion	Tango — Trawling keep clear
Uniform ••— You are running into danger	Victor •••— I require assistance	Whisky •—— I require medical assistance	X Ray —••— Stop your intentions and watch my signals
Yankee —•—— I am dragging my anchor	Zulu ——•• I require a tug / Shooting nets	1 •————	2 ••———
3 •••——	4 ••••—	5 •••••	6 —••••
7 ——•••	8 ———••	9 ————•	0 —————

2 (Part B) 선박조종 및 항법

1. Part A. 총칙 (Rule 1–3)
2. Part B. 항법 (Rule 4–19)

Section 1	모든 시계 항법	(Rule 4–10)
Section 2	서로 시계 항법	(Rule 11–18)
Section 3	제한 시계 항법	(Rule 19)

3. Part C. 등화와 형상물 (Rule 20–31)
4. Part D. 음향 및 발광 신호 (Rule 32–37)
5. Part E. 적용 예외 (Rule 38)
6. Part F. 협약이행 검증 (Rule 39–41)

부속서 1	동화 및 형상물의 배치와 기술 명세
부속서 2	근접 어로작업선에 대한 부가 신호
부속서 3	음향신호장치의 기술 명세
부속서 4	조난 신호

제2장(Part B)은 항법에 관한 16개 조문으로 구성되어 있다. 선박의 항법관계를 ① 상대 선박이 보일 때, ② 상대 선박이 안 보일 때, ③ 상대선박이 보이거나 보이지 않거나 상관없이 지켜야 할 항법으로 구분되어 있다.

① 모든 시계항법이 7개 조문, ② 서로 시계항법이 8개 조문, ③ 제한된 시계항법이 1개 조문으로 구성되어 있다. 모든 시계항법 7개 조문은 어느 경우든지 적용되므로 서로 시계안에서는 실질적으로 15개 조문이 적용되고, 제한된 시계에서는 8개 조문이 적용된다고 보아야 한다.

제2장의 항법을 설명하면서 필요하다면 제3장과 제4장의 내용을 같이 언급하고자 하며, 부속서(Annex)에 실린 등화와 형상물, 음향신호장치의 기술적 명세 등도 별도로 설명하기 않고 제2장의 관련 조문과 함께 설명하고자 한다.

2.1. 제4조 적용, 제5조 경계

<table>
<tr><td>PART B – STEERING AND SAILING RULES</td></tr>
<tr><td>

SECTION I

CONDUCT OF VESSELS IN ANY CONDITION OF VISIBILITY

Rule 4 (Application)

Rules in this Section apply in any condition of visibility.

Rule 5 (Look-out)

Every vessel shall at all times maintain a proper look-out by sight and hearing as well as by all available means appropriate in the prevailing circumstances and conditions so as to make a full appraisal of the situation and of the risk of collision.

</td></tr>
</table>

2.1.1. 해석

<table>
<tr><td>제2장 선박조종 및 항법</td></tr>
<tr><td>

제1절 모든 시계상태에서 선박의 운항

제4조(적용)

이 절의 규정은 모든 상태의 시계에 대하여 적용한다.

제5조(경계)

모든 선박은 시각 및 청각은 물론 그 당시의 사정과 상태에 적절한 모든 유효한 수단을 동원하여 처한 상황 및 충돌의 위험을 충분히 평가할 수 있도록 항상 적절한 경계를 유지하여야 한다.

해사안전법

제6장 선박의 항법 등

제1절 모든 시계상태에서의 항법

제62조(적용) 이 절은 모든 시계상태에서 적용한다.

제63조(경계) 선박은 주위의 상황 및 다른 선박과 충돌할 수 있는 위험성을 충분히 파악할 수 있도록 시각·청각 및 당시의 상황에 맞게 이용할 수 있는 모든 수단을 이용하여 항상 적절한 경계를 하여야 한다.

</td></tr>
</table>

2.1.2. 해설

제2장 선박조종 및 항법(Part B: Steering and Sailing Rules)은 COLREG에서 가장 중요한 내용이며 세 부분으로 구분된다.

우선 시계와 관계없이 모든 경우에 적용되는 통항규칙이 있으며(in any condition of visibility), 서로 보일 때 준수해야 하는 통항규칙이 있고(in sight of one another), 보이지 않을 때 준수해야 하는 통항규칙이 있다(in restricted visibility). 다른 표현으로는 ① 모든시계항법, ② 서로시계항법, ③ 제한시계항법이라 한다.

모든시계항법은 서로 시계와 제한 시계에서도 적용되는 항법이며, 제5조부터 제10조까지 6개 조문으로 구성되어 있다. 경계(Look-out)는 항법에서 가장 중요하고 기본적인 활동이기 때문에 가장 먼저 제5조에 나온다. 그리고 제6조 안전한 속력, 제7조 충돌의 위험, 제8조 충돌을 피하기 위한 동작, 제9조 좁은 수로, 제10조 통항분리제도 순이다.

COLREG는 충돌방지를 위한 규칙이므로 상대선박이 보이거나 보이지 않거나 상관없이 항상 '경계'를 철저히 하고, '안전한 속력'으로 항해하여야 하며, '충돌의 위험'이 있는지 없는지 살펴야 하며, 위험이 있다면 '충돌을 피하기 위한 동작'을 취해야 한다는 내용으로 구성된다. 그리고 시계와 상관없이 '좁은 수로'와 '통항분리제도'가 시행되는 해역에서 준수해야 할 통항규칙이 기술되어 있다.

2.1.3. 경계(LOOK-OUT)

COLREG는 선박이 충돌의 위험이 있을 경우 이를 조기에 파악하여 적절한 조치를 취하기 위해 마련된 규정이다. 따라서 선박은 충돌을 피하기 위해서는 최우선적으로 주변상황과 충돌의 위험을 파악하여야 하는데 이를 위해서는 적절한 경계를 하여야 한다.

Look-out은 실무에서 흔히 '견시(見示)'라고 하며 그 이유는 육안으로 주변을 살피는 활동이 가장 중요하기 때문이다. 그러나 Look-out은 시각에만 한정된 활동이 아니다. 무중신호와 같은 음향과 초단파무선전화(VHF)의 교신 내용도 청취해야 하며, 레이더를 포함한 각종 항해계기에서 표출되는 정보 분석 활동이 포함되어야 하므로 '견시'보다는 '경계'나 '파수' 등으로 표현하는 것이 적절하다. 이에 「해사안전법」에서는 '경계'라고 정의하고 있다.

1) 적절한 경계

적절한 경계(proper look-out)란 충돌예방을 위해 전방과 후방을 모두 살필 뿐만 아니라 발견한 다른 선박과 항행 상 충돌의 위험이 있는지 여부를 함께 살피는 것으로서 시각 및 청각뿐만 아니라 활용가능한 모든 수단(all available means)을 이용하여 자선과 자선을 둘러싼 환경에 대해 충분히 인식하고 상황을 판단(full appraisal of the situation)해야 한다.

선박이 다른 선박과 충돌을 하였다면 적절한 경계를 수행하였다고 볼 수 없으므로 대부분 항해당직자의 경계소홀 및 경계태만이 충돌의 원인으로 꼽힌다. 따라서 적절한 경계를 이행하는 것은 매우 중요하며, 경계는 사실상 선박의 안전을 보장하기 위한 기본적인 주의의무에 해당된다. 즉, 경계는 가능한 한 조기에 다른 선박이나 운항상의 장애물을 발견하고 이러한 정보에서 충돌의 위험을 판단하여 선박의 충돌 방지 및 안전운항을 확보하는데 그 목적이 있다고 할 수 있다.

2) 경계의 방법

가) 시각적 경계

사람은 눈을 통하여 주위의 사물과 사실을 직접 보고서 상황을 판단한다. 해상에서 다른 선박과 항해관계에서도 그 당시의 상황판단은 직접 눈으로 보고서 이해하는 것이 가장 신뢰성이 높다.

그러나 상대선박의 진로나 속력 또는 자선과의 거리를 눈으로만 측정하는 것은 오차가 포함될 수 있고, 시계가 제한되어 있거나 먼 거리에 있는 것은 확인하기에 어렵기 때문에 시각에 의한 경계방법은 제한적이다. 오늘날 대부분의 선박에서는 이러한 시각적 제한을 줄이기 위하여 레이더와 쌍안경 같은 전자장비와 광학장비를 이용함으로써 경계의 유효성을 크게 향상시키고 있다.

나) 청각적 경계

청각적 경계는 상대선박의 음향장비에 의한 조종신호 및 경고신호 등을 청취하는 것이며, 특히 시계가 제한된 경우에는 상대선박에서 울리는 무중신호를 들어서 그 선박의 존재나 상태를 파악하는 것이다.

이외에도 각종 항로표시에서 발신하는 음향신호를 듣고 분석하여 안전항해를 도모할 수 있다.

다) 이용 가능한 모든 수단의 활용

적절한 경계는 주위의 상황과 충돌의 위험을 충분히 판단할 수 있도록 시각과 청각을 위주로 하는 감각적 방법과 VHF 무선전화, 레이더 및 알파레이더(ARPA Radar)[68] 등 기타 이용 가능한 모든 수단을 활용하여야 한다.

시정이 좋을 때 경계에 사용되는 대표적인 장비로는 쌍안경과 컴퍼스 방위환(Azimuth circle)이나 섀도 핀(Shadow pin)이[69] 대표적이며, 상대선박의 방위를 측정하거나[70] 레이더로 물표탐지 연습을 할 수 있다.[71] 시정이 좋지 못할 때는 레이더가 가장 중요하며 VHF 무선전화 또한 경계수단 중의 하나이다.[72]

라) 레이더에 의한 경계

오늘날 레이더에 의한 적절한 경계는 선박운항자의 기본적인 의무가 되어 있다. 사용할 수 있는 레이더를 장비한 선박의 시계가 제한된 수역에 있거나, 이러한 수역에 접근할 때에 이를 사용해야 하는 것은 선장 및 항해사의 확정적 의무이다.

그러나 레이더를 사용하고 있을 때에도 시각에 의한 경계는 여전히 필요하다.

마) 초단파무선전화(VHF)에 의한 경계 중 주의사항

충돌의 위험을 평가할 목적으로 다른 선박의 동정을 파악하고자 VHF 무선전화를 사용할 때는 타선에서 자선을 인식하기 쉽도록 상대선박을 기준으로 호출하여야 한다. 따라서 '본선 좌현 선수 방향에 있는 선박(Ship on my port bow)' 등으로 호출하는 것은 부적절한 방법이다.[73]

---

68) (ARPA) Automatic Radar Plotting Aids

69) 섀도 핀(Shadow pin)은 자이로컴퍼스 리피터의 중앙에 있는 핀 홀에 꽂아 상대선박의 방위를 측정하는데 사용된다. 방위변화 없이 접근하면 충돌의 위험이 있다고 본다.

70) STCW Code A-Ⅷ/제2조 43. 항해당직을 담당하는 해기사는 충돌의 위험성을 조기에 탐지하는 수단으로서, 접근하는 선박의 상대방위를 자주 그리고 정확하게 측정하여야 하며, 특히 거대선 또는 예선에 접근할 때 또는 가까운 거리에 있는 선박에 접근할 때에는 방위의 변화를 인지할 수 있을 때조차도 그러한 충돌의 위험성이 있을 수 있음을 명심하여야 한다. 또한 항해당직을 담당하는 해기사는 관련 해상충돌방지규칙에 따라 조기에 적극적으로 조치를 취하여야 하며, 뒤이어 그러한 조치가 소기의 효과를 거두고 있는지를 확인하여야 한다.

71) STCW Code A-Ⅷ/제2조 44. 양호한 기상시, 가능할 때에는 언제나 레이더 작동 연습을 실시하여야 한다.

72) STCW Code A-Ⅷ/제2조 37. 항해당직을 담당하는 해기사는 시정이 제한되거나 제한될 것이 예상될 때마다 그리고 선박이 폭주하는 수역에서는 레이더의 한계에 관하여 적절히 주의하면서 항상 레이더를 사용하여야 한다.

73) '본선은 귀선 우현 선수 방향에 있습니다.'(This is a ship on your stb'd bow.) 등으로 호출하

COLREG는 선박 상호간에 VHF 무선전화로 교신 없이도 선박이 표시한 등화와 형상물, 그리고 음향 및 발광신호만으로 상대 선박의 의도를 알고, 충돌의 위험이 있을 때 양 선박이 적절한 동작으로 충돌을 피할 수 있도록 규정하고 있다. 이에 따라 IMO에서는 해상에서 VHF 무선전화의 적절한 사용과 관련하여 다음과 같은 이유에서 VHF 무선전화의 사용을 되도록 제한하고 있다.[74]

① 야간 및 제한된 시계상태에서 상대선박을 확실하게 식별할 수 없다. ② VHF 무선전화로 호출한 선박 주변에 두 척 이상의 선박이 있을 경우 자선이 호출하고자 한 선박이 VHF 무선전화를 수신하여 응답하고 있는지 확실하게 식별할 수 없다. ③ 상대선박과 언어문제가 있거나, 표현이 애매하여 서로의 의도를 부정확하게 해석할 수 있다. ④ COLREG에서 정하고 있는 규칙에 따라 적절한 피항조치를 취할 수 있는 시기를 놓칠 수 있다. ⑤ 상대선박과 COLREG에서 정하고 있는 규칙과 일치하지 않는 동작으로 합의할 위험이 있다.

즉 선박은 상대선박의 선명을 모르는 상황에서 부적절한 VHF 무선전화의 교신은 적절한 피항동작을 위한 시기를 놓칠 수 있다. 따라서 주변에 여러 척의 선박이 있는 상황에서 상대선박과 충돌의 위험이 있을 경우에는 항해당직자에게 되도록 VHF 무선전화 교신을 자제하도록 권고하고 있다.

AIS가 설치된 선박의 경우에 AIS에서 상대선박의 명칭을 확인할 수 있다. 상대선박이 규정된 항법에 따르고 있는지 의심스러울 때 조기에 VHF 무선전화로 상대선박의 선명을 호출하여 의도를 확인하거나, 규칙을 준수하도록 요구하거나, 주의를 환기시키기 위한 목적으로 VHF 무선전화를 사용하는 것은 충돌예방을 위해 도움이 될 것으로 본다.

3) 경계원의 배치 등

경계(look-out)는 항해당직(navigational watchkeeping) 중에 수행하는 업무이며, STCW Code[75] A-Ⅷ/제2조에서 당직배치와 준수원칙에 관한 내용을 담고 있다.

적절한 경계는 선교에서 당직을 서는 당직항해사(Officer of the Watch, OOW)에게만 한정된 것은 아니다. 각종 협약이나 법령에 따라 경계원을 배치하도록 하였거나

여야 한다.

74) IMO Resolution A. 954(23) Proper Use of VHF channels at Sea.

75) STCW Code는 강제조항(Part A)과 권고조항(Part B)로 구성되어 있다.

기상이 좋지 않아 추가 경계원을 배치하였다면 그 경계원에게도 적용된다.[76)]

맑은 날에 대양에서 항행 중이라면 당직항해사(OOW) 한 명만으로도 충분할 수 있다. 그러나 안개가 끼거나 주변에 선박이 많아서 당직 항해사 한 명만으로는 전방을 주시하면서 레이더를 관찰하는 등의 경계임무를 충실히 수행하기 어렵다면 추가 경계원이 배치되어야 한다. 필요하다면 선교 위(Top bridge), 선수, 선미에서 경계원을 배치할 수도 있다. 적정 수의 경계원은 일률적으로 정해져 있지 않으며 선박이 처한 사정에 따라[77)] 선장이 결정한다.[78)]

---

76) STCW Code A-Ⅷ/제2조 14. "1972 국제해상충돌방지규칙 및 개정규정" 제5조에 따라서 항상 적절한 경계를 유지하여야 하며, 경계의 목적은 다음과 같다.
   1. 운항 환경상의 일체의 현저한 변화와 관련하여, 시각, 청각 및 기타의 이용 가능한 수단으로 계속적인 경계의 상태를 유지하는 것
   2. 현재의 상황과 충돌, 좌초의 위험성 및 기타 항행상의 위험을 철저히 평가하는 것
   3. 조난선박 또는 조난비행기, 조난자, 표류물, 잔해 및 기타 안전항해상의 위험물을 탐지하는 것

77) STCW Code A-Ⅷ/제2조 17. 적절한 경계를 계속 유지할 수 있게 하기 위해 항해당직의 구성이 적합한 지를 결정함에 있어서, 선장은 다음 요소와 이 조의 규정을 포함한 모든 관련 사항들을 고려하여야 한다.
   1. 시정, 해상 및 기상상태
   2. 해상교통량 및 선박이 항행하는 수역에서의 기타의 활동
   3. 통항분리제도 또는 다른 통항제도가 시행되는 수역 내 또는 그 인근을 항행할 때 필요한 주의
   4. 선박기능상의 특성, 급박한 운항상의 필요 및 예상된 선박조종으로 인한 추가적 작업부담
   5. 당직구성원으로서 할당되어 근무 중인 모든 승무원의 임무에 대한 적합성
   6. 해기사와 부원의 전문적 해기능력에 관한 지식과 이에 대한 자신감
   7. 항해당직을 담당하는 각 해기사의 경험과 그 해기사의 선박장비, 선교절차에 관한 친숙도 및 조선(造船)능력
   8. 무선통신활동과 필요시 선교에 즉시 호출할 수 있는 지원인력의 이용 가능성을 포함한, 어떤 특정 시기에 선내에서 일어나는 활동
   9. 경보장치를 포함한 선교 계기와 제어장치의 작동상태
   10. 타 및 프로펠러의 조종과 선박조종 특성
   11. 선박의 크기와 조종위치에서의 가시범위
   12. 당직구성원이 시각형태 또는 청각을 통해 외부상황의 전개를 탐지하는 데에 방해요소가 될 수 있는 선교의 형태
   13. 기구가 채택한 당직근무의 배치와 당직임무에 대한 적합성과 관계한 일체의 모든 관계기준, 절차 또는 지침

78) STCW Code A-Ⅷ/제2조 18. 적절히 자격을 갖춘 부원들을 포함하는 선교당직의 조직을 결정할 때에는 특히 다음 사항을 고려하여야 한다.
   1. 하시라도 선교를 비우지 말 것
   2. 기상조건, 시정 및 주야
   3. 항해당직을 담당하는 해기사에게 부가적인 항행상의 임무를 수행하게 하는, 항해상의 위험에 대한 근접도
   4. 레이더 또는 전자선위표시장치 및 선박의 안전항해에 영향을 미치는 일체의 기타 장치 등과

선장은 필요한 당직자를 배치하며,[79] 경계원은 일정한 자격을 갖추고 경계만을 전담하는 자이어야 하므로 다른 업무와 병행하여 경계 임무를 맡은 자는 경계원이라 할 수 없다.[80] 경계를 하던 선원이 수동 조타를 맡게 되면 추가 경계원을 배치하지 않은 상태라고 본다.[81] 당직 항해사는 항해에 책임을 지지만[82] 선장이 직접 조선하는 경우에는 당직 항해사를 추가 경계원이라고 볼 수 있다.

선박이 입항시간 대기 등으로 기관을 정지한 채 임의로 표류(drafting)하는 경우에도 적절한 경계를 하여야 하고, 또한 닻을 놓고 정박하는 때에도 상황에 맞게 당직자를 배치하여 주묘(走錨, dragging anchor) 되는지 확인하고, 위험하게 접근하는 선박이 있는지 관찰하여야 한다.[83]

같은 항해장비의 사용과 작동상태

5. 선박에 자동조타장치가 설치되어 있는지의 여부
6. 무선통신임무를 수행하여야 하는지의 여부
7. 선교에 설치된 무인기관구역의 제어, 경보 및 지시장치와 그 사용절차 및 한계
8. 특별한 운항 상황의 결과로 야기되는 항해당직에 관한 일체의 비통상적 필요

79) STCW Code A-Ⅷ/제2조 10. 모든 선박의 선장은 당직근무배치를 적절하게 하여 안전한 항해당직이 유지되게 하여야 한다. 선장의 일반적인 지시에 따라, 항해당직을 담당하는 해기사는 당직기간 중 선박을 안전하게 운항할 책임이 있으며, 충돌과 좌초를 피하는 데에 특별한 주의를 기울여야 한다.

80) STCW Code A-Ⅷ/제2조 15. 경계자는 적절한 경계의 유지에 철저한 주의를 기울일 수 있어야 하며, 이러한 과업을 방해할 수 있는 일체의 다른 임무를 수행하거나 또는 할당받아서는 아니 된다.

81) STCW Code A-Ⅷ/제2조 16. 경계자와 조타자의 임무는 분리되어야 하며, 조타자는 조타 중에 경계자로 간주되어서는 아니 된다. 단, 조타위치에서 사방의 시야에 제한을 받지 않으며, 또한 야간경계의 장해 또는 기타 적절한 경계유지의 방해가 없는 소형선박의 경우는 예외로 한다. 다음 각 호의 경우, 항해당직을 담당하는 해기사는 주간에 단독으로 경계를 할 수 있다.

1. 상황을 주의 깊게 검토하여, 그렇게 하여도 안전하다는 것이 의심 없이 확인되었을 경우
2. 적어도 다음의 모든 관련 요소가 충분히 고려되었을 경우
   - 기상상태
   - 시정
   - 해상교통량
   - 항해위험물에 대한 근접도
   - 통항분리제도 수역내 또는 그 부근을 항행 중일 때 필요한 주의
3. 상황의 변화에 의하여 필요한 때에는 보조자가 즉시 선교에 호출될 수 있는 경우

82) STCW Code A-Ⅷ/제2조 13. 항해당직을 담당하는 해기사는 선장의 대행자이며, 항상 선박의 안전항해와 "1972 국제해상충돌방지규칙 및 개정규정"의 준수를 위한 일차적인 책임을 진다.

83) STCW Code A-Ⅷ/제2조 51. 선장이 필요하다고 간주하는 경우, 정박 중에도 항해당직을 계속 유지하여야 한다. 정박 중, 항해당직을 담당하는 해기사는 다음의 조치를 취하여야 한다.

1. 실행 가능한 한 빨리 선위를 결정하여 적절한 해도 상에 기입하는 것
2. 가능하면 고정 항로표지 또는 식별이 용이한 육표의 방위를 측정함으로써 선박이 확고하게 정박위치에 있는지를 충분히 자주 점검하는 것

2.2. 제6조 안전한 속력

PART B – STEERING AND SAILING RULES

Rule 6 (Safe Speed)

Every vessel shall at all times proceed at a safe speed so that she can take proper and effective action to avoid collision and be stopped within a distance appropriate to the prevailing circumstances and conditions. In determining a safe speed the following factors shall be among those taken into account:

(a) By all vessels:

(i) the state of visibility;

(ii) the traffic density including concentrations of fishing vessels or any other vessels;

(iii) the maneuverability of the vessel with special reference to stopping distance and turning ability in the prevailing conditions;

(iv) at night the presence of background light such as from shore lights or from back scatter of her own lights;

(v) the state of wind, sea and current, and the proximity of navigational hazards;

(vi) the draught in relation to the available depth of water.

---

3. 적절한 경계가 유지되게 하는 것
4. 선내순시가 정기적으로 실행되게 하는 것
5. 기상과 조류의 상태 및 해면 상태를 관찰하는 것
6. 닻이 끌리는 경우 선장에게 보고하고 필요한 모든 조치를 취하는 것
7. 선장의 지시에 따라 주기관과 기타 기계를 준비하는 것
8. 시정이 나빠지는 경우 선장에게 보고하는 것
9. 관련 모든 규칙에 따라 적절한 등화와 형상물을 표시하고, 적절한 음향신호를 울리는 것
10. 선박에 의한 오염으로부터 환경을 보호하는 조치를 취하고, 관련 해양오염방지규정을 준수하는 것

2.2.1. 해석

제2장 선박조종 및 항법

제6조(안전한 속력)

모든 선박은 충돌을 피하기 위하여 적절하고 유효한 동작을 취할 수 있고 그 당시의 사정과 상태에 알맞은 거리에서 정선할 수 있도록 항상 안전한 속력으로 항행하여야 한다. 안전한 속력을 결정함에 있어서 다음의 요소를 고려하여야 한다.

(a) 모든 선박에 대하여:

(i) 시정의 상태;

(ii) 어선 혹은 기타 선박들의 집결을 포함한 교통량의 밀도;

(iii) 그 당시의 상태에서 특히 정지거리와 선회능력을 참작한 선박의 조종성능;

(iv) 야간에 육상 등화 또는 자선의 등화의 역산광으로부터 오는 것과 같은 배경광의 존재 여부;

(v) 바람, 해면 및 조류의 상태, 그리고 항해 장애물의 근접상태;

(vi) 항행 가능한 수심과 흘수;

해사안전법

제64조(안전한 속력) ① 선박은 다른 선박과의 충돌을 피하기 위하여 적절하고 효과적인 동작을 취하거나 당시의 상황에 알맞은 거리에서 선박을 멈출 수 있도록 항상 안전한 속력으로 항행하여야 한다.

② 제1항에 따른 안전한 속력을 결정할 때에는 다음 각 호(레이더를 사용하고 있지 아니한 선박의 경우에는 제1호부터 제6호까지)의 사항을 고려하여야 한다.

1. 시계의 상태
2. 해상교통량의 밀도
3. 선박의 정지거리·선회성능, 그 밖의 조종성능
4. 야간의 경우에는 항해에 지장을 주는 불빛의 유무
5. 바람·해면 및 조류의 상태와 항행장애물의 근접상태
6. 선박의 흘수와 수심과의 관계

PART B – STEERING AND SAILING RULES

(b) Additionally, by vessels with operational radar:

(i) the characteristics, efficiency and limitations of the radar equipment;

(ii) any constraints imposed by the radar range scale in use;

(iii) the effect on radar detection of the sea state, weather and other sources of interference;

(iv) the possibility that small vessels, ice and other floating objects may not be detected by radar at an adequate range;

(v) the number, location and movement of vessels detected by radar;

(vi) the more exact assessment of the visibility that may be possible when radar is used to determine the range of vessels or other objects in the vicinity.

제2장 선박조종 및 항법

(b) 레이더 사용가능 선박이 추가하여 고려할 사항:

(i) 레이더 장비의 특성, 성능 및 한계

(ii) 사용하고 있는 레이더의 거리 눈금에서 생기는 제약

(iii) 해면상태, 기상 및 기타의 장애요인이 레이더 탐지에 미치는 영향

(iv) 소형선, 유빙, 기타의 부유물은 적정한 거리에서도 레이더에 의하여 탐지되지 아니할 수도 있다는 사실

(v) 레이더에 의하여 탐지된 선박의 척수, 위치 및 이동상태

(vi) 부근의 선박이나 기타의 목표물의 거리를 측정하기 위하여 레이더를 사용함으로써 보다 정확한 시정의 추정

해사안전법

제64조(안전한 속력)

7. 레이더의 특성 및 성능
8. 해면상태·기상, 그 밖의 장애요인이 레이더 탐지에 미치는 영향
9. 레이더로 탐지한 선박의 수·위치 및 동향

2.2.2. 해설

안전한 속력이란 ① 다른 선박과 충돌을 피하기 위하여 적절하고 효과적인 동작을 취할 수 있는 속력이며, ② 당시의 상황에 알맞은 거리에서 선박을 멈출 수 있는 속력을 말한다.

안전한 속력은 각 선박에 따라 또한 그 당시의 상황에 따라서 달라지는 상대적인 속력이며, 모든 경우에 적용되는 수치로 표현할 수는 없다. 그러므로 항행 중인 선박의 선장은 안전한 속력을 몇 노트로 할지 자선과 자선 주위의 여러 사항을 고려하여 결정하여야 하며, 이렇게 결정된 안전한 속력은 자선의 충돌을 방지할 뿐만 아니라 다른 선박과 형성되는 교통질서 유지에 기여하여야 한다는 구체적 타당성을 가져야 한다.

일반적으로 선박이 항구에서 출항하여 대양항해속력에 도달하면(Rung-up Engine), 당직 항해사들은 다른 선박과 충돌 위험이 있는 상황에서 피항동작을 취함에 있어 변침에만 의존하고 자선의 속력을 낮추려고 하지 않는 경향이 있으나 이는 잘못된 습관이다. 당직 항해사는 필요시 과감하게 기관을 사용하여 안전한 속력으로 항해할 수 있어야 한다.[84] 다만 항해사는 사전에 자선에 설치된 기관의 특성 및 사용방법에 대해 충분히 알고 운용하여야 한다. 속력을 줄이기가 꺼려진다면 조기에 충분한 피항동작을 취하여 기관을 사용해야 할 상황을 초래하지 말아야 할 것이다.

심화학습

안전한 속력은 당시 처한 상황에 따라서 선박의 최고속력일 수도 있고 감속한 속력일 수도 있다. 안전한 속력을 네 가지로 정리하면 다음과 같다.

① 모든 선박은 언제나 안전한 속력을 지켜야 한다.

② 적절하고 유효한 조치를 실행할 수 있는 속력이어야 한다.
모든 선박은 충돌을 방지하기 위하여 적절하고 유효한 조치를 실행할 수 있는 안전한 속력으로 항진하여야 한다. 그러므로 선박의 속력이 너무 빠르거나 너무 느려도 충돌을 방지하기 위한 적절하고 유효한 조치를 행할 수 없게 된다.

84) STCW Code A-Ⅷ/제2조 41. 전 항의 상황에서 즉시 선장에게 보고해야 할 요건에 부가하여 항해당직을 담당하는 해기사는, 상황이 그렇게 요구할 경우, 선박의 안전을 위해서는 즉각적인 조치를 주저하지 말고 취하여야 한다.

③ 그 당시 사정과 조건을 고려한 속력이어야 한다.
당시의 사정과 조건(prevailing circumstances and conditions)이란 선박의 크기, 흘수, 선회성능, 기관의 종류와 마력 등 선박 자체의 상태와 지형, 수심, 조류, 교통량 등을 말하고, 당시의 조건이란 천기, 시정, 안개나 강우의 정도, 풍향과 풍속 등 주로 기상상태를 말한다.
안전한 속력이 그 성질상 객관적 타당성을 가져야하기 때문에 해당 수역에서 환경적 요소와 자선의 성능을 포함하는 그 당시의 사정과 조건을 고려하도록 명시한 것이다.

④ 알맞은 거리에서 정선할 수 있는 속력이어야 한다.
기상조건으로 시정이 제한되는 경우뿐만 아니라 만곡부 등 시야가 차단 수역이나 교통량이 폭주하는 해역에서 모든 선박은 그 당시의 사정과 조건에서 알맞은 거리 안에서 정지할 수 있는 속력으로 항해를 하여야 한다.

1) 안전한 속력을 요구하는 이유

안전한 속력을 준수하도록 요구하는 것은 선박이 항행 중에 주변의 상황을 판단하고, 충돌의 위험이 있을 경우 적절한 피항조치를 취할 수 있는 시간적 여유를 갖도록 하여 충돌을 방지하자는 것이 주된 이유이다. 그리고 불가피하게 충돌사고가 발생하였을 경우에도 충돌로 인한 손해를 최소한도로 줄이기 위함도 그 이유 중의 하나이다.

2) 안전한 속력의 결정 시 고려사항

모든 선박은 레이더의 사용 여부와 관계없이 안전한 속력을 결정할 때에는 항상 다음과 같은 여섯 가지의 기본요소를 반드시 고려하여야 한다. ① 시정, ② 해상교통량, ③ 선박의 조종성능, ④ 배경광, ⑤ 기상 및 해상 상태와 장애물, ⑥ 수심과 흘수이다.

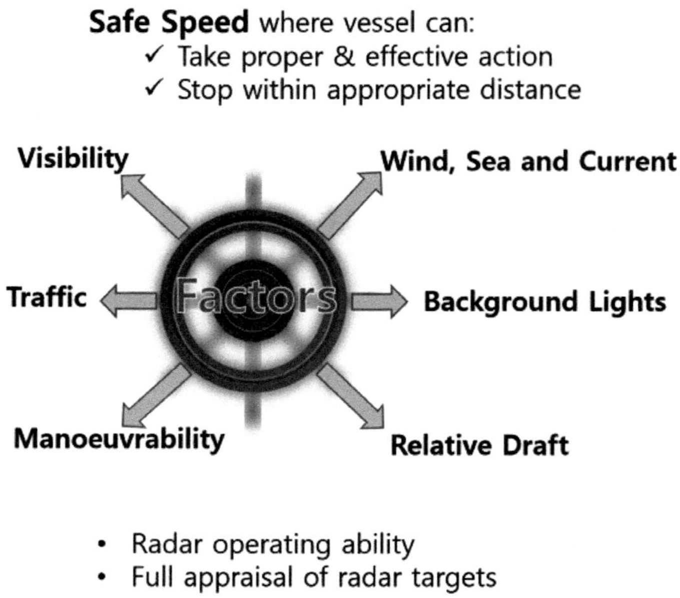

〈그림 2-3〉 안전한 속력의 고려 요소

가) 시계의 상태

선박의 안전운항에 가장 위험스러운 조건을 형성하는 것이 시계 상태이며, 시계의 제한 여부는 안전한 속력을 결정하는 가장 중요한 요소이다.

선박은 시계가 제한된 경우 속력으로 낮추어야 한다. 속력을 낮추면 상대 선박과 접근 시간을 늦추어 상황을 파악하는데 시간적 여유를 가질 수 있고, 상대선박의 무중신호를 들을 기회를 더 가지게 되며, 불행하게도 충돌사고가 발생하였을 때에는 그 손해를 감소시킬 수 있다.

특히 시계가 제한된 곳에서 다른 선박의 무중신호를 전방에서 듣고 근접상태를 피할 수 없는 때에는 침로를 유지 할 수 있는 최소의 속력으로 감속하여야 한다.

선박 주위의 가시거리가 얼마나 되느냐를 해상에서 정확히 판단하기는 쉽지 않기 때문에 눈으로 가름한 시계상태를 과신하지 않도록 주의해야 한다. 자선 주위에 부표, 육상물표 또는 통항선이 있어서 이들을 처음 눈으로 보게 될 때의 이격거리를 레이더로 측정하면 정확한 가시거리를 알 수 있다.

나) 해상교통의 밀도

선박은 좁은 수로, 지정 항로, 무역항의 입구 및 항로 등 해상교통량이 많은 수역에서 속력을 낮추어 항해하여야 한다. 또한 편대를 이루어 항해 중인 군함이나 연안에서 밀집하여 어로 중인 어선군의 경우 해상교통에 방해가 되므로 그 부근 수역을 항해할 경우 속력을 낮추어야 한다.

특히 지정 항로 및 무역항의 수상구역에서 최대 속력을 정하여 속력을 제한하고 있는 경우에는, 해양사고를 피하기 위한 조치 등 특별한 경우를 제외하고 규정된 속력 이하로 항행하는 것이 안전한 속력을 준수하는 것이다.

다) 선박의 조종성능

선장이나 항해사는 자선의 조종성능을 잘 파악하고 있어야 하며, 조종성능에 관한 자료 즉 기관의 회전수와 속력과의 관계, 선회성능 등을 선교에 비치하거나 게시해 두고 숙지하여야 한다.[85)]

선박충돌을 방지하기 위하여 변침하고자 할 때에는 선회성능을 알아야 하고, 선박을 정지시키고자 할 때에는 최단 정지거리에 관한 사항을 알고 있어야 한다.

선박의 조종성능은 선박의 크기, 홀수, 트림, 선저수심, 적하상태, 기관의 종류, 기관의 운전방법, 수로의 형태, 바람 및 조류 등에 따라 달라지므로 이를 고려하여 안전한 속력을 결정하여야 한다.

라) 야간에 육지의 등화와 자선 등화의 반사광

선박이 야간에 무역항의 수상구역이나 좁은 수로를 항행하는 경우 육지의 밝은 등화는 다른 선박의 등화나 항로표지를 식별하는데 방해가 된다. 따라서 선박은 이러한 수역을 항해할 경우 충분한 시간적 여유를 가지고 다른 선박이나 항로표지의 존재를 식별할 수 있도록 속력을 낮추어야 한다.

야간에 집어등을 밝게 켜고 조업 중인 채낚기 어선 부근을 항해할 때에도 밝은 집어등이 경계에 방해가 되므로 조업 중인 어선들과 통항 선박의 빈도 등을 고려하여 속력을 낮추는 등의 조치가 필요하다.

자선의 갑판 조명등 또는 작업등이나 실내등의 불빛이 선교의 전방으로 새어 나오는 것도 경계를 방해하여 자선 주변의 상황을 판단하는데 악영향을 미친다. 따라서 선박

---

85) 조선업체는 선박 건조시 시운전을 통해 Maneuvering booklets을 작성하여 선박에 제공하며, 주요 조종성능을 선교에 영구적으로 게시하는 Wheelhouse poster와 도선 사용 Pilot card에 기재하고 있다.

은 항해 중 적절한 경계에 방해가 되는 자선 등화를 통제를 하여야 하고, 불가피하게 등화를 켜야 하는 경우 속력을 낮추어 항해하여야 한다.

마) 바람과 해면상태 및 항해상 위험

바람의 방향과 세기는 조류와 함께 선박의 조종성능에 직접적으로 영향을 주는 자연적 요소이다. 선박이 강한 바람이나 조류의 영향을 받는 수역에서 속력을 낮추어 항해하는 경우에는 속력이 빠를 때보다 바람이나 조류에 의하여 선체가 밀리는 정도가 크고, 대수속력이 감소하여 타효도 나빠진다.

또한 자동차전용운반선과 같은 풍압 면적이 넓은 선박은 강한 바람이 불면 선회하거나 침로 유지가 어렵게 된다. 따라서 침로 유지를 위해 속력을 올려 항해하는 것이 안전한 속력일 수 있다.

큰 파도가 있는 곳에서는 어선, 소형선박 및 부표 따위의 조그마한 물체가 눈에 잘 띄지 않을 뿐만 아니라, 레이더에도 쉽게 관측되지 않기 때문에 속력을 낮추어 항해하여야 한다.

선박이 여울, 암초, 항행장애물, 수로의 교차점, 빙산, 만곡부가 있는 수역에 접근하며 항행상 위험이 있으면 안전한 속력을 유지해야 한다.

바) 이용할 수 있는 수심과 흘수와의 관계

선박은 자선의 흘수와 비교하여 수심이 충분하여야만 조종성능에 지장을 받지 않는다. 수심이나 측면의 부두 등과 이격거리가 충분하지 않으면 조종성능이 떨어지고 조타하기 어려우므로 속력을 낮추어야 한다.

수심이 제한된 수역에서는 천수효과(Shallow water effect)가 발생하여 선속 감소, 선체 침하, 트림변화 등이 발생하며, 선회경이 커져 선박조종특성이 달라진다.[86] 선체침하현상(Squat effect)을 줄이기 위해서는 속력을 낮추어야 한다.

다른 선박이나 안벽에 가까이 붙어 지나가면 안벽의 영향(Bank effect)으로 선박의

---

86) 천수효과는 선저 여유수심(Under Keel Clearance)이 선박이 흘수의 50% 미만일 때 나타난다. 선수의 침하량은 방형비척계수가 클수록, 수심이 얕을수록, 선속이 높을수록 커진다.
- 수심과 흘수의 비가 1.3인 천수구역에서는 선회경이 수심이 깊은 곳보다 두 배 증가한다. 이는 회두할 때 수심 감소에 따라 물의 저항이 증가하여 선회성이 나빠지기 때문이다. 그러나 수심의 영향을 받지 않으면 극히 저속이거나 고속의 경우를 제외하고 선회경의 크기와 선속과는 관계가 없다.

무게중심이 안벽으로 끌리고 선수는 밀리는 현상이 발생한다. 안벽에 가까울수록, 선속이 빠를수록, 수심이 낮을수록 강하게 나타나므로 주의하여 안전한 속력을 유지하여야 한다.

사) 레이더를 사용하고 있는 선박의 경우

레이더를 사용하고 있는 선박은 앞서 기술하였던 안전한 속력의 결정 시 고려사항 여섯 가지 이외에 레이더 성능을 포함한 다음 사항을 고려하여 안전한 속력을 결정하여야 한다.

(1) 레이더의 특성, 성능 및 한계

레이더의 특성이라 함은 레이더 시스템을 구성하는 기기, 사용주파수, 영상의 표시방식 등에 기인하는 특유한 성질을 말한다. 연돌이나 마스트에 의한 맹목구간(Blind sector)이 있으며, 다중반사 등에 의한 허상(False echo)이 뜨기도 한다.

레이더의 성능은 물체를 탐지할 수 있는 최대거리와 최소거리, 거리 및 방위의 분해능력 등에 의하여 결정된다. 한편 레이더는 소형 물체를 탐지하기 어렵고, 다른 선박의 침로 변경을 눈으로 직접 보는 경우에 비하여 인지하기 어렵다는 한계가 있다.

(2) 레이더의 탐지거리(Range scale) 설정

레이더의 탐지거리를 장거리(Long range scanning)로 사용하면 먼 거리에 있는 다른 선박을 빨리 탐지할 수 있으나, 선명도와 식별도가 낮아지고 소형 물표를 탐지하지 못할 수도 있다. 반면에 레이더의 탐지거리를 단거리로 사용하면 탐지한 선박의 거리와 방향을 보다 정확하게 알 수 있으나 다른 선박을 빨리 탐지할 수 없어 자선의 주변 상황을 전반적으로 파악할 수 없다.

따라서 레이더는 해상 및 기상상태에 따라 물체가 잘 탐지될 수 있도록 반사감도 조정 기능을[87] 적절히 조절해가면서 탐지거리를 충분히 자주 바꾸어 가면서 사용하여야 한다.[88]

그러나 자선의 예정항로 부근에 다른 선박 또는 항행장애물이 있어 이들과 충돌 위험

---

87) 해면반사 억제기(STC), 눈·비반사 억제기(FTC)

88) STCW Code A-Ⅷ/제2조 38. 항해당직을 담당하는 해기사는 레이더 상에서 물표를 가능한 한 빨리 발견할 수 있도록 하기 위해 충분히 자주 탐지거리(Range scale)를 변경하여야 한다. 소형 물표의 영상 또는 희미한 영상은 탐지되지 아니할 수 있음을 명심하여야 한다.

이 있는 경우에는 해당하는 다른 선박이나 항행장애물을 탐지한 후 자선이 이들로부터 충분히 벗어날 때까지 레이더의 탐지거리를 바꾸지 말고 동일 영상으로 방위와 거리의 변화를 확인하며 경계하는 것이 바람직하다.

레이더가 두 대 설치되어 있는 선박에서는 레이더의 탐지거리를 한 대는 장거리, 다른 한 대는 단거리로 설정해 사용하는 것이 좋다.

(3) 해상 및 기상상태와 기타 방해원

높은 파도가 일거나 눈 또는 비가 심하게 내리는 기상상태에서는 이들에 의한 반사전파가 레이더에 나타나서 자선주위의 소형선, 부표 등을 판독할 수 없게 되는 경우가 있고, 때로는 대형선일지라도 탐지하기가 곤란한 경우가 생긴다.

또한 다른 선박의 레이더에 의한 전파 간섭이나 해상 교량 또는 선박의 다중반사에 의한 가짜영상(false echo) 등도 레이더 영상에 영향을 끼친다. 이러한 방해원이 있을 때에는 다른 선박을 탐지하는데 시간적 여유가 필요하므로 안전한 속력을 결정할 때 고려하여야 한다.

(4) 소형선박, 얼음

소형 선박이나 물표, 얼음덩이는 레이더로 탐지되지 않거나 탐지되더라도 거리가 매우 제한되는 경우도 있다.

그러므로 이러한 물체가 나타나기 쉬운 수역에서는 이들과의 충돌 위험이 높아지기 때문에 안전한 속력으로 항해를 해야 한다.

(5) 탐지된 선박의 척수, 위치 및 이동

레이더로 탐지된 선박의 척수가 많으면 탐지된 각 선박의 위치와 움직임을 관찰하여 자선과 충돌 위험이 있는 선박을 쉽게 판단하기 어렵다.

그러므로 레이더에 탐지된 자선의 예상 항로 부근 수역에 존재하는 선박의 척수, 위치 및 이동 등을 근거로 해상교통량을 추정하여 안전한 속력의 결정에 참고하여야 한다.

(6) 시계의 판단

해상에서 시계가 나빠지면 레이더를 설치하고 있는 선박은 이를 작동시켜서 레이더 경계와 안전한 속력을 결정하기 위한 시계의 정확한 사정에 이용할 수 있다. 특히 밤에 안개가 끼었을 때에는 시계의 판단이 어렵다.

그러므로 레이더로 탐지된 물표가 보이기 시작하거나 보이지 않게 되는 순간에 그 물표까지의 거리를 측정하면 가시거리를 측정할 수 있다.[89] 그러나 시계상태는 이동하는 안개 등으로 인하여 순간적으로 변화할 수 있고, 방향에 따라서도 차이가 있을 수 있으므로 유의하여야 한다.

총톤수 10,000톤 이상 선박에는 알파(ARPA) 레이더가 설치되어 있어[90] 탐지된 물표의 추적이 수월해졌다. 그럼에도 불구하고 레이더 영상은 탐지된 선박이 움직인 후에 나타나는 과거의 영상이므로 실행 가능한 한 육안으로 물표를 확인하고 충돌 위험이 있다고 판단된 경우 조기에 충돌을 피하기 위한 적절한 조치를 취하도록 해야 한다.

알파레이더를 사용할 수 없을 때 상대선의 정확한 움직임은 레이더 화면이나 MOBOARD에[91] 작도하여 확인할 수 있다.

---

89) STCW Code A-Ⅷ/제2조 39. 항해당직을 담당하는 해기사는 레이더의 사용 중에는 언제나 적절한 탐지범위를 선택하여 주의 깊게 화면을 관찰해야 하며, 충분한 시간적 여유를 두고 플로팅 또는 체계적인 분석을 시작하여야 한다.

90) 레이더 탑재 기준(SOLAS 제5장 제19규칙)

Gross Tonnage	9GHz RADAR	3GHz RADAR*	EPA	ATA	ARPA
300 ~ 499	1		1		
500 ~ 2999	1			1	
3000 ~ 10000	1	1		2	
10000 +	1	1		1**	1

* Administration may approve a second 9GHz radar instead
** Or second ARPA

- Electronic Plotting Aid (EPA)
  EPA equipment enables electronic plotting of at least 10 targets, but without automatic tracking.
- Automatic Tracking Aid (ATA)
  ATA equipment enables manual acquisition and automatic tracking and display of at least 10 targets.
- Automatic Radar Plotting Aid (ARPA)
  ARPA equipment provides for manual or automatic acquisition of targets and the automatic tracking and display of all relevant target information for at least 20 targets for anti-collision decision making. It also enables trial manoeuvres to be executed.

91) (Maneuvering Board) 레이더 플로팅을 위한 작도 용지이며, 알파 레이더가 도입됨에 따라 선박에서 사용빈도가 급격히 줄었다.

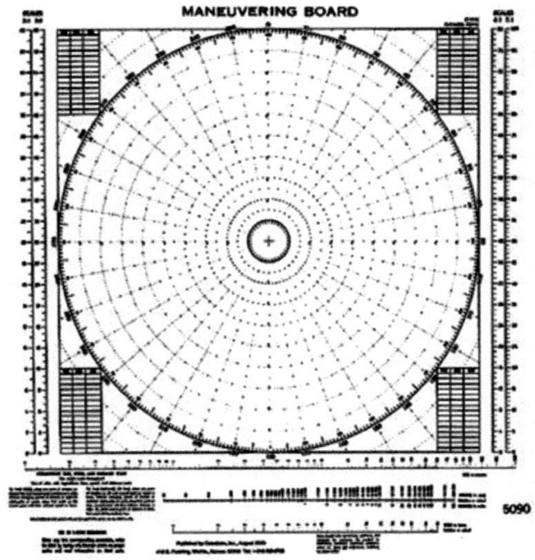
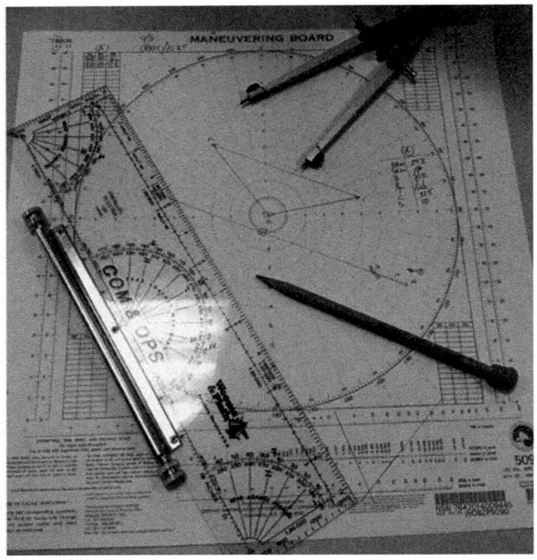

〈그림 2-4〉 Maneuvering Board

안전한 속력에 관한 내용은 제19조의 제한된 시계항법에서도 다시 등장한다.[92]

제한된 시계에서도 모든 시계항법이 함께 적용되므로 COLREG 제6조의 안전한 속력은 제한시계에서도 유지하여야 하며, 특히 기관을 즉시 조작할 수 있도록 준비하고 있어야 한다. 그리고 전방에 있는 선박과 충돌의 위험이 있을 때는 자선의 침로를 유지하는데 필요한 최저 속력으로 감속하여야 한다. 필요하다면 타력이 없어지더라도 기관을 정지하여야 한다.

제한된 시계에서 충분한 시간을 두고 변침함으로써 기관을 사용하지 않으려는 경우에는 추월선이 없어야 하며, 전방에 다른 선박이 있다면 좌변침하여서는 아니 되며, 후방에 다른 선박이 있다면 그 선박 쪽으로 변침해서는 아니 된다.

92) STCW Code A-Ⅷ/제2조 45. 시정이 제한되었거나 제한될 것이 예상될 때, 항해당직을 담당하는 해기사의 일차적 책임은 "1972 국제해상충돌방지규칙 및 개정규정"의 관계 규정을 준수하는 것이며 특히 무중신호가 울리는 것에 주의하면서 안전한 속력으로 항행하고, 즉각적인 조선을 위해서 기관을 준비하여야 한다. 이에 부가하여 항해당직을 담당하는 해기사는 다음 조치를 취하여야 한다.

1. 선장에게 보고할 것
2. 적절한 경계자를 배치할 것
3. 항해등을 켤 것
4. 레이더를 작동하여 사용할 것

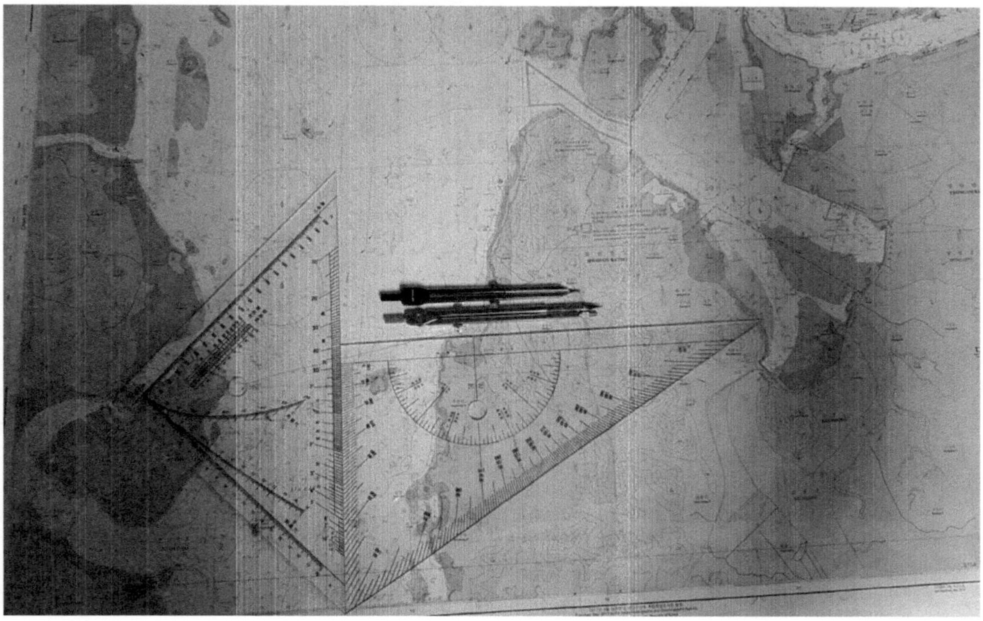

〈그림 2-5〉 종이해도

〈그림 2-6〉 전자해도와 알파 레이더

2.3. 제7조 충돌의 위험성

PART B – STEERING AND SAILING RULES

Rule 7 (Risk of Collision)

(a) Every vessel shall use all available means appropriate to the prevailing circumstances and conditions to determine if risk of collision exists. If there is any doubt such risk shall be deemed to exist.

(b) Proper use shall be made of radar equipment if fitted and operational, including long-range scanning to obtain early warning of risk of collision and radar plotting or equivalent systematic observation of detected objects.

(c) Assumptions shall not be made on the basis of scanty information, especially scanty radar information.

(d) In determining if risk of collision exists the following considerations shall be among those taken into account:

(i) Such risk shall be deemed to exist if the compass bearing of an approaching vessel does not appreciably change;

(ii) such risk may sometimes exist even when an appreciable bearing change is evident, particularly when approaching a very large vessel or a tow or when approaching a vessel at close range.

2.3.1. 해석

제2장 선박조종 및 항법
제7조(충돌의 위험성) (a) 모든 선박은 충돌의 위험성이 있는지 유무를 판단하기 위하여 당시의 사정과 상태에 따라 적절한 모든 유용한 수단을 이용하여야 한다. 만일 의심스러우면 그와 같은 충돌의 위험성이 있다고 보아야 한다. (b) 레이더가 설치되어 작동 가능하면, 충돌의 위험성에 대한 조기경보를 얻기 위한 장거리주사와 탐지된 물체에 대한 레이더 작동 또는 이와 동일한 체계적인 관측 등을 포함하여 레이더를 올바로 사용하여야 한다. (c) 불확실한 정보, 특히 레이더에 의한 불확실한 정보에 근거를 두고 억측을 하여서는 아니 된다. (d) 충돌의 위험성이 있는지 유무를 판단함에 있어서는 다음의 사항을 고려하여야 한다. (i) 만일 접근하고 있는 선박의 나침의 방위가 현저히 변화하지 않을 때에는 충돌의 위험성이 있다고 보아야 한다. (ii) 충돌의 위험성은 때에 따라서 뚜렷한 방위의 변화가 나타나는 경우에도 있을 수 있다. 특히 거대형선이나 긴 예인선열에 접근하는 경우 또는 가까운 거리에 있는 다른 선박에 접근하고 있는 경우에 그러하다. **해사안전법** **제65조(충돌 위험)** ① 선박은 다른 선박과 충돌할 위험이 있는지를 판단하기 위하여 당시의 상황에 알맞은 모든 수단을 활용하여야 한다. ② 레이더를 설치한 선박은 다른 선박과 충돌할 위험성 유무를 미리 파악하기 위하여 레이더를 이용하여 장거리 주사(走査), 탐지된 물체에 대한 작도(作圖), 그 밖의 체계적인 관측을 하여야 한다. ③ 선박은 불충분한 레이더 정보나 그 밖의 불충분한 정보에 의존하여 다른 선박과의 충돌 위험 여부를 판단하여서는 아니 된다. ④ 선박은 접근하여 오는 다른 선박의 나침방위에 뚜렷한 변화가 일어나지 아니하면 충돌할 위험성이 있다고 보고 필요한 조치를 하여야 한다. 접근하여 오는 다른 선박의 나침방위에 뚜렷한 변화가 있더라도 거대선 또는 예인작업에 종사하고 있는 선박에 접근하거나, 가까이 있는 다른 선박에 접근하는 경우에는 충돌을 방지하기 위하여 필요한 조치를 하여야 한다.

2.3.2. 해설

모든 선박은 레이더나 육안 등 모든 쓸 수 있는 적절한 수단을 활용하여 충돌의 위험성이 있는지 상황을 판단해야 한다. 다른 선박을 발견하였을 때에 충돌의 위험성이 있는지 판단하는 가장 기본적이고 정확한 방법은 상대선의 방위 변화가 있는지 살피는 것이다.

충돌의 위험성이란 충돌할 우려가 있을 때를 뜻하는 것으로, 두 척의 선박이 각각 침로와 속력을 그대로 유지하며 항해한다면 서로 충돌하게 되리라는 우려가 있는 상태라고 할 수 있다.

심화학습

> 두 척의 선박 사이에 충돌의 위험성(Risk of collision)은 언제부터 또는 어느 정도 떨어진 거리부터 있다고 볼 것인지 그 시기에 대해 명확히 규정하고 있지 아니하지만 충돌의 위험(Danger of collision)이 발생하기 이전의 단계라는 것은 분명하다.
>
> COLREG 개정을 위한 회의에서 '충돌의 위험성(Risk of collision)이란 두 척의 선박 사이에 그들의 예상 침로와 속력이 동시에 같은 위치 또는 그 근처에 있는 경우에 존재한다.'라고 정의하려는 제안이 상정된 바 있었으나 합의에 이르지 못하였다. 그 이유 중에는 먼 거리에 있는 선박이 거의 방위의 변화 없이 자선의 좌현으로부터 천천히 접근하고 있는 경우 오랜 기간 즉 수 시간 동안 유지선으로서 침로와 속력을 유지하도록 요구할 수 없다는 것이었다.[93]

1) 나침방위에 의한 충돌의 위험성 판단

상대 선박을 일정한 간격으로 살펴보아 방위(Bearing)의 변화가 없이 거리(Range)가 가까워지고 있다면 '서로 충돌하게 될 우려가 있다' 즉 충돌의 위험성이 있다고 판단해야 한다.

감지할 정도로 뚜렷한 방위의 변화가 있더라도 충돌의 위험성이 있는 예외적인 경우로는 가까운 거리에서 다른 선박에 접근하고 있는 경우를 들 수 있다. 거대선이나 긴 예인선열과 가까워지는 상황에서 방위 변화가 급격히 일어나더라도 거대선의 선수를 통과한 이후 선미와 충돌할 수 있다. 예인선열의 길이가 200미터 이상인 경우에 자

93) A.N. Cockcroft, A Guide to the Collision Avoidance Rules, 6th Edition, 2004, p.36.

선이 예선은 통과하였으나 뒤따라오는 피예인선과 충돌할 수 있다.

이와 같이 가까운 거리에서 방위의 변화가 뚜렷하게 발생하더라도 충돌의 위험성이 있으므로 피항선 또는 유지선으로서 충돌을 피하기 위한 적절한 동작을 조기에 취해야 한다.

약간의 방위변화가 있어서 충돌할 것인지 아닌지 판단이 서지 않을 때에도 충돌의 위험성이 있다고 보고 필요한 조치를 취해야 한다.

2) 충돌의 위험성 확인수단

방위 변화를 살피는 장비는 자이로컴퍼스(Gyro compass)나 자기컴퍼스(Magnetic compass)가 있고 레이더를 활용할 수도 있다. 이러한 장비는 충돌의 위험성을 판단하기 위해 활용해야 하는 적절한 수단이므로 의무적으로 사용해야 한다.

〈그림 2-7〉 Compass card, Azimuth circle

상대선박이 보일 때는 컴퍼스 카드 중앙에 핀(Shadow pin)을 꽂거나 주변에 방위환(Azimuth circle)을 장착하여 상대선의 방위를 관측할 수 있다.

선박이 회두하더라도 계속 같은 방위로 보이면 침로가 변경되었어도 충돌의 위험이 있다고 본다.

레이더로 탐지한 다른 선박이 〈그림 2-8〉의 왼쪽과 같이 레이더 화면 끄트머리에 나타난 후 계속 관측한 결과(Plotting) 방위의 변화 없이 점점 가까워지고 있는 경우에는 충돌의 위험이 있다. 두 선박이 이 상황에서 속력과 침로를 계속 유지하면 충돌하게 된다. 두 선박의 속력이 같다면 실제 상황은 〈그림 2-8〉의 오른쪽과 같은 경우에 해당한다.

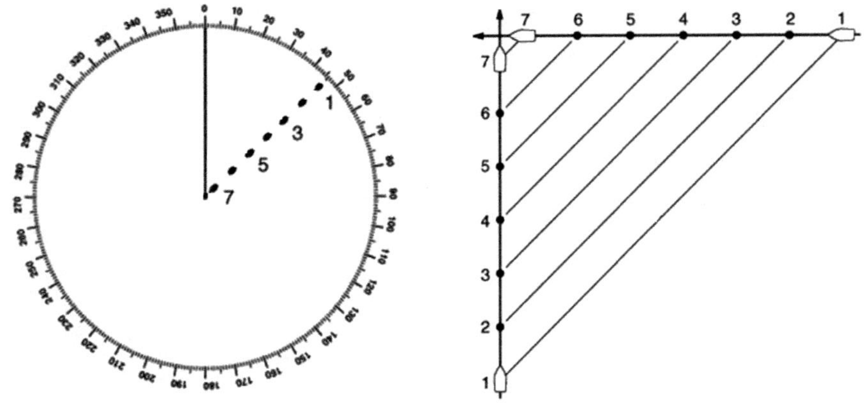

〈그림 2-8〉 두 척의 선박이 방위의 변화 없이 접근하고 있는 상태

여기서 방위의 변화는 자선의 선수방향을 기준으로 상대선박을 바라본 상대방위가 아니라 나침판(Compass)으로[94] 측정한 절대방위를 말한다.[95] 따라서 자선의 선수방향이 돌아가더라도 컴퍼스로 볼 때 계속 45도나 30도 등 동일한 방위에서 관측된다면 방위의 변화가 없는 것이다.

3) 레이더의 적절한 사용

레이더로서 물표의 존재와 그 방위 및 거리를 쉽게 측정할 수 있으므로 충돌의 위험성을 판단하는데 적절히 이용하여야 한다. 충돌의 위험성을 조기에 탐지하기 위해서는 레이더의 탐지거리를 수시로 장거리 주사(long range scanning)로 바꾸어서 먼 거리에 있는 다른 선박의 존재를 탐지하도록 노력한다. 연돌(funnel)과 같이 레이더

---

94) 「해사안전법」에서 '나침의 방위'라는 표현을 쓰고 있으나 자이로컴퍼스(Gyro compass)나 자기컴퍼스(Magnetic compass) 방위 모두 포함되는 절대 방위이므로 방위 변화가 없으면 충돌의 위험성이 있다.

95) 자침로와 나침로는 측정 기준선에 따라 구분된다. 자침로는 '자기자오선과 침로가 이루는 각', 나침로는 '컴퍼스의 남북선과 침로가 이루는 각'이다.
침로는 선박을 진행시키려는 방향이므로 외력에 따라 선수방향과 일치하지 않을 수 있으므로 '대수적으로 선박을 진행시키려는 방향을 측정 기준이 되는 자오선 또는 남북선의 북을 000°로 하여 시계방향으로 360°까지 측정한 값'이라하면 '선수미선과 선박을 지나는 자오선이 이루는 각'보다 정확하다.
선수방향은 '선수미선과 자오선이 이루는 각'이지만 진자오선, 자기자오선의 남북선에 따라 그 측정량이 달라지기 때문에 '침로를 측정하는 기준이 되는 자오선 또는 남북선과 선수미선이 이루는 각'이라는 표현이 적절하다.
진침로는 '선박을 지나는 진자오선과 침로가 이루는 각'이며, 시침로는 '풍압 또는 유압과 같은 외력이 있는 경우에 선박을 본래의 침로로 진행시키고자 설정한 일시적인 침로'이다.

전파를 막는 물체 때문에 생기는 레이더 음영구역에 있는 선박은 감지되지 않는다는 사실도 염두에 두어야 한다.

가) 레이더 작도(Plotting)

레이더로 상대선박을 탐지하면 그 침로와 속력을 주기적으로 관측하고 주의 깊게 작도를 하거나, 이와 같은 효과를 얻을 수 있도록 체계적인 관측을 하여 충돌의 위험성이 있는지를 판단하여야 한다. 레이더로 관측한 정보는 MOBOARD를 사용하여 상대선의 절대방위와 속력을 확인하여야 한다.

나) 불확실한 레이더 정보에 바탕을 둔 억측 금지

선박에 설치된 레이더는 기술상, 작동상, 작도(Plotting)상 한계가 있으므로 레이더 정보를 너무 과신하지 말아야 하며, 특히 충돌의 위험성을 판단할 때에 불확실하고 빈약한 정보를 근거로 억측을 하지 말아야 한다.

지속적으로 관측하지 않은 상태에서 레이더로 관측한 상대방위와 겉보기 속력만으로 충돌의 위험성이 있을 것으로 가정하여 조치하는 것은 불확실한 정보(scanty information)에 의존하는 경우이므로 피해야 한다.

다) 알파 레이더 정보의 활용 상 주의사항

알파 레이더에서 탐지한 상대선박에 대한 침로와 속력 정보는 과거의 자료를 분석한 것으로서 AIS 항적(Course Made Good) 및 속력과 동일하다. 다만 상대선박과의 최단근접거리(CPA)를 계산할 때에는 자선의 선수방위와 속력, 그리고 상대선박의 항적과 속력을 바탕으로 한다.

그러므로 태풍의 영향권에 있어 강한 바람을 받거나 우리나라 서해안과 같이 큰 조석간만의 차로 강한 조류가 흐르는 수역에서 선박은 Leeway로 인해 선수방위와 항적의 차가 크게 된다. 이 경우 두 선박의 알파 레이더에서 계산된 상대선박과의 최단근접거리는 서로 달리 나타나게 된다. 그 결과 두 척의 선박이 서로 접근하는 상태를 달리 판단하여 항법의 적용에 오해를 야기할 수 있으므로 주의하여야 한다.

2.4. 제8조 충돌을 피하기 위한 동작

PART B – STEERING AND SAILING RULES

Rule 8 (Action to avoid Collision)

(a) Any action to avoid collision shall be taken in accordance with the Rules of this Part and shall, if the circumstances of the case admit, be positive, made in ample time and with due regard to the observance of good seamanship.

(b) Any alteration of course and/or speed to avoid collision, shall, if the circumstances of the case admit, be large enough to be readily apparent to another vessel observing visually or by radar; a succession of small alterations of course and/or speed should be avoided.

(c) If there is sufficient sea room, alteration of course alone may be the most effective action to avoid a close-quarters situation provided that it is made in good time, is substantial and does not result in another close-quarters situation.

2.4.1. 해석

제2장 선박조종 및 항법

제8조(충돌을 피하기 위한 동작)

(a) 충돌을 피하기 위한 모든 동작은 이 장의 규칙에 따라서 취하여져야 하며, 그 경우의 사정이 허락하는 한 적극적이고 충분한 시간을 두고 그리고 적절한 선박운용술에 따라 상당히 주의해서 행하여야 한다.

(b) 충돌을 피하기 위한 침로와 속력의 동시 변경 또는 침로나 속력만의 변경은 그 경우의 사정이 허락하는 한 육안 또는 레이더로 관찰하고 있는 다른 선박이 쉽게 알아 볼 수 있도록 충분히 크게 하여야 한다. 조금씩 침로와 속력의 동시 변경 또는 침로나 속력만의 변경을 연속적으로 하는 것은 피하여야 한다.

(c) 만일 충분히 넓은 수역이 있다면 침로만의 변경은, 적당한 시각에 대각도로 행하여 다른 근접상태를 생기게 하지 않도록 하는 조건에서, 근접상황을 피하기 위한 가장 유효한 동작이 될 수 있다.

해사안전법

제66조(충돌을 피하기 위한 동작) ① 선박은 제1절부터 제3절까지 및 제6절에 따른 항법에 따라 다른 선박과 충돌을 피하기 위한 동작을 취하되, 이 법에서 정하는 바가 없는 경우에는 될 수 있으면 충분한 시간적 여유를 두고 적극적으로 조치하여 선박을 적절하게 운용하는 관행에 따라야 한다.

② 선박은 다른 선박과 충돌을 피하기 위하여 침로(針路)나 속력을 변경할 때에는 될 수 있으면 다른 선박이 그 변경을 쉽게 알아볼 수 있도록 충분히 크게 변경하여야 하며, 침로나 속력을 소폭으로 연속적으로 변경하여서는 아니 된다.

③ 선박은 넓은 수역에서 충돌을 피하기 위하여 침로를 변경하는 경우에는 적절한 시기에 큰 각도로 침로를 변경하여야 하며, 그에 따라 다른 선박에 접근하지 아니하도록 하여야 한다.

PART B – STEERING AND SAILING RULES

(d) Action taken to avoid collision with another vessel shall be such as to result in passing at a safe distance. The effectiveness of the action shall be carefully checked until the other vessel is finally past and clear.

(e) If necessary to avoid collision or allow more to assess the situation, a vessel shall slacken her speed or take all way off by stopping or reversing her means of propulsion.

(f)

(i) A vessel which, by any of these Rules, is required not to impede the passage or safe passage of another vessel shall, when required by the circumstances of the case, take early action to allow sufficient sea room for the safe passage of the other vessel.

제2장 선박조종 및 항법

(d) 다른 선박과 충돌을 피하기 위하여 취하는 동작은 안전한 거리를 두고 통과하도록 하여야 한다. 취한 동작의 효과는 다른 선박이 완전히 통과하여 벗어날 때까지 주의 깊게 확인하여야 한다.

(e) 충돌을 피하기 위하여 또는 상황을 판단하는데 시간적 여유를 얻기 위하여 필요하다면, 선박은 감속을 하거나 또는 모든 전진 타력을 없애기 위하여 기관을 정지하거나 후진으로 사용하여야 한다.

(f)

(i) 이 규칙의 어느 규정에 의하여 다른 선박의 통항 또는 안전한 통항을 방해하지 아니 하여야 하는 선박은, 그 경우의 사정에 따라 요구된다면, 다른 선박의 안전한 통항을 위한 충분히 넓은 수역을 부여하기 위하여 조기에 동작을 취하여야 한다.

해사안전법

제66조(충돌을 피하기 위한 동작)

④ 선박은 다른 선박과의 충돌을 피하기 위하여 동작을 취할 때에는 다른 선박과의 사이에 안전한 거리를 두고 통과할 수 있도록 그 동작을 취하여야 한다. 이 경우 그 동작의 효과를 다른 선박이 완전히 통과할 때까지 주의 깊게 확인하여야 한다.

⑤ 선박은 다른 선박과의 충돌을 피하거나 상황을 판단하기 위한 시간적 여유를 얻기 위하여 필요하면 속력을 줄이거나 기관의 작동을 정지하거나 후진하여 선박의 진행을 완전히 멈추어야 한다.

⑥ 이 법에 따라 다른 선박의 통항이나 통항의 안전을 방해하여서는 아니 되는 선박은 다음 각 호의 사항을 준수하고 유의하여야 한다.

1. 다른 선박이 안전하게 지나갈 수 있는 여유 수역이 충분히 확보될 수 있도록 조기에 동작을 취할 것

PART B – STEERING AND SAILING RULES

(ii) A vessel required not to impede the passage or safe passage of another vessel is not relieved of this obligation if approaching the other vessel so as to involve risk of collision and shall, when taking action, have full regard to the action which may be required by the Rules of this part.

(iii) A vessel the passage of which is not to be impeded remains fully obliged to comply with the rules of this part when the two vessels are approaching one another so as to involve risk of collision.

제2장 선박조종 및 항법

(ⅱ) 다른 선박의 통항 또는 안전한 통항을 방해하지 아니하여야 하는 선박은, 충돌의 위험성이 내포되도록 다른 선박에 접근하면, 그 책임을 면할 수 없고, 동작을 취할 때는 이 장의 규정에서 요구하는 동작에 대하여 충분히 주의하여야 한다.

(ⅲ) 통항의 방해를 받지 아니하여야 하는 선박은, 두 선박이 서로 충돌의 위험성을 안고 접근할 때는, 이 장의 규정을 충실하게 이행할 의무가 있다.

해사안전법

제66조(충돌을 피하기 위한 동작)

2. 다른 선박에 접근하여 충돌할 위험이 생긴 경우에는 그 책임을 면할 수 없으며, 피항동작(避航動作)을 취할 때에는 이 장(章)에서 요구하는 동작에 대하여 충분히 고려할 것

⑦ 이 법에 따라 통항할 때에 다른 선박의 방해를 받지 아니하도록 되어 있는 선박은 다른 선박과 서로 접근하여 충돌할 위험이 생긴 경우 이 장의 규정에 따라야 한다.

2.4.2. 해설

1) 충돌을 피하기 위한 동작의 기본원칙

제8조는 실제적으로 충돌을 피하기 위한 동작을 취하는데 있어서 지켜야 할 여러 원칙을 규정한 것이다.

제8조 (a)항에서 피항동작은 사정이 허락하는 한 적극적이고 충분한 시간을 두고 그리고 적절한 선박운용술에 따라 상당히 주의해서 행하도록 규정하였다.

여기서 '이 장의 규칙(the Rules of this Part)'는 제2장 제1절의 모든 규칙(the Rules in Section Ⅰ of Part B)으로서 COLREG 제4조부터 제10조의 규정을 말한다. 또한 기본적인 피항방법은 '당시 사정이 허락하는 경우에만(if the circumstances of the case admit)' 행해져야 하고, 조종수역이 좁거나 기타 이유로 대각도 변침을 하지 못하는 경우에는 행하지 못하게 될 것이다.[96]

기본적인 피항동작에 대해 보다 상세히 살펴보면 다음과 같다.

가) 적극적으로(be positive) 행하여야 한다.

충돌의 위험을 방지하기 위한 자선의 피항행위로 변침 또는 기관을 사용할 때에는 상대선박이 볼 때 자선이 분명히 피항동작을 취하고 있다는 것을 알 수 있도록 명확하게 하여야 한다. 즉 피항동작을 취할 때 적극적으로 행하라는 것은 상대 선박이 자선의 조치를 인식할 수 있도록 크게 하라는 것이다.

나) 충분한 시간을 두고(in ample time) 행하여야 한다.

해상에서의 선박 사이의 항해관계는 서로 일정한 속력을 가지고 접근하기 때문에 충돌 그 자체뿐만 아니라 충돌의 위험성을 제거하기 위한 피항동작은 시간적 또는 거리적으로 여유가 있는 때에 실시하여야 한다. 양 선박이 너무 가까이 접근하면 다른 선박에 불안감과 의혹을 주게 되고, 다른 선박이 자선의 행동을 오해하거나 억측하게 되어 충돌의 위험을 증가시킬 우려가 있다.

충분한 시간적 여유를 두고 피항동작을 행하라는 것은 양 선박이 어떠한 피항동작을 취하였는데도 상황이 호전되지 않거나 그릇된 동작을 행하여 상황이 악화되는 일이 있더라도 이를 수정하여 다시 한 번 피항동작을 취할 수 있는 여유가 생기기 때문이다. 즉 피항동작은 되도록 빨리 행하라는 것이다.

---

96) A. N. Cockcroft, 앞의 책, p.50.

유지선(Stand-on vessel)은 침로와 속력을 유지하는 것이 기본적인 책임이다. 유지선은 침로와 속력을 유지할 때 생기는 위험을 고려하여 필요하다면 사전에 선제적으로 피항동작을 행할 수 있으며, 이 경우에도 제17조 (c)항에[97] 따라 횡단하는 상태에서 자선의 왼쪽에 있는 선박을 향하여 왼쪽으로 침로를 변경하여서는 아니 된다.

다) 적절한 선박운용술에 따라 상당한 주의(with due regard to the observance of good seamanship)를 기울여 행하여야 한다.

모든 선박은 자선의 안전항해를 위하여 실행 가능하고 적절한 방법으로 철저한 경계를 실시하여야 한다. 이러한 경계를 바탕으로 하여 적절한 선박운용술에 따른 상당한 주의로써 피항동작을 하여야만 충돌을 방지할 수 있다.

'적절한 선박운용술에 따른 상당한 주의'라 함은 선장 및 항해사가 조선 중 기관 및 타를 사용하여 피항동작을 행할 때 기관 및 타 사용 시 주의사항을 포함한 선박의 조종특성과 화물의 적재 및 결박상태 등을 고려한 선박의 복원성을 유지하기 위하여 필요한 주의사항 등을 말한다고 할 것이다.

상갑판에 적재된 화물이 적절히 결박되지 아니한 상태에서 전속으로 항행 중인 화물선이 서로 마주치는 상태로 접근하고 있는 상대선박과의 충돌을 피하기 위해 대각도 변침을 함에 있어 시간적 여유가 있음에도 타각을 우현 30도 이상으로 사용하였다. 그 결과 이 화물선은 타효가 빠르게 나타나 우현 변침이 이루어지겠지만 기관은 순간적으로 큰 부하가 걸리고 선체는 진동하면서 잠시 우현 쪽으로 내방 경사가 발생한 후 좌현 쪽으로 큰 외방경사가 발생하며 상갑판에 적재된 화물이 좌현 쪽으로 전도되며 복원성에 영향을 미칠 수 있다.

선박이 상대선박과 근접상태에서 긴급한 충돌 위험이 있을 경우 타를 대각도로 사용하거나 기관을 정지 또는 역전으로 사용하는 등의 피항동작을 이행할 수는 있을 것이다. 그러나 시간적 여유가 있는 상태에서 이와 같은 선박의 피항동작은 '적절한 선박운용술에 따른 상당한 주의'를 다하였다고 보기 어려울 것이다.

초급 항해사의 당직 시간에 장애물이 있는 구역을 지나는 경우에는 선장이 선교에 오르는 경우가 많다. 이때 당직사관은 선장이 조선하는 것으로 오해할 수 있다. 그러나

---

97) 제17조(유지선의 동작) (c) 동력선은 횡단하는 상태에 있어서 다른 동력선과의 충돌을 피하기 위하여 이 조의 1항 (b)호의 규정에 따라서 동작을 취하는 때에는 그 경우의 사정이 허락한다면 자선의 좌현쪽에 있는 선박을 향하여 좌현쪽으로 침로를 변경하여서는 아니 된다.

선장이 선교에 있을 때도 선장이 당직사관에게 직접 조선하겠다는 구두 표현을 하고 당직사관이 이를 인지할 때까지 조선 책임자는 당직사관이므로 당직사관은 충돌을 피하기 위하여 조기에 적극적인 조치를 이행하기 위한 적절한 선박운용술(Good seamanship)을 사용해야 한다.

선박이 밀집한 곳이나 항내에서는 획일적인 안전거리를 확보하기 어려우므로 교통흐름을 면밀히 관찰하여 당시 상황에 맞는 최선의 판단을 하여야 한다. 이렇게 상황에 맞는 적절한 선박운용술을 'Good seamanship'이라 한다.

심화학습

Seamanship은 선박을 운영하는 기술이다.[98] 이 기술은 선박운영과 관련된 모든 분야를 포괄하므로 항해 및 통항규칙, 날씨 및 기상예보, 경계(Look-out) 및 선박조종, 갑판장비·하역장비·닻·로프 관리 및 조작, 위험화물 관리 및 적화, 비상대응 및 수색·구조, 통신·항행·기관·예인·소방 등과 관련된 전문적인 기술이 포함된다. 상기 분야별로 선원이 필요로 하는 지식수준은 선박과 해당 작업의 성격에 따라 달라진다. 따라서 Good seamanship이란 해당 분야의 업무를 수행하는 선원의 전문적인 기술로 볼 수 있다.

COLREG에서 Seamanship이란 선박조종에 관련된 전문적인 운영기술을 뜻하므로 선박조종술이나 선박운용술이라고 할 수 있다. 그리고 COLREG 제8조 충돌을 피하기 위한 동작에서 적절한 선박운용술(Good seamanship)을 따르도록 요구하고 있다.

선원의 상무(Ordinary practice of seamen)에는 선박조종과 관련된 관습을 포함하기 때문에 종종 선박운용술(Good seamanship)과 혼동하여 사용하는데 구분되어야 한다.

선원의 상무(常務)는 COLREG 제2조 (a)항에 있으며, 피항동작뿐만 아니라 항해당직 전반에 걸쳐 적용되는 시행원칙이라고 볼 수 있다. 반면에 선박운용술은 COLREG 제8조 (a)항에 있으며, 피항동작을 위해 필요한 시행지침이라고 할 수 있다.

선원의 상무란 선원에게 요구되는 일상적인 주의의무(Precaution required by the ordinary practice of seamen)를 줄여 쓴 것으로, 일상적이라는 것은 선원들은 STCW협약에 따라 일정한 교육을 받고 자격을 갖추어 해상에 투입되기 때문에 대부분이 비슷한 지식을 갖추고 경험을 쌓아 서로 다르지 않은 판단을 할 것이라는 전제에 기초한다. 따라서 일반적인 선원이라면 당연히 알고 있고 실행할 수 있는 정도의 일상적인 업무와 그러한 업무를 이행할 의무를 뜻한다.

2) 충돌을 피하기 위한 구체적인 방법

가) 변침 및 변속의 피항동작은 크게 할 것

제8조 (b)항에서는 피항동작이 침로와 속력을 동시에 변경하는 것, 속력을 그대로 유지한 채 침로만을 변경하는 것, 그리고 침로를 그대로 유지한 채 속력만을 변경하는 것 등 세 가지 방법을 두고 있다. 이러한 피항동작은 어떠한 경우에도, 사정이 허락하는 한, 육안 또는 레이더로 관찰하고 있는 다른 선박이 쉽게 알아 볼 수 있도록 충분히 크게 하여야 한다.

피항동작은 소각도로 변침을 연속적으로 하거나 속력을 조금씩 연속해서 변경하는 것을 피해야 한다. 또한 침로와 속력을 연속해서 조금씩 변경하는 것도 피해야 한다. 이와 같은 피항동작은 자선이 피항동작을 행하였다는 것을 상대선박이 인식하기 어려울 수 있다. 또한 넓은 수역에서 10도 이하의 소각도 변침으로는 먼 거리에 있는 상대선박이 자선이 피항동작을 행하였다는 것을 인식하기 어렵다. 따라서 침로 변경에 의한 피항동작은 최소한 30도 이상 대각도로 행하여야 한다.

선박의 속력을 변경하려는 경우에도 적극적인 조치가 되려면 상대선박이 인식할 수 있을 정도여야 한다. 그러나 변속 효과는 빨리 나타나지 않으므로 상대선박이 자선의 변속 사실을 즉시 파악하기 어려울 수 있다는 것을 염두에 두어야 한다.

상대선박의 선명을 알고 있는 상황에서 변속한 경우에는 가능한 한 상대선박을 VHF 무선전화로 호출하여 자선의 의도를 알려주는 것이 확실한 방법이다.

나) 침로만의 변경

제8조 (c)항에서 '충분히 넓은 조선수역이 있는 경우에는 침로의 변경만으로도 아주 가까운 박근상태를 피하기 위한 가장 유효한 동작이 될 수 있다. 다만 침로의 변경은 적당한 시각에 대각도로 행하여 다른 박근상태를 초래하지 않도록 하여야 한다.'고 규정하고 있다.

침로만의 변경으로 피항동작을 행할 때에는 충분히 넓은 조종수역이 확보되어야 하며, 적당한 시기에 대각도로 행하여 또 다른 근접상태를 초래하지 않도록 하여야 한다. 따라서 침로만의 변경으로 피항동작을 행하기 위해서는 다음의 조건을 충족시켜야 한다.

---

98) Seamanship is the art of operating a ship or boat.

(1) 조종수역이 충분히 넓을 것

선박이 속력을 그대로 유지한 채 적절한 시기에 침로의 변경만으로 피항동작을 행할 때에는 대각도로 변침을 하여야 하고, 선박은 그 결과 원래의 침로에서 감속할 때보다 많이 벗어나게 된다. 따라서 조종수역이 충분히 여유 있게 넓을 때 침로만의 변경으로 효과적인 피항동작을 할 수 있다.

(2) 적절한 시기에 대각도로 변침할 것

침로와 속력의 대폭적인 변경에서 설명한 바와 같이 이동 중인 선박에서 피항동작을 행할 때에 그 적절한 시기가 언제인가 하는 것은 매우 중요하다.

선박이 속력을 그대로 유지한 채 침로만의 변경으로 피항동작을 행할 경우에는 감속할 때보다 양 선박의 접근이 빠를 것이므로 먼 거리에서 빨리 대각도로 행하여야 한다.

(3) 피항동작의 결과 다른 근접상태를 초래하지 않을 것

대각도 변침에 의한 피항동작을 이행한 결과, 다른 선박과 새로운 근접상태가 생기면 또 다른 충돌의 위험성이 발생할 수 있다. 따라서 침로만의 변경으로 피항동작은 주위 다른 선박의 진로에 대하여 경계를 철저히 하여 피항동작의 결과 주위 다른 선박과 근접상태가 생기지 않을 것으로 판단될 때 행하여야 한다.

3) 안전한 통항거리의 유지와 피항동작 효과의 확인

제8조 (d)항에서는 피항동작은 다른 선박과 안전한 거리를 두고 통과하도록 행하여야 하고, 그러한 피항동작의 효과를 다른 선박이 완전히 지나가 벗어날 때까지 확인하도록 규정하고 있다.

가) 안전한 통항거리

안전한 거리는 선박의 크기와 성능, 해상교통량, 수역의 넓이, 시정상태에 따라 달라지며, 정상적인 항해속력으로 항행 중 안전한 통항거리를 확보할 수 없는 때에는 속력을 줄여야 한다. 자선의 길이(LOA)를[99] L이라 할 때 대체적인 안전한 통항거리는 다음과 같이 예시할 수 있다.

---

99) 여기서 길이는 전장(Length Over All)로서 선박의 전·후방 끝단 사이의 길이로 가장 긴 길이를 말한다.

다른 선박과 안전한 거리를 유지하기 위한 자선의 점유면적은 일반적으로 자선의 길이를 기준으로 ① 서로 마주치는 상태로 접근하며 서로 좌현 대 좌현으로 정횡을 통과하는 경우에는 자선 길이의 4배(4L)[100], ② 서로 횡단하는 상태로 접근하여 상대선박의 정선수를 통과하는 경우에는 자선 길이의 12배(12L), 상대선박의 정선미를 통과하는 경우에는 자선 길이의 4배(4L)를 최소 안전거리로 본다.

여기서 언급하고 있는 안전한 통항거리는 일반적인 동력선의 조종특성 등을 고려하여 예시한 것이며 앞서 언급한 바와 같이 선박의 크기와 성능, 해상교통량, 수역의 넓이, 시정상태에 따라 달라질 수 있다.

나) 피항동작 효과의 확인

충돌을 방지하기 위하여 행한 동작의 효과는 완전한 형태로 실현되어야 한다. 그러나 상대선박의 예상하지 않은 부적절한 조치, 조타 또는 조종실패, 제3선박의 간섭 등으로 새로운 충돌의 위험성이 생길 수 있기 때문에 이행한 피항동작의 효과는 다른 선박이 완전히 지나가 벗어날 때까지(past and clear) 주의 깊게 관찰하고 확인하여야 한다.

4) 감속, 정지

모든 선박은 안전한 속력으로 항행할 책임에 더하여 충돌을 피하기 위하거나 주위의 상황을 판단하기 위한 시간적 여유를 얻기 위하여 필요하다면 감속, 기관의 정지 또는 역전으로 선박의 전진을 완전히 멈추어야 한다.

피항동작으로서 속력의 감소는 양 선박 사이의 접근속력을 줄여서 변침에 의한 피항동작을 행할 시간적, 공간적 여유를 가질 수 있고, 선장 및 항해사에게 정신적 여유를 주어 냉정하게 사태를 파악한 후 대처할 수 있게 하는 효과가 있다. 또한 감속이나 기관의 정지 또는 역전은 피할 수 없는 충돌이 발생한 경우에 그 손해를 감소시키는 효과도 있다.

선박은 전진 항해 중 기관을 정지한 후에도 상당한 기간 동안 전진 타력이 유지되므로 전진 타력을 완전히 없애서 선체를 정지시키려면 후진기관을 사용하여야 한다. 선

---

100) 두 척의 선박이 마주치는 상태로 접근하여 서로 우현 대 우현으로 정횡을 통과하는 경우에는 주변 제3선박들로 인해 한 선박이 우현 변침을 하거나 두 척 모두 서로 우현 변침을 할 경우 근접상태가 되어 충돌의 위험에 놓일 수 있으므로 안전한 통항거리는 선박이 서로 좌현 대 좌현으로 통과하는 경우보다 더 넓게 유지하는 것이 필요하다고 본다.

박에 전진 타력이 없으면 타효를 상실하여 변침에 의한 피항동작을 행하기 어려우므로 이에 주의하여야 한다.

심화학습

국제해사기구는 1989년 COLREG 제8조 (f)항을 신설하였다. COLREG 제9조 및 제10조에서는 특정 선박으로 하여금 좁은 수로와 통항분리제도(TSS)를 항행하는 다른 선박의 통항을 방해하지 말라고 규정하고 있어 COLREG 제8조 (f)항을 직접적으로 언급하고 있고, COLREG 제18조 (d)(ⅰ)항에서도[101] 이와 유사하게 규정하고 있다.
제8조 (f)항의 통항불방해의무(duty not to impede)의 내용에 대해 살펴보면 다음과 같다.

○ 통항불방해의무는 충돌의 위험성이 존재하지 아니한 때부터 가진다.

제8조 (f)(ⅰ)항은 양 선박이 접근하는 첫 번째 단계로서 '충돌의 위험성'이나 '피항선' 또는 '유지선' 등 선박의 상태에 대한 언급이 없다. 그러므로 제8조에서 (f)(ⅰ)항은 충돌 또는 근접상황을 피하기 위한 조치를 규정하고 있는 (a)항부터 (e)항까지 규칙과 다르다. 즉 제8조 (f)(ⅰ)항의 통항불방해의무는 '충돌의 위험성'이 존재하기 전부터 발생하고, 피항선의 진로피항의무(duty to keep out of the way)보다 광범위한 의무가 부여된다.
통항불방해의무선박은 우선권을 가진 선박(privileged vessel)에게 안전한 통항을 위한 충분한 여유수역을 보장하기 위하여 충분히 빨리 동작을 취하여야 하고, 그래서 우선권을 가진 선박이 COLREG 제17조 (a)(ⅰ)항에[102] 따라 유지선의 책임을 이행하여야 하는 상황으로 발전하여 충돌의 위험에 직면하게 되는 것을 방지하여야 한다.
예를 들면, 좁은 수로를 횡단하려는 선박은 먼저 항행 전 경계를 하여야 하고, 만약 자선의 좁은 수로 횡단이 다른 선박의 진로를 방해한다면 늦추어 항해하여야 한다. 만약 좁은 수로를 횡단하던 중 충돌이 발생한 경우에는 통항불방해의무위반은 충돌의 과실 할당을 위한 근거가 될 것이다.[103]

○ 통항불방해의무는 충돌의 위험성이 존재한 경우에도 가진다.

제8조 (f)(ⅱ)항은 대부분 잘못 해석하고 있다. 이 항의 규정도 통항불방해의무선박의 책임에 초점을 두고 있다. 이 항의 규정은 통항불방해의무선박이 어떠한 이

유로 인해 제8조 (f)(ⅰ)항에 따른 자신의 의무를 준수하는 것에 실패하여 접근상황의 1단계에서 2단계로 진전되었을 때만 적용한다. 이 항의 규정은, 충돌의 위험성이 발생하더라도, 통항불방해의무선박이 우선권을 가진 선박의 안전한 통항을 위해 충분한 여유 수역을 제공할 의무가 계속되도록 항법이 실행되어야 한다는 것을 명확히 하고 한다.

이 항의 규정을 어떻게 적용하는지 예를 들자면, 좁은 수로에서 '어로에 종사하고 있는 선박'은 제9조 (c)항에 따라 좁은 수로 안에서 항행 중인 선박의 통항을 방해하지 않아야 한다. 초기 단계에서 '어로에 종사하고 있는 선박'의 의무는 충돌의 위험성이 발생하기 전에 적용하는 것으로서 제8조 (f)(ⅰ)항에서 설명하였다.

만약 '어로에 종사하고 있는 선박'이 충분한 시간을 두고 충돌의 위험성으로 발전하는 것을 방지하기 위해 조치를 취하는데 실패하면, 제8조 (f)(ⅱ)항은 '어로에 종사하고 있는 선박'이 어떠한 방법으로도 우선권을 가진 선박의 통항을 방해하지 않아야 하는 자신의 의무가 면제되지 않는다는 것을 말한다.

'어로에 종사하고 있는 선박'이 제18조 (a)(iii)항에 따라 유지선으로서 우선권을 가진 선박이 되어 자선의 침로와 속력을 유지하여야 한다는 어떠한 주장도 할 수 없을 것이다. '어로에 종사하고 있는 선박'은 여전히 다른 선박의 통항을 방해하지 않을 의무를 가지게 된다. 다만 '어로에 종사하고 있는 선박'은 자선의 침로를 선택함에 있어서 이 장(this part)에서 요구하고 있는 모든 조치를 고려하여야 한다. 여기서 이 장(this part)이라 함은 COLREG Part B로서 제4조부터 제19조를 의미한다.

○ 우선권을 가진 선박에게 충돌의 위험성이 있을 경우 조치사항

마지막 경고는 우선권을 가진 선박에 대해 다루고 있는 제8조 (f)(iii)항의 관점에서 고려되어야 한다. 선박은 한번 '충돌의 위험성'이 발생하면 이 장(Part B, 제4조부터 제19조)에서 적용할 수 있는 규칙을 준수하여야 한다는 것을 말하고 있다. 결과적으로 양 선박은 양 선박의 이중 행동체계(dual-action regime)를 만들어 서로의 진로를 피하게 될 것이다.

위 사례에서 '어로에 종사하고 있는 선박'은 제8조 (f)(iii)항과 적용 가능한 다른 항법에 따라 다른 선박의 실행 가능한 조치를 예상하여 적절한 조치를 시도하여야 한다. 양 선박의 서로 다른 조치로 인한 위험을 최소화하기 위해, 통항불방해선박은 서로 시계 안에 있을 경우에는 제17조 (c)항에 따라, 제한된 시계에서는 제19조 (d)항에 따라 자선의 피항동작을 하여야 한다. 또한 선박은 당시 상황에 따라 양 선박의 '선교 대 선교 교신'을 포함한 추가적인 주의사항을 준수하여야 한

다.[104)]

제8조 (f)(iii)항은 통항의 방해를 받지 않아야 하는 우선권을 가진 선박에 주목하여야 한다. 이 항의 규정은 '우선권을 가진 선박'의 항해당직자는, 만약 양 선박이 '접근상황 2단계'인 충돌의 위험성을 내포한 시점으로 발전되었다면, 그 상황에서 적용할 수 있는 항법을 준수하여야 한다는 것을 말하고 있다. 즉 항해당직자는 만약 양 선박이 서로 시계 안에 있을 경우에는 마주치는 상태, 횡단하는 상태 또는 추월 상황에 따른 규정이나[105)] 제18조(선박사이의 책무) 규정에 따라 유지선인지 피항선인지 여부를 고려하여 결정하여야 한다.

이를 보다 상세히 살펴보면 우선권을 가진 선박은 서로 시계 안에서 통항불방해선과 사이에서 ① 마주치는 상태로 만날 경우 마주치는 상태항법 상 피항선과 같이 우현 쪽으로 변침하여 피항동작을 행하여야 하고, ② 횡단하는 상태일 경우 통항불방해선박을 자선의 우현에 두고 있다면 횡단하는 상태항법 상 피항선과 같이 피항동작을 행하여야 하며, ③ 추월 상황에서 속력이 낮은 통항불방해선박을 앞지르기 하고 있다면 추월항법 상 추월선과 같이 통항불방해선박의 진로를 피하도록 피항동작을 행하여야 한다. ④ 통항불방해선박이 자선보다 조종성능이 나쁘면, 통항불방해선박의 진로를 피하도록 피항동작을 행하여야 한다. 또한 '우선권을 가진 선박'의 항해당직자는 만약 양 선박이 제한된 시계상태일 경우에는 제19조를 준수하여야 한다.

그러나 '우선권을 가진 선박'의 위와 같은 피항동작은 앞서 언급한 바와 같이 우선권을 가진 선박과 통항불방해선박이 이중 행동체계(dual-action regime)를 만들어 서로의 진로를 피하게 하자는데 목적이 있다. 즉 '우선권을 가진 선박'이 위와 같이 피항동작을 취한다고 하여 항법 상 피항선의 지위를 가지는 것이 아니고, 통항불방해선박은 항법 상 피항선으로서 여전히 다른 선박의 통항을 방해하지 않을 의무를 가지게 된다.

---

101) (d)(ⅰ) Any vessel other than a vessel not under command or a vessel restricted in her ability to manoeuvre shall, if the circumstances of the case admit, avoid impeding the safe passage of a vessel constrained by her draught, exhibiting the signals in Rule 28. (조종불능선 또는 조종제한선이 아닌 그 밖의 선박은 그 경우의 사정이 허락한다면 제28조에 규정하는 신호를 표시하고 있는 흘수제약선의 안전한 통항을 방해하지 않도록 하여야 한다.)

102) 제17조(유지선의 동작) (a)(ⅰ) Where one of two vessels is to keep out of the way the other shall keep her course and speed. (두 척의 선박 중에서 한 척이 다른 선박의 진로를 피하여야 할 경우에, 그 다른 선박은 그의 침로와 속력을 유지하여야 한다.)

103) Craig H. Allen, Farewell's Rules of the Nautical Road (Annapolis, Naval Institute Press, 2005), pp.257~258.

104) Craig H. Allen, 앞의 책, pp.258~259.

2.5. 제9조 좁은 수로

PART B – STEERING AND SAILING RULES
Rule 9 (Narrow Channels) (a) A vessel proceeding along the course of a narrow channel or fairway shall keep as near to the outer limit of the channel or fairway which lies on her starboard side as is safe and practicable. (b) A vessel of less than 20 metres in length or a sailing vessel shall not impede the passage of a vessel which can safely navigate only within a narrow channel or fairway. (c) A vessel engaged in fishing shall not impede the passage of any other vessel navigating within a narrow channel or fairway. (d) A vessel shall not cross a narrow channel or fairway if such crossing impedes the passage of a vessel which can safely navigate only within such channel or fairway. The latter vessel may use the sound signal prescribed in Rule 34(d) if in doubt as to the intention of the crossing vessel.

105) COLREG 제13조(추월), 제14조(마주치는 상태) 및 제15조(횡단하는 상태).

2.5.1. 해석

제2장 선박조종 및 항법
제9조(좁은 수로) (a) 좁은 수로나 항로를 따라 진행하고 있는 선박은, 안전하고 실행 가능한 한, 자선의 오른쪽에 위치한 수로 또는 항로의 바깥쪽 한계에 접근하여 항행하여야 한다. (b) 길이 20미터 미만인 선박 또는 범선은 좁은 수로나 항로 안에서만 안전하게 항행할 수 있는 선박의 통항을 방해하여서는 아니 된다. (c) 어로에 종사하고 있는 선박은 좁은 수로나 항로 안에서 항행하는 다른 선박의 통항을 방해하여서는 아니 된다. (d) 선박은, 자선의 횡단이 좁은 수로 또는 항로 안에서만 안전하게 항행할 수 있는 선박의 통항을 방해하는 경우에는, 좁은 수로 또는 항로를 횡단하여서는 아니 된다. 후자의 선박은 만약 횡단하는 선박의 의도가 의심스러울 경우에는 제34조 (d)항에 규정된 음향신호를 사용할 수 있다. **해사안전법** **제67조(좁은 수로등)** ① 좁은 수로나 항로(이하 "좁은 수로등"이라 한다)를 따라 항행하는 선박은 항행의 안전을 고려하여 될 수 있으면 좁은 수로등의 오른편 끝 쪽에서 항행하여야 한다. 다만, 제31조제1항에 따라 해양수산부장관이 특별히 지정한 수역 또는 제68조제1항에 따라 통항분리제도가 적용되는 수역에서는 좁은 수로등의 오른편 끝 쪽에서 항행하지 아니하여도 된다. ② 길이 20미터 미만의 선박이나 범선은 좁은 수로등의 안쪽에서만 안전하게 항행할 수 있는 다른 선박의 통행을 방해하여서는 아니 된다. ③ 어로에 종사하고 있는 선박은 좁은 수로등의 안쪽에서 항행하고 있는 다른 선박의 통항을 방해하여서는 아니 된다. ④ 선박이 좁은 수로등의 안쪽에서만 안전하게 항행할 수 있는 다른 선박의 통항을 방해하게 되는 경우에는 좁은 수로등을 횡단하여서는 아니 된다.

PART B - STEERING AND SAILING RULES

(e)

(i) In a narrow channel or fairway when overtaking can take place only if the vessel to be overtaken has to take action to permit safe passing, the vessel intending to overtake shall indicate her intention by sounding the appropriate signal prescribed in Rule 34(c)(i). The vessel to be overtaken shall, if in agreement, sound the appropriate signal prescribed in Rule 34(c)(ii) and take steps to permit safe passing. If in doubt she may sound the signals prescribed in Rule 34(d).

(ii) This Rule does not relieve the overtaking vessel of her obligation under Rule 13.

(f) A vessel nearing a bend or an area of a narrow channel or fairway where other vessels may be obscured by an intervening obstruction shall navigate with particular alertness and caution and shall sound the appropriate signal prescribed in Rule 34(e).

(g) Any vessel shall, if the circumstances of the case admit, avoid anchoring in a narrow channel.

제2장 선박조종 및 항법

(e)

(ⅰ) 좁은 수로 또는 항로에서 피추월선이 안전한 통과를 허락하는 동작을 취하여야만 추월이 가능한 경우에는 추월하려는 선박은 제34조 (e)(ⅰ)항에 규정된 적합한 음향신호에 의하여 자선의 의사를 표시하여야 한다. 피추월선은 이에 동의하면 제34조 (c)(ⅱ)항에 규정된 적합한 음향신호를 하고, 안전한 통과를 할 수 있도록 조치를 취하여야 한다. 만일 의문이 있으면 피추월선은 제34조 (d)항에 규정된 음향신호를 할 수 있다.

(ⅱ) 이 조는 제13조에 규정된 추월선의 의무를 면제하지 아니한다.

(f) 좁은 수로 또는 항로에 있는 장애물 때문에 다른 선박을 볼 수 없는 만곡부 또는 수역에 접근하는 선박은 특별한 경계와 주의를 하여 항행하여야 하며, 제34조 (e)항에 규정된 적합한 음향신호를 하여야 한다.

(g) 모든 선박은, 그 경우의 사정이 허락하는 한, 좁은 수로 안에서 정박을 피하여야 한다.

해사안전법

제67조(좁은 수로등)

⑤ 제71조제2항 및 제3항에 따른 추월선(追越船)은 좁은 수로등에서 추월당하는 선박이 추월선을 안전하게 통과시키기 위한 동작을 취하지 아니하면 추월할 수 없는 경우에는 기적신호를 하여 추월하겠다는 의사를 나타내야 한다. 이 경우 추월당하는 선박은 그 의도에 동의하면 기적신호를 하여 그 의사를 표현하고, 추월선을 안전하게 통과시키기 위한 동작을 취하여야 한다.

⑥ 선박이 좁은 수로등의 굽은 부분이나 항로에 있는 장애물 때문에 다른 선박을 볼 수 없는 수역에 접근하는 경우에는 특히 주의하여 항행하여야 한다.

⑦ 선박은 좁은 수로등에서 정박(정박 중인 선박에 매어 있는 것을 포함한다)을 하여서는 아니 된다. 다만, 해양사고를 피하거나 인명이나 그 밖의 선박을 구조하기 위하여 부득이하다고 인정되는 경우에는 그러하지 아니하다.

2.5.2. 해설

1) 특별법적 지위의 좁은 수로 항법

COLREG는 원칙적으로 넓은 바다에서 선박 사이의 항행관계를 규율하는 것을 전제로 입법한 것이다. 그러므로 선박의 운용기술상 제한이 가해지는 좁은 수역에 있어서는 총칙적 항행규칙만으로는 충돌의 위험을 충분하게 방지할 수 없다.[106]

따라서 좁은 수로에서 적용되는 항법을 따로 두고 있는데 이 항법은 좁은 수로 또는 항로에서 해상교통의 안전성을 보장하기 위하여 입법된 규칙이기 때문에 넓은 바다에서 적용하는 일반 규칙에 대해서는 특별법적인 지위를 갖는다.[107]

심화학습

COLREG 제9조(좁은 수로)는 제2장 제1절에 규정되어있으므로 모든 시계상태에서 적용된다. 즉 COLREG 제9조를 포함한 제2장 제1절에서 규정하고 있는 규칙(제5조~제7조, 제10조)은 COLREG 제12조부터 제19조를 보완한다는 의미이다. 해양사고가 좁은 수로 또는 항로에서 발생하였을 때 ① 선박이 서로 시계 안에서 두 척의 선박이 충돌의 위험성을 가지고 접근하였다면 COLREG 제9조는 각각의 접근상황을 규율하는 특정상황(situation-specific)의 항법과[108] 함께 적용된다. 또한 ② 제한된 시계상태에서 두 척의 선박이 서로 접근하였다면 제19조와 함께 적용된다. 그러나 COLREG 제9조는 여러 해양사고 사례에서 항법의 일부 문제를 대신하거나 우선적으로 적용되었다는 것에 주목하여야 한다.[109]

2) 좁은 수로

좁은 수로 항법이 적용되기 위해서는 먼저 그 수역이 좁은 수로 또는 항로(a narrow channel or fairway)에 해당하여야 한다. 그러나 COLREG에서는 좁은 수로 또는 항로에 대한 정의 규정을 두고 있지 않다. 또한 여기서 형용사 '좁은(narrow)'은 '수로(a channel)'와 '항로(a fairway)' 모두를 각각 수식하고 있는 것에 주목하여야 한다.

---

106) 이윤철, 해상교통법강의(2016년 전면개정, 다솜출판사, 2016), p.247.
107) 이윤철, 앞의 책, p.248.
108) 추월, 마주치는 상태 및 횡단하는 상태 등에 따른 항법을 말한다.
109) Craig H. Allen, 앞의 책, p.282.

좁은 수로의 폭에 관해서는 200미터 이상인 선박의 무중신호 가청거리인 2해리 이하로 보는 등 여러 의견이[110] 있으나 COLREG에서 정해둔 바가 없다는 것은 선박의 길이나 흘수, 조종성능 등에 따라 달라져야 하기 때문이다.

심화학습

좁은 수로는 해상교통법규의 적용과 관련하여 법률상의 문제와 사실상의 문제가 혼합되어 결정된다.[111] 좁은 수로는 사실상의 문제로서 선박의 크기, 해상교통량, 지리적 조건, 조석의 차 등이 좁은 수로를 결정하는 주요 요소로서 작용하는 것이다.[112] 이에 판례를 살펴보면 다음과 같다.

○ **(외국 판례)** 영국은 좁은 수로를 구체적으로 정의한 것은 없으나, 법원에서는 그 지역에 있어서 선원이 통상적으로 항해하는 관습과 장로선장(Elder Brethren)의 자문을 고려하여 결정하고 있다.
좁은 수로는 특정 길이를 필요로 하지 않고, 수로를 표시하는 마지막 부표 또는 물표에서 종료될 필요가 없다. 좁은 수로 항법은 2개 부두 사이의 통항로와 항구 입구를 표시하는 물표 밖 약 100미터까지 적용되어야 한다. 좁은 수로는 때때로 통항로의 너비가 약 2마일까지 고려되어진다.[113]
'항로(Fairway)'라는 용어는 일반적으로 개방된 가항 통항로 또는 항만당국이 준설·관리하고 있는 수로와 관련하여 사용된다. 항로는 대형선의 이용을 위해 해도에 파선(破線, pecked line)으로 표시된 깊은 수심 수로로 간주되어왔다. 반면에

---

110) 근접상태가 형성되는 지리적 구간을 좁은 수로라고 한다면 조기에 적극적인 피항동작을 취하였으나 실패로 돌아갈 경우에 다시 한 번 피항동작을 시행할 수 있을 정도의 수역 안쪽을 근접상태로 볼 수 있으며 몇 가지 판단 기준을 예시할 수 있으나 학자들의 공통된 의견은 아니다.
- 항만설계기준에서 항로의 폭은 선박 길이의 세 배인 3.0L을 기준으로 한다. 해상교통공학에서는 충분한 수역에서 최대속력으로 자유롭게 항해하는 선박의 점용면적을 장직경 8L, 단직경 3.2L로 보고, 복잡한 수로에서 점용영역의 평균 크기는 장직경 6L, 단직경 1.6L로 본다.

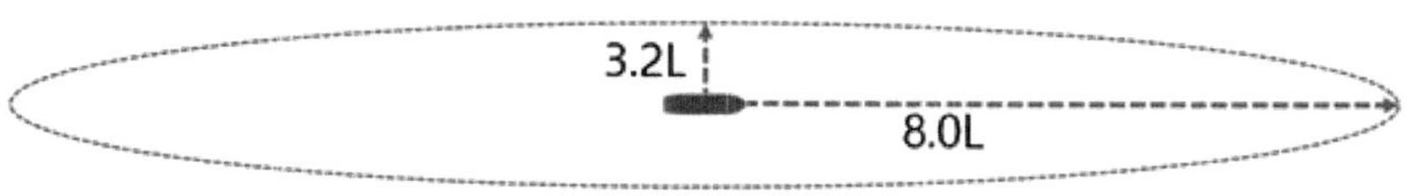

- 자유롭게 항해할 수 없는 해역을 좁은 수로라 하고 선박의 크기를 12,000TEU 컨테이너선을 기준으로 장·폭·심인 398m × 55m × 15m를 적용하면 한 척의 선박이 차지하는 폭은 6.4L이며 2,547m, 1.38해리이다. 두 척이 교행하기 위해서는 5,094m, 2.8해리가 필요하게 된다.
이와 같은 방식으로 300m인 선박은 2.1해리, 250m인 선박은 1.7해리, 200미터인 선박은 1.4해리, 150m인 선박은 1.0해리, 100m인 선박은 0.7해리를 필요로 한다.

좁은 수로는 부표 사이의 모든 가항수역에 대하여 적용된다고 본다.
미국 NTSB는[114] 좁은 수로 항법의 올바르고 일관된 적용방법에 관하여 20년 이상 동안 항해사들에게 충분한 지침을 제공하지 못하고 있다고 판단하였다. NTSB는 항해사들이 특정 수역이 좁은 수로인지 여부를 충돌사고 후 몇 개월 또는 몇 년이 지나 법원의 판결로서 겨우 알 수 있다는 것에 주목하고, USCG에게[115] 좁은 수로에 관한 해석규칙을 발행하도록 권고했다. 그러나 지금까지 좁은 수로의 해석 규칙은 준비되지 않았다. 미국에서 좁은 수로는 통상적으로 길이 366미터(1,200ft) 이상의 예인선열이 항해할 수 있는 수심과 너비의 수역을 말한다.[116] 법원에서는 좁은 수로 항법을 너비 약 610미터(2,000ft)까지의 수로에 적용한 바 있다.[117] 항해사는 통상적으로 해도에서 항로를 확인할 수 있다.
영국 법원은 항로라 함은 양쪽에 부표가 설치되어 있는 부표 사이의 모든 가항수역을 말한다고 하였다. 그러나 COLREG 제9조는 모든 항로에 적용하는 것이 아니라 좁은 항로에만 적용된다. 따라서 COLREG 제9조가 적용되는 좁은 항로를 일반적인 항로와 구별하는 것이 중요하다. 판례로는 멕시코만의 해상구조물 사이에 위치한 너비 2마일의 항로에 대하여는 좁은 수로 항법을 적용하지 않은 바 있다.[118]

○ **(우리나라 재결)** 중앙해양안전심판원은 조도수도를 '좁은 수로'로 판단하였고,[119] 좁은 수로로 판단함에 있어 근거를 제시하였다. 그 근거에 대해 살펴보면 아래의 판례와 같다.
이 건 충돌사고가 발생한 해역은 통영시 미륵도와 조도, 송도, 학림도 사이의 조도수도로서 그 항로의 폭은 0.4 내지 0.5마일 정도이고 다수의 다양한 크기 및 종류의 선박이 통항하는 해역이므로 우선 이 해역이 「해사안전법」 제67조(좁은 수로 등) 규정에 의한 '좁은 수로'에 해당하는지 살펴보아야 할 것이다.
세계 어느 나라도 '좁은 수로'에 대한 법적 개념으로서 구체적으로 정의하고 있는 곳은 없지만, 통상 '육안(陸岸) 또는 수심이 낮은 해저 등에 의하여 자연적, 인공적으로 형성된 수역으로서 선박이 자유로이 움직이면서 통항하는 것이 위험하다고 생각될 정도의 좁은 수역'을 말하는데, 이러한 수역에서는 마주치는 상태, 횡단하는상태, 선박 사이의 책무 등 일반적인 항법만으로는 선박 충돌을 방지하는 것이 충분하지 아니한데다 수역의 제한 등으로 여러 가지 위험을 만날 수 있기 때문에 선박 교통의 흐름을 좁은 수로의 오른 쪽을 따라 항행하도록 할 필요가 있다. 통상의 해도에 표시된 해협, 수도 등 지리상의 명칭과 「해사안전법」상 '좁은 수로'가 반드시 일치하지는 아니하며, '좁은 수로'의 해당여부는 선박의 크기, 해상교통량, 지리적 조건, 좁은 수로 항법 적용의 필요성 등을 검토·판단하여야 할 것이다.

① 지리적 조건에 대한 검토
조도수도의 폭은 0.4 내지 0.5마일(660미터 내지 920미터) 정도이며, 대법원 판례 검토 결과 폭 0.8마일 정도인 거제도 가오도 근해 수로(대법원 1991.12.10. 선고 91추10 판결), 폭 0.5마일 정도인 전라남도 여천군 남면 소두리도 남방 0.5마일 해상 금오수도(대법원 1993.6.11. 선고 92추55 판결), 폭 1.5마일 정도인 횡간수도(대법원 2005.9.28. 선고 2004추65 판결) 등이 '좁은 수로'로 인정된 사실을 두고 볼 때 조도수도는 지리적 조건으로서는 '좁은 수로'에 해당하는 것으로 볼 수 있을 것이다.

② 통항 선박의 크기 및 종류와 해상교통량에 대한 검토
해양수산부 항해지원과로부터 이 건 충돌 발생 당일인 2012년 12월 21일 00시부터 24시까지 24시간 동안 조도수도를 통항한 AIS 설치 선박의 항적데이터를 수집하여 '사고상황재현시스템'으로 재현하여 얻은 결과로서, 24시간 동안 20여 척이 통항하였다. 이 20여 척의 선박이 통항하는 조도수도는 주로 총톤수 500톤 이하의 소형선박이 통항하고 있으나 최대 총톤수 3,000톤에서 5,000톤인 선박이 통항하고 있으며 어선, 예인선, 여객선, 길이 200미터 또는 폭이 25미터를 초과하는 예인선열 등 다양한 종류의 선박이 통항하는 수역임을 알 수 있으며, AIS를 설치하지 아니한 소형 선박들의 통항까지 감안한다면 선박의 통항이 매우 많은 항로임을 알 수 있다.

③ 항해자들의 항행관습에 대한 검토
'사고상황재현시스템'으로 재현하여 조도수도를 통항하는 선박들의 일반적인 통항흐름을 살펴보면 대다수의 선박이 수로의 오른 쪽을 따라 항행하는 것을 확인할 수 있었고, 이는 곧 이 수역을 통항하는 선박의 운항자들이 '좁은 수로'로 인식하고 있음을 의미하는 것으로 볼 수 있다.

④ 검토에 대한 종합
'좁은 수로'에서의 항법을 정한 규정은 항해의 질서를 유지하기 위하여 주위에 다른 선박이 없더라도 원칙적으로 지켜야 하는 항행규칙이며, 항법 규정이 누구에게나 같은 형태로 공평하게 적용되어야 함에도 같은 수역에서 자선 또는 상대선의 크기에 따라 '좁은 수로'로 인정되거나 인정되지 아니하기도 한다면 그 수역을 통항하는 선박의 운항자들이 항법을 적용함에 있어서 혼란을 느낄 뿐만 아니라, 자신의 행위에 대한 법률효과를 예측하기 어렵게 하는 등 '법적 안정성'을 해치게 될 것이다.

따라서 조도수도에 대한 '좁은 수로' 해당 여부에 대한 검토는 지리적 조건이나 선박통항량, 통항하는 선박의 종류 및 크기, 항해자들의 항행관습 등을 종합하여 판단하는 것이 적절하다고 할 수 있을 것이며, 이러한 종합적인 판단에 따라 조도수도는 「해사안전법」상 '좁은 수로'에 해당하는 것으로 판단하여도 무리가 없는 것으로 본다. 앞으로 조도수도를 통항할 선박들의 안전한 통항을 위해서도 교통의 흐름을 수로의 오른 쪽을 따라 평행하게 항행하도록 할 필요가 있을 것으로 판단된다.

3) 좁은 수로에서 오른쪽 항행

제9조 (a)항에서는 '좁은 수로 또는 항로(이하 "좁은 수로등"이라 한다)를 따라 항행하고 있는 선박은 안전하고 실행 가능한 한 자선의 오른쪽에 있는 수로 또는 항로의 바깥쪽 한계에 접근하여 항행하여야 한다.'라고 규정하고 있다.

좁은 수로등에서는 특별 항행규칙이 필요하고, 통항로를 분리하는 방법이 가장 효과적이었으므로 오른쪽 항행규칙을 도입하였다. 따라서 이 오른쪽 항행규칙은 항해사들이 좁은 수로등 항법 중 준수하여야 할 가장 중요한 의무로 보아야 한다.

좁은 수로등의 오른쪽을 항행하여야 한다는 것은 좁은 수로등을 통항하는 선박이 다른 선박이 항행하지 아니한 경우 좁은 수로등의 중앙으로 항행하다가 다른 선박과 마주칠 경우 좁은 수로등의 오른쪽으로 항행하도록 하라는 것이 아니라, 다른 선박의 항행 여부와 무관하게 언제든지 좁은 수로등의 오른쪽으로 항행하여야 한다는 강행규칙이다.[120)]

즉 서로 시계 안에서 범선, 마주치는 상태 및 횡단하는 상태 항법 등은 이미 발생한 충돌의 위험성을 실질적으로 해소시키기 위하여 피항선으로 하여금 상대선의 진로를

---

111) 이윤철, 앞의 책, p.250.
112) 이윤철, 앞의 책, p.256.
113) A. N. Cockcroft, 앞의 책, p.61.
114) (NTSB) National Transportation Safety Board, 미국 연방 교통안전위원회
115) (USCG) United States Coast Guard, 미국 해양경비대
116) 미시피강 하류에서 서로 마주치는 상태로 예인선열 간에 발생한 충돌사건에서 한쪽 예인선열은 길이 약 451미터(1,480ft) 및 너비 약 43미터(140ft)이었고, 다른 예인선열은 길이 약 387미터(1,269ft) 및 너비 약 53미터(175ft)이었다.
117) Craig H. Allen, 앞의 책, p.286.
118) Craig H. Allen, 앞의 책, pp.287~288.
119) 재결 중앙해심 제2013-007호, pp.9~13.
120) 이윤철, 앞의 책, p.260.

피하게 하는 직접적인 피항조치인 것과 달리, 좁은 수로등에서 오른쪽 항행규칙은 좁은 수로등을 따라 항행하는 선박에게 다른 선박과 충돌의 위험성으로 전개되는 것을 사전에 예방하기 위하여 좁은 수로등의 오른쪽으로 항행하도록 한 것이고,[121] 서로 시계 안에 있을 때 뿐만 아니라 제한된 시계상태에서도 적용된다.

그러나 선박이 수심이 낮은 수역에 너무 접근하여 위험하게 항행하라는 것이 아니며 또한 좁은 수로등의 모든 수역에서 굽이진 바깥쪽 한계에 접근하여 항행하기 위하여 자주 변침을 하라는 것은 아니다. COLREG는 다른 선박이나 해저에 부딪치는 위험을 피하여 안전하게 항행하기 위한 규정이므로 선박에서는 안전하고 실행 가능한 한 좁은 수로등의 바깥쪽 한계에 접근하여 항행하라는 뜻으로 해석하여야 한다.

4) 소형선박 및 범선의 통항불방해의무

제9조 (b)항에서는 '길이 20미터 미만인 선박과 범선은 좁은 수로등 안에서만 안전하게 항행할 수 있는 선박의 통항을 방해하여서는 아니 된다.'라고 규정하고 있다. 제9조 (b)항은 제9조에서 '통항을 방해하지 말라'는 규정은 통항방해를 금지하는 세 가지 규칙 중에 첫 번째로 중요한 규칙이다. 이 항의 규정은 범선이 제18조에[122] 따라 가지는 '특별한 지위(privileged status)'를 무시한다.

심화학습

통항불방해의무의 본질 및 범위는 제8조 (f)항에서 설명하였다. 제8조에 대한 사항은 제9조 (b)항 및 (c)항에서 '방해하다(impede)'라는 단어를 사용하는 것이 좁은 수로에 한정하여 선박에 대한 통항권(right-of-way status)을 부여하지 않는다는 것을 보여준다. 오히려, 제8조 (f)(ⅰ)항은 통항불방해선박으로 하여금 다른 선박에게 충분한 여유 수역을 제공하도록 빨리 조치를 취하도록 요구한다. 또한

---

121) 지상원, 좁은 수로에서의 조종제한선의 항법상 지위(한국항해항만학회지, 제34권 제10호, 2010. 12), p.837.; A. N. Cockcroft, 앞의 책, p.116.

122) 제18조(선박 상호간의 책무) 제9조, 제10조 및 제13조에서 이와 달리 규정하고 있는 경우를 제외하고는,
(a) 항행 중인 동력선은 다음 각호의 선박의 진로를 피하여야 한다.
(ⅰ) 조종이 자유롭지 못한 상태에 있는 선박
(ⅱ) 조종능력이 제한되어 있는 선박
(ⅲ) 어로에 종사하고 있는 선박
(ⅳ) 범선

제9조 (b)항과 제8조 (f)항은 좁은 수로등을 항행하는 크고 작은 선박의 모든 항해사들에게 합법적으로 불리한 것으로 간주된다고 권고한다. 따라서 좁은 수로등에서 항행하는 선박 사이에는 조종성능이 덜 제한되는 선박이 좁은 수로 안에서 조종능력이 더 나쁜 선박의 안전한 통항을 방해하지 않도록 항해계획을 수립하고 실행하여야 한다. 그리고 실행 가능한 한 통항불방해선박은 다른 선박과 충돌의 위험성이 있는 상황으로 발전하지 않도록 항행하여야 한다.
결국, 만약 양 선박이 충돌의 위험성이 있는 상황으로 발전하면 통항을 방해받지 않아야 할 선박은 해당 접근상황에서 적용할 수 있는 항법을 준수하여야 한다. 그러나 제8조 (f)(ⅱ)항은 침범선박이[123] 어떠한 방법으로도 자선의 통항불방해의무가 면제되지 않는다는 것과 그러므로 항법 상 잠재적인 유지선으로서 피난처를 찾을 수 없다는 것을 분명히 하고 있다. 그리고 만약 양 선박이 충돌한 경우에는 통항불방해의무선박의 위반은 충돌의 과실 할당을 위한 근거가 될 것이다.
'어떤 선박이 좁은 수로등에서만 안전하게 항행할 수 있는지' 여부를 결정함에 있어서, 선박이 COLREG 제3조 (h)항에서 정의하고 있는 흘수제약선의 요건을 충족하고 제28조에 따라 등화와 형상물을 게시하고 있는지 여부가 관련이 있을 것이다. 그러나 제28조에서 규정하고 있는 등화 또는 형상물은 자유재량이 허용된다는 것에 주목하여야 하고, 그와 같은 특정한 식별등화 및 형상물을 게시하거나 게시하지 아니한 것이 제9조에 따른 선박의 권리와 의무를 결정한다고 제9조에서 전혀 규정하고 있지 않다는 것이다.
게다가 흘수제약선의 정의는 '좁은 수로등 안에서만 안전하게 항행할 수 있는 선박'의 종류보다 더 넓은 의미를 가지고 있다. 따라서 식별한 등화 또는 형상물의 존재가 '좁은 수로등 안에서만 안전하게 항행할 수 있는 선박'의 여부를 결정하는 것이 아니다.[124]

5) 어로에 종사하고 있는 선박의 불방해금지규칙

좁은 수로등에서 두 번째 통항방해금지규칙으로서 제9조 (c)항에서는 '어로에 종사하고 있는 선박은 좁은 수로등 안에서 항행하고 있는 모든 선박의 통항을 방해하여서는 아니 된다.'고 규정하고 있기 때문에 어로행위를 제한하지만 금지하고 있지는 않다. 만약 좁은 수로등에서 침로와 속력을 유지하며 어로에 종사하고 있는 선박이 좁은 수

---

123) 여기서 침범선박이라 함은 '좁은 수로 등에서 길이 20미터 미만의 선박, 범선, 어로에 종사하고 있는 선박'을 말한다.
124) Craig H. Allen, 앞의 책, pp.288~290.

로등을 따라 항행하고 있는 다른 선박으로 하여금 충돌의 위험성을 피하기 위해 변침 또는 변속을 하도록 하였다면, 어로에 종사하고 있는 선박은 다른 선박의 통항을 방해한 과실을 범한 것이 된다. 또한 이 항의 규정은 어로에 종사하는 선박이 좁은 수로를 따라 항행하는 선박의 통항을 방해하는 방식으로 어구를 설치하는 것을 금지하는 것으로 해석될 수 있다.[125)]

6) 좁은 수로등의 횡단금지

좁은 수로등에서 세 번째 통항불방해규칙으로서 좁은 수로등을 횡단하는 선박의 자유를 제한하고 있지만 횡단하는 선박의 진행 자체를 금지하고 있지는 않다는 것에 주목하여야 한다.

제9조 (d)항에서 '선박은 좁은 수로 또는 항로 안쪽에서만 안전하게 항행할 수 있는 다른 선박의 통항을 방해하는 경우에는 좁은 수로 또는 항로를 횡단하여서는 아니 된다. 후자의 선박은 횡단하고 있는 선박의 의도에 대하여 의심이 있는 경우에는 제34조 제4항에 규정하는 음향신호를 이용할 수 있다.'고 규정하고 있다.

좁은 수로등을 따라 항행하는 선박은 수로를 횡단하려는 선박의 행동이 의심스러울 때는 단음 5회(• • • • •)의 음향신호를 울린다.

심화학습

제9조 (d)항을 해석하고 적용함에 있어서, 횡단하는 상태가 되려면 다음의 세 가지 조건을 충족하여야 한다. ① 수역은 좁은 수로등에 해당할 것, ② 좁은 수로등을 횡단하는 것이 다른 선박의 통항을 방해할 것, ③ 좁은 수로등을 통항하는 선박은 좁은 수로등 안에서만 안전하게 항행할 수 있을 것이 그 조건이다.
따라서 〈그림 2-9〉의 좁은 수로등에서 위의 세 가지 조건을 충족하는 경우에는 좁은 수로등을 횡단하는 선박②가 피항선으로서 횡단하지 말아야 한다.
그러나 두 척의 선박이 위의 세 가지 조건을 충족하지 아니한 채 서로 시계 안에서 횡단하는 상태로 접근하는 경우에는 제15조(횡단하는 상태)가 적용되어 다른 선박을 자선의 오른쪽에 두고 있는 선박①이 피항선이 되어 선박②의 진로를 피해야 한다.

125) Craig H. Allen, 앞의 책, p.291.

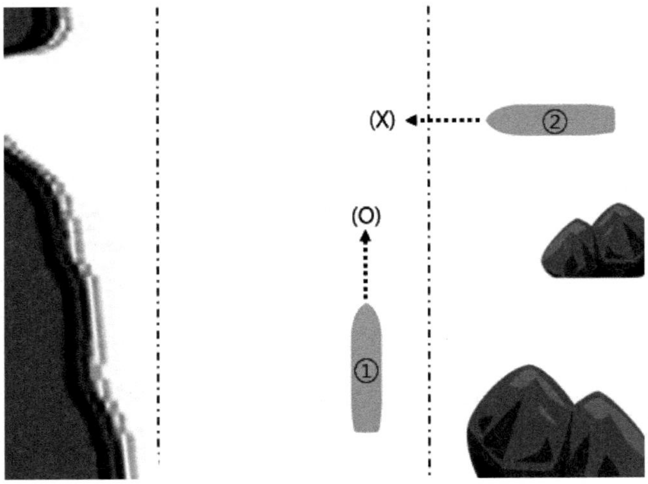

〈그림 2-9〉 좁은 수로등에서 횡단 관계

따라서 제15조(횡단하는 상태)는 좁은 수로등에서 적용하지 않는다는 것은 일반적인 오해이다.
좁은 수로등의 횡단 제한은 선박의 크기나 종류 등에 따라 한정되지 않으며 모든 시계상태에서 적용된다.
제9조 (b)항에서 설명한 바와 같이 제3조 (h)항에서 정의하고 있는 흘수제약선만이 위의 세 가지 조건 중 ③항을 만족시키는 것으로 볼 수 있다. 흘수제약선의 정의는 '좁은 수로등 안에서만 안전하게 항행할 수 있는 선박'의 종류보다 더 넓은 의미를 가지고 있기 때문에 선박의 식별 등화 또는 형상물의 존재로 결정해서는 안 된다.
반면에 제18조 (a)(i)항에서 선박은 자선의 상태를 표시하는 식별 등화 또는 형상물을 표시하지 않는 경우, 우선적 지위를 가질 자격이 없다는 것이 합리적으로 추론될 수 있다.
제8조 (f)항에서 통항불방해의무는 만약 횡단운항이 충돌의 위험성을 발생시킨다면 좁은 수로등의 어떠한 횡단도 좁은 수로등을 항행하는 선박의 통항을 방해한 것으로 간주될 수 있다는 것을 의미하고, 이러한 금지의무의 위반은 과실로 인정된다.
제9조 (d)항에서 음향신호는 선박이 서로 시계 안에 있을 때에만 울리도록 규정하고 있는 제34조 (d)항의 의무를 단순히 상기시키는 것이다.

7) 좁은 수로등에서 추월

제9조 (e)항은 좁은 수로등에서 추월항법에 관해 규정하고 있다. 따라서 서로시계에서 추월항법을 정한 제13조(추월)와[126] 밀접한 관련이 있으며, 추가적인 책임을 부여하고 있다.

추월하려는 선박은 제34조(조종 및 경고신호)에 따라 음향신호를 울려야 하며 피추월선의 왼쪽으로 추월하고자 하는 경우에는 장음 2회 후에 단음 2회(▬ ▬ • •)의 음향신호를 울리고, 피추월선의 오른쪽으로 추월하려는 경우에는 장음 2회 후에 단음 1회(▬ ▬ •)의 음향신호를 울린다. 피추월선이 추월하려는 선박의 추월 의도에 대해 이를 허락하는 경우에는 장음 1회, 단음 1회의 음향신호를 두 번(▬ • ▬ •) 울린다.[127]

---

126) 제13조(추월) (a) 다른 선박을 추월하고 있는 모든 선박은 이 절의 다른 규정에 불구하고 추월당하고 있는 선박의 진로를 피하여야 한다.

(b) 선박은 다른 선박의 정회후 22.5도를 넘는 후방으로부터, 즉 추월당하고 있는 선박에 관하여는 야간에 그 선박의 선미등만 볼 수 있고 어느 쪽 현등도 볼 수 없는 위치로부터 다른 선박을 앞지르고 있는 경우에는 추월하는 선박이라고 본다.

(c) 선박은 자선이 다른 선박을 추월하고 있는지의 여부에 대하여 의심이 있는 경우에는 다른 선박을 추월하고 있다고 가정하고 그것에 합당한 동작을 취하여야 한다.

(d) 그 후에 두 선박 사이의 방위에 어떠한 변경이 있더라도 추월하는 선박은 이 규칙에서 의미하는 바의 횡단하는 선박으로 되는 것이 아니고 또 추월 당하는 선박을 완전히 앞질러 지나가버릴 때까지 그 선박을 피하여야 할 의무를 면제받는 것이 아니다.

127) COLREG 제34조(조종 및 경고신호) (c) 좁은 수로 또는 항로 내에서 상호시계내에 있는 경우:

(ⅰ) 타선을 추월하고자 하는 선박은, 제9조 (e)(ⅰ)에 따라 기적으로 다음 신호를 하여 자선의 의사를 표시하여야 한다.

장음 2발 단음 1발 '본선은 귀선의 우현측으로 추월하고자 함'을 뜻한다.

장음 2발 단음 2발 '본선은 귀선의 좌현측으로 추월하고자 함'을 뜻한다.

(ⅱ) 피추월 선박은 제9조 (e)(ⅰ)에 따라 행동을 할 때에는 기적으로 다음 신호를 하여 자 선의 동의를 표시하여야 한다.

장음, 단음, 장음 및 단음. ▬ • ▬ •

(d) 시계 내에 있는 선박이 서로 접근하고 있을 때, 어떠한 사유로 인하여 한 선박이 다른 선박의 의도 또는 행동을 알지 못하는 경우 또는 충돌을 회피하기 위하여 다른 선박이 충분한 조치를 취하고 있는지의 여부가 의심스러운 경우는, 의심을 하는 선박은 기적으로 적어도 5회의 짧고 급속한 음향을 취명하여 그와 같은 의문을 즉시 표시하여야 한다. 그와 같은 신호는 적어도 5회의 짧고 급속한 섬광의 발광신호로써 보충될 수 있다.

(e) 중간에 개재하는 장애물로 인하여 다른 선박을 볼 수 없는 만곡부 또는, 좁은 수로 또는 항로의 수역에 접근하는 선박은 1회의 장음을 취명하여야 한다. 반대편 만곡부 또는 중간 장애물 뒤에서 접근하는 선박은 그러한 신호를 들었을 때에는 동일한 장음 1회의 신호로 응답하여야 한다.

(f) 100미터가 넘는 거리에 둘 이상의 기적을 설치하고 있는 선박은 조종 및 경고신호를 울릴 때에는 기적 1개만을 사용하여야 한다.

통상적으로 좁은 수로등을 따라 항행하는 선박은 수로의 오른쪽으로 항행하기 때문에, 두 갈래로 분리되는 수로의 왼쪽으로 항행할 경우를 제외하고, 추월하려는 선박에게 자선의 왼쪽으로 추월하도록 허락할 것이다. 따라서 좁은 수로등에서 다른 선박을 추월하려는 선박은 반대방향에서 내려오는 선박이 없을 때 피추월선의 왼쪽으로 추월하는 것이 바람직하다.

서로 시계 안에서 추월하려는 선박은 제13조(추월)에 따라 피추월선의 진로를 피해야 한다. 구체적으로 추월하는 과정에서 추월선과 피추월선 사이의 방위가 변경되더라도 횡단하는 상태로 변경되지 아니하므로 추월선이 피추월선을 완전히 앞질러 멀어질 때까지 피추월선의 진로를 피하여야 할 의무가 계속된다.[128]

심화학습

제9조 (e)(i)항은 좁은 수로등의 오른쪽을 따라 항행하는 두 척의 선박 사이에 한 선박이 다른 선박을 추월하는 상황에서 추월당하고 있는 선박의 동작이 있어야만 안전하게 추월할 수 있을 때 울려야 하는 음향신호 및 취할 조치에 대해 규정하고 있다. 이때 울려야 하는 음향신호는 제34조 (c)항에서 규정하고 있고, 서로 시계 안에서만 울리도록 규정하고 있다. 따라서 제9조 (e)항은 선박이 서로 시계 안에 있을 경우에 한정하여 적용한다는 것을 암시한다.[129]

좁은 수로 항법은 모든 시계상태에서 적용하지만 좁은 수로등 안에서 추월하려는 선박은 추월당하는 선박의 도움을 받아야만 추월할 수 있을 경우에 음향신호를 제34조 (c)항에 따라 두 척의 선박이 서로 시계 안에 있을 때에만 울려야 하기 때문에 제9조 (e)(i)항에 따른 좁은 수로등에서 선박의 추월은 서로 시계 안에 있을 경우에 한정하여 적용한다고 해석된다.

제34조 (c)항에 따른 음향신호에 대해 살펴보면, 좁은 수로에서 앞서 가는 선박을

128) COLREG 제13조(추월) (a) 추월선은 제2장 제1절에 있는 규칙의 여하한 규정에도 불구하고 추월당하는 선박의 진로를 피하여야 한다.
(b) 다른 선박의 정횡후 22.5도를 넘는 후방 즉, 추월당하는 선박과의 관계에 있어서 야간에는 그 선박의 선미등만을 볼 수 있고 현등을 볼 수 없는 선박은 추월선으로 보아야 한다.
(c) 다른 선박을 추월하고 있는지의 여부에 관하여 의문이 있는 선박은 자선이 추월하고 있는 경우로 생각하고 이에 합당한 동작을 취하여야 한다.
(d) 두 선박간의 방위가 그 후에 여하히 변경되더라도 추월선이 본 규칙상의 의미에 따른 횡단선이 되는 것은 아니며 또한 추월선은 완전히 앞질러 멀어질 때까지 추월당하는 선박의 진로를 피하여야 할 의무를 벗어나지 못한다.

129) Craig H. Allen, 앞의 책, p.294.

추월하려는 선박은 음향신호를 울려 자선의 추월 의도를 피추월선에게 알려야 하고, 피추월선이 추월을 허락한다는 동의가 있을 경우에만 추월할 수 있다. 즉 추월하려는 선박은 피추월선이 허락하지 않으면 추월할 수 없다.
제9조 (e)항과 제19조(제한시계 항법)의 관계는 제한된 시계상태에서 한 선박이 다른 선박을 추월하는 상황에서 분명하지 않다. 그렇지만 여러 사고의 판례에서는 좁은 수로에서 시계가 제한된 경우 추월상황과 관련하여 제9조가 제19조(제한시계 항법)에 따른 선박의 의무 또는 제2조(책무)에 따른 선원의 상무규칙을 적용하는 것을 면제하지 않는다고 보고 있다.
제9조 (e)(ⅱ)항에서 'This Rule'은[130] 제9조 전체의 규정을 말하는 것이 아니라 제9조 (e)(ⅰ)항을[131] 뜻한다.[132] 그리고 제9조 (e)(ⅱ)항에서 제13조에 따른 추월선의 의무를 유지하고 있다.
선박이 서로 시계 안에 있고, 충돌의 위험성이 있는 경우에는 진로를 피할 주된 책임은 추월선에게 있다. 좁은 수로등에서 추월당하고 있는 피추월선이 안전한 통항을 허락하기 위해 동작을 취하여야만 추월을 할 수 있을 경우에 제9조 (e)(ⅱ)항은 다른 선박이 동의를 표시하고 적절한 동작을 취하는지 여부와 관계없이 추월선은 피추월선의 진로를 피할 것을 효과적으로 요구한다.[133]

8) 좁은 수로와 통항분리제도에서 소형선박 및 범선 등의 추월

제13조(추월)는 제2장 제1절과 제2절(Section Ⅰ and Ⅱ of Part B)에서 규정하고 있는 어떠한 다른 규칙보다 최우선적으로 적용하도록 규정하고 있지만, 길이 20미터 미만인 소형선박, 범선 및 어로에 종사하고 있는 선박은 좁은 수로등 안에 있거나 또는 통항분리제도의 통항로(Traffic lane)를 따라 항행할 때 그들을 추월하는 다른 선박의 통항을 방해하지 말아야 할 의무가 있다.

소형선박과 범선은 좁은 수로등 밖을 항해할 수 없는 다른 선박의 접근에 대하여 좁

---

130) RULE 9 (Narrow Channels) (e)(ii) This Rule does not relieve the overtaking vessel of her obligation under Rule 13.

131) RULE 9 (Narrow Channels) (e)(i) In a narrow channel or fairway when overtaking can take place only if the vessel to be overtaken has to take action to permit safe passing, the vessel intending to overtake shall indicate her intention by sounding the appropriate signal prescribed in Rule 34(c)(i). The vessel to be overtaken shall, if in agreement, sound the appropriate signal prescribed in Rule 34(c)(ii) and take steps to permit safe passing. If in doubt she may sound the signals prescribed in Rule 34(d).

132) Craig H. Allen, 앞의 책, p.294.

133) A. N. Cockcroft, 앞의 책, p.96.

은 수로등의 깊은 수심 수역(the deeper part of a narrow channel)으로부터 벗어나야 한다. 어로에 종사하고 있는 선박은 좁은 수로등 안 또는 통항분리제도의 통항로를 따라 항행하고 있는 다른 선박의 통항을 방해하지 말아야 한다.

제한되는 통항로 또는 좁은 수로등을 따라 항행하고 있는 선박은, 소형선박, 범선 또는 어로에 종사하고 있는 선박을 포함한 다른 선박을 추월할 경우, 필요하면 감속하거나 또는 안전하고 실행 가능한 한 피항동작을 취하여야 한다.

따라서 좁은 수로등 또는 통항분리제도의 통항로에서 수로등 또는 통항로를 따라 항행하는 선박이 소형선박, 범선 또는 어로에 종사하고 있는 선박을 추월하는 상황이 발생하더라도 소형선박, 범선 또는 어로에 종사하고 있는 선박은 통항불방해의무가 면제되지 않으므로 수로등 또는 통항로를 따라 항행하는 선박에 대하여 피항선으로서 의무를 다하여야 하고, 수로등 또는 통항로를 따라 항행하는 선박은 유지선의 위치에 있으나 충돌을 피하기 위해 필요하면 감속하거나 또는 안전하고 실행 가능한 피항동작을 취하여야 한다는 것이다.

9) 좁은 수로등의 만곡부

1960년 COLREG에 처음으로 추가된 장음[134] 신호의 사용은 종종 보이지 않는 만곡부의 신호로 간주되었다. 그러나 이 장음 1회의 음향신호는 선박이 좁은 수로등에서 다른 선박을 볼 수 없는 장애물에 접근하고 있을 때 울려야 하고, 이 신호를 들은 다른 선박도 동일한 장음 1회의 음향신호를 울려야 한다.[135]

이 만곡부의 음향신호는 선박이 서로 시계 안에 있을 때뿐만 아니라 제한된 시계상태에 있을 때에도 울려야 한다.

대수속력을 가지고 항행 중인 동력선은 제한된 시계상태에서 2분을 넘지 아니한 간격으로 장음 1회의 무중신호를 울려야 하고, 좁은 수로등의 만곡부 또는 다른 선박을 볼 수 없는 장애물에 접근하고 있을 때 무중신호로서 만곡부신호를 대신할 수 있다.[136]

제9조 (f)항은 시각적 장애물에만 국한되지 않고, 만곡부 또는 다른 장애물이 선박의 레이더에 탐지되지 아니한 경우에도 적용된다고 해석될 수 있다.

---

134) (▬) 4초에서 6초간 지속되는 기적

135) 미국 Inland Rule 제34조 (g)항에서 동력선은 도크 또는 부두에서 이안하는 경우에도 장음 1회의 기적신호를 울리도록 규정하고 있다.

136) 「월간 해양한국」 2020년 3월호, '해양사고 裁決 사례' 참조.

연안국 관행에 따르거나 선원의 상무로서 선박이 만곡부 또는 장애물에 접근하고 있을 경우 VTS 관제센터에 VHF 무선전화로 해당 지역에 있는 선박에 대한 정보를 요청할 수 있다.

10) 좁은 수로등에서 정박금지

모든 선박은 그 경우의 상황이 허락하는 한(if the circumstances of the case admit) 좁은 수로에 정박하지 않도록 하여야 한다.[137]

여기서 '그 경우의 상황이 허락하는 한'의 의미는 제2조(책임)에서 이미 규정하고 있는 특별한 상황(Special circumstances)의 경우에 해당되지 않는다.

이 항의 규정은 일반적으로 기계적 고장과 같은 비상사태를 제외하고는 좁은 수로등에서 정박하는 것을 금지하는 것으로 보아야 한다. 또한 해양사고를 피하거나 인명구조 등의 부득이한 경우에는 좁은 수로등에서 정박할 수 있을 것이다.

심화학습

선박은 어떤 상황에서 갑작스럽게 안개가 낄 경우 정박하는 것보다 보침성을 유지하며 항해를 계속하는 것이 더 위험할 수 있고, 철저한 정박당직을 수행하며, 합리적으로 이용할 수 있는 좁은 수로 밖에 정박지가 없다면, 아마도 좁은 수로 안에 정박하는 것을 정당화할 수 있을 것이다. 그러나 레이더를 장착한 선박은 일반적으로 안전한 속력과 강화된 경계로서 좁은 수로 밖의 정박지까지 안전한 항해를 계속할 수 있을 것이다.

선박이 좁은 수로에서 정박하고 있으나 좁은 수로의 상당부분을 방해하지 않는다면 제9조 (g)항의 좁은 수로에서 정박금지규칙을 위반하지 않았다고 변명할 수 있다. 그러나 정박 또는 계류 중인 선박과의 충돌사고에서 상대선에 대한 법적 과실의 추정에도 불구하고 법원은 좁은 수로에서 정박하거나 좁은 수로에 장애가 되는 방법으로 계류하는 선박에 대하여 충돌(Allision)을[138] 발생시킨 과실이 있는 것으로 판결하였다.[139]

---

137) 미국 Inland Rule에서는 'Any vessel'이라 하지 않고 'Every vessel shall, if the circumstances of the case permit, avoid anchoring in a narrow channel.'로 표현하고 있다.

138) A collision is the running of two vessels, both of which are underway, against one another. An allision is the running of one vessel into or against a vessel not underway or against another object not underway, including a buoy, pier, piling, dolphin, or other fixed structure. (USCG, Marine Safety Manual, Volume V, p. B7-17.)

2.6. 제10조 통항분리제도

PART B – STEERING AND SAILING RULES
Rule 10 (Traffic Separation Schemes) (a) This Rule Applies to traffic separation schemes adopted by the Organization and does not relieve any vessel of her obligation under any other rule. (b) A vessel using a traffic separation scheme shall: (i) proceed in the appropriate traffic lane in the general direction of traffic flow for that lane; (ii) so far as practicable keep clear of a traffic separation line or separation zone; (iii) normally join or leave a traffic lane at the termination of the lane, but when joining or leaving from either side shall do so at as small an angle to the general direction of traffic flow as practicable.

- Allision은 움직이는 선박 사이의 직접적인 충돌을 의미하는 Collision과 달리 움직이지 않는 선박에 충돌하거나, 간접적인 충돌을 의미한다. 예를 들면, 어떠한 선박이 부두에 가까운 항로를 안전한 속력을 준수하지 아니한 채 항행함으로써 생긴 파로 인해 부두에 계류 중인 선박이 부두와 접촉하여 손상을 입은 경우 등을 포함한다.
- 우리나라의 해양사고 분류방식에 따르면 충돌(Collision)은 항해 중이거나 정박 중임을 불문하고 다른 선박과 부딪치거나 맞붙어 닿은 것이며, 다만 수면하의 난파선과 충돌한 것은 제외한다. 접촉(Contact)은 다른 선박이나 해저를 제외하고 외부물체나 외부시설물에 부딪치거나 맞붙어 닿은 것을 말한다.

139) Craig H. Allen, 앞의 책, pp.295~296.

2.6.1. 해석

제2장 선박조종 및 항법

제10조(통항분리제도)

(a) 이 조는 기구가 채택한 통항분리제도에 적용하며, 어떤 선박에게도 다른 조의 규정에 의한 의무를 면제하지 아니 한다.

(b) 통항분리제도를 사용하는 선박은,

(i) 적합한 통항로 안에서 그 통항로에 대한 교통흐름의 일반적인 방향을 따라서 진행하여야 한다.

(ii) 실행 가능한 한 통항분리선 또는 분리대에서 멀리 떨어져야 한다.

(iii) 통상적으로 통항로의 시발점이나 종점에서 통항로를 출입하여야 한다. 그러나 통항로의 어느 한 측면에서 출입할 때에는 교통흐름의 일반적인 방향에 대하여 실행 가능한 한 소각도로 출입하여야 한다.

해사안전법

제68조(통항분리제도) ① 이 조는 다음 각 호의 수역(이하 "통항분리수역"이라 한다)에 대하여 적용한다.

1. 국제해사기구가 채택하여 통항분리제도가 적용되는 수역
2. 해상교통량이 아주 많아 충돌사고 발생의 위험성이 있어 통항분리제도를 적용할 필요성이 있는 수역으로서 해양수산부령으로 정하는 수역

② 선박이 통항분리수역을 항행하는 경우에는 다음 각 호의 사항을 준수하여야 한다.

1. 통항로 안에서는 정하여진 진행방향으로 항행할 것
2. 분리선이나 분리대에서 될 수 있으면 떨어져서 항행할 것
3. 통항로의 출입구를 통하여 출입하는 것을 원칙으로 하되, 통항로의 옆쪽으로 출입하는 경우에는 그 통항로에 대하여 정하여진 선박의 진행방향에 대하여 될 수 있으면 작은 각도로 출입할 것

PART B - STEERING AND SAILING RULES

(c) A vessel shall so far as practicable avoid crossing traffic lanes, but if obliged to do so shall cross on a heading as nearly as practicable at right angles to the general direction of traffic flow.

(d)

(i) A vessel shall not use an inshore traffic zone when she can safely use the appropriate traffic lane within the adjacent traffic separation scheme. However, vessels of less than 20 meters in length, sailing vessels and vessels engaged in fishing may use the inshore traffic zone.

(ii) Notwithstanding subparagraph (d)(i), a vessel may use an inshore traffic zone when en route to or from a port, offshore installation or structure, pilot station or any other place situated within the inshore traffic zone, or to avoid immediate danger.

제2장 선박조종 및 항법

(c) 선박은 실행 가능한 한 통항로를 횡단하는 것을 피하여야 한다. 그러나 통항로를 횡단하여야 한다면, 교통흐름의 일반적인 방향에 대하여 자선의 선수방향이 실행 가능한 한 직각에 가깝게 횡단하여야 한다.

(d)

(ⅰ) 연안통항대에 인접한 통항분리제도 안의 적합한 통항로를 안전하게 이용할 수 있는 선박은 연안통항대를 이용하여서는 아니 된다. 다만 길이 20미터 미만의 선박, 범선 및 어로에 종사하고 있는 선박은 연안통항대를 이용할 수 있다.

(ⅱ) 제(d)(ⅰ)항의 규정에도 불구하고, 선박은 연안통항대 안에 위치한 항구, 해상 시설물, 도선사 승하선장소 또는 기타 장소에 출입하기 위하여 항행 중인 경우나 급박한 위험을 피하기 위한 경우에는 연안통항대를 이용할 수 있다.

해사안전법

제68조(통항분리제도)

③ 선박은 통항로를 횡단하여서는 아니 된다. 다만, 부득이한 사유로 그 통항로를 횡단하여야 하는 경우에는 그 통항로와 선수방향(船首方向)이 직각에 가까운 각도로 횡단하여야 한다.

④ 선박은 연안통항대에 인접한 통항분리수역의 통항로를 안전하게 통과할 수 있는 경우에는 연안통항대를 따라 항행하여서는 아니 된다. 다만, 다음 각 호의 선박의 경우에는 연안통항대를 따라 항행할 수 있다.

1. 길이 20미터 미만의 선박
2. 범선
3. 어로에 종사하고 있는 선박
4. 인접한 항구로 입항·출항하는 선박
5. 연안통항대 안에 있는 해양시설 또는 도선사의 승하선(乘下船) 장소에 출입하는 선박
6. 급박한 위험을 피하기 위한 선박

PART B – STEERING AND SAILING RULES

(e) A vessel, other than a crossing vessel, or a vessel joining or leaving a lane shall not normally enter a separation zone or cross a separation line except:

(i) in cases of emergency to avoid immediate danger;
(ii) to engage in fishing within a separation zone.

(f) A vessel navigating in areas near the terminations of traffic separation schemes shall do so with particular caution.

(g) A vessel shall so far as practicable avoid anchoring in a traffic separation scheme or in areas near its terminations.

(h) A vessel not using a traffic separation scheme shall avoid it by as wide a margin as is practicable.

제2장 선박조종 및 항법

(e) 통항로를 횡단하는 선박 또는 통항로에 들어가거나 통항로에서 나오는 선박 이외의 선박은 아래의 경우를 제외하고는 통상적으로 분리대 안에 들어가거나 분리선을 횡단하여서는 아니 된다.
  (i) 급박한 위험을 피하기 위한 긴급한 경우
  (ii) 분리대 안에서 어로에 종사하고자 하는 경우
(f) 통항분리제도의 출입구 부근 수역을 항행하는 선박은 특별한 주의를 하여 항행하여야 한다.
(g) 선박은 통항분리제도 안의 수역 또는 그 출입구 부근의 수역에서 실행 가능한 정박을 피하여야 한다.
(h) 통항분리제도를 이용하지 아니하는 선박은 실행 가능한 넓은 여지를 두고 통항분리제도를 피하여야 한다.

해사안전법

제68조(통항분리제도)

⑤ 통항로를 횡단하거나 통항로에 출입하는 선박 외의 선박은 급박한 위험을 피하기 위한 경우나 분리대 안에서 어로에 종사하고 있는 경우 외에는 분리대에 들어가거나 분리선을 횡단하여서는 아니 된다.

⑥ 통항분리수역에서 어로에 종사하고 있는 선박은 통항로를 따라 항행하는 다른 선박의 항행을 방해하여서는 아니 된다.

⑦ 모든 선박은 통항분리수역의 출입구 부근에서는 특히 주의하여 항행하여야 한다.

⑧ 선박은 통항분리수역과 그 출입구 부근에 정박(정박하고 있는 선박에 매어 있는 것을 포함한다)하여서는 아니 된다. 다만, 해양사고를 피하거나 인명이나 선박을 구조하기 위하여 부득이하다고 인정되는 사유가 있는 경우에는 그러하지 아니하다.

⑨ 통항분리수역을 이용하지 아니하는 선박은 될 수 있으면 통항분리수역에서 멀리 떨어져서 항행하여야 한다.

PART B – STEERING AND SAILING RULES

(i) A vessel engaged in fishing shall not impede the passage of any vessel following a traffic lane.

(j) A vessel of less than 20 meters in length or a sailing vessel shall not impede the safe passage of a power-driven vessel following a traffic lane.

(k) A vessel restricted in her ability to manoeuvre when engaged in an operation for the maintenance of safety of navigation in a traffic separation scheme is exempted from complying with this Rule to the extent necessary to carry out the operation.

(l) A vessel restricted in her ability to manoeuvre when engaged in an operation for the laying, servicing or picking up of a submarine cable, within a traffic separation scheme, is exempted from complying with this Rule to the extent necessary to carry out the operation.

제2장 선박조종 및 항법

(i) 어로에 종사하고 있는 선박은 통항로를 따라 항행하고 있는 모든 선박의 통항을 방해하여서는 아니 된다.

(j) 길이 20미터 미만의 선박 또는 범선은 통항로를 따라 항행하고 있는 동력선의 안전한 통항을 방해하여서는 아니 된다.

(k) 통항분리제도 안에서 항해의 안전을 유지하기 위한 작업에 종사 중이기 때문에 조종성능이 제한되는 선박은 그 작업을 이행하는데 필요한 범위 안에서 이 규칙의 준수가 면제된다.

(l) 통항분리제도 안에서 해저전선의 부설, 보수 또는 인양작업에 종사 중이기 때문에 조종성능이 제한되는 선박은 작업을 이행하는데 필요한 범위 안에서 이 규칙의 준수가 면제된다.

해사안전법

제68조(통항분리제도)

⑩ 길이 20미터 미만의 선박이나 범선은 통항로를 따라 항행하고 있는 다른 선박의 항행을 방해하여서는 아니 된다.

⑪ 통항분리수역 안에서 해저전선을 부설·보수 및 인양하는 작업을 하거나 항행안전을 유지하기 위한 작업을 하는 중이어서 조종능력이 제한되고 있는 선박은 그 작업을 하는 데에 필요한 범위에서 제1항부터 제10항까지의 규정을 적용하지 아니한다.

2.6.2. 해설

교행선박이 모두 〈그림 2-10〉에서 점선으로 표시한 가항수역의 중앙부분을 이용하려 든다면 충돌의 위험성이 높아진다. 그러나 중앙선을 두고 양측으로 나누어 일정한 방향으로만 다니면 충돌의 위험성을 대폭 낮출 수 있다.

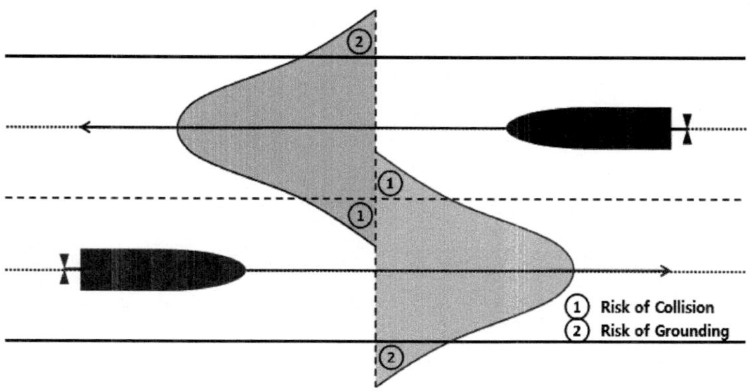

〈그림 2-10〉 Risks according to traffic distribution

통항분리제도(TSS)는 해상교통이 밀집되거나 복잡하여 충돌의 위험이 높은 수역에 설치된다. 가항수역을 통항분리선이나 통항분리대로 나눈 양측을 일방 통항로로 지정하여 해상교통을 분리함으로써 선박들이 밀집하더라도 마주치는 상태(head-on situation)로 만나는 기회를 감소시켜 충돌의 위험성과 좌초의 위험성을 낮추기 위한 제도적 장치이다.

통항분리제도의 육지 쪽 경계와 인접 연안 사이의 수역을 연안통항대(Inshore Traffic Zone)로 설정하여 길이 20미터 미만의 선박, 범선 또는 어로에 종사하고 있는 선박들이 이용하도록 함으로써 지정된 통항로를 이용하는 선박의 통항을 방해하는 않도록 한다.

1) 통항분리제도의 적용

제10조 (a)항은 국제해사기구에서 채택한 통항분리제도에 대해 적용한다고 규정하고 있다.[140]

140) (1972년 규정) RULE 10(Traffic Separation Schemes) (a) This Rule applies to traffic separation schemes adopted by the Organization.

국제해사기구의 해사안전위원회(MSC)는 회원국에서 제출한 통항분리제도의 설정 제안을 심리하여 회원국이 합의한 경우에 채택한다. 채택된 통항분리제도는 '선박항로지정(Ships' Routeing)'이라는 책자에 반영하여 발행한다.

제10조 (a)항은 1987년에 '제10조의 규정은 어떤 선박에게도 다른 조의 규정에 의한 의무를 면제하지 아니 한다.'는 문구를 추가하여 개정되었다.[141] 1987년 개정은 제10조의 규정이 제4조부터 제9조의 규정과 같이 모든 시계상태에서 적용하지만, COLREG 다른 조의 적용할 수 있는 규정을 대신하지는 않는다고 강조하기 위한 것이다.

즉 COLREG의 다른 모든 조(제4조부터 제19조)의 규정이 통항분리제도를 이용하는 선박에 계속 적용된다. 그러므로 통항분리제도의 통항로를 따라 항행하는 선박은 통항로 밖에 있는 선박 또는 통항로를 횡단하는 선박에 대하여 절대적인 권리가 부여되는 것이 아니므로 통항분리제도에서 동일하게 충돌의 위험성을 판단하기 위해 주변상황을 효과적으로 경계 및 감시하고 안전한 속력으로 항해하여야 한다.

또한 선박이 통항분리제도에서 항행 중 서로 시계 안에 있을 때 추월(제13조), 마주치는 상태(제14조) 및 횡단하는 상태(제15조)의 규정뿐만 아니라 제한된 시계상태 항법인 제19조의 규정이 적용된다. 예를 들면, 통항분리제도의 통항로를 따라 항행 중인 동력선은 서로 시계 안에서 상대선박이 자선의 오른쪽에 위치하고 있으면서 충돌의 위험성을 가지고 통항로를 횡단하고 있는 경우 상대선박의 진로를 피하여야 할 의무가 면제되지 아니한다.[142]

심화학습

우리나라 연안에도 통항분리제도가 설정된 수역이 있으나 국제 항행용 통항로가[143] 아니며 우리 영해 안에 위치하고 있어 UN해양법협약에[144] 따라 「해사안전법」 적용으로도 충분히 목적을 달성할 수 있다.

「해사안전법」에서는 '해상교통량이 아주 많아 충돌사고 발생의 위험성이 있어 통

– (1987년 규정) RULE 10(Traffic Separation Schemes) (a) This Rule Applies to traffic separation schemes adopted by the Organization and does not relieve any vessel of her obligation under any other rule.

141) 제10조 (a)항 후단의 규정은 1987.11.19. 채택되어 1989.11.19. 발효되었다.

142) Craig H. Allen, 앞의 책, pp.325~326; A. N. Cockcroft, 앞의 책, p.71.

143) UNCLOS 제41조(국제항행에 이용되는 해협의 항로대 및 통항분리제도) 1. 해협연안국은 선박

항분리제도를 적용할 필요성이 있는 수역으로서 해양수산부령으로 정하는 수역'에 대하여 통항분리제도의 규정을 적용한다고 규정하고 있고,[145] 이에 따라 홍도항로, 보길도항로 및 거문도항로 3곳이 지정되어 있다.[146]
또한 「해사안전법」에서 '해양수산부장관은 선박이 통항하는 수역의 지형·조류, 그 밖에 자연적 조건 또는 선박 교통량 등으로 해양사고가 일어날 우려가 있다고 인정하면 관계 행정기관의 장의 의견을 들어 그 수역의 범위, 선박의 항로 및 속력 등 선박의 항행안전에 필요한 사항을 해양수산부령으로 정하는 바에 따라 고시할 수 있다.'고 함으로써,[147] 장관으로부터 권한을 위임받은 지방해양수산청장은 매물수도,[148] 옹도항로,[149] 장안서 인천항 입항항로[150] 등에 통항분리제도를 시행하고 있다.

의 안전통항을 촉진하기 위하여 필요한 경우, 이 장에 따라 해협 내 항행을 위하여 항로대를 지정하고 통항분리제도를 설정할 수 있다.
2. 해협연안국은 필요한 경우, 적절히 공표한 후, 이미 지정되거나 설정되어 있는 항로대나 통항분리제도를 다른 항로대나 통항분리제로로 대체할 수 있다.
3. 이러한 항로대와 통항분리방식은 일반적으로 수락된 국제규칙에 따른다.
4. 항로대를 지정 또는 대체하거나 통항분리방식을 설정 또는 대체하기에 앞서 해협연안국은 권한 있는 국제조직에 그 채택에 관한 제안을 회부하여야 한다. 그 국제조직은 해협연안국이 동의한 통항대 및 통항분리제도만을 채택할 수 있으며 그 후 해협연안국은 이를 지정, 설정 또는 대체할 수 있다.
5. 두 개 이상이 해협연안국의 수역을 통과하는 항로대 또는 통항분리제도가 제안되어 있는 해협에 대하여서, 관계국은 권한 있는 국제조직과 협의하여 제안작성에 상호협력하여야 한다.
6. 해협연안국은 자국이 지정하거나 설정한 모든 항로대와 통항분리제도를 해도에 명시하고 이 해도를 적절히 공표한다.
7. 통과통항중인 선박은 이 조에 따라 설정되어 적용되는 항로대와 통항분리방식을 준수한다.
- UNCLOS 제38조(통과통항권) 1. 제37조에 언급된 해협 내에서, 모든 선박과 항공기는 방해받지 아니하는 통과통항권을 향유한다. 다만, 해협이 해협연안국의 섬과 본토에 의하여 형성되어 있는 경우, 항행상 및 수로상 특성에서 유사한 편의가 있는 공해 통과항로나 배타적경제수역 통과항로가 그 섬의 바다쪽에 있으면 통과통항을 적용하지 아니한다.
2. 통과통항이라 함은 공해 또는 배타적경제수역의 일부와 공해 또는 배타적 경제수역의 다른 부분간의 해협을 오직 계속적으로 신속히 통과할 목적만을 가지고 항행과 상공비행의 자유를 이 장에 따라 행사함을 말한다. 다만, 계속적이고 신속한 통과의 요건은 해협연안국의 입국조건에 따라서 그 국가에 들어가거나 그 국가로부터 나오거나 되돌아가는 것을 목적으로 하는 해협통항을 배제하지 아니한다.
3. 해협의 통과통항권의 행사가 아닌 활동은 이 협약의 다른 적용가능한 규정에 따른다.
- UNCLOS 제37조(이 절의 적용범위) 이 절(제2절 통과통항)은 공해나 배타적경제수역의 일부와 공해나 배타적경제수역의 다른 부분간의 국제항행에 이용되는 해협에 적용한다.

144) UNCLOS 제22조(영해에서 항로대 및 통항분리제도) 1. 연안국은 항행의 안전을 고려하여 필요한 경우 영해에서 무해통항권을 행사하는 외국선박에 대하여 선박의 통항을 규율하기 위하여 지정하거나 규정한 항로대 및 통항분리제도를 이용하도록 요구할 수 있다.

2) 통항분리제도의 이용방법

통항분리제도를 이용하는 선박은 제10조 (b)항에서 규정하고 있는 통항의 기본원칙에 따라서 안전하게 항해하여야 한다.

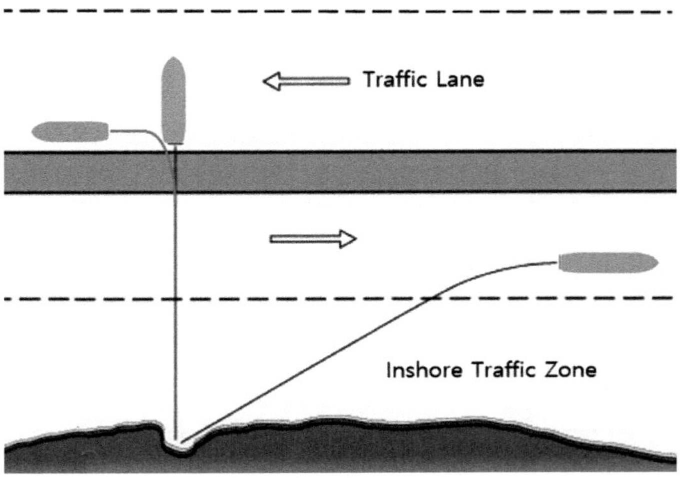

〈그림 2-11〉 통항로 횡단 및 진입

즉 선박은 ① 통항로 안에서 교통흐름의 일반적인 방향을 따라 항행하여야 하고, ② 가능한 한 통항분리선 또는 분리대에서 멀리 떨어져 항행하여야 하며, ③ 통항로의 출입구에서 출입하는 것을 원칙으로 한다. 그리고 만약 통항로의 측면에서 통항로에 출입하는 경우에는 가능한 한 통항로의 일반적인 교통흐름 방향에 대하여 소각도로 출입하여야 한다.

---

2. 특히 유조선, 핵추진선박 및 핵 또는 기타 본질적으로 위험하거나 유해한 물질이나 재료를 운반하는 선박에 대하여 연안국은 전항에서 규정하는 항로대만을 통항하도록 요구할 수 있다.
3. 연안국은 이 조에 따라 항로대를 지정하고 통항분리방식을 규정하는 경우에 다음 각호의 사항을 고려하여야 한다.
(a) 권한 있는 국제기구의 권고
(b) 국제항행을 위하여 관습적으로 이용되고 있는 수로
(c) 특정한 선박 및 수로의 특성
(d) 교통량의 정도
4. 연안국은 이 조의 항로대 및 통항분리제도를 해도에 명시하고 이를 적정하게 공표하여야 한다.

145) 「해사안전법」 제68조제1항제2호.
146) 「해사안전법 시행규칙」 제54조 및 [별표 15].
147) 「해사안전법」 제31조제1항
148) 매물수도 항행안전에 관한 고시(목포지방해양수산청고시 제2018-20호, 2018.3.27.)
149) 항행안전에 관한 고시(대산지방해양수산청고시 제2019-44호, 2019.10.2.)
150) 장안서 부근해역 항행안전에 관한 고시(인천지방해양수산청 고시 제2018-46호, 2018.4.13.)

3) 통항로의 횡단방법

제10조 (c)항에서 모든 선박은 실행 가능한 한 통항로를 횡단하지 않아야 한다. 그러나 통항분리제도의 교통, 지리적 여건 등 부득이한 경우에는 이를 횡단하지 않을 수 없는 상황도 있다. 이때에는 통항로를 따라서 항행 중인 선박과 횡단하는 상태를 형성함으로 통항분리제도 안에서 교통의 흐름에 혼란을 일으키고 이것이 선박 충돌의 원인이 되기도 한다.

원칙적으로 선박이 통항로를 횡단하고자 한 경우에는 교통흐름의 일반적 방향에 대하여 가능한 한 직각이 되도록 하여 가장 짧은 시간에 횡단함으로써 횡단으로 인한 혼란과 선박충돌의 기회를 최소화시키고자 한다고 할 것이다.

그러나 만약 통항로의 일반적인 교통흐름 방향으로 강한 조류 또는 해류가 흐르거나 강한 바람이 불 경우에는 통항로를 횡단하는 선박의 선수방향(Heading)과 항적(Course made good)의 차가[151] 크게 될 것이고, 이 경우 가장 짧은 시간에 횡단하기 위해서는 선수방향을 통항로의 일반적인 교통흐름 방향에 직각으로 하지 아니하고, 풍압차를 고려하여 교통흐름의 일반적인 방향에 대하여 비스듬하게 항행하여야 한다.

이러한 문제점을 해결하기 위해 1987년 개정 시 'on a heading'의 문구를 삽입하였다. 따라서 통항로를 횡단하는 선박이 자선의 선수방향(on a heading)을 가능한 한 통항로의 일반적인 교통흐름 방향에 직각으로 하여 항행하라는 것은 통항로를 최단거리로 통과하라는 것보다 '통항로를 따라 항행하는 선박이 통항로를 횡단하는 선박의 의도를 쉽게 알 수 있도록 하고자 함'에 있다고 할 수 있다.

앞서 기술한 바와 같이 통항분리제도 안에서 통항로를 따라 항행하고 있는 선박과 통항로를 횡단하는 선박 사이에 서로 시계 안에 있으면서 충돌의 위험성을 가지고 횡단하는 상태로 접근할 경우에는 제15조의 횡단 항법을[152] 지켜야 한다.

---

151) 선수방향과 항적 사이의 차가 조류 및 해류에 의해 생긴 각을 유입차(Tideway)라고 하고, 바람에 의해 생긴 각을 풍압차(Leeway)라고 하나, 일반적으로 통칭하여 풍압차라고 한다.

152) 제15조(횡단상태) 두 척의 동력선이 서로 진로를 횡단할 경우에 충돌의 위험이 있을 때에는 다른 선박을 우현 측에 두고 있는 선박이 다른 선박의 진로를 피하여야 하며, 사정이 허락하는 한, 다른 선박의 전방을 횡단하여서는 아니 된다.

심화학습

해사안전법 제68조 제3항에서는 COLREG 제10조 (c)항의 규정과 달리 '선박은 통항로를 횡단하여서는 아니 된다.'고 규정함으로써 통항분리제도에서 통항로의 횡단은 원칙적으로 금지하고 있고, '부득이한 사유'가 있을 경우에만 횡단이 허용된다. 여기서 부득이한 사유는 특별히 언급하고 있지 않다.

다만 같은 조 제8항에서 통항분리수역과 그 출입구 부근에서의 정박을 인정하는 부득이한 사유로 '해양사고를 피하거나 인명이나 선박을 구조하기 위한 경우'를 규정하고 있다.

따라서 「해사안전법」 상 통항분리제도에서 통항로의 횡단은 금지되나, '해양사고를 피하거나 인명이나 선박을 구조하기 위한 조치로서 부득이한 경우에만 횡단이 허용된다고 해석되고 있어[153] 향후 COLREG 제10조의 취지에 부합하도록 이에 대한 개정이 필요하다고 본다.

4) 연안통항대의 이용

'연안통항대(Inshore Traffic Zone)'라 함은 통항분리제도의 육지 쪽 경계와 인접 연안 사이의 지정 수역을 말하며, 〈그림 2-12〉와 같은 수역에서는 피험선으로[154] 항해하는 것이 적절하다.

제10조 (d)항에서 연안통항대는 ① 길이 20미터 미만의 선박, ② 범선 및 ③ 어로에 종사하고 있는 선박이 이용할 수 있다.

또한 연안통항대에 인접하여 설정된 통항분리제도의 통항로를 안전하게 이용할 수 있는 선박은 연안통항대를 이용하지 말아야 하나, ④ 연안통항대 안에 위치한 항구, 해상시설물, 도선사 승하선장소 또는 기타 장소에 출입하기 위하여 항행 중인 경우, 또는 ⑤ 급박한 위험을 피하기 위한 경우에는 연안통항대를 이용할 수 있다.

---

153) 재결 중앙해심 제2017-013호 '어선 금양호·자동차운반선 트랜스 퓨처 1 충돌사건' 참조

154) 협수로를 통과할 때나 항만을 출·입항할 때에는 자주 변침하여 마주치는 선박을 적절히 피해야 하므로, 선위 측정을 자주 하거나 예정 침로를 계속 유지하기가 어려운 때가 많다. 이런 선박은 미리 해도를 보고 조사해 둔 뚜렷한 물표의 방위, 거리, 수평 협각 등에 의한 위치선을 이용하여 위험을 피하는 것이 적절하다. 이와 같은 목적으로 준비한 위험 예방선을 피험선이라 한다.

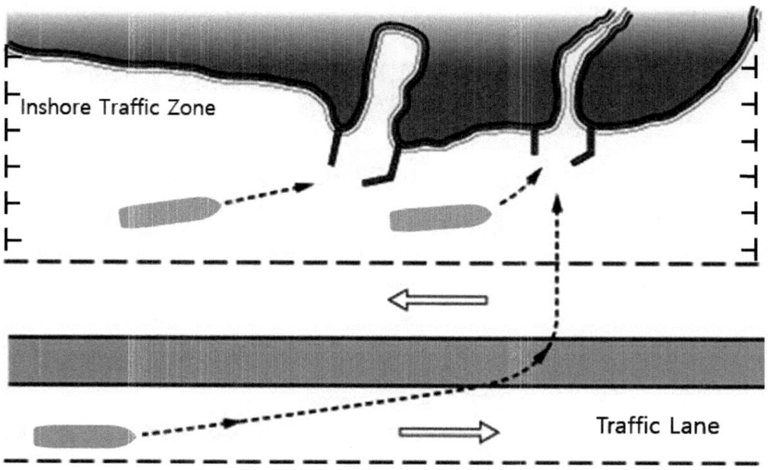

〈그림 2-12〉 선박이 연안통항대가 설정된 항구에 진입하는 경우

5) 통항분리대 등에서의 항행

제10조 (e)항에서 분리대 안에 들어가거나 분리선을 횡단하는 항행은 통상적으로 금지되고 있으나, 다음과 같은 경우에는 예외적으로 허용한다. ① 급박한 위험을 피하기 위한 긴급한 경우, ② 분리대 안에서 어로작업에 종사하기 위한 경우, ③ 통항로를 횡단하는 경우, ④ 통항로에 들어가거나 통항로에서 나오는 경우

선박이 통항로 및 통항분리대를 횡단하는 경우에는 앞서 기술한 바와 같이 자선의 선수방향이 통항로의 일반적인 교통흐름 방향에 대하여 가능한 한 직각이 되도록 항행하여야 한다.

선박이 통항로에 들어가거나 통항로에서 나오는 경우에는 통항로의 일반적인 교통흐름 방향에 대하여 소각도를 이루며 항행하여야 한다.

분리대 안에서 어로작업에 종사하는 선박은 일반적인 교통흐름 방향이 설정되어 있지 아니하기 때문에 통항로의 일반적인 교통흐름 방향과 무관하게 항행할 수 있으나, 인접하는 통항로를 따라 항행하고 있는 다른 선박과 그 진행방향이 서로 반대가 되지 않도록 주의하고, 어구에 의하여서도 통항로를 따라 항행하고 있는 선박의 통항을 방해하지 않도록 해야 한다.

6) 통항분리제도의 출입구 부근에서의 항행

제10조 (f)항에서 통항분리제도의 출입구 부근에서는 통항로를 따라 항행하던 선박

의 제한이 풀리기 때문에 선박의 진로가 서로 교차할 가능성이 많다. 또한 많은 선박이 통항로에 들어가기 위하여 집중하거나, 통항로에서 나가기 위하여 확산하므로 해상교통이 매우 복잡하게 될 수 있다.

그러므로 통항분리제도의 출입구 부근에서 항행하는 선박은 특별한 주의를 기울여 항행하여야 한다. 특히 이 수역에 짙은 안개 등으로 시계가 제한된 경우에는 충돌의 위험성이 증가하게 된다.

7) 통항분리제도 안에서의 정박의 제한

제10조 (g)항에서 통항분리제도 안에서 정박하게 되면 다른 선박의 교통에 중대한 장애가 되므로 충돌의 위험성이 증대한다. 그러므로 선박은 통항분리제도의 안이나 출입구 부근 수역에서 정박하는 것을 피하여야 한다.

8) 통항분리제도를 이용하지 않는 선박의 항행

제10조 (h)항에서 통항분리제도를 이용하지 아니하는 선박의 항행방법에 대해 규정하고 있다.

선박이 통항분리제도를 이용하지 않으면서 그 경계선 밖의 가까운 수역을 통항로를 따라 항행하고 있는 선박과 반대방향으로 항행하게 되면 서로 마주치는 상태를 형성하여 충돌의 위험성이 발생하기 쉽다. 따라서 선박이 통항분리제도를 이용하지 아니한 경우에는 가능한 한 통항분리제도로부터 멀리 떨어져서 항행하여야 한다.

9) 통항불방해의무 선박의 항행

가) 어로에 종사하고 있는 선박

제10조 (i)항에서 어로에 종사하고 있는 선박은 통항로를 따라 항행하는 선박의 통항을 방해하는 방법으로 통항로뿐만 아니라 통항분리대 안에 어망을 치거나 어로작업을 하여서는 아니 된다.

어로에 종사하고 있는 선박은 통항분리대 안에서 어로작업을 할 권리가 있고(제10조 (e)항 참조), 통항분리대 안에서 교통흐름의 일반적인 방향이 정해있지 않기 때문에 어떠한 방향으로든 이동할 수 있다.

그러나 통항분리제도의 일반적인 원칙을 고려하여야 하고, 분리대 또는 분리선 부근에서 어로작업을 할 경우에는 인접한 통항로의 교통흐름의 일반적인 방향에 대하여 반대방향으로 진행하는 것을 삼가야 한다. 따라서 통항분리제도 안에서 어로에 종사하고 있는 선박은 〈그림 2-13〉의 예시와 같이 어로작업을 하는 것이 바람직하다.

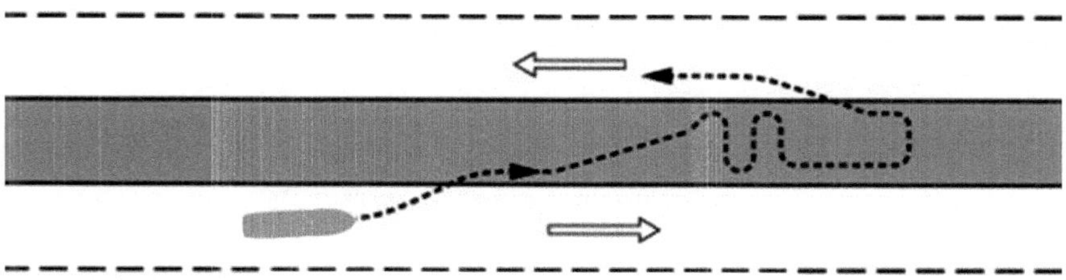

〈그림 2-13〉 어로에 종사하고 있는 선박의 통항

통항분리대 안에서 어로작업을 하는 선박은 선원의 상무로서 자선의 위치와 다른 선박의 이동에 대하여 특별히 주의를 기울어야 한다.[155]

나) 길이 20미터 미만의 선박 및 범선

제10조 (j)항에서 길이 20미터 미만의 선박과 길이에 관계없이 모든 범선은 통항분리제도 안의 통항로를 따라서 항행하고 있는 동력선의 안전한 통항을 방해하여서는 아니 되는 '통항불방해의무'를 부담하게 된다.

10) 조종제한선의 항행

제10조 (k)항 및 (l)항에서는 조종제한선 중 통항분리제도 안에서 제10조의 적용을 면제하는 경우에 대해 규정하고 있다.

제10조의 적용을 면제받는 조종제한선을 살펴보면, 먼저 ① 통항분리제도 안에서 항해의 안전유지를 위한 작업에 종사하고 있는 선박이다. 즉 항로표시의 설치·보수, 수로측량 등의 작업에 종사 중인 선박이 이에 해당한다. 그리고 ② 해저전선을 부설, 보수 또는 인양작업에 종사중인 선박이다.

다만 이러한 작업에 종사 중인 선박이라 할지라도 작업에 종사함으로 인해 자신의 조종성능이 실질적으로 제한되어야 하고, 그 작업을 수행하는데 필요한 범위 안에서만 통항분리제도가 설정된 수역에서 항법규정의 적용이 면제된다는 것이다.

---

155) A. N. Cockcroft, 앞의 책, pp.79~80.

통항분리제도 안에서 통항로를 따라 항행하는 선박, 통항로 또는 통항분리대를 횡단하는 선박, 길이 20미터 미만의 선박, 어로에 종사하고 있는 선박, 범선은 위와 같은 작업에 종사하고 있는 조종제한선의 진로를 피하여 안전하게 항행하여야 한다.

심화학습

통항분리제도가 설정되어 있는 싱가포르 부근 수역에서 초대형 유조선이 저속 또는 거의 정선한 상태로 선용품운반선을 현측에 계류시킨 채 크레인을 이용하여 식량 및 선용품을 공급받는 작업을 종종하였다.
COLREG 제3조 (g)(iii)항에서 선박이 항행 중 선용품 등의 보급을 받는 작업에 종사하고 있는 경우 조종제한선에 해당하므로 위의 초대형 유조선의 경우도 작업의 성질상 조종제한선에 해당한다고 할 수 있다.
그러나 COLREG 제10조의 통항분리제도에서는 위의 초대형 유조선의 경우와 같은 작업에 대하여 조종제한선으로 인정되지 않고, 통항로 안에서 일반적인 교통흐름 방향을 따라 항행하고 있는 다른 선박의 통항에 방해가 될 수 있으며, 이로 인해 다른 선박과 충돌이 발생한 경우 통항분리제도 항법 위반의 과실에 따른 책임을 부담하게 될 것이다.

2.7. 제11조 적용

PART B – STEERING AND SAILING RULES
SECTION II CONDUCT OF VESSELS IN SIGHT OF ONE ANOTHER **Rule 11 (Application)** Rules in this Section apply to vessels in sight of one another.

2.7.1. 해석

제2장 선박조종 및 항법
제2절 서로 시계 안에 있는 선박의 운항 **제11조(적용)** 이 절의 규정은 서로 시계 안에 있는 선박에 적용한다. **해사안전법** **제2절 선박이 서로 시계 안에 있는 때의 항법** **제69조(적용)** 이 절은 선박에서 다른 선박을 눈으로 볼 수 있는 상태에 있는 선박에 적용한다.

2.8. 제12조 범선

PART B - STEERING AND SAILING RULES

Rule 12 (Sailing Vessels)

(a) When two sailing vessels are approaching one another, so as to involve risk of collision, one of them shall keep out of the way of the other as follows;

(i) when each has the wind on a different side, the vessel which has the wind on the port side shall keep out of the way of the other;

(ii) when both have the wind on the same side, the vessel which is to windward shall keep out of the way of the vessel which is to leeward;

(iii) if a vessel with the wind on the port side sees a vessel to windward and cannot determine with certainty whether the other vessel has the wind on the port or on the starboard side, she shall keep out of the way of the other.

(b) For the purposes of this Rule the windward side shall be deemed to be the side opposite to that on which the mainsail is carried or, in the case of a square-rigged vessel, the side opposite to that on which the largest fore-and-aft sail is carried.

2.8.1. 해석

제2장 선박조종 및 항법

제12조(범선)

(a) 2척의 범선이 서로 접근하여 충돌의 위험이 있을 경우에는 그중 한 범선이 다른 범선을 다음과 같이 피하여야 한다.

(i) 각 선박이 서로 다른 현 측에서 바람을 받고 있는 경우에는 좌현 측에서 바람을 받고 있는 선박이 다른 선박의 진로를 피하여야 한다.

(ii) 두 선박이 같은 현측에서 바람을 받고 있는 경우에는 풍상 측의 선박이 풍하측 선박의 진로를 피하여야 한다.

(iii) 좌현 측에 바람을 받고 있는 선박이 다른 선박을 풍상측에 보며 다른 선박이 바람을 좌현 측에서 받고 있는지 우현측에서 받고 있는지 확실히 알 수 없는 경우에는 다른 선박의 진로를 피하여야 한다.

(b) 이 조문 규정의 적용에 있어서 풍상 측이란 주범이 펼쳐진 측의 반대 측 또는 횡범선에 있어서는 최대의 종범이 펼쳐진 측의 반대 측을 말한다.

해사안전법

제70조(범선) ① 2척의 범선이 서로 접근하여 충돌할 위험이 있는 경우에는 다음 각 호에 따른 항행방법에 따라 항행하여야 한다.

1. 각 범선이 다른 쪽 현(舷)에 바람을 받고 있는 경우에는 좌현(左舷)에 바람을 받고 있는 범선이 다른 범선의 진로를 피하여야 한다.
2. 두 범선이 서로 같은 현에 바람을 받고 있는 경우에는 바람이 불어오는 쪽의 범선이 바람이 불어가는 쪽의 범선의 진로를 피하여야 한다.
3. 좌현에 바람을 받고 있는 범선은 바람이 불어오는 쪽에 있는 다른 범선을 본 경우로서 그 범선이 바람을 좌우 어느 쪽에 받고 있는지 확인할 수 없는 때에는 그 범선의 진로를 피하여야 한다.

② 제1항을 적용할 때에 바람이 불어오는 쪽이란 종범선(縱帆船)에서는 주범(主帆)을 펴고 있는 쪽의 반대쪽을 말하고, 횡범선(橫帆船)에서는 최대의 종범(縱帆)을 펴고 있는 쪽의 반대쪽을 말하며, 바람이 불어가는 쪽이란 바람이 불어오는 쪽의 반대쪽을 말한다.

2.8.2. 해설

범선은 오랜 전통을 따라 세 가지 항법이 확립되어 있다.

① Port gives way to starboard : 두 범선이 서로 다른 방향에서 바람을 받고 있을 때 좌현에서 바람을 받는 범선이 피한다.

② Windward gives way to leeward : 같은 방향에서 바람을 받는 범선은 풍상 측에 있는 범선이 풍하 측에 있는 범선을 피한다.

③ Unsure port gives way : 좌현 측에 바람을 받고 있는 범선이 풍상 측에서 다른 범선을 발견하였는데 그 범선이 좌우현 어느 방향으로 바람을 받고 있는지 불확실하면 그 범선의 진로를 피한다.

바람이 불어오는 쪽을 풍상 측(Windward)이라 하고, 그 풍상 측의 반대 쪽으로서 돛이 바람을 받아 펼쳐지는 쪽을 풍하 측(Leeward)이라 한다. 바람을 좌현 측에서 받으면 'Port tack', 우현 측에서 받으면 'Starboard tack'이라 한다. 전통적으로 범선은 좌현 측에서 바람을 받는 선박(Port tack)이 피항선이므로 우현 측에서 바람을 받는 선박(Stb'd tack)의 진로를 피해 왔다.

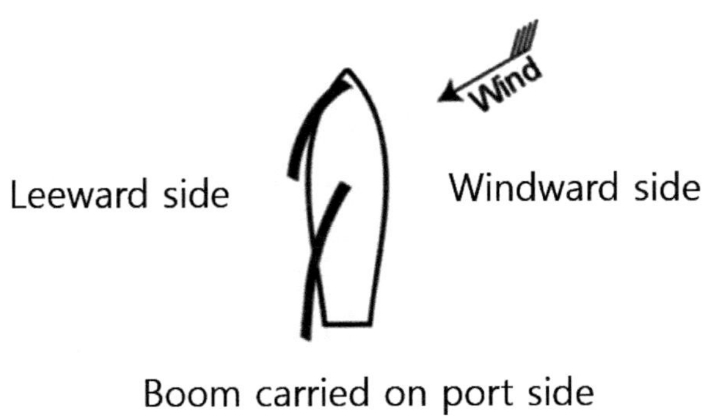

〈그림 2-14〉 Starboard Tack

즉 항법의 기본원칙인 '좌현 대 좌현' 통항을 위해 우현 변침을 할 수 있는 범선에게 피항의무를 부여하였다고 할 것이다. 같은 방향에서 바람을 받는 경우에는 풍상측에 있는 선박이 피항선이 된다. 즉 풍상 측에 있는 범선이 풍하 측에 있는 범선보다 바람을 더 많이 받아 변침을 하기 쉽기 때문이다.

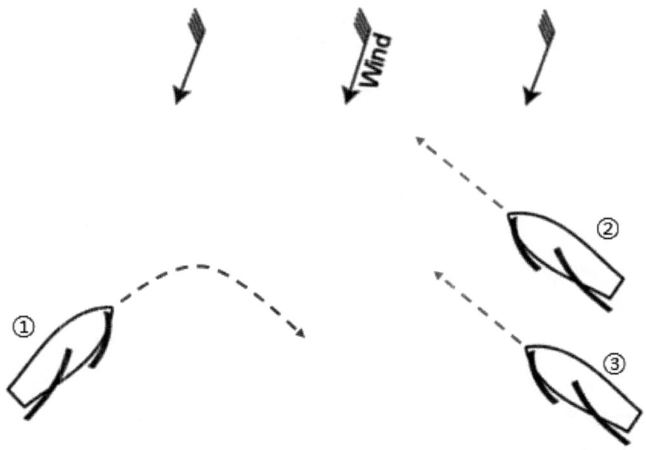

〈그림 2-15〉 범선 사이의 항법 관계 Ⅰ

〈그림 2-15〉에서 바람을 좌 측에서 받고 있는 범선①이 Port tack이므로 바람을 우측에서 받고 있는 Starboard tack인 2척의 범선②와 ③의 진로를 피해야 한다. 범선②와 범선③은 모두 바람을 우측에서 받고 있는 Starboard tack이지만 풍상 측에 있는 범선②가 풍하 측에 있는 범선③의 진로를 피해야 한다.

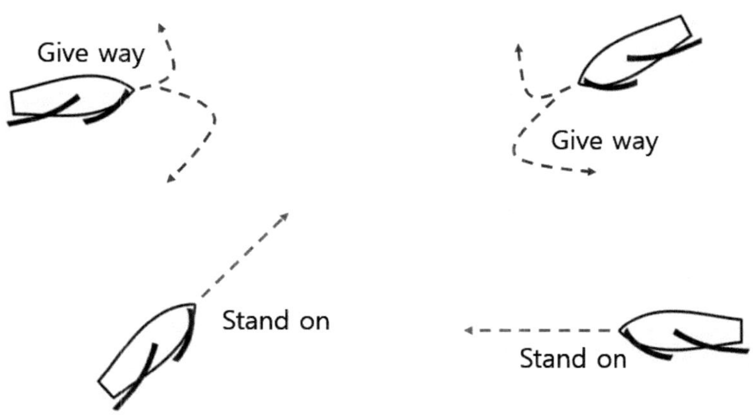

〈그림 2-16〉 범선 사이의 항법관계 Ⅱ

〈그림 2-16〉은 범선의 일반적인 항법 중 어느 방향에서 바람이 부는지 확실하지 않을 경우이다. Port tack인 선박이 풍상측에서 다른 범선을 발견하였으나 어느 방향에서 바람을 받고 있는지 확실하지 않을 때는 그 범선의 진로를 피하여야 한다.

2.9. 제13조 추월

PART B – STEERING AND SAILING RULES

Rule 13 (Overtaking)

(a) Notwithstanding anything contained in the Rules of Part B, Sections I and II any vessel overtaking any other shall keep out of the way of the vessel being overtaken.

(b) A vessel shall be deemed to be overtaking when coming up with another vessel from a direction more than 22.5 degrees abaft her beam, that is, in such a position with reference to the vessel she is overtaking, that at night she would be able to see only the sternlight of that vessel but neither of her sidelights.

(c) When a vessel is in any doubt as to whether she is overtaking another, she shall assume that this is the case and act accordingly.

(d) Any subsequent alteration of the bearing between the two vessels shall not make the overtaking vessel a crossing vessel within the meaning of these Rules or relieve her of the duty of keeping clear of the overtaken vessel until she is finally past and clear.

2.9.1. 해석

제2장 선박조종 및 항법

제13조(추월)

(a) 제2장 제1절 및 제2절에 있는 규칙의 여하한 규정에도 불구하고 모든 선박은 추월당하는 선박의 진로를 피하여야 한다.

(b) 선박은 다른 선박의 정횡 후 22.5도를 넘는 후방으로부터 즉 추월당하는 선박과의 관계에 있어서 야간에는 그 선박의 선미등만을 볼 수 있고 어느 쪽의 현등도 볼 수 없는 위치로부터 다른 선박을 앞지르기 하는 경우에 추월선으로 보아야 한다.

(c) 다른 선박을 추월하고 있는지의 여부에 관하여 의문이 있는 선박은 자선이 추월하고 있는 경우로 생각하고 이에 합당한 동작을 취하여야 한다.

(d) 두 선박간의 방위가 그 후에 여하히 변경되더라도 추월선이 본 규칙상의 의미에서 횡단선이 되는 것은 아니며 또한 추월선은 완전히 앞질러 멀어질 때까지 추월당하는 선박의 진로를 피하여야 할 의무를 벗어나지 못한다.

해사안전법

제71조(추월) ① 추월선은 제1절과 이 절의 다른 규정에도 불구하고 추월당하고 있는 선박을 완전히 추월하거나 그 선박에서 충분히 멀어질 때까지 그 선박의 진로를 피하여야 한다.

② 다른 선박의 양쪽 현의 정횡(正橫)으로부터 22.5도를 넘는 뒤쪽[밤에는 다른 선박의 선미등(船尾燈)만을 볼 수 있고 어느 쪽의 현등(舷燈)도 볼 수 없는 위치를 말한다]에서 그 선박을 앞지르는 선박은 추월선으로 보고 필요한 조치를 취하여야 한다.

③ 선박은 스스로 다른 선박을 추월하고 있는지 분명하지 아니한 경우에는 추월선으로 보고 필요한 조치를 취하여야 한다.

④ 추월하는 경우 2척의 선박 사이의 방위가 어떻게 변경되더라도 추월하는 선박은 추월이 완전히 끝날 때까지 추월당하는 선박의 진로를 피하여야 한다.

2.9.2. 해설

1) 추월항법의 적용

제13조 (a)항은 제2장(조종 및 항법규정) 제1절(모든 시계) 및 제2절(서로 시계)에서 정한 어떠한 규칙과도 관계없이 모든 선박은 추월당하는 선박의 진로를 피하도록 규정하고 있다.

추월하는 선박은, 제9조 또는 제10조와 반대되는 어떠한 규칙에도 불구하고, 좁은 수로등 또는 통항분리제도의 통항로에서 항행하고 있는 동안 피항선의 지위에 놓인다. 그러나 두 척의 선박이 추월상황에서 서로 만났다고 해서 제9조 또는 제10조의 적용을 중지한다는 것은 아니다. 실제로 제9조 (e)항은 좁은 수로등에서 추월상황을 위해 규정하고 있다.

제13조 (a)항은 추월선의 의무를 규정하고 있다. 좁은 수로등 또는 통항분리제도의 통항로를 따라 항행하고 있는 다른 선박의 통항을 방해하지 말아야 하는 선박의 의무는 제13조 (a)항에 의해 무효화되지 않는다. 선박이 수로의 오른쪽을 유지하고, 좁은 수로등 또는 통항분리제도(TSS)에서 정박을 피하도록 요구하는 것도 아니다.

제9조 및 제10조는 좁은 수로등 또는 혼잡한 수역에서 모든 선박의 특정 요구를 신중하게 균형 잡기 위한 중요한 위험관리조치인 것이다. 이 규칙은 길이 20미터 미만의 선박, 범선 또는 어로에 종사하고 있는 선박은 좁은 수로등 또는 통항분리제도의 통항로에서 통항이 제한되는 선박의 통항을 위험하게 하거나 방해하지 않는 방식으로 적절한 선박운용술을 발휘하여 스스로 행동하도록 요구하는 것이다.

통항불방해규칙의 최우선 목표는 충돌뿐만 아니라 충돌의 위험성을 피하는 것이라는 것을 상기하여야 할 것이다. 좁은 수로등 또는 통항분리제도의 통항로에서 선박의 통항을 위해 필요한 것은 선박들이 마주치는 상태, 횡단하는 상태 또는 추월상태로 만나더라도 동일하게 적용할 수 있는 것이다.

심화학습

어선이 통항로를 따라 트롤 그물을 끌어 어선의 후미를 따르는 모든 교통을 느리게 하는 것을 허용하고 또한 대형 선박이 이러한 어선을 통과하기 위해 좁은 수로등 또는 통항분리제도의 통항로를 벗어나도록 강요할 경우 제9조 또는 제10조의 의도를 훼손시킬 수 있다. COLREG의 입안에 참여한 전문가들은 분명히 안전을 가장 중요하게 고려하였고 이와 같은 결과를 의도하지 않았을 것이다.

그러나 충돌의 위험성이 발생할 경우, 좁은 수로등에서 제9조 (e)(ii)항뿐만 아니라 제13조 (a)항과 제8조 (f)(iii)항은 추월선이 다른 선박의 진로를 피하여야 한다는 것을 분명히 하고 있다.[156)]

제13조 (a)항은 주의 깊게 해석해야 한다. '~에도 불구하고(notwithstanding)'라는 문구는 제13조 (a)항 '추월선은 피추월선의 진로를 피해야 한다.'에서 명시된 의무에만 적용된다.

제13조 (a)항은 1981년 개정되어 1983년에 발효되었다. 즉 'in the Rules of this section'이 'in the Rules of part B, sections Ⅰ and Ⅱ'로 개정되었다. 이 개정은 제9조(좁은 수로)와 제10조(통항분리제도)를 포함한 제2장(part B)의 상반된 규칙에 대하여 제13조 (a)항이 우선 적용된다는 것을 분명히 한다.

따라서 추월선의 피항의무는 제18조(선박 사이의 책무)에서 선박의 조종성능에 따라 정한 피항 순서보다 우세하다. 그러나 조종불능선 또는 조종제한선이 다른 선박의 추월을 경솔하게 결정한다면 피추월선의 진로를 피해야 하는 의무가 발생한다. 마찬가지로 다른 선박을 추월하는 범선은 제12조(범선)에서 달리 규정하고 있는 것과 관계없이 피추월선의 진로를 피해야 한다.

항해사는 제13조 (a)항을 이 조의 규정 이상으로 해석하지 않도록 주의해야 한다. 예를 들면, 제13조 (a)항은 피추월선이 제9조 (a)항에 따라 좁은 수로등의 오른쪽 바깥 한계를 유지해야 할 의무가 면제되지 않으며, 또한 통항분리제도(TSS)에 진입하는 선박이 제10조 (b)(iii)항에 따라 실행 가능한 한 교통 흐름의 일반적인 방향에 대해 소각도로 통항분리제도에 합류하여야 하는 의무가 면제되지 않는다.

제13조 (a)항은 다른 항법과 무관하게 추월선의 진로 피항의무만을 규정하고 있다. 따라서 모든 선박은 제2장(조종 및 항법)의 제1절(모든 시계) 및 제2절(서로 시계)에 속하는 제4조부터 제18조의 어떠한 규칙보다 우선하여 추월당하는 선박의 진로를 피하여야 한다.

더불어 제13조는 2003년에 개정된 제8조(충돌을 피하기 위한 동작)와 긴밀히 연계하여 적용되어야 한다. 추월선은 제16조(피항선의 동작)를 준수해야 하고, 피추월선도 제17조(유지선의 동작)에 따라 행동하여야 한다.

제13조 (a)항은 제2장 제1절과 제2절(Section Ⅰ and Ⅱ of Part B, 제4조부터 제18조)에 적용하기 때문에 제2장 제3절(Section Ⅲ of Part B)에서 규정하고 있는 제19조(제한된 시계상태 항법)에 적용하지 않는다. 따라서 선박이 시계가 제한된 수역에서 또는 그 수역 근처에서 항행 중일 때에는 제19조가 적용되고 제13조가 적용되지 않는다.[157)]

2) 추월의 판단 기준

추월의 판단기준은 제13조 (b)항 및 (c)항에서 규정하고 있다. 그 내용을 살펴보면 다음 세 가지이다.

① 선박은 다른 선박의 정횡 후 22.5도를 넘는 뒤쪽 방향으로부터 다른 선박을 앞지르기 하여야 한다.

② 선박은 야간에 다른 선박의 선미등만을 볼 수 있고, 어느 쪽의 현등도 볼 수 없는 위치로부터 다른 선박을 앞지르기 하여야 한다.

③ 선박은 자신이 다른 선박을 추월하고 있는지 여부에 대하여 의심이 있는 경우 추월로 간주하여야 한다. 즉 선박은 자신이 다른 선박과의 관계에서 추월 관계인지 횡단하는 상태인지 판단하는데 모호하면 추월관계로 보라는 것이다.

야간에 추월 관계를 확인하는 방법은 선미등(Sternlight)이 보이는지 살피는 것이다. 선미등은 백색이며 선수미선의 후방 135도를[158] 비춘다. 360도에서 선미등 사광각도인 135도를 뺀 나머지 각도인 225도는 마스트등(Mast light)이[159] 비추는 각도이며, 마스트등 225도를 양분한 112.5도는 양 현등(sidelight)이 비추는 각도이다. 즉 현등은 선수미 방향을 기준으로 정횡 후로 2점인[160] 22.5도까지 비춘다.

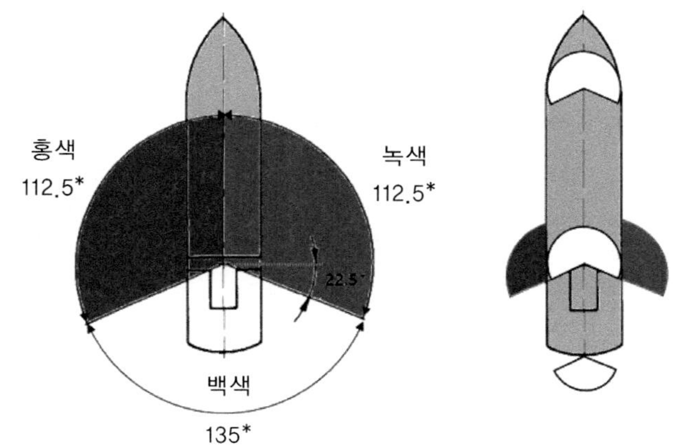

〈그림 2-17〉 선미등 및 현등 조사각도

156) Craig H. Allen, 앞의 책, pp.399~400.

157) Craig H. Allen, 앞의 책, pp.411~412.

158) 선미등이 법적으로 비추어야 하는 불빛의 범위(법적 사광범위, 일명 '조사각도'라고도 한다)는 135도이고, 135도는 홀수의 순서인 1, 3, 5로 암기한다.

159) 마스트등은 마스트정부등 또는 장등이라고도 한다.

160) 1점(point)은 11.25도이며 360도를 32방향으로 나눈 값이다.

따라서 선박이 다른 선박의 정횡 후 22.5도를 넘는 뒤쪽 방향에 있다면 이론적으로 〈그림 2-17〉과 같이 다른 선박의 항해등 중 마스트등과 양 현등이 보이지 아니하고 선미등만 보이게 되고, 이 경우에 선박이 다른 선박을 추월하고 있다고 본다.

서로 시계 안에서 주간에는 선박이 다른 선박을 추월하고 있는지 확신할 수 없을 경우처럼 추월 여부에 대한 판단이 불명확한 상황에서도 추월하는 것으로 보고 추월선의 동작을 시행하여야 한다.

심화학습

현등은 법적으로 비추어야 하는 불빛의 법정 사광범위가 수평방향으로 112.5도이고, 〈그림 2-18〉과 같이 차광판에 의해 법정 사광범위를 비추게 되어있다.

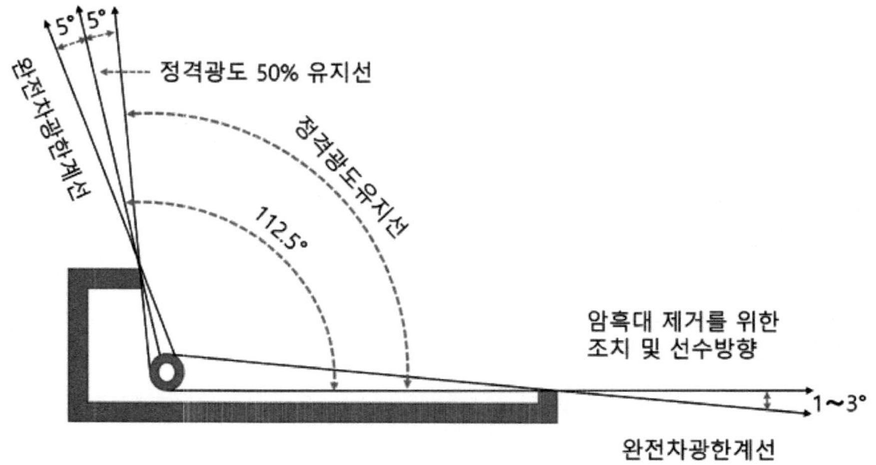

〈그림 2-18〉 현등의 차광판과 불빛한계선

그럼에도 현등은 정격광도보다는 약하지만 정선수방향을 넘어 반대방향으로 1도에서 3도까지 비출 수 있고, 정횡 후방으로 22.5도보다 5도 많은 27.5도까지 비출 수 있다. 외력의 영향으로 선수요(Yawing) 등의 선체 동요가 있을 경우에는 현등을 볼 수 있는 각도가 더 넓은 범위까지 볼 수 있을 것이다.

선미등도 현등과 마찬가지로 법정 사광범위가 정선미 방향에서 좌·우로 각각 67.5도를 비추게 차광판이 설치되어있으나, 법정 사광범위를 각각 5도까지는 법정 최소광도의 50퍼센트 수준의 광도로 비추는 것을 허용하고 있다. 즉 선박은 상대선박의 선미등을 상대선박의 정선미 방향에서 좌·우로 각각 72.5도까지 볼 수 있고, 상대선박의 정횡 후 17.5도 넘어 뒤쪽에 위치할 경우 볼 수 있다. 다시 말하면 선박은 상대선박의 정횡 후 17.5도부터 27.5도 사이의 뒤쪽에 위치한 경우 상대선박의 현등과 선미등을 동시에 볼 수도 있을 것이나 항법 상 상대선박의 현등이 보였다가 안보였다가 하여 상대선박과의 항법 관계에서 추월 관계인지 의심스러울 수 있다.[161]

예를 들면 서로 시계 안에서 현등 각도만 놓고 본다면, 선박이 상대선박의 정선수 방향으로부터 115도 뒤쪽 방향에서 상대선박에 접근한다면 이론적으로 상대선박의 선미등만 볼 수 있게 되어 양 선박 사이에 '추월관계'에 있다고 할 것이다. 그리고 선박이 상대선박의 정선수방향으로부터 110도 뒤쪽 방향에서 상대선박에 접근한다면 이론적으로 상대선박의 현등만 볼 수 있게 되어 양 선박 사이에 '횡단하는 상태'에 있다고 할 것이다.

그러므로 위와 같은 경우 선박은 현등의 차광판 및 불빛한계선과 외력의 영향을 고려할 때 상대선박의 현등과 선미등을 동시에 볼 수 있어 두 척의 선박 사이가 추월 관계인지 횡단하는 상태인지 모호할 것이다.

제13조 (c)항은 선박이 다른 선박을 앞지르기 하고 있는 상황에서 추월 또는 횡단하는 상태인지 판단하는데 모호하면 추월관계로 보라는 것이다. 따라서 위와 같은 경우 선박은 상대선박의 사이에 모두 추월관계에 있다고 보고 제13조에 따라 추월선으로서 적절히 동작을 취하여야 한다.

3) 추월항법의 성립요건

가) 서로 시계 안에 있을 것

제13조(추월)는 서로 시계 안에 있는 선박 사이의 항법을 규정하고 있는 COLREG 제2장 제2절에서 규정하고 있다. 따라서 선박이 서로 시계 안에 있다는 것은 서로 상대선박을 육안으로 볼 수 있어야 한다. 추월의 경우 추월선이 피추월선의 선미등을 볼 수 있어야 하므로 시정이 피추월선의 선미등 가시거리 이상일 경우 서로 시계 안에 있다고 말할 수 있을 것이다.

나) 추월의 판단기준을 충족할 것

선박은 상대선박보다 속력이 빨라 실질적으로 상대선박을 앞지르기 하여야 한다. 그

161) 선박이 상대선박의 현등을 볼 수 있을 때에는 마스트등의 법적 사광범위가 양 현등의 법적 사광범위의 합과 동일하기 때문에 상대선박의 마스트등도 볼 수 있다.

리고 선박은 앞서 언급하였던 추월의 판단기준을 충족하여야 한다. 즉 선박은 다른 선박의 정횡 후 22.5도를 넘는 뒤쪽 방향으로부터 다른 선박을 앞지르기 하여야 한고, 야간에는 다른 선박의 선미등만 볼 수 있는 위치에 다른 선박을 앞지르기 하여야 한다.

다) 모든 선박의 종류에 적용할 것

제13조 (a)항에서 모든 선박은 제2장(조종 및 항법규정) 제1절(모든 시계) 및 제2절(서로 시계) 제4조부터 제18조의 어떠한 규칙보다 우선하여 추월당하는 선박의 진로를 피하도록 규정하고 있다. 추월 항법은 선박의 종류 및 조종성능 등과 관계없이 선박이 다른 선박을 추월하는 위치에 있으면 추월관계가 성립되어 적용한다.

라) 충돌의 위험성 존재 여부와 관계가 없다.

서로 시계 안에서 항법을 적용하기 위해서는 최우선적으로 항행 중인 두 척의 선박 사이에 충돌의 위험성이 발생해야 한다는 것이다. 그러나 제13조의 추월 항법에서는 충돌의 위험성 여부에 대한 언급이 없다.

4) 추월선의 피항의무

추월선은 추월당하는 선박보다 빠른 속력으로 추월하고자 적극적으로 행동하며, 피항동작을 이행하기에 유리한 처지에 있고, 추월함으로써 자신에게 이익을 가져오게 된다. 따라서 선박은 다른 선박을 추월할 경우 자선과 다른 선박에게 생길 수 있는 위험의 발생을 막아야 할 피항의무를 부담하게 된다.

추월선이 추월당하는 선박의 진로를 피하여야 하는 의무는 모든 시계상태에서 항법과 서로 시계 안에 있는 경우의 항법에서 규정된 다른 조문에 우선한다.

그러므로 다른 범선을 추월하는 범선은 풍향에 관계없이 다른 범선의 진로를 피하여야 하고 제9조(좁은 수로), 제10조(통항분리제도)에서 규정한 항법 및 제18조(선박사이의 책임)에 규정된 항법에 우선하여 추월선은 추월당하는 선박의 진로를 피하여야 할 의무가 있다.

다만 좁은 수로 및 통항분리제도에서 통항불방해의무선과 우선권을 가진 선박 사이의 항법은 제8조 (f)항에서 기술한 바에 따라 양 선박의 이중 행동체계(dual-action regime)가 형성되어 서로가 서로의 진로를 피하게 될 것이다.

5) 추월선의 피항의무 적용기간

추월선의 피항의무가 시작되는 시기는 거리, 접근속도, 조종성능, 수역의 성질 등 여러 요소를 고려하여야 하며, 필요하다고 판단되면 즉시 적절한 피항조치를 취하여야 한다. 추월선의 피항의무가 시작된 이후에 양 선박 사이의 방위에 어떠한 변경이 있더라도 추월선이 횡단하는 선박으로 되는 것이 아니므로 추월선은 추월당하는 선박을 완전히 앞질러 지나가서 충돌의 위험성이 사라질 때까지 피항의무를 부담하게 된다.

6) 추월선의 조치

제9조에서는 추월선의 피항동작에 관하여 구체적으로 규정하고 있지는 않지만 안전한 추월을 위한 유의사항을 살펴보면 다음과 같다.

가) 일반적인 유의사항

추월선은 같은 방향으로 항행 중인 다른 선박을 앞지르기 하게 되는데, 이 경우 추월당하는 선박의 좌·우 어느 쪽으로도 추월할 수 있다. 그러나 추월선은 추월당하는 선박이 동력선이면 추월당하는 선박의 왼쪽으로 추월하는 것이 좋다.

왜냐하면 추월당하는 선박은 제3의 선박을 만나 피항동작을 행하고자 할 경우 일반적인 항법에 따라 오른쪽으로 변침하여야 할 경우가 많기 때문이다. 즉 추월선이 추월당하는 선박의 왼쪽으로 추월하여야 추월당하는 선박의 행동을 제한하는 경우가 적어지기 때문이다. 또한 추월선은 추월당하는 선박의 동작을 주의 깊게 관찰하여 대응하는 조치를 취하여야 한다. 즉 추월당하는 선박이 속력을 올리거나 내리는 경우도 있을 수 있고 제3의 선박의 진로를 피하기 위하여 변침하는 경우도 있을 수 있기 때문이다.

나) 좁은 수로에서 유의사항

선박은 좁은 수로의 만곡부 등에서 다른 선박을 추월하는 것은 피하는 것이 좋다. 또한 선박은 좁은 수로의 반대방향에서 진행하는 제3의 선박이 없고, 해상교통량이 많지 않은 수역에서 추월당하는 선박을 추월할 수 있도록 사전에 속력을 적절히 조정하는 것이 필요하다.

선박은 서로 시계 안에서 추월당하는 선박의 협조동작이 요구될 경우 반드시 사전에 추월의도신호를 울려 추월의사를 밝혀 추월당하는 선박의 동의신호 또는 동의의사를 얻은 후에 추월당하는 선박의 협조동작을 받으면서 추월을 하여야 한다.

즉 추월선은 추월하겠다는 의도를 다음과 같은 음향신호를 울려 나타낸다. 추월선이 추월당하는 선박의 오른쪽으로 추월하고자 한 경우 '장음 2발, 단음 1발(▬▬ •)'의 기적을, 왼쪽으로 추월하고자 한 경우 '장음 2발, 단음 2발(▬▬ • •)'의 기적을 울려야 한다.

추월당하는 선박은 추월선의 추월의도신호를 듣고 추월에 동의하여 허락하는 경우 기적으로 '장음, 단음, 장음, 단음(▬ • ▬ •)'을 순차적으로 울리고, 이후 추월선의 추월에 협조하는 동작을 행하여야 한다.

추월당하는 선박은 추월선의 추월에 동의하지 않았음에도 추월선이 추월하고자 접근하는 등 그 선박의 행동이 의심스러울 때에는 단음 5회(• • • • •) 이상을 재빨리 울려 경고하여야 하며, 야간에는 5회 이상의 짧고 빠르게 섬광을 발하는 발광신호로써 보충할 수 있다.

2.10. 제14조 마주치는 상태

PART B – STEERING AND SAILING RULES
Rule 14 (Head-on Situation) (a) When two power-driven vessels are meeting on reciprocal or nearly reciprocal courses so as to involve risk of collision each shall alter her course to starboard so that each shall pass on the port side of the other. (b) Such a situation shall be deemed to exist when a vessel sees the other ahead or nearly ahead and by night she could see the masthead lights of the other in a line or nearly in a line and/or both sidelights and by day she observes the corresponding aspect of the other vessel. (c) When a vessel is in any doubt as to whether such a situation exists she shall assume that it does exist and act accordingly.

2.10.1. 해석

제2장 선박조종 및 항법
제14조(마주치는 상태) (a) 2척의 동력선이 반대되는 방향 또는 거의 반대되는 방향으로 마주쳐 충돌의 위험이 수반되는 경우에는 각 선박은 서로 다른 선박의 좌현측을 통과할 수 있도록 각기 우현측으로 변침하여야 한다. (b) 서로 다른 선박을 선수방향 또는 거의 선수방향에서 보는 경우 즉, 야간에는 다른 선박의 두개의 마스트등을 일직선 또는 거의 일직선상에서 보며 동시에 양현등을 볼 수 있는 경우에 그러한 마스트등이나 또는 양현등 만을 볼 수 있는 경우, 그리고 주간에 있어서는 다른 선박의 상응하는 면을 보는 경우에는 정면으로 마주치는 상태가 존재한다고 보아야 한다. (c) 그러한 상태가 존재하는가의 여부에 관하여 의문이 있는 선박은 정면으로 마주치는 상태에 있다고 생각하고 행동하여야 한다.

해사안전법

제72조(마주치는 상태) ① 2척의 동력선이 마주치거나 거의 마주치게 되어 충돌의 위험이 있을 때에는 각 동력선은 서로 다른 선박의 좌현 쪽을 지나갈 수 있도록 침로를 우현(右舷) 쪽으로 변경하여야 한다.

② 선박은 다른 선박을 선수(船首) 방향에서 볼 수 있는 경우로서 다음 각 호의 어느 하나에 해당하면 마주치는 상태에 있다고 보아야 한다.

1. 밤에는 2개의 마스트등을 일직선으로 또는 거의 일직선으로 볼 수 있거나 양쪽의 현등을 볼 수 있는 경우
2. 낮에는 2척의 선박의 마스트가 선수에서 선미(船尾)까지 일직선이 되거나 거의 일직선이 되는 경우

③ 선박은 마주치는 상태에 있는지가 분명하지 아니한 경우에는 마주치는 상태에 있다고 보고 필요한 조치를 취하여야 한다.

2.10.2. 해설

COLREG의 기본원칙 중 하나는 '선박은 서로 좌현 대 좌현(Port to Port)으로 통과'하는 것이다.

대표적으로 두 척의 동력선이 서로 마주치는 상태로 접근한 경우에는 양 선박 모두 우현 변침하여(alter to starboard) 서로 상대선박의 좌현을 보면서(Port to Port) 통과한다. 이때 두 척의 동력선은 타를 우현으로 사용하여 침로가 우현으로 변경되기 시작하면, 단음 1회의 기적신호를 울려야 한다.

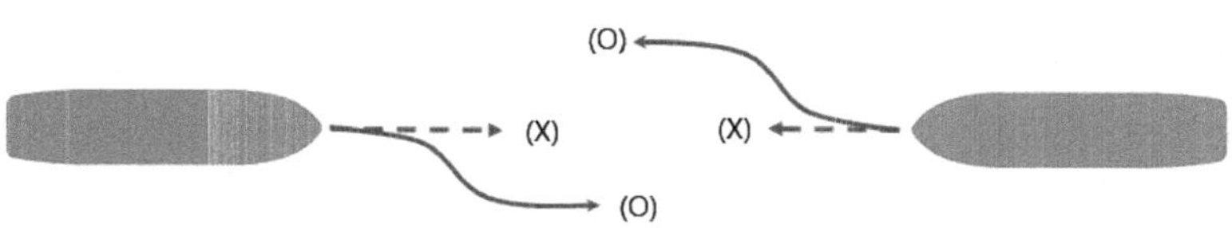

〈그림 2-19〉 Port to Port

마주치는 상태에서 양 선박은 접근 속도가 대단히 빠르기 때문에 빨리 피항동작을 하여야 한다.

1) 마주치는 상태의 판단 기준

가) 정선수로 마주치는 상태

두 척의 동력선이 '정선수로 마주친다.'는 것은 양 선박의 중심선의 연장선상을 서로 반대방향에서 접근하는 경우를 말한다.

낮에는 양 선박의 마스트가 선박의 중심선 연장선상에 일직선으로 마주 보이고, 밤에는 상대선박의 마스트등 2개를 일직선으로 보거나, 자선의 정선수 방향에서 상대선박의 양측 현등을 보는 경우가 '정선수로 마주치는 상태'이다.

나) 거의 마주치는 상태

'거의 상반되는 침로로 마주친다.'는 말은 구체적으로 어느 정도가 '거의'라는 표현에 해당하는지를 판단하기 어렵게 하고 있다. 그러나 야간에 자선의 선수방향에서 상대선박의 양쪽 현등을 즉, 자선의 정선수 방향에서 좌·우로 각각 약 3도 이내의 범위에서 상대선박의 양쪽 현등을 보는 경우가 '거의 마주치는 상태'가 된다.

그러나 현등의 물리적 구조로서 차광장치가 불완전하고, 현등의 불빛이 양쪽 현에서 선수방향의 반대편 1도에서 3도까지 비치게 되고, 등화의 산란 및 회절하는 특성으로 인해 더 비출 수 있으다. 그리고 바람이나 조류 등의 외력에 의해 선수가 다소 좌우로 흔들릴 수도 있기 때문에 자선의 정선수 방향에서 좌·우로 각각 약 6도의 범위까지 서로 상대선박의 양쪽 현등을 볼 수 있을 것이다.

특히 소형 어선은 풍랑주의보 이상의 기상악화상태에서 선수방향이 좌우로 심하게 흔들려서(Yawing) 정선수방향에서 좌우로 각각 6도 이상의 범위까지 현등인 홍등과 녹등이 번갈아 보일 수도 있다. 이런 경우에도 두 척의 선박 사이에 '거의 마주치는 상태'에 있다고 볼 수 있다. 선체의 동요 정도는 AIS 정보에서 선수방위(Heading)와 항적(Course Made Good) 사이의 각도 차로 확인할 수 있다.

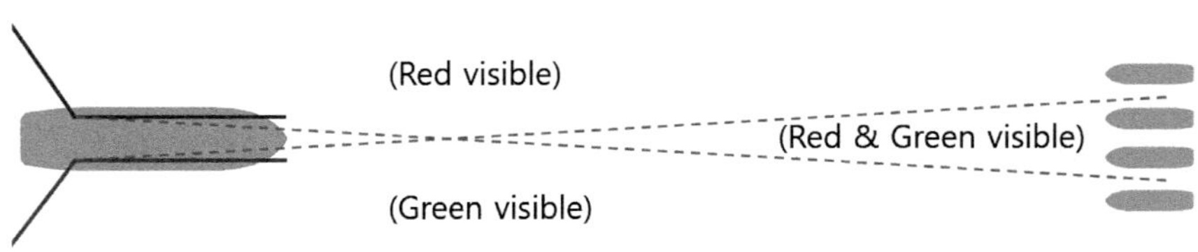

〈그림 2-20〉 현등이 보이는 각도

자선이 상대선박을 파악하기 어렵다면 상대선박 또한 마찬가지 상황일 수 있다. 한척의 동력선은 다른 동력선과 서로 마주치는 상태인지 횡단하는 상태인지 의심스러운 경우에는 '마주치는 상태'에 있다고 보아야 한다.

즉 선박은 당시 상대선박과의 접근 상태를 판단함에 있어 마주치는 상태인지, 횡단하는 상태인지 의심스러울 경우 자선에게 불리한 방향으로서 '마주치는 상태'에 있는 것으로 판단하고 피항선으로서 빨리 우현 변침을 하여 상대선박이 자선의 현등 중 홍등만을 확실히 볼 수 있도록 하라는 것이다.

2) 마주치는 상태항법의 성립요건

두 척의 동력선이 서로 오른쪽으로 침로를 변경하여 좌현 대 좌현으로 통과하기 위한 마주치는 상태항법이 적용되는 요건은 다음과 같다.

가) 서로 시계 안에 있을 것

제14조는 서로 시계 안에 있는 선박 사이의 항법을 규정하고 있는 COLREG 제2장 제2절에서 규정하고 있다. 따라서 선박이 서로 시계 안에 있다는 것은 서로 상대선박을 육안으로 볼 수 있어야 한다. 마주치는 상태의 경우 서로 상대선박의 마스트등과 현등을 볼 수 있어야 하므로 시정이 상대선박의 마스트등 가시거리 이상일 경우 서로 시계 안에 있다고 말할 수 있을 것이다. 즉 길이 50미터 이상인 두 척의 선박이 서로 마주치는 상태로 접근하는 경우에는 시정이 마스트등의 최소가시거리인 6마일 이상일 경우에 '서로 시계 안에 있다'고 할 것이다.

두 척의 선박은 서로 마주치는 상태에서 접근속력이 매우 빠르기 때문에 충돌의 위험성을 알고 적절한 피항동작을 행하기 위해서 추월 및 횡단하는 상태보다 충분히 먼 거리를 '서로 시계 안에 있다'고 인정한다고 할 수 있다.

비록 '선박이 서로 마주치는 상태에 있는지' 여부가 의심스러운 경우 '서로 마주치는 상태에 있다'고 보고 피항동작을 행하도록 규정하고 있지만, 그러나 선박은 상대선박의 마스트등이 1개인 경우 또는 마스트등이 2개이나 전부 마스트등과 후부 마스트등만으로는 마주치는 상태인지 여부를 확인할 수 없을 경우 상대선박의 양쪽 현등이 보이는지 여부로 '서로 마주치는 상태에 있다'를 판단하게 된다. 따라서 선박의 크기와 속력 등 당시의 상황에 따라 '마주치는 상태'에서 '서로 시계 안에 있다'는 상대선박의 현등 가시거리가 기준이 될 수도 있다고 본다.

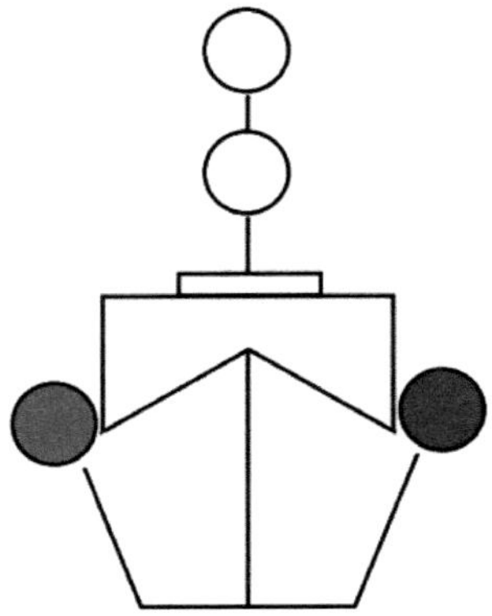

〈그림 2-21〉 마주치는 상태에서 상대선의 등화

나) 마주치는 상태의 판단기준을 충족할 것

두 척의 동력선은 앞서 기술한 바와 같이 양 선박이 정선수로 마주치는 상태거나 또는 거의 마주치는 상태로 접근하여야 한다. 영국 판례에서 〈그림 2-22〉와 같이 정선수 방향으로부터 양쪽으로 1/2포인트(5.6도)까지 인정한 사례가 있다.

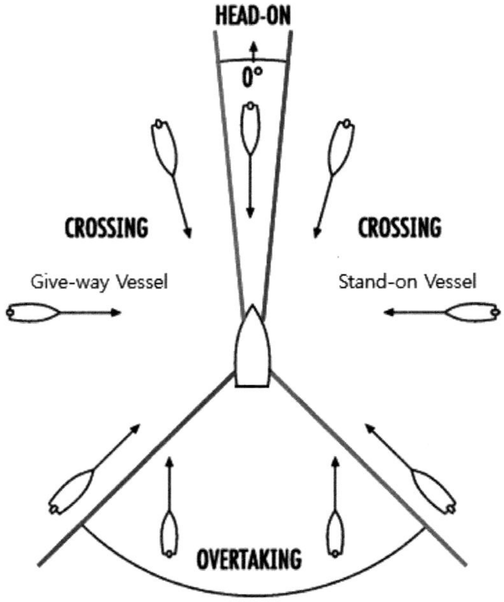

〈그림 2-22〉 항법 관계

다) 동력선은 모두 항행 중일 것

마주치는 상태항법은 두 척의 동력선 사이에 적용되며, 두 척의 동력선은 마주치는 상태에서 두 척 모두 피항선으로서 타나 기관을 사용하여 각자 우현 변침을 하여야 한다. 따라서 두 척의 동력선은 항행 중이어야 한다.

라) 충돌의 위험성이 있을 것

마주치는 상태항법은 두 척의 동력선 사이에 충돌의 위험성이 존재할 때 적용한다.

3) 마주치는 상태에서 동력선의 피항의무 적용기간

마주치는 상태에서의 항법이 적용되는 시기는 두 척의 동력선이 서로 충돌의 위험성을 가지고 마주치는 상태로 접근할 때부터 시작하여 서로 피항동작을 행하여 충돌의 위험성이 사라졌을 때에 종료한다.

4) 마주치는 상태에서의 구체적인 피항조치

가) 오른쪽으로 변침할 것

제14조에서 규정하고 있는 바와 같이 두 척의 동력선은 모두 서로 상대선박을 자선의 좌현 쪽에 두고 통과할 수 있도록 반드시 침로를 오른쪽으로 변경하여야 한다.

COLREG에서 규정하고 있는 항법의 기본 원칙 중 하나는 조종성능이 좋은 선박에게 피항의무를 부담시키고 있다. 그러나 마주치는 상태에서 두 척의 동력선은 모두 반드시 오른쪽으로 변침하여 피항하도록 양 선박에게 동일한 피항의무를 부과하고 있다.

나) 빨리 대각도 변침으로 피항할 것

동력선은 실행 가능한 이른 시기에 빨리 그리고 한 번에 적어도 30도 이상의 대각도로 우현 변침을 하여야 한다.

소각도로 자주 변침하여서는 안 되며, 자선이 피항동작을 취했다는 것을 상대선박이 쉽게 알 수 있도록 한 번에 대각도 우현 변침하여 의사를 명확하게 표시하여야 하고, 동시에 충분한 거리를 두고 서로 통과하도록 하여야 한다.

다) 조종신호를 울릴 것

동력선은 타를 사용하여 자선의 침로가 우현 쪽으로 변경하기 시작하면 상대선박에게 자선의 행위 자체를 먼저 인식시키고 또한 주의를 깨우칠 필요가 있다.

따라서 동력선은 자선의 침로가 우현 쪽으로 변경하기 시작하면, 단음 1회의 기적신호를 울려야 한다. 또한 기적신호에 추가하여 섬광 1회의 발광신호를 보낼 수 있다.

5) 마주치는 상태인지 의심스러운 상황에서 피항동작

동력선은 다른 동력선과 마주치는 상태에 있는지 또는 횡단하는 상태에 있는지 의문이 있을 수 있다. 이때에 그 상태에 대한 판단이 서로 다르면 적용하는 항법도 달라지므로 충돌의 위험성이 발생한다. 그러므로 이러한 의문이 있을 때는 '마주치는 상태에 있다'고 보고 우현으로 변침하여 피항하여야 한다.

그러나 두 척의 동력선이 서로 우현 대 우현으로 평행하게 가까운 간격을 두고 거의 마주치는 상태로 접근하고 있는 경우에서 한쪽의 동력선은 서로 좌현 대 좌현으로 통과하기 위하여 우현으로 변침을 하고, 다른 동력선은 서로 우현 대 우현으로 통과를 위한 안전통항거리를 더 확대하기 위하여 좌현으로 변침하게 되면 두 척의 사이의 거리가 가까워지면서 충돌이 발생하게 된다.

따라서 이 경우 피항동작은 보다 빨리 대각도로 변침하여 상대선박이 오판하지 않도록 하고, 서로 안전하게 통과할 때까지 상대선박에 대한 경계에 특히 강화하여야 한다.

2.11. 제15조 횡단하는 상태

PART B – STEERING AND SAILING RULES
Rule 15 (Crossing Situation) When two power-driven vessels are crossing so as to involve risk of collision, the vessel which has the other on her own starboard side shall keep out of the way and shall, if the circumstances of the case admit, avoid crossing ahead of the other vessel.

2.11.1. 해석

제2장 선박조종 및 항법
제15조(횡단상태) 두 척의 동력선이 충돌의 위험성을 가지고 횡단하고 있을 때에는 다른 선박을 자선의 우현 쪽에 두고 있는 선박은 그 다른 선박의 진로를 피하여야 하고, 그 경우의 사정이 허락하는 한, 그 다른 선박의 전방을 횡단하여서는 아니 된다. **해사안전법** **제73조(횡단하는 상태)** 2척의 동력선이 상대의 진로를 횡단하는 경우로서 충돌의 위험이 있을 때에는 다른 선박을 우현 쪽에 두고 있는 선박이 그 다른 선박의 진로를 피하여야 한다. 이 경우 다른 선박의 진로를 피하여야 하는 선박은 부득이한 경우 외에는 그 다른 선박의 선수 방향을 횡단하여서는 아니 된다.

2.11.2. 해설

1) 횡단하는 상태의 의의

제15조의 목적은 두 척의 동력선이 서로 진로를 횡단하는 상태로 접근하고, 그 침로와 속력을 유지하며 항행할 경우 교차점에 이르러 충돌할 위험성이 있는 경우에 두 척 중 한 척에게 적극적으로 피항의무를 부과하여 충돌을 방지하고자 하는데 있다고 할 것이다.

두 척의 동력선이 서로 시계 안에서 충돌의 위험성을 내포하고 서로의 진로를 가로지르는 횡단하는 상태가 형성되면, 두 척의 동력선은 각각 피항선(Give-way vessel)과 유지선(Stand-on vessel)으로 구분된다.[162)]

2) 횡단하는 상태의 판단 기준

'횡단하는 상태'라 함은 두 척의 동력선이 제13조의 추월관계와 제14조의 마주치는 상태를 제외한 상태에 있는 경우를 말한다. 횡단하는 상태에서 동력선은 다른 동력선의 마스트등과 한쪽 현등만을 보고 접근하게 된다. 즉 한 척의 동력선은 물리적으로 다른 동력선의 정선수 방향에서 좌·우 방향으로 각각 약 3도부터 정횡 후 22.5도에 이르는 사이에서 다른 선박에 접근하게 된다. 그러나 앞서 추월의 판단 기준과 마주치는 상태의 판단 기준에서 설명한 바와 같이 상대선박의 상대방위는 육안으로 상대선박의 마스트등, 현등 및 선미등을 볼 수 있는지 여부에 따라 결정되며, 선박은 상대선박과의 사이에 마주치는 상태에 있는지 여부 또는 추월관계에 있는지 여부가 의심스러운 때에는 마주치는 상태 또는 추월관계에 있다고 판단하도록 하고 있다.

따라서 두 척의 동력선이 횡단하는 상태에 있다고 보는 경우는 현등의 차광판 및 불빛 한계선과 외력의 영향을 고려할 때 한 척의 동력선은 다른 동력선의 정선수 방향에서 좌·우 방향으로 각각 약 6도부터 정횡 후 17.5도에 이르는 사이에서 다른 선박에 접근하게 될 때를 말한다고 할 것이다.

앞서 설명하였던 마스트등, 현등 및 선미등의 법적 사광범위가 항해등의 차광판 및 불빛한계선과 외력의 영향으로 다를 수 있을 것이나, 서로 시계 안에서 항법은 기본적으로 선박이 다른 선박과의 사이에 추월, 마주치는 상태 또는 횡단하는 상태인지 여부를 판단할 때 자선에게 불리한 방향으로 해석·판단하여 미리 피항동작을 취하라

---

162) 권리선(Right-of-way vessel)이란 용어는 더 이상 사용하지 않는다.

는 것이고, 그 당시의 사정에 따라 실질적으로 육안으로 보았는지가 중요하다는 것을 잊어서는 안 될 것이다.

3) 횡단하는 상태항법의 성립요건

가) 서로 시계 안에 있을 것

제14조는 서로 시계 안에 있는 선박 사이의 항법을 규정하고 있는 COLREG 제2장 제2절에서 규정하고 있다. 따라서 선박이 서로 시계 안에 있다는 것은 서로 상대선박을 육안으로 볼 수 있어야 한다. 횡단하는 상태의 경우 서로 상대선박의 마스트등과 한쪽 현등만을 볼 수 있어야 하므로 시정이 상대선박의 현등 가시거리 이상일 경우 '서로 시계 안에 있다'고 말할 수 있을 것이다. 즉 길이 50미터 이상인 두 척의 선박이 서로 횡단하는 상태로 접근하는 경우에는 시정이 현등의 최소가시거리인 3마일 이상일 경우에 '서로 시계 안에 있다'고 할 것이다.

나) 횡단하는 상태의 판단기준을 충족할 것

두 척의 동력선은 앞서 기술한 바와 같이 양 선박이 횡단하는 상태로 접근하여야 한다.

다) 동력선은 모두 항행 중일 것

횡단하는 상태항법은 두 척의 동력선 사이에 적용되며, 두 척의 동력선은 횡단하는 상태에서 한 척의 동력선은 피항선으로서 타나 기관을 사용하여 피항동작을 행하여야 하고, 다른 한 척의 동력선은 유지선으로서 원칙적으로 타나 기관을 사용하여 침로와 속력을 유지하여야 한다. 따라서 두 척의 동력선은 항행 중이어야 한다.

라) 충돌의 위험성이 있을 것

제15조에서는 '2척의 동력선이 충돌의 위험성을 포함하고 횡단하고 있을 때'를 전제로 규정하고 있다.

그러므로 횡단하는 상태항법은 두 척의 동력선 사이에 충돌의 위험성이 존재할 때 적용한다. 두 척의 동력선이 침로와 속력을 유지하며 항행할 경우 교차점에서 서로 만나는 것을 예상할 수 있어야 한다. 즉 두 척의 동력선은 제7조 (a)항에 따라 이용가능한 모든 수단을 활용하여 다른 선박과의 사이에 충돌의 위험성이 있는지 여부를 판단하고, 다른 선박이 방위의 변화없이 접근하는 경우 등 제7조 (d)항의 규정과 같을 때 충돌의 위험성이 있다고 판단하여야 한다. 특히 다른 선박과의 사이에 충돌의 위험성이 있는지 의심스러운 때에는 충돌의 위험성이 있다고 보아야 한다.

4) 횡단하는 상태에서 피항선의 피항방법

횡단하는 상태에서 피항선은 다른 선박을 자선의 오른쪽에 두고 있는 선박이다. 야간일 경우 피항선은 상대선박의 왼쪽 현등인 홍등을 보게 된다.[163] 그리고 피항선은 다른 선박의 진로를 피해야 한다.

가) 가능한 한 다른 선박의 선수를 횡단하지 마라

횡단하는 상태에서 피항선의 피항방법에 대해서는 구체적으로 규정을 두고 있지 않다. 다만 '사정이 허락하는 한, 다른 선박의 선수를 횡단하여서는 아니 된다.'고 금지규정을 두고 있다.

그러므로 횡단하는 상태에서 피항선은, 부득이한 경우를 제외하고, 피항방법으로 다른 선박의 선수를 지나가지 않도록 하여야 하고, 양 선박의 침로, 교차각도, 속력, 기타 그 당시의 사정을 고려하여 가장 적합하다고 생각되는 방법으로 피항조치를 취하여야 한다.

나) 오른쪽으로 변침하여 다른 선미로 통과한다

상대선박의 선수 앞쪽으로 횡단하면 위험하게 된다. 따라서 일반적으로 피항선은 오른쪽으로 변침하여 다른 선박의 선미를 통과하도록 하는 것이 좋다. 이때 서로 시계안에 있으면, 단음 1회의 기적신호를 울려 자선의 의사를 표시하여야 한다.

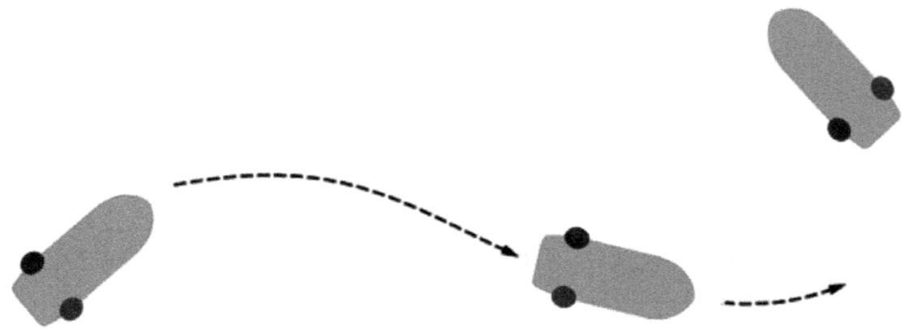

〈그림 2-23〉 피항선의 조선법

163) 교차로에서 교통신호등의 색이 붉은색이면 통과할 수 없고 녹색이면 통과할 수 있는 것과 같은 이유로 암기한다.

다) 왼쪽으로 변침하여 유지선으로부터 멀리 벗어난다

두 척의 선박이 예각으로 접근하고 있어 피항선이 오른쪽으로 변침하여 피항할 여유가 없을 때에는 왼쪽으로 변침하여 유지선으로부터 멀리 떨어지는 것이 좋다. 이때 피항선이 서로 시계 안에 있으면, 단음 2회의 기적신호를 울려 자선의 의사를 표시하여야 한다.

또한 피항선이 오른쪽으로 변침하려는 방향에 제3의 선박이나 항행장애물이 있어서 오른쪽으로 변침하기가 적절하지 않다면 상대선박의 진로 방향인 왼쪽으로 변침을 고려해 볼 수 있으나 이 경우에도 속도를 줄여 상대선박이 레이더나 육안으로 인식할 수 있도록 하는 것이 더욱 적절하다.[164)]

항법은 두 척의 선박 사이에 발생하는 관계에 따른다. 그런데 선단을 만나게 되면 개별 선박들과 항법 관계를 따져 보아야 하지만 충돌을 피하기 위해 왼쪽으로 변침할 수밖에 없는 상황이라면 조기에(early) 대각도로(make the alteration large) 시행하여야 한다. 필요하다면 360도 한 바퀴 선회하여 상대선박 무리가 완전히 통과하도록 하여야 한다.

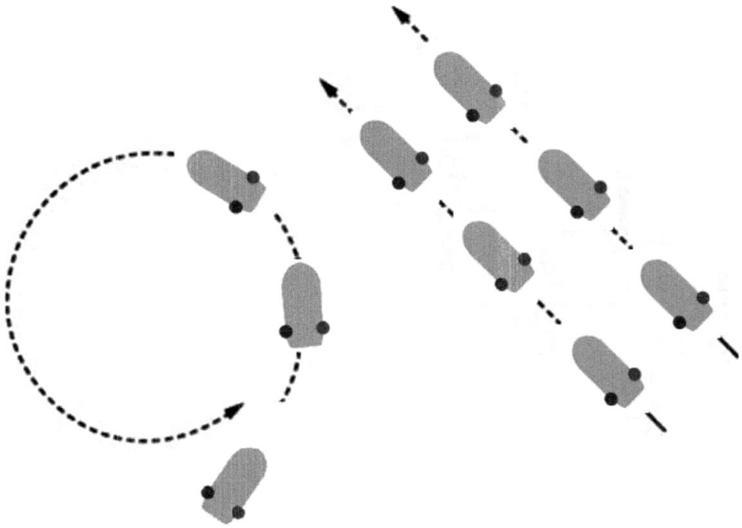

〈그림 2-24〉 좌현 변침 예시

164) COLREG 제8조(충돌을 피하기 위한 동작) (e) 충돌을 피하기 위하여 또는 상황을 판단하는데 시간적 여유를 얻기 위하여 필요하다면 선박은 감속을 하거나 또는 모든 타력을 없애기 위하여 기관을 정지하거나 역전하여야 한다.

라) 기관을 사용하여 감속한다

두 척의 선박이 예각으로 접근하며 피항선이 왼쪽으로 변침하여도 충돌의 위험이 해소되지 않을 것이 예상될 경우에는 기관을 후진으로 사용하여 속력을 감소하거나, 기관을 정지 또는 후진으로 사용하여 전진타력을 없애는 것이다. 피항선은 감속하면 피항동작을 취할 시간적 여유를 가지게 된다. 이때 후진기관을 사용하고 있을 때에는 단음 3회의 기적신호를 울려 자선의 의사를 표시하여야 한다. 변속은 육안으로 쉽게 파악되지 않기 때문에 필요하다면 VHF 무선전화로 자선의 조치를 전달할 수도 있을 것이다.

마) 기타 피항방법

선박의 기타 피항방법으로는 기관을 후진으로 사용하여 속력을 줄이면서 긴급투묘로 자선의 전진력을 감쇄시키는 것이다. 이때도 후진기관을 사용하고 있을 때에는 단음 3회의 기적신호를 울려 자선의 의사를 표시하여야 한다.

5) 좁은 수로

가) 좁은 수로의 입구

좁은 수로의 입구에 있어서는 외해의 넓은 수역에서 좁은 수로로 들어가는 선박과 좁은 수로에서 외해의 넓은 수역으로 나오는 선박이 서로 횡단하는 상태로 접근하면서 충돌의 위험성이 발생할 때에는 원칙적으로 제15조의 규정에 따른 횡단하는 상태항법을 적용하여야 한다. 그러나 좁은 수로의 입구 부근에서는 해상의 지리적 조건과 해상교통의 흐름 방향을 유지하기 위하여 제9조의 규정에 따른 좁은 수로항법을 적용하여야 할 경우도 있다.

나) 좁은 수로의 굴곡부

좁은 수로의 굴곡부에서 두 척의 선박이 각각 수로의 오른쪽에 있는 외측한계(外側限界)에 접근하여 서로 반대방향에서 접근하고 있을 때에는 외관상 양 선박은 횡단하는 상태를 이루지만 양 선박이 예정된 침로를 따라 항행하면 서로 교차하는 일이 없고 충돌의 위험성이 생기지 않고 안전하게 통과하게 된다. 따라서 이 경우에는 제15조의 규정이 적용되지 않는다.

2.12. 제16조 피항선의 동작

PART B – STEERING AND SAILING RULES
Rule 16 (Action by Give-way Vessel) Every vessel which is directed by these Rules to keep out of the way of another vessel shall, so far as possible, take early and substantial action to keep well clear.

2.12.1. 해석

제2장 선박조종 및 항법
제16조(피항선의 동작) 이 규칙들에 의하여 다른 선박의 진로를 피하여야 하는 모든 선박은 다른 선박으로부터 충분히 떨어지도록, 가능한 한, 조기에 큰 동작을 취하여야 한다. **해사안전법** **제74조(피항선의 동작)** 이 법에 따라 다른 선박의 진로를 피하여야 하는 모든 선박[이하 "피항선"(避航船)이라 한다]은 될 수 있으면 미리 동작을 크게 취하여 다른 선박으로부터 충분히 멀리 떨어져야 한다.

2.12.2. 해설

1) 피항선의 범위

제16조는 항행 중인 모든 선박이 서로 시계 안에서 성립시킨 항행관계에 있어서 피항선이 취하여야 하는 구체적인 피항동작의 요건에 관하여 규정하고 있다.

여기에서 '피항선'이라 함은 '다른 선박의 진로를 피하여야 하는 모든 선박'을 말한다. 즉 동력선, 범선을 불문하고 피항의무가 있는 모든 선박을 말한다.

항법 상 서로 시계 안에서 피항선의 구체적인 예를 들어보면 다음과 같다.

가) 제2조에 의한 선원의 상무

제2조에 의한 선원의 상무 상 요구되는 주의의무에 따라 다른 선박을 피항하여야 하는 선박이다. 즉 항행 중인 동력선은 정박 중인 선박의 진로를 피하여야 한다.

나) 제9조 좁은 수로등

① **길이 20미터 미만의 선박 또는 범선** : 좁은 수로등 안에서만 안전하게 항행할 수 있는 다른 선박의 통항을 방해하여서는 아니 된다.

② **어로에 종사하고 있는 선박** : 좁은 수로등 안에서 항행하고 있는 다른 선박의 통항을 방해하여서는 아니 된다.

③ **횡단하는 선박** : 선박은 좁은 수로등 안에서만 안전하게 항행 할 수 있는 다른 선박의 통항을 방해하는 경우에는 좁은 수로등을 횡단하여서는 아니 된다.

다) 제10조 통항분리제도

① **길이 20미터 미만의 선박 또는 범선** : 통항로를 따라서 항행하고 있는 동력선의 안전한 통항을 방해하여서는 아니 된다.

② **어로에 종사하고 있는 선박** : 통항로를 따라서 항행하고 있는 다른 모든 선박의 통항을 방해하여서는 아니 된다.

라) 제12조 범선

① **서로 같은 현 쪽에서 바람을 받는 경우 왼쪽에서 바람을 받는 범선** : 왼쪽에 바람을 받고 있는 범선이 다른 범선의 진로를 피하여야 한다.

② **서로 다른 현 쪽에서 바람을 받는 경우 풍상 쪽에 있는 범선** : 풍하 쪽에 있는 범선의 진로를 피하여야 한다.

마) 제13조 추월에서 추월선

추월당하고 있는 선박의 진로를 피하여야 한다.

바) 제14조 마주치는 상태에서 두 척의 동력선 모두

다른 선박의 왼쪽을 통과할 수 있도록 각기 침로를 우현 쪽으로 변경하여야 한다.

사) 제15조 횡단하는 상태에서 다른 선박을 자선의 우현 쪽에 두고 있는 동력선

다른 선박의 진로를 피하여야 하고, 그 경우의 사정이 허락하는 한, 다른 선박의 선수를 횡단하여서는 아니 된다.

아) 선박 사이의 책임(제18조)

제9조(좁은 수로), 제10조(통항분리제도), 제13조(추월)에서 달리 규정한 경우를 제외하고 조종성능이 좋은 선박이 조종성능이 나쁜 선박을 피한다.

2) 피항선의 조치

서로 시계 안에서 피항선은 어떤 피항동작을 이행하든지 간에 빨리 큰 동작으로, 즉 충분한 시간적 두고 적극적으로 조치해야 한다. 피항선은 유지선이 보기에 자선이 어떤 피항동작을 취했는지 의심이 들지 않도록 즉각적이고 명백하게 드러나야 하고, 안전하고 확실하게 충돌의 위험성을 해소하도록 조치하여야 한다. 이렇게 취한 피항조치의 결과는 상대선박으로부터 충분히 떨어질 수 있도록 하여야 한다.

피항선은 충돌을 방지하기 위하여 또는 당시 상황을 판단할 시간적 여유를 얻기 위하여 필요하다면 속력을 줄이거나 기관을 정지 혹은 역전하여 전진타력을 완전히 멈추어야 한다.

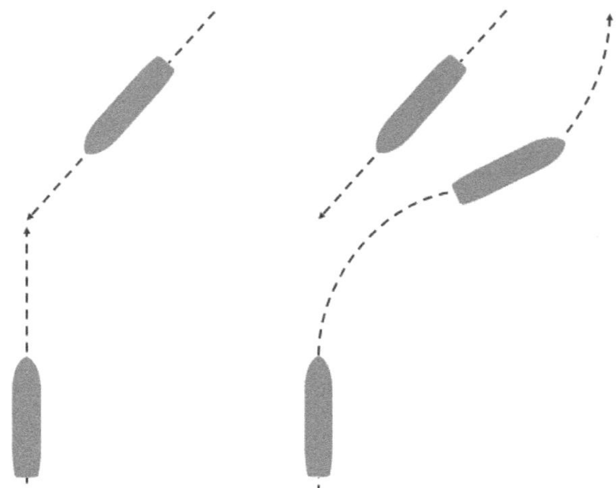

〈그림 2-25〉 일반적인 횡단하는 상태에서 피항선의 피항동작

한편 서로 시계 안에서 두 척의 선박이 횡단하는 상태로 만났을 때 피항선은 조기에 우현 변침하여 〈그림 2-25〉와 같이 유지선의 선미 쪽을 지나가야 한다. 결론적으로 우현 변침하는 이유는 상대선박의 선수를 횡단하지 않기 위해서이다. 그러나 횡단하는 상태에서 좌현 변침할 수 없는 것은 아니다.

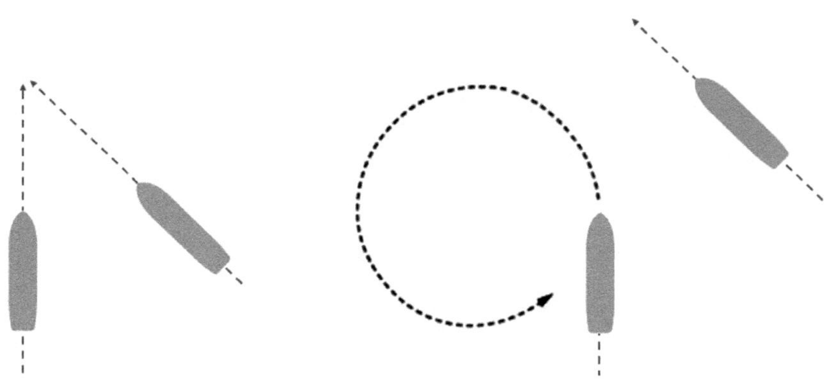

〈그림 2-26〉 두 척의 동력선이 예각을 이루며 횡단하는 상태로 접근 Ⅰ

두 척의 동력선이 다음 〈그림 2-26〉과 같이 예각을 이루며 횡단하는 상태로 접근하면 피항선이 우현 변침하여 피항동작을 취하는 것이 적절하다고 할 수 없다. 따라서 상황에 따라 좌현 변침을 하거나 아니면 〈그림 2-27〉과 같이 속력을 낮춘 후 우현 변침하는 피항동작이 적절하다고 판단된다.

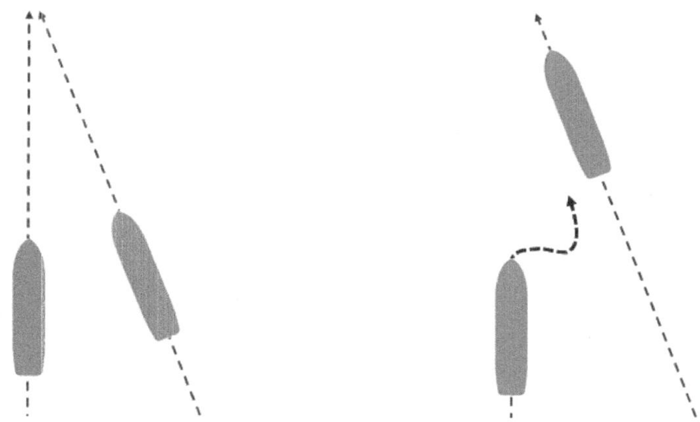

〈그림 2-27〉 두 척의 동력선이 예각을 이루며 횡단하는 상태로 접근 II

한편 선박의 종류가 다양해지고 속도와 조정성능에서 차이가 매우 커짐에 따라 상대선박의 선수를 가로지르는 좌현 변침도 과거보다 더욱 용이하게 정당화될 수 있다. 그리고 충돌을 피하기 위하여 어쩔 수 없다면 상대선의 침로를 가로지를 수 있으나 가능한 한 충분히 떨어져 지나가도록 하여야 한다.

심화학습

선박의 항법 관계는 두 척의 선박을 기준으로 하기 때문에 여러 선박과 조우하였을 경우에도 각 선박에 대한 개별적인 항법관계를 살펴보아야 한다.
만약 선박이 〈그림 2-28〉과 같이 서로 시계 안에서 충돌의 위험성을 가지고 접근하고 있다면, A와 C의 항법관계는 마주치는 상태이다. 따라서 양 선박은 모두 피항선으로서 우현 변침하여야 한다.
A와 B의 항법관계는 횡단하는 상태이다. 따라서 자선의 우현 쪽에 상대선박을 두고 있는 B가 피항선으로서 우현 변침하여 A의 선미 쪽으로 지나가야 한다. 그리고 A는 유지선으로 침로와 속력을 유지하여야 하나, 조기에 피항동작으로 취할 수 있지만 절대 B가 있는 좌현 쪽으로 변침하여서는 아니 된다.
A와 D의 항법관계는 횡단하는 상태이다. 따라서 자선의 우현 쪽에 상대선박을 두고 있는 A가 피항선으로서 우현 변침하여 D의 선미로 지나가야 한다.
즉 선박 A를 기준으로 살펴보면, 선박 C와의 관계에서는 A와 C가 모두 우현으로 변침하여야 한다. 선박 B와의 관계에서는 유지선으로서 침로와 속력을 유지하여야 한다. 그리고 선박 D와의 관계에서는 피항선으로서 우현으로 변침하여야 한다.

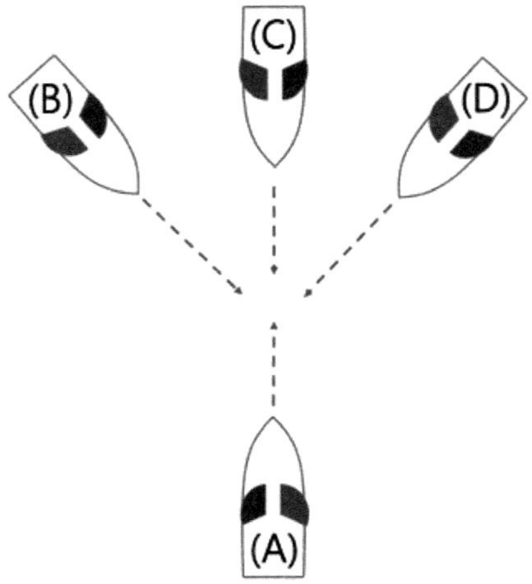

〈그림 2-28〉 항법관계

결론적으로 선박 A는 그림과 같이 다른 3척의 선박과 각각 충돌의 위험성을 가지고 접근한다면, 선박 B와의 관계에서 유지선으로서 침로와 속력을 유지하여야 하나 절대 좌현 변침을 하여서는 아니 되고, 선박 C, D와의 관계에서 피항선으로서 우현 변침을 하여야 하기 때문에 A는 '조기에 대각도 우현 변침'하는 것이 가장 적절한 피항동작이라 판단된다.

선박 B를 기준으로 살펴보면 A, C 및 D와의 항법관계가 모두 횡단하는 상태이다. 즉 A와의 항법관계에서 피항선이고, C 및 D와의 항법관계에서는 유지선이다. 따라서 선박 B는 그림과 같이 다른 3척의 선박과 각각 충돌의 위험성을 가지고 접근한다면 '조기에 대각도 우현 변침'하는 것이 가장 적절한 피항동작이라 판단된다.

선박 C를 기준으로 살펴보면 다른 3척의 선박과의 항법관계가 선박 A와 동일한 상황에 있다고 할 수 있다. 즉 A와의 항법관계는 마주치는 상태로서 모두 피항선이고, B 및 D와의 항법관계는 횡단하는 상태이나, B와의 관계에서 피항선, D와의 관계에서 유지선이다.

그러나 그림과 같은 상황이라면 선박 C의 피항동작은 선박 A의 피항동작과 조금 달리 취하여야 한다. 왜냐하면 선박 C는 선박 B와 예각으로 접근하며 거리가 가까워 피항선으로서 우현 변침을 할 경우 B와 근접조우상태를 이루며 충돌의 위험이 높아지게 된다. 그렇다고 선박 C는 D와의 관계에서 유지선으로서 좌현 변침을 하여서는 아니 된다.

따라서 선박 C는 그림과 같이 다른 3척의 선박과 각각 충돌의 위험성을 가지고 접근한다면 '조기에 감속하여 B와의 충돌의 위험성을 해소시킨 후 A와의 피항을 위해 대각도 우현 변침'하는 것이 가장 적절한 피항동작이라 판단된다.

선박 D를 기준으로 살펴보면 A, B 및 C 등 3척의 선박과의 항법관계가 모두 횡단하는 상태로서 선박 B와 동일한 상황에 있다고 할 수 있다. 즉 A와의 항법관계에서 유지선이고, B 및 C와의 항법관계에서는 피항선이다. 다만 선박 D의 피항동작은 선박 B의 피항동작과 조금 달리 취하여야 한다. 왜냐하면 선박 D는 선박 B, C와 예각으로 접근하며 거리가 가까워 피항선으로서 우현 변침을 할 경우 특히 C와 근접조우상태를 이루며 충돌의 위험이 높아지게 된다. 그렇다고 선박 D는 A와의 관계에서 유지선으로서 침로와 속력을 유지하여야 한다. 다만 자선의 조종만으로 피항동작을 취할 수 있으나 이 경우에도 좌현 변침을 하여서는 아니 된다. 따라서 선박 D는 그림과 같이 다른 3척의 선박과 각각 충돌의 위험성을 가지고 접근한다면 '조기에 감속하여 C와의 충돌의 위험성을 해소시킨 후 A와의 피항협력동작으로서 우현 변침'하는 것이 가장 적절한 피항동작이라 판단된다.

결론적으로 서로 시계 안에서 4척의 동력선이 그림과 같이 각각 충돌의 위험성을 가지고 접근하면 A는 대각도 우현 변침, B는 대각도 우현 변침, C는 감속 후 B와 충돌의 위험성이 해소되면 대각도 우현 변침, 그리고 D는 감속 후 C와 충돌의 위험성이 해소되면 우현 변침을 하는 것이 적절한 피항동작이라고 판단된다.

〈표 2-2〉 항법관계와 선박 A의 피항 방법

관련 선박		피항선	피항 방법
A	C	A, C	우현 변침
A	B	B	침로와 속력 유지, 좌현 변침 금지
A	D	A	우현 변침

주요 피항 방법을 정리하면 〈표 2-2〉와 같다. 좌현 변침을 금지하고 우현 변침을 권장하는 이유로는 복잡한 상황에서는 되도록 우현 변침이 충돌방지에 효과적이기 때문이다.

2.13. 제17조 유지선의 동작

PART B – STEERING AND SAILING RULES

Rule 17 (Action by Stand-on Vessel)

(a)

(i) Where one of two vessels is to keep out of the way the other shall keep her course and speed.

(ii) The latter vessel may however take action to avoid collision by her manoeuvre alone, as soon as it becomes apparent to her that the vessel required to keep out of the way is not taking appropriate action in compliance with these Rules.

(b) When, from any cause, the vessel required to keep her course and speed finds herself so close that collision cannot be avoided by the action of the give-way vessel alone, she shall take such action as will best aid to avoid collision.

(c) A power-driven vessel which takes action in a crossing situation in accordance with sub-paragraph (a)(ii) of this Rule to avoid collision with another power-driven vessel shall, if the circumstances of the case admit, not alter course to port for a vessel on her own port side.

(d) This Rule does not relieve the give-way vessel of her obligation to keep out of the way.

2.13.1. 해석

제2장 선박조종 및 항법
제17조(유지선의 동작) (a) (i) 두 선박 중 한 선박이 다른 선박의 진로를 피하여야 할 경우 다른 선박은 그 침로 및 속력을 유지하여야 한다. (ii) 그러나 후자의 선박(유지선)은 진로를 피하여야 할 선박이 이 규칙들에 따라 적절한 동작을 취하지 아니하고 있음이 분명하게 판단되면, 즉시 자선의 조종만으로서 충돌을 피하기 위한 동작을 취할 수 있다. (b) 침로와 속력을 유지하여야 할 선박(유지선)은, 이유를 불문하고, 양 선박이 아주 가까이 접근하였기 때문에 피항선의 동작만으로 충돌을 피할 수 없다고 판단할 때에는 충돌을 피하기 위한 최선의 협력동작을 취하여야 한다. **「해사안전법」 제75조(유지선의 동작)** ① 2척의 선박 중 1척의 선박이 다른 선박의 진로를 피하여야 할 경우 다른 선박은 그 침로와 속력을 유지하여야 한다. ② 제1항에 따라 침로와 속력을 유지하여야 하는 선박[이하 "유지선"(維持船)이라 한다]은 피항선이 이 법에 따른 적절한 조치를 취하고 있지 아니하다고 판단하면 제1항에도 불구하고 스스로의 조종만으로 피항선과 충돌하지 아니하도록 조치를 취할 수 있다. 이 경우 유지선은 부득이하다고 판단하는 경우 외에는 자기 선박의 좌현 쪽에 있는 선박을 향하여 침로를 왼쪽으로 변경하여서는 아니 된다. (c) 동력선이 횡단하는 상태에서 다른 동력선과 충돌을 피하기 위하여 이 조의 제(a)(ii)항의 규정에 따라 동작을 취하는 때에는, 그 경우의 사정이 허락하는 한, 자선의 좌현 쪽에 있는 선박을 향하여 좌현 쪽으로 변침하여서는 아니 된다. (d) 이 조의 규정은 피항선에게 진로를 피하여야 하는 그의 의무를 면제하는 것은 아니다. **「해사안전법」 제75조(유지선의 동작)** ③ 유지선은 피항선과 매우 가깝게 접근하여 해당 피항선의 동작만으로는 충돌을 피할 수 없다고 판단하는 경우에는 제1항에도 불구하고 충돌을 피하기 위하여 충분한 협력을 하여야 한다. ④ 제2항과 제3항은 피항선에게 진로를 피하여야 할 의무를 면제하는 것은 아니다.

2.13.2. 해설

1) 유지선의 의의

유지선이란 두 척의 선박 중에서 한 척이 다른 선박의 진로를 피하여야 할 경우에 그 다른 선박을 말한다. 즉, 두 척의 선박이 서로 시계 안에서 충돌의 위험성을[165] 가지고 접근하면, 제14조(마주치는 상태)가 적용되는 경우를 제외하고, 한 척은 피항선으로서 상대선의 진로를 피하고 다른 한 척은 유지선으로서 자선의 침로와 속력을 유지하도록 하였다.

2) 유지선의 침로와 속력의 유지의무

두 척의 선박이 접근하는 상황을 4단계로 구분하면 다음과 같다.

첫 번째 단계(Stage 1)는 충돌의 위험성이 존재하지 않는 상태로서 충돌을 피하기 위한 동작이 요구되지 않는다. 따라서 두 척의 선박은 계획한 대로 항해하면 된다.

두 번째 단계(Stage 2)는 두 척의 선박이 현재의 침로와 속력을 유지한 채 항행할 경우 '충돌의 위험성을 포함하고(so as to involve a risk of collision)' 접근한다고 할 수 있는 거리에서 접근하는 시점이다. 따라서 충돌을 피하기 위해 지켜야하는 규칙은 이 단계부터 적용된다.

이 단계에서 두 척의 동력선이 서로 시계 안에서 횡단하는 상태로 접근하는 경우 한 척의 동력선은 피항선으로서 규정된 규칙에 따라 피항동작을 취해야 하고, 다른 동력선은 유지선으로서 침로와 속력을 유지하여야 한다.

'침로와 속력을 유지한다'는 것은 유지선이 그 당시의 선수방향으로 일직선상을 기관의 분당 회전수(RPM)를 동일하게 유지하며 진행한다는 것이 아니라 '진행하는 과정에서 상대선박이 알고 있는 선박운항상의 동작을 실행하는데 필요한 침로와 속력'을 의미한다. 예를 들면, 도선사를 하선시키기 위하여 속력을 감속하고 있는 과정에서 다른 선박과의 사이에 충돌의 위험성이 발생하면서 유지선의 위치에 있게 되면 속력을 더욱 떨어뜨려서 도선사를 하선시키는 행위는 계속할 수 있다는 것이다.

유지선은 두 번째 단계에서 피항선의 동태를 세심히 관측하고 피항동작을 취하지 아니하거나 피항동작의 의도가 의심스러우면 단음 5회 이상의 기적신호를 하여야 한다.

---

165) 앞서 제13조(추월)에서 두 척의 선박이 추월관계에 있을 경우 충돌의 위험성에 대해 명시적으로 규정하고 있지 않아 추월항법의 적용을 위한 전제조건으로서 충돌의 위험성을 요구하지 않는다고 설명한 바 있으니 이 점을 참고하기 바란다.

3) 유지선의 조기 피항동작(권고규정)

가) 조기 피항동작의 시기

세 번째 단계(Stage 3)는 유지선의 조기 피항동작을 취할 수 있는 시기로서 유지선이 '피항선이 적기에 효과적으로 피항동작을 취하지 아니 한다'고 분명하게 판단된다면 이 단계에 도달했다고 본다.

유지선은 침로와 속력을 유지하여야 하지만 세 번째 단계에 이르면 자선의 침로 및 속력을 유지하여야 하는 의무가 면제되고, 제17조 (a)(ⅱ)항에 따라 충돌을 피하기 위한 동작을 취할 수 있는 권한이 생긴다.[166] 세 번째 단계에서 유지선의 피항동작은 반드시 이행하여야 하는 강행규정이 아니고 이행할 수 있는 권고규정이다.

유지선은 피항선에서 이루어지고 있는 경계 태세의 내용이나 피항선의 조종능력을 정확하게 알 수 없다. 그러면서도 유지선이 자선의 침로와 속력을 네 번째 단계인 충돌의 급박한 위험이 있어서 최선의 협력조치를 행할 때까지 유지하여야 한다는 것은 불안한 일이다. 따라서 유지선은 피항선이 COLREG의 규정에 따른 적절한 피항동작을 취하지 않고 있음이 판명되면 곧 자선의 조종만으로 충돌을 피하기 위한 동작을 취할 수 있다.

유지선은 만약 세 번째 단계에서 자선의 조종만으로 피항동작을 취할 경우에는 조종신호를 하여야 한다. 즉 우현 변침을 할 경우에는 단음 1회, 기관을 후진으로 사용할 경우에는 단음 3회의 기적신호를 울려야 한다.

나) 조기 피항동작의 방법

유지선에 의한 조기의 피항동작은 제8조(충돌을 피하기 위한 동작)와 제16조(피항선의 동작)의 규정에 따라야 한다. 즉 모든 피항동작은 적극적으로 충분히 시간적 여유를 두고 적절한 선박운용술에 따라 상당한 주의를 해서 이행하여야 한다. 그리고 이러한 피항동작은 모든 충돌의 위험이 사라질 때까지 상대 선박과 안전한 거리를 두고 통과하기에 충분하도록 하여야 한다.

유지선은 피항동작을 취함에 있어서 자선의 왼쪽에 있는 다른 선박을 향하여 왼쪽으로 변침하여서는 안 된다.

---

166) Craig H. Allen, 앞의 책, p.208.

4) 유지선의 최선의 피항협력조치

가) 최선의 피항협력동작의 시기

네 번째 단계(Stage 4)는 유지선이 최선의 피항협력동작을 취하여야 하는 시기로서 어떠한 원인으로 인하여 피항선의 동작만으로는 충돌을 피할 수 없을 정도로 두 선박이 아주 가깝게 접근하여 극한 박근상태에 놓인 상황이다. 이때 유지선은 충돌을 피하는데 도움이 되는 최선의 협력동작을 취하여야 한다.

유지선은 최선의 피항협력동작을 반드시 이행하여야 하므로 이러한 피항협력동작은 강행규정이다. 유지선은 두번째 단계인 '충돌의 위험성이 있을 때'부터 세 번째 단계인 조기의 피항동작을 취할 수 있는 시기까지 조기의 피항동작을 취하지 아니하였다면 침로와 속력을 유지하여야 한다.

따라서 유지선이 충돌의 위험성이 발생한 처음부터 침로와 속력의 유지의무를 준수하였으나 피항선만의 피항동작만으로는 도저히 충돌을 피할 수 없을 정도로 급박하고 명백한 충돌의 위험이 있는 극한 상황에 다다랐을 때에는 유지선도 침로와 속력의 유지의무에서 벗어나 충돌을 방지하기 위한 최선의 피항협력동작을 반드시 시행해야 하는 의무가 생기게 된다.

심화학습

유지선이 최선의 피항협력동작을 시행해야 하는 시기를 결정하는 방법의 하나로 자선 길이(LOA)의 여섯 배(6L) 거리를 이동하면 피항선과 최단근접거리(DCPA[167]))로 만나게 되는데 걸리는 시간(TCPA[168]), 최단근접시간)을 들 수 있다. 이를 '6L TCPA'라고 하면 식(1)과 같다.

$$6L\ TCPA = \frac{6 \times \text{전장(미터)}}{1852\text{(미터)}} \div \frac{\text{속력(노트)}}{60\text{(분)}} \quad \cdots\cdots \text{식(1)}$$

167) Distance to Closest Point of Approach

168) Time to Closest Point of Approach

169) 길이가 240미터이고 12노트인 유조선의 6L TCPA는 약 3분 53초이며, 길이가 240미터이고 24노트인 컨테이너선은 약 1분 56초이다.

170) COLREG는 1972년 채택된 후 필요에 따라 7회의 개정을 하였으나, 항법에서 '서로 시계 안에 있다'와 '제한된 시계상태에 있다'의 구분은 선장 및 항해사가 상대선박(등화 포함)을 직접 눈으로 볼 수 있는기 여부에 따라 결정한다는 것이다. 그러나 속력 24노트 이상으로 항행 중인 선박의 출현은 COLREG에 따라 상대선박을 눈으로 보고 충돌의 위험성을 판단한 후 피항선의 적절

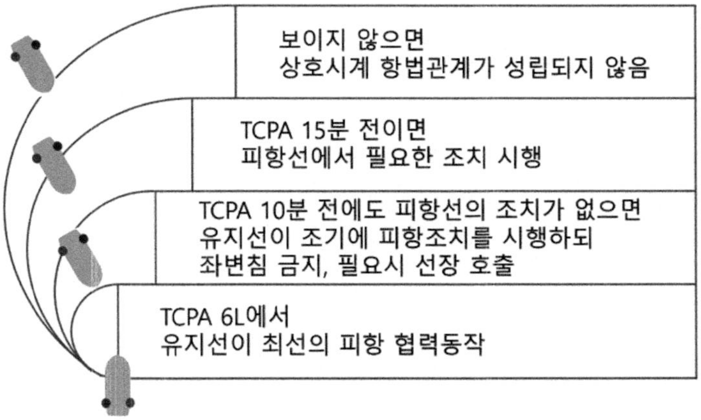

〈그림 2-29〉 TCPA별 권고 조치

길이 200미터, 속력 13노트인 선박이라면 약 3분(6L TCPA)으로서[169] 이 선박이 유지선이면 충돌 약 3분 전에 이를 경우 최선의 피항협력동작을 취하여야 한다는 것이다.

'TCPA 10분 전'이란 두 척의 선박이 최단근접거리(DCPA)에서 만나기 10분 전이며, 속력 12노트로 항행 중인 선박은 최단근접거리를 2해리 남겨둔 시간이다. 양 선박이 같은 속력으로 마주치는 상태로 접근하면 양 선박 사이의 거리를 4해리 남겨둔 시간이다. 유지선은 이 시기에 도달했는데도 피항선이 적절한 피항동작을 취하지 아니한다고 판단되면 세 번째 단계로서 자선의 조종만으로 피항동작을 취할 수 있다는 것이다.

속력 24노트로 항행 중인 선박은 최단근접거리를 4해리 남겨둔 시간이다. 양 선박이 같은 속력으로 마주치는 상태로 접근하면 양 선박 사이의 거리를 8해리 남겨둔 시간이다.[170]

'TCPA 15분 전'이란 두 척의 선박이 최단근접거리(DCPA)에서 만나기 15분 전을 말하며, 속력 12노트로 항행 중인 선박은 최단근접거리 3해리를 전진하면 상대선박과 만나게 된다. 양 선박이 같은 속력으로 마주치는 상태로 접근하면 6해리 떨어져 있게 된다.

두 척의 선박이 이 시기에 충돌의 위험성이 발생하며 접근할 때 항법 상 두 번째 단계로서 피항선 및 유지선의 법적 지위를 갖게 된다. 유지선은 이 시기에 이르면 침로와 속력을 유지하여야 한다.

속력 24노트로 항행 중인 선박은 최단근접거리를 6해리 남겨둔 시간이다. 양 선박이 같은 속력으로 마주치는 상태로 접근하면 양 선박이 12해리 떨어져 있게 된다. 따라서 속력이 빠른 선박은 더 먼 거리에서 최선의 피항협력동작을 결정하여야 한다.
선박의 길이(LOA) 여섯 배(6L)를 기준으로 한 이유는 대다수 선박의 선회권(Turning circle)에서 전타(hard over) 후에 전진하는 거리인 선회 종거(advance)가 선박 길이의 약 3~4배 정도이기 때문이다. 선회 종거보다 큰 여섯 배로 하면 선박이 긴급히 전타하여 충돌을 회피하는데 필요한 최소 거리를 확보한다고 볼 수 있기 때문이다.

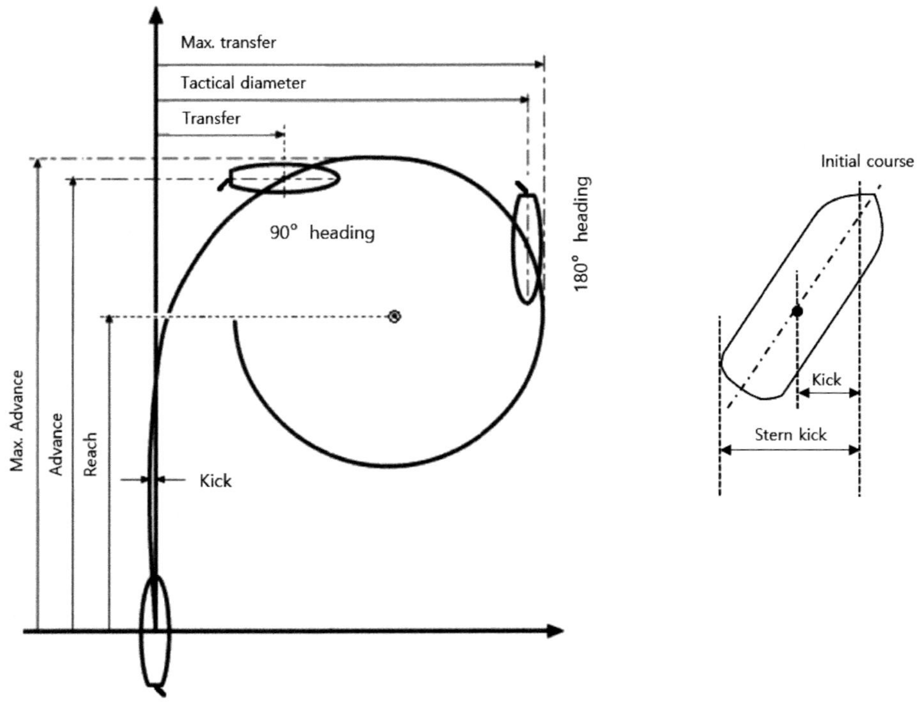

〈그림 2-30〉 선회권(Turning Circle)

나) 최선의 피항협력동작의 방법

유지선의 최선의 피항협력동작 방법에 관하여 구체적으로 규정된 것은 없다. 왜냐하면 최선의 피항협력동작은 강행규정이지만 구체적으로 규정하는 것이 오히려 부적당하기 때문이다. 따라서 통상의 지식, 경험이 있는 선원에게 기대할 수 있는 그러한 선박운용술에 따라 급박한 위험을 피하기에 충분하도록 적합한 동작을 취하여야 한다.

한 피항동작과 유지선의 조기 피항동작 및 최선의 피항협력동작을 취하는데 무리가 있고, 사전에 체계적인 레이더 관측에 따른 피항조치가 요구된다고 할 것이다.

일반적으로 기관을 정지 또는 후진하여 전진타력을 멈추어야 하며 때에 따라서는 투묘를 한다.

5) 유지선의 왼쪽으로 변침 금지

서로 시계 안에서 두 척의 동력선이 횡단하는 상태일 때 유지선인 동력선은 조기의 피항동작을 취하는 경우 '당시의 사정이 허락하는 한' 자선의 왼쪽에 있는 선박을 향하여 왼쪽으로 변침하여서는 아니 된다.

횡단하는 상태에서 유지선의 왼쪽 변침 금지는 강행규정의 의미로 'shall'을 써 표현하고 있으나 'if the circumstances of the case admit'라는 조건문을 부가함으로써 부득이한 경우는 달리 시행할 수 있도록 하고 있다. 그러나 이런 조건이 달렸다하더라도 피항선이 피항하지 않아 유지선이 세 번째 단계로서 자선의 조종만으로 피항동작을 취하게 된 때에는 자선의 왼쪽에 다른 선박을 두고 왼쪽으로 변침하지 말라는 내용이 주요 취지이다.

그 이유를 살펴보면 피항선은 여전히 제15조에 의한 피항의무가 있으므로 충돌을 피하기 위한 동작으로서 오른쪽으로 변침하는 경우가 많고, 아무런 조치도 하지 않던 피항선이 만약 오른쪽으로 변침한다면 〈그림 2-31〉과 같이 왼쪽으로 변침한 유지선과 충돌할 확률이 높아지기 때문이다.

〈그림 2-31〉 횡단하는 상태에서 유지선이 좌현 변침하는 경우의 위험

또한 유지선이 피항선을 자선의 왼쪽에 두고 있는 상황에서 왼쪽으로 변침을 할 경우 피항선이 충돌을 피하기 위해 실행하는 동작에 부담을 주며 유지선에게 요구되는 최선의 협력조치라고 하기는 부적절하므로 왼쪽으로 변침을 금지하고 있다.

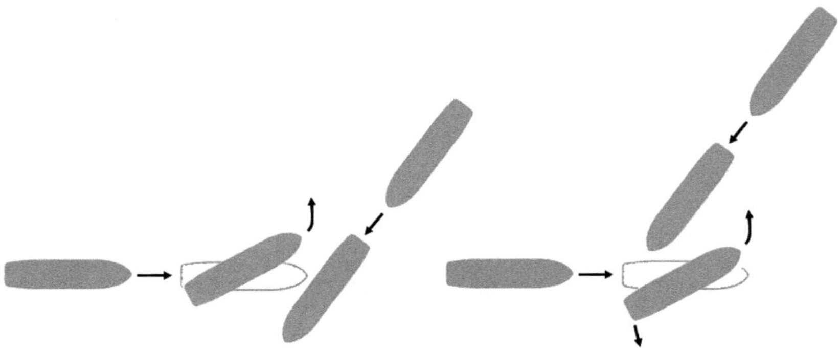

〈그림 2-32〉 근접상태에서 최선의 피항협력동작

유지선이 자선의 왼쪽에 선박을 두고 왼쪽으로 변침할 수도 있는 예외적인 경우는 〈그림 2-32〉와 같이 주로 피항선의 조치만으로는 충돌을 피할 수 없을 만큼 가까운 거리까지 접근한 단계에서 발생한다.

6) 피항선의 피항의무의 불면제

제17조(유지선의 동작)에서 규정하고 있는 유지선의 침로 및 속력의 유지의무, 조기 피항동작 및 왼쪽으로 변침 금지, 최선의 피항협력동작 등에 관한 규정은 피항선이 피항선으로서 유지선의 진로를 피하여야 할 의무를 면제하는 것이 아님을 잊지 말아야 한다.

2.14. 제18조 선박 사이의 책무

PART B – STEERING AND SAILING RULES
Rule 18 (Responsibilities between Vessels) Except where Rules 9, 10 and 13 otherwise require: (a) A power-driven vessel underway shall keep out of the way of: (i) a vessel not under command; (ii) a vessel restricted in her ability to manoeuvre; (iii) a vessel engaged in fishing; (iv) a sailing vessel. (b) A sailing vessel underway shall keep out of the way of: (i) a vessel not under command; (ii) a vessel restricted in her ability to manoeuvre; (iii) a vessel engaged in fishing.

2.14.1. 해석

제2장 선박조종 및 항법
제18조(선박상호간의 책임한계) 제9조, 제10조 및 제13조에서 달리 규정하는 경우를 제외하고, (a) 항행 중인 동력선은 다음 선박의 진로를 피하여야 한다. (i) 조종불능선 (ii) 조종제한선 (iii) 어로에 종사하고 있는 선박 (iv) 범선 (b) 항행 중인 범선은 다음 선박의 진로를 피하여야 한다. (i) 조종불능선 (ii) 조종제한선 (iii) 어로에 종사하고 있는 선박 **해사안전법** **제76조(선박 사이의 책무)** ① 항행 중인 선박은 제67조, 제68조 및 제71조에 따른 경우 외에는 이 조에서 정하는 항법에 따라야 한다. ② 항행 중인 동력선은 다음 각 호에 따른 선박의 진로를 피하여야 한다. 1. 조종불능선 2. 조종제한선 3. 어로에 종사하고 있는 선박 4. 범선

PART B – STEERING AND SAILING RULES

(c) A vessel engaged in fishing when underway shall, so far as possible, keep out of the way of:

(i) a vessel not under command;

(ii) a vessel restricted in her ability to manoeuvre.

(d)

(i) Any vessel other than a vessel not under command or a vessel restricted in her ability to manoeuvre shall, if the circumstances of the case admit, avoid impeding the safe passage of a vessel constrained by her draught, exhibiting the signals in Rule 28.

(ii) A vessel constrained by her draught shall navigate with particular caution having full regard to her special condition.

(e) A seaplane on the water shall, in general, keep well clear of all vessels and avoid impeding their navigation. In circumstances, however, where risk of collision exists, she shall comply with the Rules of this Part.

(f)

(i) A WIG craft shall, when taking off, landing and in flight near the surface, keep well clear of all other vessels and avoid impeding their navigation;

(ii) a WIG craft operating on the water surface shall comply with the Rules of this Part as a power-driven vessel.

제2장 선박조종 및 항법

(c) 어로에 종사하고 있는 선박은 항행 중일 때, 가능한 한, 다음 선박의 진로를 피하여야 한다.

(i) 조종불능선

(ii) 조종제한선

d)

(i) 조종불능선 또는 조종제한선이 외의 선박은, 그 경우의 사정이 허락하는 한, 제28조에 따른 신호를 표시하고 있는 흘수의 제약을 받는 선박의 안전한 통항을 방해하지 않도록 하여야 한다.

(ii) 흘수의 제약을 받는 선박은 자선의 특수한 조건에 충분히 유의하고 특별히 주의하여 항행하여야 한다.

(e) 수면 위에 떠있는 수상항공기는 원칙적으로 모든 선박으로부터 충분히 떨어져서 그 선박들의 항행을 방해하지 않도록 하여야 한다. 다만 충돌의 위험성이 있는 경우에는 이 장의 규칙을 따라야 한다.

(f)

(i) 수면비행선박은, 이륙, 착륙 및 표면에 근접하여 비행할 경우, 다른 모든 선박으로부터 충분히 떨어져서 그 선박들의 항행을 방해하지 않도록 하여야 한다.

(ii) 수면 위를 운항하는 수면비행선박은 동력선과 같이 이 장의 규칙을 따라야 한다.

해사안전법

제76조(선박 사이의 책무)

③ 항행 중인 범선은 다음 각 호에 따른 선박의 진로를 피하여야 한다.

1. 조종불능선
2. 조종제한선
3. 어로에 종사하고 있는 선박

④ 어로에 종사하고 있는 선박 중 항행 중인 선박은 될 수 있으면 다음 각 호에 따른 선박의 진로를 피하여야 한다.

1. 조종불능선
2. 조종제한선

⑤ 조종불능선이나 조종제한선이 아닌 선박은 부득이하다고 인정하는 경우 외에는 제86조에 따른 등화나 형상물을 표시하고 있는 흘수제약선의 통항을 방해하여서는 아니 된다.

⑥ 수상항공기는 될 수 있으면 모든 선박으로부터 충분히 떨어져서 선박의 통항을 방해하지 아니하도록 하되, 충돌할 위험이 있는 경우에는 이 법에서 정하는 바에 따라야 한다.

⑦ 수면비행선박은 선박의 통항을 방해하지 아니하도록 모든 선박으로부터 충분히 떨어져서 비행(이륙 및 착륙을 포함한다. 이하 같다)하여야 한다. 다만, 수면에서 항행하는 때에는 이 법에서 정하는 동력선의 항법을 따라야 한다.

2.14.2. 해설

1) 기본원칙

제18조(선박 사이의 책무)의 규정은 두 척의 선박이 서로 시계 안에 있을 때 피항의무를 부담하여야 할 선박을 조종성능에 따라서 계통적으로 규정하고 있다. 즉 조종성능이 좋은 선박이 조종성능이 나쁜 선박의 진로를 피해야 한다는 기본 원칙에 그 바탕을 두고 있다.

2) 제9조, 제10조 및 제13조의 적용 배제

제18조의 규정은 제9조(좁은 수로), 제10조(통항분리제도) 및 제13조(추월)에서 달리 규정하고 있는 경우를 제외한다.

이유는 제9조(좁은 수로)에서 범선이 좁은 수로등 안에서만 안전하게 항행할 수 있는 동력선을 포함한 선박이나 제10조(통항분리제도)에서 범선이 통항로를 따라 항행 중인 동력선의 통항을 방해하지 않도록 규정하고 있기 때문이다. 또한 어로에 종사하고 있는 선박에게도 좁은 수로등과 통항로를 항행하고 있는 다른 선박의 항행을 방해하지 않도록 규정하고 있기 때문이다. 즉 제9조 및 제10조에서 범선 및 어로에 종사하고 있는 선박의 통항불방해금지의무는 조종성능이 좋은 선박이 조종성능이 나쁜 선박의 진로를 피해야 한다는 제18조(선박 상호간의 책무)의 기본원칙과 상반되므로 배제하는 것이다.

제13조(추월)에서 다른 선박을 추월하고 있는 모든 선박은, 모든 시계상태 및 서로 시계 안에서 항법 규정인 제4조부터 제18조에도 불구하고, 추월당하고 있는 선박의 진로를 피하도록 규정하고 있다. 즉 '어로에 종사하고 있는 선박'이 저속으로 항행 중인 동력선보다 빨라 동력선을 추월하고 있다면, '어로에 종사하고 있는 선박'이 속력이 느린 동력선의 진로를 피하라는 것으로서 제18조의 기본원칙과 상반되므로 배제하는 것이다.

3) 우선권을 갖는 순위

두 선박이 서로 시계 안에 있을 때 조종성능이 좋은 선박이 그렇지 않은 선박을 피하여야 한다. 우선권을 갖는 선박을 일곱 가지로 나누어 우선권을 가진 순위(order of precedence)를 두면 ① 조종불능선(NUC), ② 조종제한선(RAM), ③ 흘수제약선(CBM), ④ 어로에 종사하고 있는 선박(Vessel engaged in Fishing), ⑤ 범선

(Sailing vessel), ⑥ 동력선(Power driven vessel), ⑦ 수상항공기·수면비행선박 (Seaplane, WIG) 순서이다.[171)]

〈표 2-3〉 선박 사이의 책무

<table>
<tr><th>자선</th><th colspan="5">피해야 하는 상대선박</th></tr>
<tr><td>수상항공기</td><td rowspan="6">조종불능선
조종제한선</td><td rowspan="5">흘수제약선</td><td rowspan="4">어로에
종사하고
있는 선박</td><td rowspan="3">범선</td><td rowspan="2">동력선</td></tr>
<tr><td>수면비행선박</td></tr>
<tr><td>동력선</td><td rowspan="4"></td></tr>
<tr><td>범선</td><td rowspan="3"></td></tr>
<tr><td>어로에 종사하고
있는 선박</td><td rowspan="2"></td></tr>
<tr><td>흘수제약선</td><td></td></tr>
<tr><td>수상항공기
수면비행선박</td><td>》동력선》범선 》</td><td>어로에 종사
하고 있는 》
선박</td><td>흘수제약선 》</td><td>조종불능선
조종제한선</td><td>》 정박선</td></tr>
</table>

4) 선박이 우선권을 갖기 위한 조건

선박이 제18조(선박 상호간의 책무)의 규정에 따라 우선권을 가지려면 ① 제3조에서 규정하고 있는 정의(Definition)의 요건을 충족하여야 하고, ② 해당 선박이 표시하여야 하는 등화와 형상물을 표시하여야 한다.

예를 들면 주간에 서로 시계 안에서 그물을 끌며 어로작업 중인 선박이 자선의 오른쪽에서 접근하고 있는 동력선과 만난 상황에서 제18조의 규정에 따라 '어로에 종사하고 있는 선박'으로 인정받아 우선권을 주장하며 동력선에게 자선의 진로를 피하도록 하고자 한다면 먼저 제3조 (d)항의 규정에서 정의하고 있는 것과 같이 끌고 있는 그물로 인해 자선의 조종성능을 실질적으로 제한받아야 한다. 그리고 주간이기 때문에 제26조 (c)항에 따라 장구형의 형상물을 게시하여야 한다.

다만 형상물의 표시와 관련하여서는 비록 '어로에 종사하고 있는 선박'이 형상물을 표시하고 있지 않았다고 할지라도, 어로작업 중인 선박의 조업특성을 비추어 볼 때 동력선이 적절한 경계만 유지하였다면 충분히 선단을 이루어 그물을 끌면서 어로작업에 종사하고 있어 항법 상 '어로에 종사하고 있는 선박'에 해당한다는 것을 사전에

---

171) Pecking order라고도 하며, 'New Reels Catch Fish So Purchase Some Weekly.'이나 'Navigation Rules Can Frustrate Some People Say What!'으로 외운다.

인지할 수 있었고, 동력선이 피항동작을 취하는데 충분한 여유수역이 있었다면 '어로에 종사하고 있는 선박'으로 인정된다.[172]

5) 동력선 및 범선의 피항의무

제18조 (a)항 및 (b)항에 따라 동력선과 범선은 서로 시계 안에 있을 때 각 항에서 나열하고 있는 자선보다 조종성능이 나쁜 선박의 진로를 조건없이 피하여야 한다. 즉 두 척의 선박 사이에 '충돌의 위험성' 여부와 관계없이 항법이 성립된다는 것이다.

6) 어로에 종사하고 있는 선박의 피항의무

제18조 (c)항에 따라 '어로에 종사하고 있는 선박'은 서로 시계 안에 있을 때 조종불능선 및 조종제한선의 진로를 충돌의 위험성 여부와 관계없이 피하여야 한다. 다만 '어로에 종사하고 있는 선박'은 동력선 및 범선과 달리 '가능한 한(so far as possible)' 조종불능선 및 조종제한선의 진로를 피하라고 하였다.

이와 같이 조건규정이 있는 이유는 '어로에 종사하고 있는 선박'도 일부 어로작업의 경우 피항동작을 취하지 못하게 될 수 있음을 인정하는 것이다. 이러한 경우에는 제2조의 규정이 적용되어야 할 것이다.[173]

7) 흘수제약선의 우선권

조종불능선과 조종제한선을 제외한 선박, 즉 항법 상 동력선, 범선, 어로에 종사하고 있는 선박, 수상항공기 및 수면비행선박은 당시 사정이 하락하는 경우에 흘수제약선의 안전한 통항을 방해하지 않아야 한다.

다만 흘수제약선은 제3조 (h)항에서 규정하고 있는 정의의 요건을 실질적으로 충족

---

172) 재결 중앙해심 제2000-003호 어선 대어102호·일반화물선 태영썬(TAIYOUNG SUN) 충돌사건. 이 충돌사건은 1999년 10월 1일 09시 12분경 경상남도 남해군 소재 대도등대로부터 방위 224도, 거리 약 1.8마일 해상에서 발생하였다. 사고 당시 권현망 어선 대어102호는 선단의 다른 어선 대어101호와 약 500미터 간격을 유지하며 침로 120도, 속력 약 1노트로 그물을 끌고 있었고, 어탐선 대어107호가 어망줄을 잡고 대어101호와 대어102호와 같은 방향, 같은 속력으로 뒤를 따르고 있었다. 당시 시정은 태영썬이 충돌 약 22분 전 약 4.1마일 거리에 있는 대어102호를 육안으로 보았으므로 4마일 이상으로 양호하였다. 이때 어선 대어102호는 장구형의 형상물을 게시하지 않았다. 태영썬은 대어101호·대어102호가 속력 1노트로 그물을 끌 때 생기는 배수류 등을 육안으로 보고 쉽게 그물을 끌고 있는 것을 알 수 있었다.

173) Craig H. Allen, 앞의 책, p.351.

한 상태이어야 하고, 자선이 흘수제약선임을 제28조의 규정에 따라 반드시 표시하여야 한다. 즉 야간에는 항해등에 추가하여 홍색 전주등 세 개를 수직선상에 표시하고, 주간에는 원통형의 형상물 한 개를 표시하여야 한다.

심화학습

흘수제약선은 자선의 특수한 조건을 충분히 고려하여 특별히 주의하며 항행하여야 한다.
예를 들면 초대형 유조선이 화물을 싣고 만재상태로 광양항 원유부두에 계류하기 위해 입항할 경우 「해사안전법」 상 교통안전특정해역 안에서 지정항로에서의 항법과 속력을 준수하여야 한다. 즉 깊은 수심항로가 설정된 수역에서는 동 항로를 따라 항행하여야 하고, 항로 안에서 다른 선박과 마주칠 우려가 있는 경우에는 깊은 수심항로의 오른편으로 항행하여야 하며, 속력은 해양사고를 피하거나 인명이나 선박을 구조하기 위하여 부득이한 경우를 제외하고 대수속력 12노트 이하로 항행하여야 한다.174) 또한 원유부두의 윤영기준을 준수하여야 한다.175)

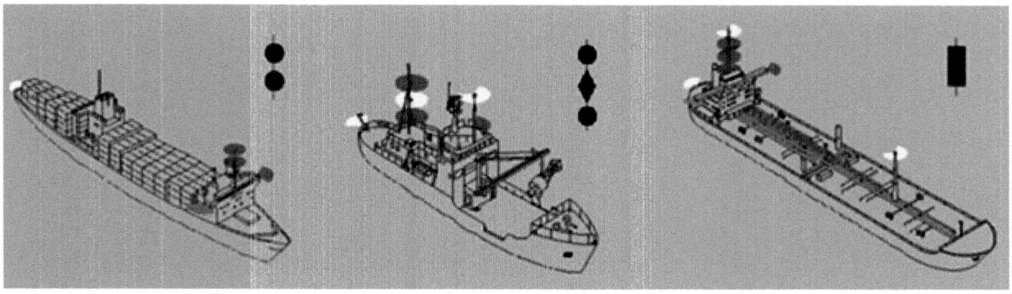

〈그림 2-33〉 NUC(좌), RAM(중), CBD(우) 선박의 등화 및 형상물

8) 수상항공기 및 수면비행선박의 통항불방해의무

수면 위에 떠있는 수상항공기는 모든 선박으로부터 충분히 떨어져야 하고, 모든 선박의 항행을 방해하지 않아야 한다. 수면비행선박도 이착륙 및 수면 가까이 비행한 경

174) 「해사안전법」 제10조제2항, 같은 법 시행규칙 제7조제1항 및 [별표 3, 4] 참조
175) 원유부두의 대형유조선(총톤수 50,000톤 이상) 접안 시 운영기준에는 ① 주간(일출부터 일몰까지)에만 허용되고, ② 해상 및 기상조건이 남풍의 경우 초속 13미터 이하, 북풍의 경우 초속 15미터 이하이고, 파고 1.5미터 이하이며, 시정이 1마일 이상이어야 한다. ③ 초대형 유조선(VLCC)의 경우 만조 시 조류의 흐름이 정지되고, 선저여유수심이 3미터 이상이어야 한다(재결 중앙해심 제2016-022호 참조)

우에 수상항공기와 같이 피항동작을 취하여야 한다. 다만 수상항공기는 모든 다른 선박과의 사이에 충돌의 위험성이 생기면 이 장의 규칙에 따라 이행하여야 하고, 수면비행선박은 수면 위에 떠서 운항 중일 때 동력선과 같이 이 장의 규칙을 따라야 한다. 즉 당시의 상황에서 제4조부터 제19조의 규정에 따라 피항동작 또는 피항협력동작을 취하여야 한다.

9) 동등한 범주의 선박 사이의 항법

가) 범선 및 동력선

두 척의 범선이 서로 시계 안에서 충돌의 위험성을 내포하고 접근할 때 제12조(범선)의 규정에 따라 피항선에 해당하는 범선이 피항동작을 취하면 된다. 또한 두 척의 동력선이 서로 시계 안에서 충돌의 위험성을 내포하고 접근할 때 마주치는 상태 및 횡단하는 상태에 따라 각각 제14조 및 제15조의 규정에 따라 피항선에 해당하는 동력선이 피항동작을 취하면 된다. 물론 추월관계에서는 범선 또는 동력선을 구분하지 않고 제13조의 규정에 따라 추월선이 피추월선의 진로를 피하여야 한다.

나) 범선 및 동력선 이외 선박

제18조에서는 같은 범주(Category)에 있는 선박 사이에 충돌의 위험성이 있을 때 어떠한 선박이 피하라는 규정이 없다. 다만 범선과 동력선은 앞서 기술한 바와 같이 범선은 제12조(범선), 그리고 동력선은 제14조(마주치는 상태) 및 제15조(횡단하는 상태)의 규정에 따라 적절한 피항동작을 취하면 된다. 그러나 범선과 동력선을 제외한 선박 중 같은 범주에 있는 선박 사이에 충돌의 위험성이 있을 때 어떠한 선박이 피항동작을 취하라는 규정이 없다. 즉 같은 범주에 있는 조종불능선과 조종제한선 사이, 두 척의 조종제한선/조종불능선 사이, 두 척의 어로에 종사하고 있는 선박 사이에는 어느 선박에게도 제18조에 따른 우선권이 부여되지 않는다.

따라서 서로시계 안에서 같은 범주의 선박들 사이에 마주치는 상태 또는 횡단하는 상태에서 충돌의 위험성이 있다면, 두 척 모두에게 상대선박의 진로를 피하여야 하는 의무를 부담하게 되고, 제2조 (b)항의 규정이 적용되어야 할 것이다. 물론 추월관계에서는 선박의 종류를 구분하지 않고 제13조의 규정에 따라 추월선이 피추월선의 진로를 피하여야 한다.

2.15. 제19조 제한시계 항법

PART B – STEERING AND SAILING RULES

Section III–Conduct of Vessels in Restricted Visibility

RULE 19 (Conduct of Vessels in Restricted Visibility)

(a) This Rule applies to vessels not in sight of one another when navigating in or near an area of restricted visibility.
(b) Every vessel shall proceed at a safe speed adapted to the prevailing circumstances and conditions of restricted visibility. A power-driven vessel shall have engines ready for immediate manoeuvre.
(c) Every vessel shall have due regard to the prevailing circumstances and conditions of restricted visibility when complying with the Rules of Section I of this Part.

2.15.1. 해석

제2장 선박조종 및 항법

제3절 제한시계 내에서 선박운항

제19조(제한시계 내에서 선박운항)

(a) 이 조의 규정은 선박이 서로 시계 안에 있지 아니하고 시계가 제한된 수역 또는 그 수역 부근에서 항행하고 있는 경우에 적용한다.
(b) 모든 선박은 시계가 제한된 당시의 사정 및 조건에 적합한 안전한 속력으로 항행하여야 한다. 동력선은 자선의 기관을 즉시 조작할 수 있도록 준비하여야 한다.
(c) 모든 선박은 이 장 제1절의 규정에 따라 행하고 있는 때에는 시계가 제한된 당시의 사정과 조건을 충분히 고려하여야 한다.

해사안전법

제3절 제한된 시계에서 선박의 항법

제77조(제한된 시계에서 선박의 항법) ① 이 조는 시계가 제한된 수역 또는 그 부근을 항행하고 있는 선박이 서로 시계 안에 있지 아니한 경우에 적용한다.
② 모든 선박은 시계가 제한된 그 당시의 사정과 조건에 적합한 안전한 속력으로 항행하여야 하며, 동력선은 제한된 시계 안에 있는 경우 기관을 즉시 조작할 수 있도록 준비하고 있어야 한다.
③ 선박은 제1절에 따라 조치를 취할 때에는 시계가 제한되어 있는 당시의 상황에 충분히 유의하여 항행하여야 한다.

PART B – STEERING AND SAILING RULES

(d) A vessel which detects by radar alone the presence of another vessel shall determine if a close-quarters situation is developing and/or risk of collision exists. If so, she shall take avoiding action in ample time, provided that when such action consists of an alteration of course, so far as possible the following shall be avoided:

(i) an alteration of course to port for a vessel forward of the beam, other than for a vessel being overtaken;

(ii) an alteration of course towards a vessel abeam or abaft the beam.

(e) Except where it has been determined that a risk of collision does not exist, every vessel which hears apparently forward of her beam the fog signal of another vessel, or which cannot avoid a close quarters situation with another vessel forward of her beam, shall reduce her speed to the minimum at which she can be kept on her course. She shall if necessary take all her way off and in any event navigate with extreme caution until danger of collision is over.

제2장 조종 및 항법

(d) 레이더만으로 다른 선박이 존재함을 탐지한 선박은 근접상태로 되고 있는지, 충돌의 위험성이 있는지 또는 양자의 상태에 있는지 여부를 판단하여야 한다. 만약 그러한 상태에 있다면, 선박은 충분한 시간을 두고 피항동작을 취하여야 한다. 다만, 그러한 동작이 침로의 변경만으로 이루어질 경우에는, 가능한 한, 다음과 같은 동작은 피하여야 한다.

(i) 추월당하고 있는 선박에 대한 경우를 제외하고, 자선의 정횡보다 전방에 있는 선박에 대하여 왼쪽으로 침로를 변경하는 일

(ii) 정횡 또는 정횡보다 후방에 있는 선박의 방향으로 침로를 변경하는 일

「해사안전법」 제77조(제한된 시계에서 선박의 항법)

④ 레이더만으로 다른 선박이 있는 것을 탐지한 선박은 해당 선박과 얼마나 가까이 있는지 또는 충돌할 위험이 있는지를 판단하여야 한다. 이 경우 해당 선박과 매우 가까이 있거나 그 선박과 충돌할 위험이 있다고 판단한 경우에는 충분한 시간적 여유를 두고 피항동작을 취하여야 한다.

⑤ 제4항에 따른 피항동작이 침로를 변경하는 것만으로 이루어질 경우에는 될 수 있으면 다음 각 호의 동작은 피하여야 한다.

1. 다른 선박이 자기 선박의 양쪽 현의 정횡 앞쪽에 있는 경우 좌현 쪽으로 침로를 변경하는 행위(추월당하고 있는 선박에 대한 경우는 제외한다)
2. 자기 선박의 양쪽 현의 정횡 또는 그곳으로부터 뒤쪽에 있는 선박의 방향으로 침로를 변경하는 행위

(e) 충돌의 위험성이 존재하지 않는다고 판단되는 경우를 제외하고, 자선의 정횡의 전방으로 믿어지는 곳에서 다른 선박의 무중신호를 듣거나 또는 자선의 정횡의 전방에 있는 다른 선박과 근접상태를 피할 수 없는 모든 선박은 자선의 침로를 유지할 수 있는 최소의 속력으로 낮추어야 한다. 선박은, 필요하다면, 자선의 진행을 완전히 멈추어야 하고, 어떠한 경우에도 충돌의 위험이 사라질 때까지 극히 조심하여 항행하여야 한다.

제2장 조종 및 항법
「해사안전법」 제77조(제한된 시계에서 선박의 항법) ⑥ 충돌할 위험성이 없다고 판단한 경우 외에는 다음 각 호의 어느 하나에 해당하는 경우 모든 선박은 자기 배의 침로를 유지하는 데에 필요한 최소한으로 속력을 줄여야 한다. 이 경우 필요하다고 인정되면 자기 선박의 진행을 완전히 멈추어야 하며, 어떠한 경우에도 충돌할 위험성이 사라질 때까지 주의하여 항행하여야 한다. 1. 자기 선박의 양쪽 현의 정횡 앞쪽에 있는 다른 선박에서 무중신호(霧中信號)를 듣는 경우 2. 자기 선박의 양쪽 현의 정횡으로부터 앞쪽에 있는 다른 선박과 매우 근접한 것을 피할 수 없는 경우

2.15.2. 해설

제한된 시계상태항법은 제19조만으로 규정하고 있지만 COLREG 제2장에서 제1절 모든 시계 항법(제4조~제10조), 제2절 서로 시계 항법(제11조~제18조)과 동등하게 별도로 제3절(제19조)에서 규정하고 있다.

제19조의 규정은 선박이 시계가 제한된 수역 또는 그 수역 부근에서 항행하고 있고 서로 시계 안에 있지 아니한 경우에 적용한다. 만약 시계가 제한된 수역에서 항행 중이던 선박이 이후 시계가 회복되어 서로 상대선박을 볼 수 있게 되면 제19조의 규정을 적용하지 않고 서로 시계 안에 있을 때의 항법 규정(제11조~제18조)을 적용하여야 한다.

제한된 시계상태에서는 유지선과 피항선의 관계가 성립하지 않는다. 유지선과 피항선의 개념은 육안으로 서로 볼 수 있는 '서로 시계 안에 있을 때 항법'에서만 형성된다. 즉 제한된 시계상태에서 모든 선박은 항법 상 동등한 법적 지위를 가지므로 모두 피항선이라고 보아야 한다.

따라서 선박이 서로 시계 안에 있지 아니한 상태에서 자선이 레이더로 탐지한 상대선박의 오른쪽에 위치하고 있다고 해서 유지선이라고 판단해서는 아니 된다.

1) 제한된 시계상태에서 항법의 기본원칙

가) 안전한 속력으로 항행할 것

선박이 안전한 속력으로 항행해야 할 의무는 제6조(안전한 속력)에 의하여 시계상태의 여부와 관계없이 모든 시계상태에서 항행 중인 모든 선박이 언제나 준수하여야 할 사항이다. 그럼에도 불구하고 제18조(선박 상호간의 책무)에서 다시 규정한 것은 시계가 제한된 수역에서는 더욱 안전한 속력으로 항행해야 할 필요성을 강조한 것이라고 보아야 한다.

나) 기관의 사용 준비

제한된 시계상태에서 자선의 감속능력과 같은 조종성능은 안전한 속력을 결정하는데 중요한 고려 요소이다. 따라서 시계가 제한된 상태에서 선박은 안전한 속력으로 항행하여야 하는 것에 부가하여, 기관을 사용하고 있는 동력선의 경우 충돌을 피하기 위해서 필요한 때에 언제라도 곧바로 기관을 사용할 수 있도록 준비상태로 두어야 한다. 즉 실무에서는 선교에서 하시라도 기관을 사용할 수 있도록 'Stand-by Engine' 상태로 전환해 두는 조치가 필요할 것이다.

제한된 시계상태에서 기관을 사용할 수 있도록 준비하라고 하나, 시계가 어느 정도 제한될 때 하라는지에 대해 명확한 규정이 없고 이에 관한 다양한 학설이 있다.

다만 선박이 '서로 시계 안에 있다' 여부는 판례에 따라 항해 중일 때 켜는 마스트등, 현등 및 선미등의 가시거리, 즉 마주치는 상태는 마스트등, 횡단하는 상태는 현등, 그리고 추월관계는 선미등의 가시거리를 기준으로 하고 있음을 앞서 언급한 바 있다.

따라서 선박은 길이 50미터 이상인 선박의 항해등 가시거리를 고려할 때 기관의 사용 준비는 통상적으로 시계가 현등/선미등의 최소 가시거리인 3마일 미만일 때, 그리고 주변의 교통량이 많거나 좁은 수로 및 통항분리제도의 통항로를 따라 항행하고 있을 때, 안개가 빈발하는 수역에 접근할 때는 시계가 마스트등의 최소 가시거리인 6마일 미만으로 제한되면 기관 사용을 준비하는 것이 적절하다고 본다.[176)]

다) 모든 시계상태항법을 특히 주의하여 준수할 것

모든 시계상태에서 준수하여야 하는 항법규정(제4조~제10조)은 선박이 서로 시계

176) 참고로 미국에서는 시계가 5마일 이하로 제한되면 안전한 속력을 다시 평가하여야 하고, 기관을 즉시 사용하도록 준비하여야 한다고 있다(Craig H. Allen, 앞의 책, p.483.).

안에 있을 때뿐만 아니라 제한된 시계상태에서도 준수하여야 한다. 따라서 제한된 시계상태에서 모든 선박은 적절한 경계를 하고(제5조), 안전한 속력을 준수하며(제6조), 체계적인 레이더 관측을 포함한 모든 이용가능한 수단을 활용하여 충돌의 위험성을 판단한 후(제7조) 및 충돌의 위험성이 있다고 판단되면 충분한 시간적 여유를 가지고 빨리 적극적인 큰 동작으로 피항동작(제8조)을 취하여야 한다. 또한 좁은 수로(제9조) 및 통항분리제도(제10조) 내에서 예방적 피항동작을 이행하여야 한다.

선박은 이러한 모든 시계상태 항법을 이행함에 있어서 시계가 제한되어 있으므로 당시의 사정과 조건에 대하여 시계가 양호한 때보다 더 특별한 주의를 하여야 한다.

자동 조타 중인 경우에는 수동 조타로 전환할 필요가 있다. 조타 중인 선원은 경계인원에 포함되지 않으므로 추가 경계원을 선교 바깥이나 선수에 배치함으로써 다른 선박의 무중신호나 기관 소리에 주의를 기울이기 위한 경계를 강화해야 한다.

라) 레이더 항법을 실행할 것

상대선박이 보이지 않는 제한된 시계상태에서는 주로 레이더와 상대선박의 무중신호에 의존하여 경계를 수행하기 때문에 레이더의 특성을 파악하고 적절히 활용할 수 있어야 한다. 즉 시정이 제한된 수역을 안전한 속력으로 항해하던 중에 다른 선박의 존재를 레이더만으로 탐지한 선박은 그 선박과 근접상태(close-quarters situation)로 진행되고 있는지, 충돌의 위험성이 있는지 또는 그 양자의 상태에 있는지를 판단하여야 한다. 이러한 판단을 위하여서는 레이더 플로팅 또는 이와 동등한 체계적인 관측을 하여야 한다.

선교가 선미에 있는 대형선은 선교와 레이더 스캐너가 선수로부터 200미터 이상 떨어져 생기는 이격거리와 연돌이나 마스트 때문에 긴 맹목구간(Blind sector, Shadow arc)이 형성되어 소형선이 레이더에 탐지되지 않거나 육안으로 못 볼 수 있다. 합성수지(FRP) 선체인 소형선이나 부유하는 원목·목재 등은 레이더로 잘 탐지되지 않기 때문에 해면상태에 따라 잘 탐지될 수 있도록 적절히 조절(Sea clutter)하여 사용하고, 장거리 주사(Long range scanning)를 통한 적절한 전방 경계를 위해 레이더의 탐지 범위(Range)를 자주 변경해 사용하여야 한다.

만약 레이더로 탐지한 상대선박과 사이에 근접상태로 되거나 충돌의 위험성이 있다고 판단되는 경우에는 충분히 여유 있는 시각에 적극적이고 명확하게 충돌을 피하기 위한 동작을 취해야 한다. 근접상태는 전방뿐만 아니라 후방에서도 전개될 수 있으므로 모든 방향에 대한 경계를 시행하여야 한다.

선박의 근접상태(close-quarters situation)가 어느 정도의 거리인가에 대한 규정은 없지만 길이 200미터 이상인 선박은 기적의 최소 가청거리가 2해리이기 때문에 무중신호도 2해리 거리에서 들을 수 있다고 보아 근접상태의 시작을 2해리로 보는 것이 일반적이다. 길이 20미터 미만의 소형선은 기적의 최소 가청거리가 0.5해리이므로 근접상태의 기준 거리를 더 짧게 잡을 수도 있다.

대형 선박은 대양에서 레이더 탐지범위를 적어도 12해리로 사용하는 것이 적절하다. 레이더 화면에 물표가 나타나면 화면을 거리별로 세 등분하여 바깥 1/3 구역에서 보일 때 상대선박의 동정을 파악하여야 한다. 레이더 관측 결과 근접상태가 되거나 충돌의 위험성이 있다고 분석되면 안쪽 1/3 구역에 도달하기 전에 필요한 조치를 취해야 한다.

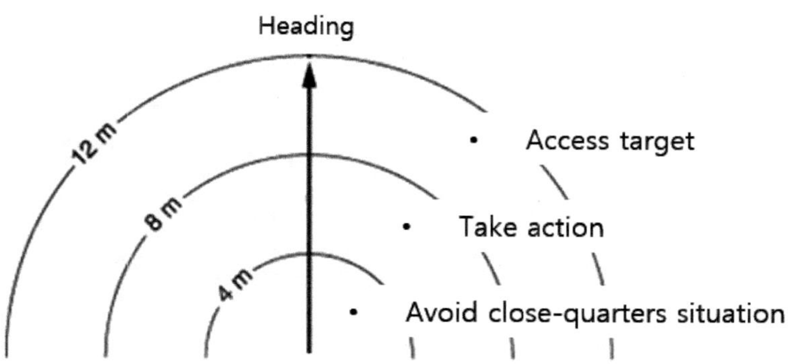

〈그림 2-34〉 탐지 거리별 조치 권고사항

2) 제한된 시계상태에서 피항동작

가) 변침만으로 피항동작 시 제한규정

충돌 예방을 위해 변침하기 전에 자선을 기준으로 상대선박의 진행방향을 확인해야 한다. 무중신호 등 소리만 들어서는 상대선박의 진행방향을 알 수 없기 때문에 레이더 플로팅을 실시하여 정횡 후방에서 다가오는 선박 쪽으로 변침해서는 아니 된다.

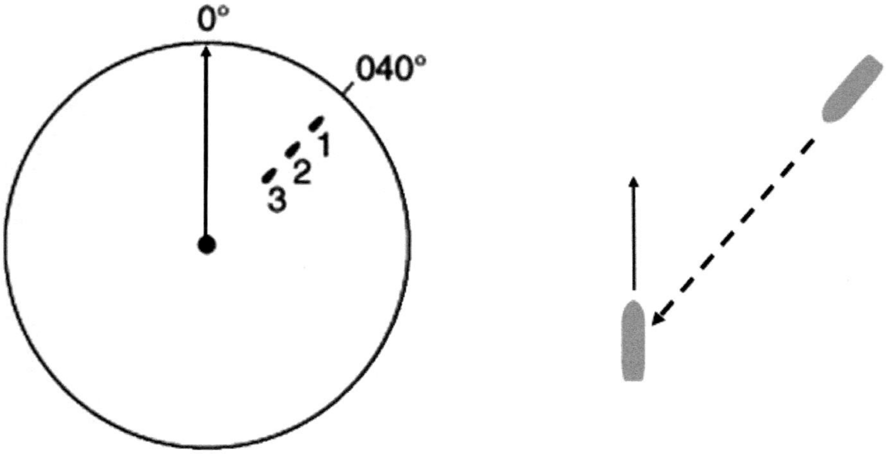

〈그림 2-35〉 레이더로 탐지한 물표의 상대방위

레이더 화면에 표시된 물표는 자선의 속도와 침로에 따른 상대방위를 나타내기 때문에 〈그림 2-35〉의 왼쪽 그림과 같이 물표가 자선의 40도 방향에서 접근하는 것으로 나타나고 있다고 해서 상대선박이 오른쪽 그림과 같은 침로로 접근하고 있다고 단정하는 것은 부정확한 정보(scanty information)에 의존하는 행위이다.

상대선박은 실제로 속력에 따라 〈그림 2-36〉과 같이 여러 방향에서 접근할 수 있기 때문에 레이더 플로팅으로 상대선박의 침로와 속력을 반드시 확인하여야 한다.

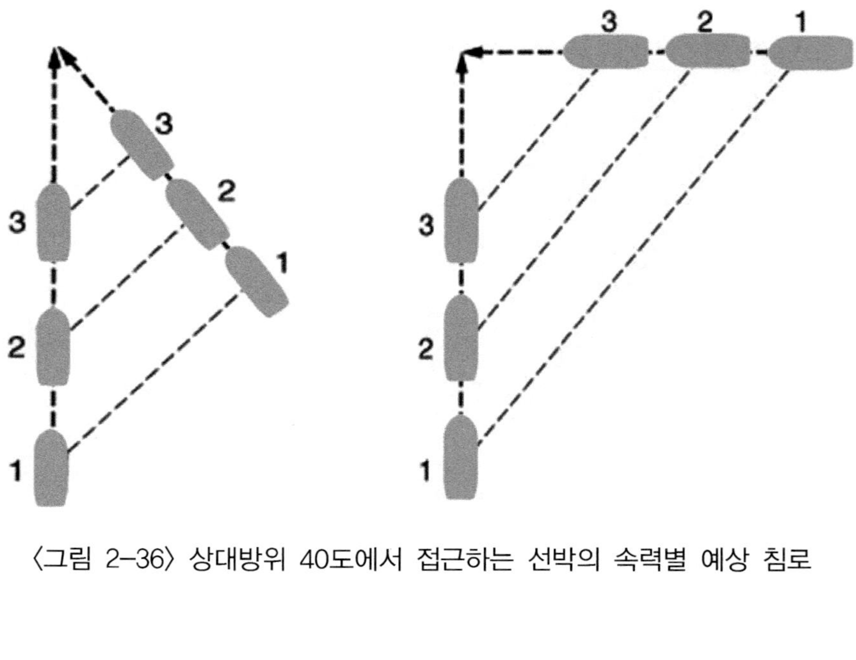

〈그림 2-36〉 상대방위 40도에서 접근하는 선박의 속력별 예상 침로

다른 선박의 존재를 레이더만으로 탐지한 선박이 변침만으로 충돌을 피하기 위한 동작을 하고자할 때에는 가능한 한 다음과 같은 동작을 피하여야 한다.

① 우선, 자선의 정횡보다 전방에 다른 선박이 있을 경우에 그 선박을 피하기 위하여 좌현 쪽으로 변침을 하지 말아야 한다.

선박은 항법의 기본 원칙인 좌현 대 좌현(Port to Port) 통과를 위해 위급한 상황에서 우현 쪽으로 변침을 하고, 서로 시계 안에 있을 때에도 제16조 피항선의 동작에 대하여 살펴본 바와 같이 전방에 있는 선박에 대하여 우현 쪽으로 변침하는 것이 가장 적절한 피항동작일 것이며, 제17조 (c)항에서 유지선의 경우도 동력선의 좌현 쪽으로 변침을 제한하고 있다. 이러한 동작은 레이더로 탐지된 선박이 자선이 추월하고 있는 선박으로 판단된 경우에는 상대선이 주의하여 추월하면 되므로 당연히 적용하지 않는다. 정횡(abeam)의 기준은 선교에서 정횡이 아니라 선체 길이방향에 수직인 어느 부분에서도 적용된다.

② 둘째, 다른 선박이 자선의 정횡이나 정횡 후방에 있는 경우에는 다른 선박 쪽으로 변침을 하지 말아야 한다.

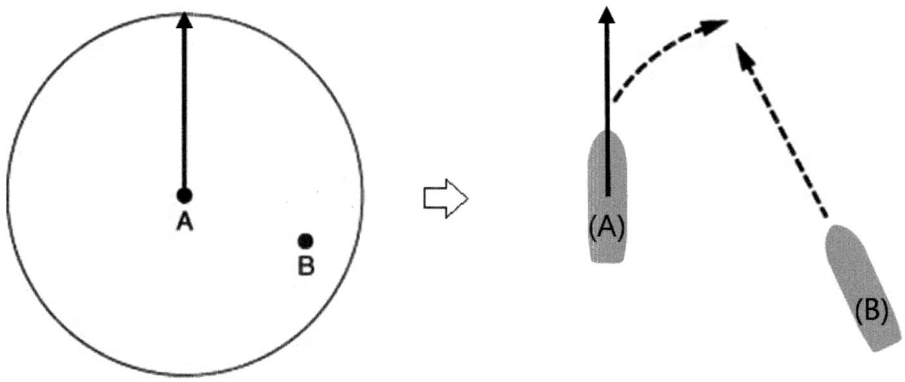

〈그림 2-37〉 우현변침 및 추월상황 예시

여기서 위의 두 가지 피항동작을 취하는 것을 '가능한 한' 피하도록 규정하고 있는 이유는 자선의 정횡 전방에 선박에 대하여 우현 쪽으로 변침하고자 하지만 충분한 여유수역이 없다거나 제3의 다른 선박이 있어서 우현 쪽으로 변침할 수 없는 경우도 있다는 것이다. 즉 반드시 좌현 쪽으로 변침을 하지 말라는 것이 아니고, 부득이한 경우 좌현 쪽으로 변침할 수 있다는 것이다. 다만 이러한 상황에서 좌현 쪽으로 변침하는 피항동작을 취하고자 한 경우에는 최대한 빨리 대각도로 과감히 이행하여야 한다.

나) 정횡의 전방에서 안개신호를 들었을 때 피항동작

선박이 제한된 시계상태에서 자선의 정횡 전방에서 다른 선박의 무중신호를 들었다면 다른 선박이 적어도 2마일 이내로 접근해 있다는 것이다. 그 이유는 무중신호를 울리는 기적의 최소 가청거리가 길이 200미터 이상인 선박의 경우 2해리이고, 길이 200미터 미만의 선박의 경우 길이에 따라 0.5~1.5해리이기 때문이다.[177] 따라서 두 척의 선박은 근접상태로 접근하였다고 판단하고 다음과 같은 피항조치를 취하도록 요구하고 있다.

① 침로를 유지할 수 있는 최소의 속력으로 감속

먼저 모든 선박은 자선의 침로를 유지할 수 있는 최소의 속력으로 감속하여야 한다. 이러한 조치는 다른 선박이 COLREG의 규칙을 지키지 아니한 경우 또는 레이더설비를 갖추지 않거나 고장난 경우 등도 예상할 수 있으므로 당시의 상황을 파악하는데 시간적 여유를 가질 수 있고, 만약 충돌을 하더라도 충돌로 인한 피해를 최소화하기 위한 적절한 조치라 할 것이다. 다만 선박이 사전에 체계적인 레이더 관측을 통해 상대선박과 충돌의 위험성이 없다고 판단되는 경우에는 이러한 조치없이 그대로 항행하여도 무방하다.

② 전진타력을 완전히 멈출 것

선박은 침로를 유지할 수 있는 최소의 속력으로 감속하여 운항하는 앞서 취한 조치만으로는 충분하지 못하다고 판단될 때에는 기관을 정지 또는 후진시켜 자선의 전진 타력을 완전히 멈추어 정선하여야 한다.

---

177) 기적의 최소 가청거리는 길이 20m 미만의 선박 0.5해리, 길이 20m 이상 75m 미만의 선박 1.0해리, 길이 75m 이상 200m 미만의 선박 1.5해리, 길이 200m 이상의 선박 2.0해리이다.

③ 극히 조심하여 항행할 것

시계가 제한된 수역에서 항행 중인 선박은 어떠한 경우에도 충돌의 위험이 해소될 때까지 매우 주의하여 항행하여야 한다.

3) 무중신호를 울릴 것

선박은 시계가 제한된 수역 또는 그 부근 수역에서 모든 선박은 자선의 상황에 따라 제35조에서 규정하고 있는 음향신호를 울려야 하며[178] 서로 시계 안에 있을 때에만 적용되는 제34조에서 규정하고 있는 조종신호, 경고신호 및 추월신호를 울려서는 아니 된다.

4) 기타 조치사항

선박은 제한된 시계상태에서 등화를 켜야 한다. 등화는 해뜰 때부터 해질 때까지 켜지만 제한된 시계상태에서도 당시의 상황에 따라 적절한 등화를 켜야 한다.

---

178) COLREG 제35조(제한된 시계상태에서 음향신호)
(a) 대수속력이 있는 동력선은 2분을 초과하지 아니하는 간격으로 장음 1회를 울려야 한다.
(b) 항행 중 정선하여 대수속력이 없는 동력선은, 장음 간격을 약 2초로 하여 장음 2회를 2분을 초과하지 아니하는 간격으로 울려야 한다.

〈표 2-4〉 제한된 시계상태에서 음향신호

선박의 종류	안개신호	비　　고
동력선 복합체 선박	대수속력이 있는 경우 (2분간을 넘지 않는 간격으로) ▬　▬	밀고 있는 동력선과 밀리는 선박이 결합되어 일체가 된 경우에는 1척의 동력선으로 간주한다.
	대수속력이 없을 때 (2분간을 넘지 않는 간격으로) ▬ ▬　▬ ▬	
범선 어로종사선 조종불능선 조종제한선 흘수제한선 예인선	(2분간을 넘지 않는 간격으로) ▬ ■ ■　▬ ■ ■	
끌리고 있는 선박 (2척 이상 끌릴 때에는 최후단의 선박)	(2분간을 넘지 않는 간격으로) ▬ ■ ■ ■　▬ ■ ■ ■	○ 끌리고 있는 선박에 승무원이 있을 경우에 행한다. ○ 예인선이 울린 직후에 실시
정박 중인 선박	길이 100미터 이상인 선박 (1분간을 넘지 않는 간격으로, 각각 약 5초간 종 및 징을 급속히 울린다) ●●●●●XXXXX　●●●●●XXXXX	○ 접근해 오는 다른 선박에 대해서 자선의 위치 및 충돌의 가능성을 경고신호: ■ ▬ ■
	길이 100미터 이상인 선박 ●●●●●　●●●●●	○ 종의 연타는 선박의 전부에서, 징의 속타는 후부에서 행한다. …………………
좌초 중인 선박	길이 100미터 이상 ●●● ●●●●● ●●● XXXXX	○ 호종의 연타는 선박의 전부에서, 징의 연타는 후부에서 행한다. ○ 기적에 의한 적당한 신호도 할 수 있다.
	길이 100미터 이상 ●●● ●●●●● ●●●	
도선선	항행 중인 동력선의 신호 외에 단음 4회의 식별신호를 울릴 수 있다.	■ ■ ■ ■
길이 12미터 미만의 선박	2분을 초과하지 않는 간격으로 적절한 음향신호	

3 (Part C) 등화와 형상물

1. Part A. 총칙 (Rule 1–3)
2. Part B. 항법 (Rule 4–19)

Section 1	모든 시계 항법	(Rule 4–10)
Section 2	서로 시계 항법	(Rule 11–18)
Section 3	제한 시계 항법	(Rule 19)

3. Part C. 등화와 형상물 (Rule 20–31)
4. Part D. 음향 및 발광 신호 (Rule 32–37)
5. Part E. 적용 예외 (Rule 38)
6. Part F. 협약이행 검증 (Rule 39–41)

부속서 1	동화 및 형상물의 배치와 기술 명세
부속서 2	근접 어로작업선에 대한 부가 신호
부속서 3	음향신호장치의 기술 명세
부속서 4	조난 신호

제3장(Part C)은 12개 조문으로 구성되어 있고, 제2장(Part B) 선박의 조종 및 항법의 규정을 이행함에 있어 선박의 상태를 등화와 형상물로 표시하도록 규정하고 있다. 이 장에서 사용한 그림의 일부는 미 해양경비대(USCG) 교육자료를 인용하였으므로 지면을 빌려 감사의 뜻을 표한다.

3.1. 제20조 적용

PART C – LIGHTS AND SHAPES
PART C – LIGHTS AND SHAPES RULE 20 (Application) (a) Rules in this Part shall be complied with in all weathers. (b) The Rules concerning lights shall be complied with from sunset to sunrise, and during such times no other lights shall be exhibited, except such lights as cannot be mistaken for the lights specified in these Rules or do not impair their visibility or distinctive character, or interfere with the keeping of a proper look-out. (c) The lights prescribed by these Rules shall, if carried, also be exhibited from sunrise to sunset in restricted visibility and may be exhibited in all other circumstances when it is deemed necessary. (d) The Rules concerning shapes shall be complied with by day. (e) The lights and shapes specified in these Rules shall comply with the provisions of Annex I to these Regulations.

3.1.1. 해석

제3장 등화와 형상물
제3장 등화 및 형상물 **제20조(적 용)** (a) 이 장의 규정은 모든 기상 상태에서 준수하여야 한다. (b) 등화에 관한 규정은 일몰시로부터 일출시까지 사이에 준수하여야 하며, 이 시간 동안에는 다른 등화를 표시하여서는 아니 된다. 다만 그 등화는 이 규칙들에서 규정된 등화로 오인되지 아니하거나, 그 등화의 가시도 또는 특성의 식별을 감소하지 아니하거나 또는 적절한 경계의 유지를 방해하지 아니하는 경우에는 예외적으로 표시할 수 있다. (c) 이 장에서 규정된 등화는, 설치되어 있다면, 제한된 시계상태에서 일출시부터 일몰시 사이에도 표시하여야 하고, 필요하다고 인정되는 그 밖의 모든 경우에도 표시할 수 있다. (d) 형상물에 관한 규정은 주간에 준수하여야 한다. (e) 이 장에서 규정된 등화 및 형상물은 이 협약의 부속서 I의 규정을 준수하여야 한다. **해사안전법** **제4절 등화와 형상물** **제78조(적용)** ① 이 절은 모든 날씨에서 적용한다. ② 선박은 해지는 시각부터 해뜨는 시각까지 이 법에서 정하는 등화(燈火)를 표시하여야 하며, 이 시간 동안에는 이 법에서 정하는 등화 외의 등화를 표시하여서는 아니 된다. 다만, 다음 각 호의 어느 하나에 해당하는 등화는 표시할 수 있다. 1. 이 법에서 정하는 등화로 오인되지 아니할 등화 2. 이 법에서 정하는 등화의 가시도(可視度)나 그 특성의 식별을 방해하지 아니하는 등화 3. 이 법에서 정하는 등화의 적절한 경계(警戒)를 방해하지 아니하는 등화 ③ 이 법에서 정하는 등화를 설치하고 있는 선박은 해뜨는 시각부터 해지는 시각까지도 제한된 시계에서는 등화를 표시하여야 하며, 필요하다고 인정되는 그 밖의 경우에도 등화를 표시할 수 있다. ④ 선박은 낮 동안에는 이 법에서 정하는 형상물을 표시하여야 한다.

3.2. 제21조 정의

PART C – LIGHTS AND SHAPES
Rule 21 (Definitions) (a) 'Masthead light' means a white light placed over the fore and aft centerline of the vessel showing an unbroken light over an arc of the horizon of 225 degrees and so fixed as to show the light from right ahead to 22.5 degrees abaft the beam on either side of the vessel. (b) 'sidelights' means a green light on the starboard side and a red light on the port side each showing an unbroken light over an arc of the horizon of 112.5 degrees and so fixed as to show the light from right ahead to 22.5 degrees abaft the beam on its respective side. In a vessel of less than 20 meters in length the sidelights may be combined in one lantern carried on the fore and aft centre line of the vessel. (c) 'sternlight' means a white light placed as nearly as practicable at the stern showing an unbroken light over an arc of the horizon of 135 degrees and so fixed as to show the light 67.5 degrees from right aft on each side of the vessel. (d) 'Towing light' means a yellow light having the same characteristics as the 'sternlight' defined in paragraph(c) of this Rule. (e) 'All round light' means a light showing an unbroken light over an arc of the horizon of 360 degrees.

3.2.1. 해석

제3장 등화와 형상물
제21조(정의) (a) "마스트등"이란 선박의 선수미 중심선상에 설치되어 있는 백색 등을 말하며, 계속적인 불빛이 225도의 수평의 호를 비추고, 선박의 정선수 방향으로부터 각 현의 정횡 후 22.5도까지 비추도록 설치되어 있다. 「**해사안전법**」 **제79조** 1. 마스트등: 선수와 선미의 중심선상에 설치되어 225도에 걸치는 수평의 호(弧)를 비추되, 그 불빛이 정선수 방향으로부터 양쪽 현의 정횡으로부터 뒤쪽 22.5도까지 비출 수 있는 흰색 등(燈) (b) "현등"이란 우현 쪽의 녹색 등, 좌현 쪽의 홍색 등을 말하며, 계속적인 불빛이 각기 112.5도의 수평의 호를 비추고, 정선수 방향으로부터 각기 양현의 정횡 후 22.5도까지 비추도록 설치되어 있다. 길이 20미터 미만의 선박에 있어서는 양현등은 선박의 선수미 중심선상에 있는 하나의 랜턴(lantern) 안에 결합할 수 있다. 「**해사안전법**」 **제79조** 2. 현등(舷燈): 정선수 방향에서 양쪽 현으로 각각 112.5도에 걸치는 수평의 호를 비추는 등화로서 그 불빛이 정선수 방향에서 좌현 정횡으로부터 뒤쪽 22.5도까지 비출 수 있도록 좌현에 설치된 붉은색 등과 그 불빛이 정선수 방향에서 우현 정횡으로부터 뒤쪽 22.5도까지 비출 수 있도록 우현에 설치된 녹색 등 (c) "선미등"이란, 실행 가능한 한, 선미에 가까이 설치되어 있는 백색 등을 말하며, 계속적인 불빛이 135도의 수평의 호를 비추고, 정선미로부터 각 현 쪽으로 67.5도까지 비추도록 설치되어 있다. 「**해사안전법**」 **제79조** 3. 선미등: 135도에 걸치는 수평의 호를 비추는 흰색 등으로서 그 불빛이 정선미 방향으로부터 양쪽 현의 67.5도까지 비출 수 있도록 선미 부분 가까이에 설치된 등 (d) "예인등"이란 이 조의 제(c)항에서 정의한 선미등과 동일한 특성을 가진 황색 등을 말한다. 「**해사안전법**」 **제79조** 4. 예선등(曳船燈): 선미등과 같은 특성을 가진 황색 등 (e) "전주등"이란 계속적인 불빛이 360도의 수평의 호를 비추는 등화를 말한다. 「**해사안전법**」 **제79조** 5. 전주등(全周燈): 360도에 걸치는 수평의 호를 비추는 등화. 다만, 섬광등(閃光燈)은 제외한다.

PART C – LIGHTS AND SHAPES
(f) 'Flashing light' means a light flashing at regular intervals at a frequency of 120 flashes or more per minute.

제3장 등화와 형상물
(f) "섬광등"이란 매분 120회 이상의 주기로 규칙적인 간격을 두고 섬광을 발하는 등화를 말한다. 「**해사안전법**」 **제79조** 6. 섬광등: 360도에 걸치는 수평의 호를 비추는 등화로서 일정한 간격으로 1분에 120회 이상 섬광을 발하는 등 7. 양색등(兩色燈): 선수와 선미의 중심선상에 설치된 붉은색과 녹색의 두 부분으로 된 등화로서 그 붉은색과 녹색 부분이 각각 현등의 붉은색 등 및 녹색 등과 같은 특성을 가진 등 8. 삼색등(三色燈): 선수와 선미의 중심선상에 설치된 붉은색·녹색·흰색으로 구성된 등으로서 그 붉은색·녹색·흰색의 부분이 각각 현등의 붉은색 등과 녹색 등 및 선미등과 같은 특성을 가진 등

3.2.2. 해설

등화와 형상물은 선박의 상태를 표시하기 위한 용도이다.

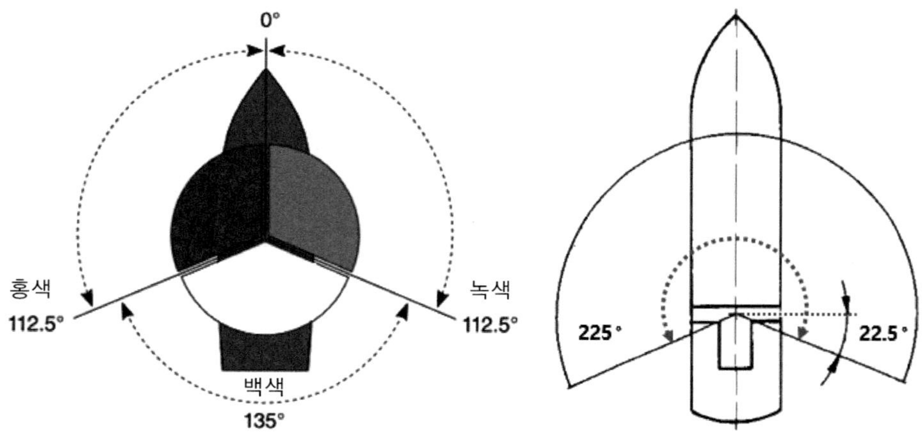

〈그림 2-38〉 마스트등, 현등 및 선미등의 조사각도

마스트등(mast light)은 360도에서 선미등 조사각도인[179] 135도를 뺀 나머지 225도를 비추는 백색 등이며, 선박의 선수미 중심선상에 설치된다. 이 마스트등은 양 현의

179) "조사각도"란 법적으로 비추어야 하는 불빛의 범위 즉 법적 사광범위를 말한다.

정횡으로부터 뒤쪽으로 22.5도까지 비춘다.

길이 50미터 이상의 선박은 마스트등을 하나 더 설치하여야 하며, 앞쪽에 설치된 등을 전부 마스트등(fore mast light), 뒤쪽에 설치된 등을 후부 마스트등(aft mast light)이라 한다.[180]

현등(sidelight)은 마스트등 225도를 양분한 112.5도를 비춘다. 좌현 쪽(port)은 홍색 등,[181] 우현 쪽(starboard)은 녹색 등이다. 길이 20미터 미만의 선박은 양쪽의 현등을 하나로 합친 한 개의 등화를 선수미선 상에서 선수 쪽으로 설치할 수 있다.

선미등은 선박의 뒤쪽(dead astern)을 가리키는 등이며 선수미 중심선에서 선미에 가까이 설치되고 후방(dead aft) 135도를 수평으로 비추는 백색 등이다.[182]

예인등은 선미등과 동일한 특성을 가진 황색 등이며 선미등 위에 설치된다. 예인등은 후방으로 예인줄을 내고 있다는 뜻이므로 피예인물을 앞으로 밀거나 측면에 붙어 예인할 때는 켜지 않는다.

1) 등화

등화는 야간에 상대선박이 적절한 경계를 통해 자선의 길이 및 작업상황 등을 쉽게 판단할 수 있도록 하기 때문에 법에서 정하고 있는 규정을 반드시 준수하여야 한다. 그리고 등화는 충돌의 위험성 여부와 충돌을 피하기 위한 동작을 취하는지 여부를 판단하는데 매우 중요한 역할을 한다.

등화는 야간뿐만 아니라 주간에도 제한된 시계상태에서 반드시 켜야 하고, 필요하다고 인정된다면 그 밖의 모든 경우에도 켤 수 있다.

심화학습

○ 제한된 시계상태에서 등화를 켜지 아니한 경우

해양안전심판원은 옅은 안개로 인해 시정이 약 0.3마일로 제한된 시계상태에서

---

180) 길이 20미터 이상의 선박은 전부 마스트등의 높이가 최소 6미터 이상이어야 하며, 만약 2개의 마스트등을 설치한 경우 후부 마스트등의 높이가 전부 마스트등보다 최소 4.5미터 이상 높은 곳에 설치하여야 한다. (COLREG Annex I, 2(a))

181) 좌현 붉은 색은 'Port Wine'으로 암기한다.

182) 선미등의 조사각도는 홀수의 순서인 1, 3, 5로 암기하면 다른 등화의 조사각도를 유추하기 수월하다.

183) 재결 목포해심 제2020-006호 '어선 1해진호·어선 황금호 충돌사건'

주간에 정박 중이던 어선 황금호(총톤수 9.77톤)가 정박등을 켜지 아니한 경우에 대하여 일부 과실을 인정하였다.183)

○ 불법적 등화를 표시한 경우

어선 제307금창호(총톤수 120톤)는 통항분리제도의 통항로 안에서 정선한 후 정류 중 야간에 작업등과 집어등을 밝게 켜고, 이에 추가하여 홍색 전주등 3개를 표시하였다. 제307금창호는 이 상태에서 통항로를 따라 항해하고 있던 유조선 뉴스텔라호와 충돌하였다.

해양안전심판원은 이 충돌사건에서 제307금창호가 정류 중일 경우 대수속력이 없는 항행 중인 동력선에 해당하기 때문에 야간에 장등, 현등 및 선미등 등 항해등을 표시하여야 하나, 부적절한 등화를 표시한 것을 과실로 인정하였다.

특히 제307금창호 선장은 자선이 조종불능선에 해당하지 아니함에도 조종불능선에 해당하는 등화를 표시하고자 하였고, 조종불능선이라고 판단하였다면 홍색 전주등 2개를 표시하여야 하나, 관련 규정에 대하여 제대로 알지 못함으로써 흘수제약선이 표시해야 하는 홍색 전주등 3개를 표시하였다.184)

○ 적절한 경계를 방해하는 등화를 켠 경우

해양안전심판원은 다른 선박의 적절한 경계를 방해하는 밝은 집어등을 켠 채 속력 7.3노트로 항해한 오징어채낚기 어선 제88정선호(총톤수 99.0톤)에 대하여 과실이 있다고 인정하였다.185)

2) 형상물

선박은 등화로써 자선의 상황을 나타낼 수 없는 주간(by day)에 등화 대신에 형상물을 표시하여야 한다.

형상물(Shapes)의 종류와 크기는 다음과 같고, 색은 모두 흑색으로 통일되어 있다.

① 구형 형상물(Ball Shape) : 구형은 직경이 0.6미터 이상이어야 한다.

② 원추형 형상물(Cone Shape) : 원추형은 바닥의 직경이 0.6미터 이상이고, 높이가 그 직경과 동일하여야 한다.

③ 원통형 형상물(Cylinder Shape) : 원통형은 직경이 적어도 0.6미터이고, 높이가 그 직경의 2배이어야 한다.

---

184) 재결 목포해심 제2015-021호 '유조선 뉴스텔라호·어선 제307금창호 충돌사건'

185) 재결 동해해심 제2013-009호 '어선 제88정선호·일반화물선 리치마운틴 충돌사건'

④ 마름모꼴 형상물(Diamond Shape) : 2개의 원추형 형상물의 바닥을 맞대어 만들어야 한다.

⑤ 장구형 형상물(A shape consisting of two cones with their apexes together in a vertical line one above the other) : 수직선상에 2개의 원추형 형상물을 그들의 정점에서 상하로 맞대어 만든 형상물

〈그림 2-39〉 구형, 원추형, 원통형, 마름모꼴, 장구형

심화학습

○ 총톤수 10톤 미만 소형어선의 등화 표시에 대한 검토

우리나라는 선박의 등화와 형상물에 관한 사항을 상선 및 어선의 구분없이 「해사안전법」에서 규정하고 있고, 이 법에서 규정하고 있는 등화의 가시거리·광도 등 기술적 기준, 등화·형상물의 구조와 설치할 위치 등 등화 및 형상물의 기준에 관하여 필요한 사항에 대하여 「선박설비기준」에서 규정하고 있다.

반면에 「어선법」에서는 등화 및 형상물에 관한 사항을 별도로 규정하고 있지 아니하고, 등화 및 형상물의 기준에 관하여 「어선설비기준」 및 「총톤수 10톤 미만 소형어선의 구조 및 설비기준」에서 규정하고 있다.

문제는 총톤수 10톤 미만의 소형어선은 항해등과 레이더반사기 등의 설치를 면제받은 경우 주간에만 항행하여야 한다.[186] 「어선설비기준」에서는 야간항행을 하지 아니하는 어선에 대하여 레이더반사기의 설치를 면제할 수 있도록 규정하면서 야간을 '일몰 30분 후부터 일출 30분 전까지를 말한다.'라고 규정하였다.[187] 따라서 총톤수 10톤 미만의 소형어선에서도 항해등 및 레이더반사기의 설치 면제와 관련하여 야간을 '일몰 30분 후부터 일출 30분 전까지를 말한다.'라고 해석할 수 있다. 항해등(선등) 및 레이더반사기의 설치를 면제받은 소형어선이 「해사안전법」 제20조의 규정을 위반하여 야간항행을 하지 않도록 「어선설비기준」을 개정할 필요성이 있다고 본다.[188]

참고로 「인천항·경인항 선박통항규칙」[189] 및 「수상레저안전법」[190]에서 야간을 일몰 30분 이후부터 일출 30분 이전까지 시간으로 규정하고 있다.

3.3. 제22조 등화의 가시거리

PART C – LIGHTS AND SHAPES

Rule 22 (Visibility of Lights)

The lights prescribed in these Rules shall have an intensity as specified in Section 8 Annex I to these Regulation so as to be visible at the following minimum ranges:

(a) In vessels of 50 metres or more in length:
- a masthead light, 6 miles;
- a sidelight, 3 miles;
- a sternlight, 3 miles;
- a towing light, 3 miles;
- a white, red, green or yellow all-round light, 3 miles.

(b) In vessels of 12 metres or more in length but less than 50 m in length:
- a masthead light, 5 miles; except that where the length of the vessel is less than 20 meters, 3 miles;
- a sidelight, 2 miles;
- a sternlight, 2 miles;
- a towing light, 2 miles;
- a white, red, green or yellow all-round light, 2 miles.

(c) In vessels of less than 12 metres in length:
- a masthead light, 2 miles,
- a sidelight, 1 mile,
- a sternlight, 2 miles,
- a towing light, 2 miles;
- a white, red, green or yellow all-round light, 2 miles.

(d) In inconspicuous, partly submerged vessels or objects being towed; a white all-round light, 3 miles.

---

186) 「총톤수 10톤 미만 소형어선의 구조 및 설비기준」 제69조 및 [별표 4]

187) 「어선설비기준」 제190조(레이더반사기)

188) 정대율, "소형어선 및 예인선단의 등화 및 형상물에 관한 고찰", 해양환경안전학회지, 제21권제4호, 해양환경안전학회, 2015. 8., 422~427쪽.

189) 「인천항·경인항 선박통항규칙」 제2조(용어의 정의)
3. "야간"이라 함은 일몰 30분 이후부터 일출 30분 이전까지의 시간을 말한다.

190) 「수상레저안전법」 제21조(야간 수상레저활동의 금지) ① 총리령으로 정하는 바에 따라 야간 운항장비를 갖춘 수상레저기구를 제외하고 누구든지 해진 후 30분부터 해뜨기 전 30분까지는 수상레저활동을 하여서는 아니 된다.

3.3.1. 해석

제3장 등화와 형상물

제22조(등화의 가시거리)

이 장에서 규정하는 등화는 다음의 최소거리에서 볼 수 있도록 부속서 I 의 제8절에 규정된 광도를 가져야 한다.

(a) 길이 50미터 이상의 선박
마스트등 : 6해리
현등 : 3해리
선미등 : 3해리
예인등 : 3해리
백색, 홍색, 녹색 또는 황색의 전주등 : 3해리

(b) 길이 12미터 이상 50미터 미만의 선박
마스트등 : 5해리, 다만 길이 20미터 미만의 선박인 경우에는 3해리
현등 : 2해리
선미등 : 2해리
예인등 : 2해리
백색, 홍색, 녹색 또는 황색의 전주등 : 2해리

(c) 길이 12미터 미만의 선박
마스트등 : 2해리
현등 : 1해리
선미등 : 2해리
예인등 : 2해리
백색, 홍색, 녹색 또는 황색의 전주등 : 2해리

(d) 눈에 잘 띄지 않고 부분적으로 물에 잠긴 채 예인되고 있는 선박이나 물체 : 백색의 전주등 : 3해리

해사안전법

제80조(등화 및 형상물의 기준) 이 법에서 규정하는 등화의 가시거리·광도 등 기술적 기준, 등화·형상물의 구조와 설치할 위치 등에 관하여 필요한 사항은 해양수산부장관이 정하여 고시한다.

3.3.2. 해설

제22조에서 규정하고 있는 등화의 가시거리는 최소거리를 규정하고 있다. 따라서 선박에서는 운항 중 오랜 사용으로 전구의 광원이 나빠지거나 항해등의 덮개 노후로 등화의 가시거리가 감소될 수 있으니 주기적으로 점검하여 필요 시 교체하여야 할 것이다. 선박의 길이에 따른 등화의 종류별 최소 가시거리는 〈표 2-5〉와 같다.

〈표 2-5〉 선박의 길이에 따른 등화의 종류별 최소 가시거리

특성(전장) \ 등화	마스트등	현등	선미등	예인등	전주등
사광범위	225	112.5	135	135	360
색상	백색	홍(좌) / 녹(우)	백색	황색	여러 종류
50미터 이상	6해리	3해리	3해리	3해리	3해리
20~50미터 미만	5해리	2해리	2해리	2해리	2해리
12~20미터 미만	3해리	2해리	2해리	2해리	2해리
12미터 미만	2해리	1해리	2해리	2해리	2해리

눈에 잘 띄지 않고 부분적으로 물에 잠긴 채 끌려가고 있는 선박이나 물체에 표시하는 백색의 전주등은 최소 3해리까지 보여야 한다.

3.4. 제23조 항행 중인 동력선

PART C – LIGHTS AND SHAPES

Rule 23 (Power-driven Vessels underway)

(a) A power-driven vessel underway shall exhibit:
- (i) a masthead light forward;
- (ii) a second masthead light abaft of and higher than the forward one; except that a vessel of less than 50 meters in length shall not be obliged to exhibit such light but may do so;
- (iii) sidelights;
- (iv) a sternlight.

(b) An air-cushion vessel when operating in the non-displacement mode shall, in addition to the lights prescribed in paragraph (a) of this Rule exhibit an all-round flashing yellow light.

3.4.1. 해석

제3장 등화와 형상물

제23조(항행 중인 동력선)

(a) 항행 중인 동력선은 다음의 등화를 표시하여야 한다.
 (i) 전부에 마스트등 1개
 (ii) 전부 마스트등보다 후방의 높은 위치에 제2의 마스트등 1개, 다만, 길이 50미터 미만의 선박은 이 등화를 표시할 의무는 없으나 표시할 수 있다.
 (iii) 현등
 (iv) 선미등

(b) 공기부양선이 배수량이 없는 상태로 운항할 때에는 이 조의 제(a)항에서 규정된 등화에 추가하여 전 주위를 비추는 황색섬광등 1개를 표시하여야 한다.

해사안전법

제81조(항행 중인 동력선) ① 항행 중인 동력선은 다음 각 호의 등화를 표시하여야 한다.
 1. 앞쪽에 마스트등 1개와 그 마스트등보다 뒤쪽의 높은 위치에 마스트등 1개. 다만, 길이 50미터 미만의 동력선은 뒤쪽의 마스트등을 표시하지 아니할 수 있다.
 2. 현등 1쌍(길이 20미터 미만의 선박은 이를 대신하여 양색등을 표시할 수 있다. 이하 이 절에서 같다)
 3. 선미등 1개
 ② 수면에 떠있는 상태로 항행 중인 해양수산부령으로 정하는 선박은 제1항에 따른 등화에 덧붙여 사방을 비출 수 있는 황색의 섬광등 1개를 표시하여야 한다.

「**해사안전법 시행규칙**」 제55조(황색섬광등을 표시하여야 할 선박) 법 제81조제2항에서 "해양수산부령으로 정하는 선박"이란 공기부양선을 말한다.

PART C – LIGHTS AND SHAPES

(c) A WIG craft only when taking off, landing and in flight near the surface shall, in addition to the lights prescribed in paragraph (a) of this Rule, exhibit a high intensity all-round flashing red light.

(d)

(i) A power-driven vessel of less than 12 meters in length may in lieu of the lights prescribed in paragraph (a) of this Rule exhibit an all-round white light and sidelights:

(ii) a power-driven vessel of less than 7 meters in length whose maximum speed does not exceed 7 knots may in lieu of the lights prescribed in paragraph (a) of this Rule exhibit an all-round white light and shall, if practicable, also exhibit sidelights;

(iii) the masthead light or all-round white light on a power-driven vessel of less than 12 meters in length may be displaced from the fore and aft centre line of the vessel if centre line fitting is not practicable, provided that the sidelights are combined in one lantern which shall be carried on the fore and aft centre line of the vessel or located as nearly as practicable in the same fore and aft line as the masthead light or the all-round white light.

제3장 등화와 형상물

COLREG

(c) 수면비행선박은 이륙, 착륙 및 표면 가까이 비행할 때에만 이 조의 제(a)항에서 규정된 등화에 추가하여 전 주위를 비추는 고강도의 홍색 섬광등 1개를 표시하여야 한다.

(d)

(i) 길이가 12미터 미만의 동력선은 이 조의 제(a)항에 규정된 등화에 대신하여 백색의 전주등 1개와 현등을 표시할 수 있다.

(ii) 길이가 7미터 미만이고 최대속력이 7노트를 초과하지 아니하는 동력선은 이 조의 (a)항에 규정된 등화에 대신하여 백색의 전주등 1개를 표시할 수 있고, 실행이 가능하다면, 현등을 표시하여야 한다.

「해사안전법」 제81조(항행 중인 동력선)

③ 수면비행선박이 비행하는 경우에는 제1항에 따른 등화에 덧붙여 사방을 비출 수 있는 고광도 홍색 섬광등 1개를 표시하여야 한다.

④ 길이 12미터 미만의 동력선은 제1항에 따른 등화를 대신하여 흰색 전주등 1개와 현등 1쌍을 표시할 수 있다.

⑤ 길이 7미터 미만이고 최대속력이 7노트 미만인 동력선은 제1항이나 제4항에 따른 등화를 대신하여 흰색 전주등 1개만을 표시할 수 있으며, 가능한 경우 현등 1쌍도 표시할 수 있다.

COLREG

(iii) 길이 12미터 미만의 동력선의 마스트등 또는 백색 전주등은 선박의 선수미 중심선상 설치가 불가능한 경우에 선박의 선수미 중심선으로부터 이탈하여 설치할 수 있다. 이 경우에 현등은 하나의 랜턴에 결합하여 선박의 선수미 중심선상에 설치되거나 마스트등 또는 백색 전주등과 동일한 선수미선상에 가능한 한 가까운 위치에 설치되어야 한다.

「해사안전법」 제81조(항행 중인 동력선)

⑥ 길이 12미터 미만인 동력선에서 마스트등이나 흰색 전주등을 선수와 선미의 중심선상에 표시하는 것이 불가능할 경우에는 그 중심선 위에서 벗어난 위치에 표시할 수 있다. 이 경우 현등 1쌍은 이를 1개의 등화(燈火)로 결합하여 선수와 선미의 중심선상 또는 그에 가까운 위치에 표시하되, 그 표시를 할 수 없을 경우에는 될 수 있으면 마스트등이나 흰색 전주등이 표시된 선으로부터 가까운 위치에 표시하여야 한다.

3.4.2. 해설

길이 50미터 미만인 동력선은 마스트등을 하나 표시하지만 50미터 이상의 동력선은 선수미선을 기준으로 두 개를 표시하여야 한다.

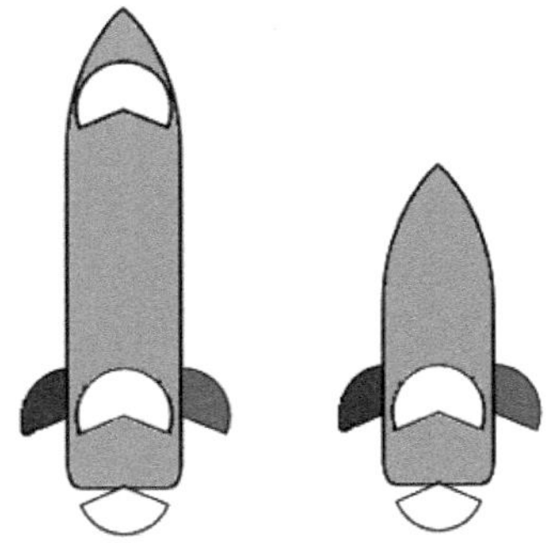

〈그림 2-40〉 길이 50미터 이상(좌), 50미터 미만(우)

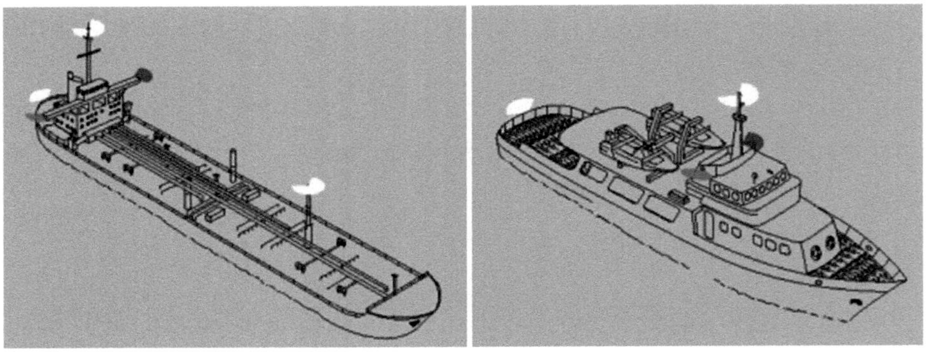

〈그림 2-41〉 길이 50미터 이상의 동력선(좌)과 길이 50미터 미만의 동력선(우)의 항해등 표시

길이 50미터 이상의 항행 중인 동력선의 등화는 정면으로 마주치는 상태와 횡단하는 상태에서 우현 쪽을 볼 때 〈그림 2-42〉와 같다.

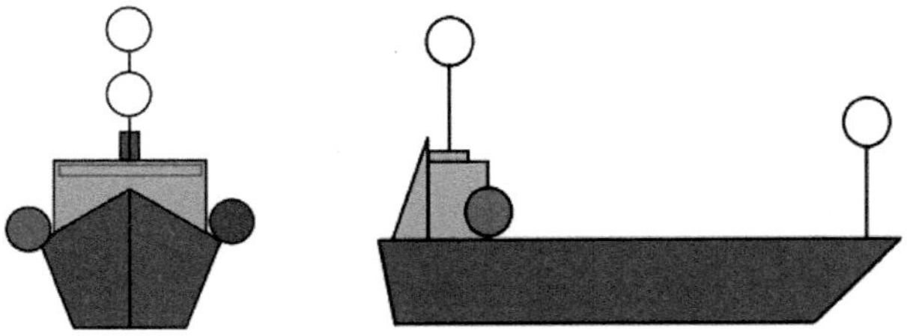

〈그림 2-42〉 Ahead, Abeam (starboard side)

〈그림 2-43〉은 정선미에서 볼 때와 횡단하는 상태에서 좌현 쪽을 볼 때의 등화이다.

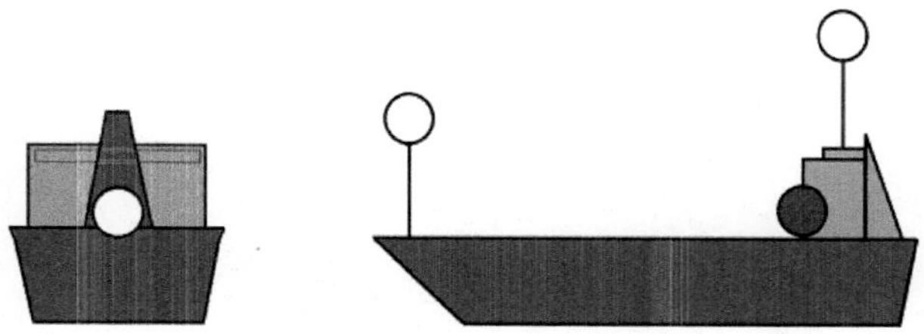

〈그림 2-43〉 Astern Abeam (port side)

〈표 2-6〉 항행 중인 동력선의 등화

선박의 길이	마스트등	현등	선미등	대체 등
50m 이상	앞뒤 한 쌍	좌우 한 쌍	1개	
20m 미만	앞쪽 1개	좌우 한 쌍	1개	
12m 미만	–	좌우 한 쌍 (일체형*)	–	백색 전주등 1개 (마스트등, 선미등 겸용)
7m 미만, 속도 7노트 미만	–	가능하면 좌우 한 쌍	–	백색 전주등 1개 (마스트등, 선미등 겸용)

* 마스트등이나 백색 전주등이 선박의 선수미 중심선상을 벗어나 설치되면 현등 1쌍은 하나의 랜턴에 결합된 등화로 대체 설치

수중익선(hydrofoil)이나 공기부양선(air-cushion vessel)인 호버크라프트(hover craft)는 항행 중에 전 주위를 비추는 황색 섬광등 1개를 표시해야 한다.

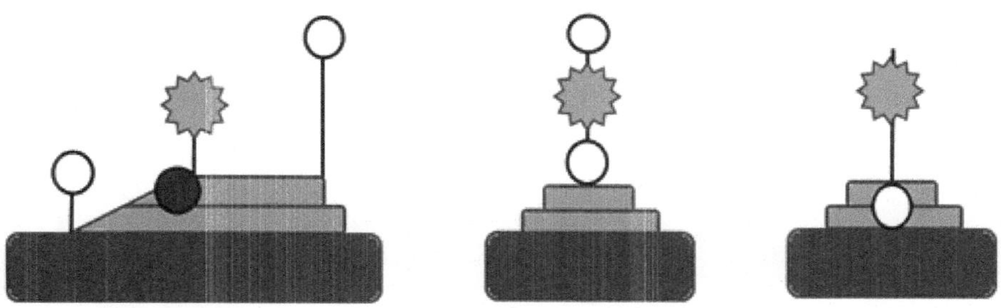

〈그림 2-44〉 (좌현 쪽·정면·선미에서 본) 공기부양선의 항행 중 등화 표시

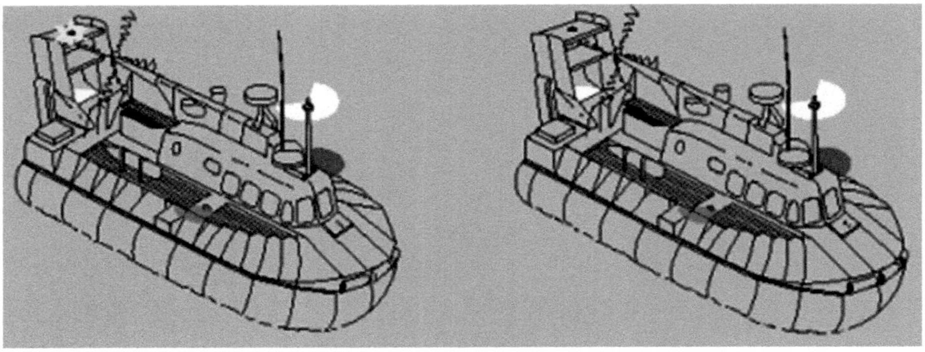

〈그림 2-45〉 공기부양선의 배수량이 없을 때(좌)와 있을 때(우) 등화 표시

수면비행선박(WIG craft)은 이륙, 착륙 및 수면에 근접하여 비행할 경우에 전 주위를 비추는 고광도의 홍색 섬광등 1개를 표시하여야 한다.

길이 12미터 미만의 선박은 다른 등화를 대신하여 백색 전주등 1개와 현등 한 쌍을 달 수 있다. 백색 전주등이 마스트등과 선미등이 합쳐진 형태라고 볼 수 있다.

길이 7미터 미만의 선박의 최고속력이 7노트라면 '7/7 규칙'이라고 하는데 백색 전주등 1개만 달 수 있고, 가능하다면 현등 한 쌍을 달아야 한다.

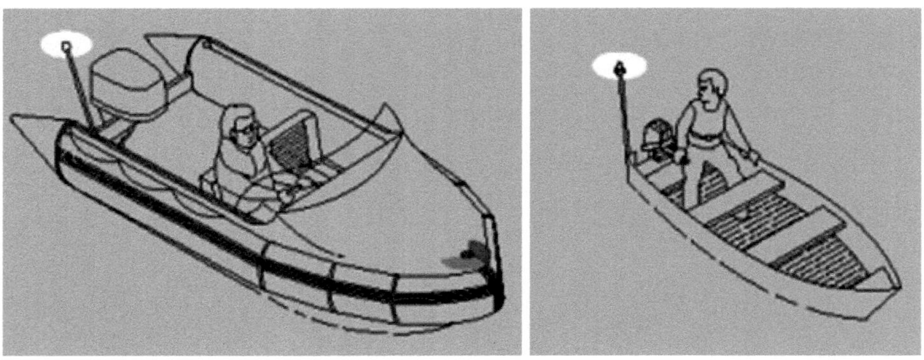

〈그림 2-46〉 길이 12미터 미만의 동력선 등화(좌)와 7/7 선박의 등화(우)

3.5. 제24조 항행 중인 예인선 및 피예인선

PART C – LIGHTS AND SHAPES
Rule 24 (Towing and Pushing) (a) A power-driven vessel when towing shall exhibit: (i) instead of the light prescribed in Rule 23(a)(i) or (a)(ii), two masthead lights in a vertical line. When the length of the tow, measuring from the stern of the towing vessel to the after end of the tow exceeds 200 metres, three such lights in a vertical line; (ii) sidelights; (iii) a sternlight; (iv) a towing light in a vertical line above the sternlight; (v) when the length of the tow exceeds 200 metres, a diamond shape where it can best be seen.

3.5.1. 해석

제3장 등화와 형상물
제24조(끌고 가는 선박 및 밀고 가는 선박) (a) 예인 중인 동력선은 다음 각 호를 표시하여야 한다. (i) 제23조 (a)(i) 또는 (a)(ii)에 규정된 등화 대신에 동일 수직선상에 2개의 마스트등, 예선의 선미로부터 피예인물의 후단부까지 측정한 예인의 길이가 200미터를 초과할 때에는 동일 수직선상에 3개의 그러한 마스트등 (ii) 현등 (iii) 하나의 선미등 (iv) 선미등의 상부에 수직으로 단 하나의 예인등 (v) 예인의 길이가 200미터를 초과할 때에는 가장 잘 보이는 장소에 하나의 다이아몬드 형상물 **「해사안전법」 제82조(항행 중인 예인선)** ① 동력선이 다른 선박이나 물체를 끌고 있는 경우에는 다음 각 호의 등화나 형상물을 표시하여야 한다. 1. 제81조제1항제1호에 따라 앞쪽에 표시하는 마스트등을 대신하여 같은 수직선 위에 마스트등 2개. 다만, 예인선의 선미로부터 끌려가고 있는 선박이나 물체의 뒤쪽 끝까지 측정한 예인선열의 길이가 200미터를 초과하면 같은 수직선 위에 마스트등 3개를 표시하여야 한다. 2. 현등 1쌍 3. 선미등 1개 4. 선미등의 위쪽에 수직선 위로 예선등 1개 5. 예인선열의 길이가 200미터를 초과하면 가장 잘 보이는 곳에 마름모꼴의 형상물 1개

PART C – LIGHTS AND SHAPES

(b) When a pushing vessel and a vessel being pushed ahead are rigidly connected in a composite unit they shall be regarded as a power-driven vessel and exhibit the lights prescribed in Rule 23.

(c) A power-driven vessel when pushing ahead or towing alongside, except in the case of a composite unit, shall exhibit:

(i) instead of the light prescribed in Rule 23(a)(i) or (a)(ii), two masthead lights in a vertical line;

(ii) sidelights;

(iii) a sternlight.

(d) A power-driven vessel to which paragraph (a) or (c) of this Rule applies shall also comply with Rule 23(a)(ii).

(e) A vessel or object being towed, other than those mentioned in paragraph (g) of this Rule, shall exhibit:

(i) sidelights;

(ii) a sternlight;

(iii) when the length of the tow exceeds 200 metres, a diamond shape where it can best be seen.

제3장 등화와 형상물

(b) 미는 선박과 앞으로 밀리고 있는 선박이 견고하게 연결되어 하나의 복합체를 이룰 때에는 한 척의 동력선으로 취급되며 제23조에 규정된 등화를 표시하여야 한다.

(c) 앞으로 미는 또는 옆에 밀착시켜서 끌고 있는 동력선은 하나의 복합체의 경우를 제외하고는 다음 각 호를 표시하여야 한다.

(i) 제23조 (a)(i) 또는 (a)(ii)에 규정된 등화 대신에 하나의 수직선상에 2개의 마스트등

(ii) 현등

(iii) 선미등

(d) 이 조문의 (a) 또는 (c)항이 적용되는 동력선에는 제23조 (a)(ii)도 적용된다.

(e) 피예인선 또는 피예인물은 이 규칙 (g)항에 언급한 경우를 제외하고는 다음 각 호를 표시하여야 한다.

(i) 현등

(ii) 선미등

(iii) 예인의 길이가 200미터를 초과할 때에는 가장 잘 보이는 장소에 다이아몬드 형상물 1개

「해사안전법」 제82조(항행 중인 예인선)

② 다른 선박을 밀거나 옆에 붙여서 끌고 있는 동력선은 다음 각 호의 등화를 표시하여야 한다.

1. 제81조제1항제1호에 따라 앞쪽에 표시하는 마스트등을 대신하여 같은 수직선 위로 마스트등 2개
2. 현등 1쌍
3. 선미등 1개

③ 끌려가고 있는 선박이나 물체는 다음 각 호의 등화나 형상물을 표시하여야 한다.

1. 현등 1쌍
2. 선미등 1개
3. 예인선열의 길이가 200미터를 초과하면 가장 잘 보이는 곳에 마름모꼴의 형상물 1개

PART C – LIGHTS AND SHAPES

(f) Provided that any number of vessels being towed alongside or pushed in a group shall be lighted as one vessel,

(i) a vessel being pushed ahead, not being part of a composite unit, shall exhibit at the forward end, sidelights;

(ii) a vessel being towed alongside shall exhibit a sternlight and at the forward end, sidelights.

(g) An inconspicuous, partly submerged vessel or object, or combination of such vessels or objects being towed, shall exhibit:

(i) if it is less than 25 metres in breadth, one all-round white light at or near the forward end and one at or near the after end except that dracones need not exhibit a light at or near the forward end;

(ii) if it is 25 metres or more in breadth, two additional all-round white lights at or near the extremities of its breadth;

(iii) if it exceeds 100 metres in length, additional all-round white lights between the lights prescribed in sub-paragraphs (i) and (ii) so that the distance between the lights shall not exceed 100 metres;

(iv) a diamond shape at or near the after most extremity of the last vessel or object being towed and if the length of the tow exceeds 200 metres an additional diamond shape where it can best be seen and located as far forward as is practicable.

제3장 등화와 형상물

(f) 만약 수척의 선박이 한 덩어리가 되어 현측에서 끌리거나 앞으로 밀릴 때에는 한척의 선박처럼 등화를 표시하여야 한다. 즉,

(i) 밀리고 있는 선박이 복합체가 아닐 때에는 전단부에 현등을 표시하여야 한다.

(ii) 현측에서 끌려가고 있는 선박은 선미등을 표시하여야 하고 그리고 전단부에 양현등을 표시하여야 한다.

「해사안전법」 제82조(항행 중인 예인선)

④ 2척 이상의 선박이 한 무리가 되어 밀려가거나 옆에 붙어서 끌려갈 경우에는 이를 1척의 선박으로 보고 다음 각 호의 등화를 표시하여야 한다.

1. 앞쪽으로 밀려가고 있는 선박의 앞쪽 끝에 현등 1쌍
2. 옆에 붙어서 끌려가고 있는 선박은 선미등 1개와 그의 앞쪽 끝에 현등 1쌍

COLREG

(g) 눈에 잘 띄지 않는 상태로 부분적으로 잠수되어 끌려가고 있는 선박이나 물체 또는 끌려가 고 있는 선박들 또는 물체들은 다음 각 호를 표시하여야 한다.

(i) 폭이 25미터 미만이면 전단이나 전단부근에 하나의 백색 전주등과 후단이나 후단부근에 하나의 백색 전주등 단, 액체화물 수송용 고무용기는 전단부 또는 그 부근에 등화를 표시할 필요가 없다.

(ii) 폭이 25미터 이상이면 폭의 양단 또는 그 부근에 2개의 백색 전주등 추가

(iii) 만약 길이가 100미터를 초과하면 (i) 및 (ii)호에서 규정한 등화의 사이에 백색 전주등을 추가 설치하되 등화간의 간격은 100미터를 초과하지 못한다.

(iv) 끌려가는 선박 또는 물체의 최후단이나 그 부근에 한 개의 다이아몬드 형상물, 만약에 예인되는 길이가 200미터를 초과할 경우에는 실행이 가능한 한 전부의 가장 잘 보이는 장소에 다이아몬드 형상물 하나를 더 추가하여야 한다.

「해사안전법」 제82조(항행 중인 예인선)

⑤ 일부가 물에 잠겨 잘 보이지 아니하는 상태에서 끌려가고 있는 선박이나 물체 또는 끌려가고 있는 선박이나 물체의 혼합체는 제3항에도 불구하고 다음 각 호의 등화나 형상물을 표시하여야 한다.

1. 폭 25미터 미만이면 앞쪽 끝과 뒤쪽 끝 또는 그 부근에 흰색 전주등 각 1개
2. 폭 25미터 이상이면 제1호에 따른 등화에 덧붙여 그 폭의 양쪽 끝이나 그 부근에 흰색 전주등 각 1개
3. 길이가 100미터를 초과하면 제1호와 제2호에 따른 등화 사이의 거리가 100미터를 넘지 아니하도록 하는 흰색 전주등을 함께 표시
4. 끌려가고 있는 맨 뒤쪽의 선박이나 물체의 뒤쪽 끝 또는 그 부근에 마름모꼴의 형상물 1개. 이 경우 예인선열의 길이가 200미터를 초과할 때에는 가장 잘 볼 수 있는 앞쪽 끝 부분에 마름모꼴의 형상물 1개를 함께 표시한다.

PART C – LIGHTS AND SHAPES

(h) Where from any sufficient cause it is impracticable for a vessel or object being towed to exhibit the lights or shapes prescribed in paragraph (e) or (g) of this Rule, all possible measures shall be taken to light the vessel or object towed or at least to indicate the presence of such vessel or object.

(i) Where from any sufficient cause it is impracticable for a vessel not normally engaged in towing operations to display the lights prescribed in paragraph (a) or (c) of this Rule, such vessel shall not be required to exhibit those lights when engaged in towing another vessel in distress or otherwise in need of assistance. All possible measures shall be taken to indicate the nature of the relationship between the towing vessel and the vessel being towed as authorized by Rule 36, in particular by illuminating the towline.

제3장 등화와 형상물

COLREG

(h) 여러 가지 이유 때문에 이 조문의 (e) 또는 (g)항에 규정된 등화 또는 형상물을 표시하는 것이 불가능한 피예인선 또는 피예인물에 대하여는 어떤 수단으로든 피예인선 또는 피예인물을 점등하거나, 적어도 그러한 선박이나 물체의 존재를 표시할 수 있도록 모든 방법을 다하여야 한다.

(i) 통상적으로 예인작업에 종사하지 않는 선박이 여러 가지 이유 때문에 이 조문 (a) 및 (c)항에 규정된 등화를 표시하는 것이 불가능한 경우에 그러한 선박이 조난선 또는 구원을 요청하는 선박의 예인작업에 종사할 때는 이들 등화를 표시하지 아니하여도 된다. 이러한 경우에는 예선과 피예인선의 관계를 나타내기 위하여 규칙 제36조에서 인정하는 모든 수단을 다하여야 하고 특히 예인삭을 비추어 그들의 관계를 나타내어야 한다.

「해사안전법」 제82조(항행 중인 예인선)

⑥ 끌려가고 있는 선박이나 물체에 제3항 또는 제5항에 따른 등화나 형상물을 표시할 수 없는 경우에는 끌려가고 있는 선박이나 물체를 조명하거나 그 존재를 나타낼 수 있는 가능한 모든 조치를 취하여야 한다.

⑦ 통상적으로 예인작업에 종사하지 아니한 선박이 조난당한 선박이나 구조가 필요한 다른 선박을 끌고 있는 경우로서 제1항이나 제2항에 따른 등화를 표시할 수 없을 때에는 그 등화들을 표시하지 아니할 수 있다. 이 경우 끌고 있는 선박과 끌려가고 있는 선박 사이의 관계를 표시하기 위하여 끄는 데에 사용되는 줄을 탐조등으로 비추는 등 제94조에 따른 가능한 모든 조치를 취하여야 한다.

⑧ 밀고 있는 선박과 밀려가고 있는 선박이 단단하게 연결되어 하나의 복합체를 이룬 경우에는 이를 1척의 동력선으로 보고 제81조를 적용한다.

3.5.2. 해설

등화는 세 종류로 구분한다.

① 항해등(Running lights)은 항행중임을 나타내는 등으로 양 현등, 선미등, 마스트등으로 구성된다. 기본적인 항해등은 양 현등과 선미등이다.

② 작업등(Working lights)은 얼마나 긴 선박이 어떤 작업을 하고 있는지 알리는 등이다. 마스트등과 예인등으로 구성된다.

③ 식별등(Identification lights)은 어떤 선박인지를 알리는 등으로 조종불능선(NUC), 조종제한선(RAM), 흘수제약선(CBD), 어로에 종사하고 있는 선박, 범선, 정박선[191] 등을 나타낸다.

일체형으로 결합된 예인선은 한 척의 동력선으로 보고 등화를 표시한다.

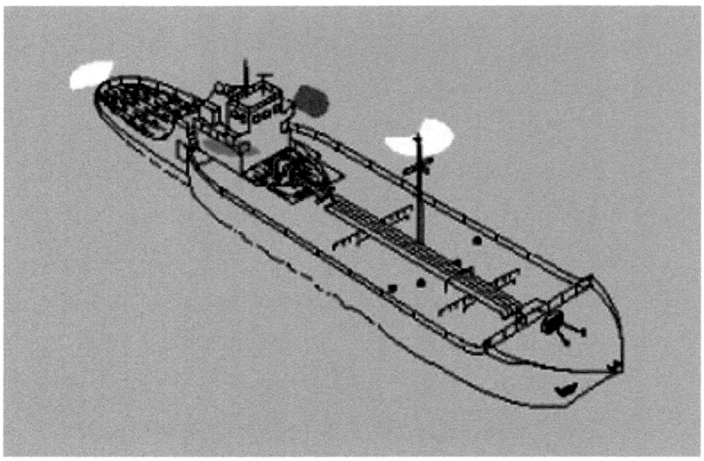

〈그림 2-47〉 일체형으로 결합된 예인선(Composite unit)

1) 예인 작업 표시

항해 중인 예인선은 동력선과 같은 항해등(Running lights)을 표시하고 추가로 예인 작업등(Working lights)을 표시한다.

항해등으로는 마스트등[192], 현등 한 쌍, 선미등을 표시한다.

---

191) 닻 정박선은 갑판을 조명하기 위한 등 또는 이와 비슷한 등화를 표시하는데 길이 100미터 미만의 선박은 갑판 조명등을 켜지 않을 수 있다. 이때의 갑판 조명등은 작업등이 아니고 식별등의 일종이다.

192) 마스트등의 개수는 동력선과 마찬가지로 길이가 50미터 미만이면 1개를 표시하고, 길이 50미터

예인 작업등으로는 항해등인 마스트등 외에 마스트등과 같은 수직선상에 작업등인 마스트등 한 개를 추가로 표시해야 한다.

예인은 뒤로 예인줄을 내어 피예인물을 끌고 가는 예인이 일반적이지만 피예인물을 뒤에서 밀거나 현측에 붙어서 예인하기도 하며, 일체형으로 한 덩어리가 되어 예인하기도 한다.

황색 예인등은 예인선이 야간에 선미에서 예인줄을 내어 다른 선박이나 물체를 잡고 선미 예인 중일 때에만 켜야 한다.[193)]

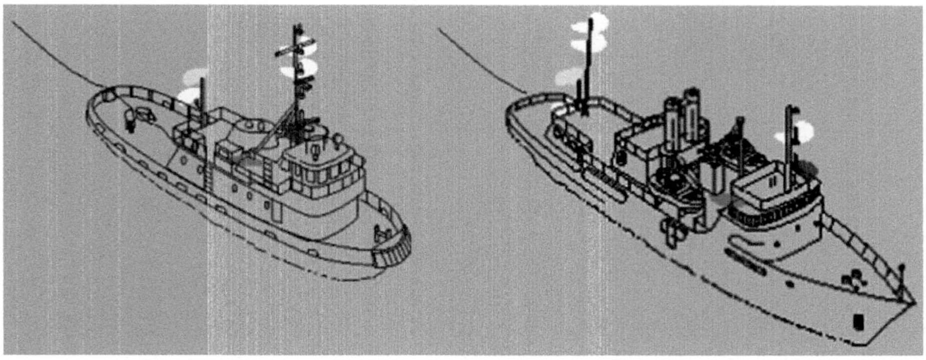

〈그림 2-48〉 예인선의 길이 50미터 미만(좌), 이상(우) 등화

예인선열의[194)] 길이가 200미터 이하이면 단예인(short tow), 200미터를 넘으면 장예인(long tow)이라 한다.

장예인일 때는 예인 작업등으로 마스트등을 하나 더 켜야 하므로 같은 수직선상에 세 개의 마스트등이 켜지게 된다. 이때 예인선박의 길이가 50미터 이상이라면 후부 마스트등도 켜져 있을 것이므로 정선수에서 본다면 같은 수직선상에 네 개의 마스트등이 보일 것이다.[195)]

이상이면 2개(전부와 후부 마스트등) 표시해야 한다.

193) 예인은 뒤로 예인줄을 내어 피예인물을 끌고 가는 예인이 일반적이지만 피예인물을 뒤에서 밀거나 현측에 붙어서 예인하기도 하며, 일체형으로 한 덩어리가 되어 예인하기도 한다. 예인줄을 뒤로 내어 예인 중일 때에만 황색 예인등을 켠다.

194) 예인선의 선미로부터 끌려가는 선박이나 물체의 뒤쪽 끝까지 측정한 길이이며, COLREG에서 예인선열이란 예인선의 선미로부터 끌려가는 선박이나 물체의 뒤쪽 끝까지 측정한 길이를 말한다. 한편 「해사안전법」에서는 예인선열(曳引船列)이란 선박이 다른 선박을 끌거나 밀어 항행할 때의 선단(船團) 전체를 말한다고 COLREG와 달리 규정하고 있다.

195) 길이 60미터의 예인선이 피예인선을 선미 예인하며 길이 250미터의 예인선열을 이루고 있다면,

〈그림 2-49〉에서 점선으로 표시된 마스트등은 예인선이 길이 50미터 이상이면 후부 마스트등 1개를 추가 표시하고, 예인선열의 길이가 200미터를 초과하면 마스트등 1개를 더 추가하여 4개 표시해야 한다는 것을 나타내고 있다.

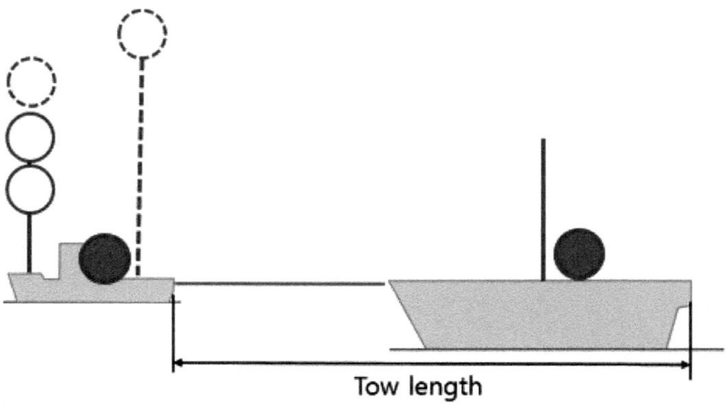

〈그림 2-49〉 길이 50미터 미만의 예인선이 예인선열 길이 200미터 이하로 예인할 경우 등화표시

예인선박의 주간 형상물은 마름모꼴이며, 예인선열의 길이가 200미터를 초과하면 피예인물의 가장 잘 보이는 곳에도 마름모꼴의 형상물 1개를 표시한다.

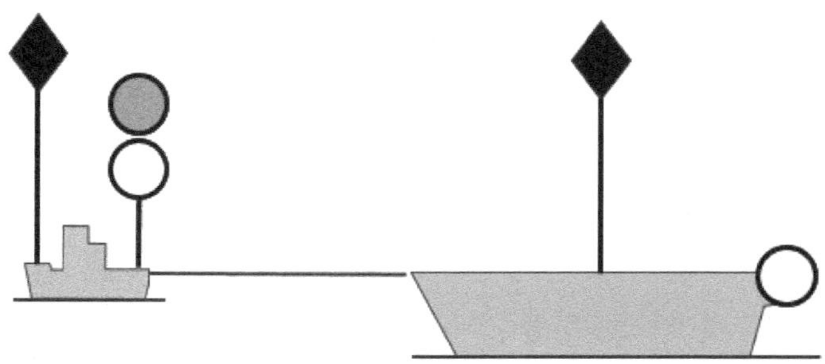

〈그림 2-50〉 선미(정횡 22.5도 후방)에서 본 예인선열

이 예인선을 정선수 방향에서 볼 때 수직으로 4개의 마스트등이 보인다. ① 동력선은 길이 50미터 이상이면 마스트등 2개를 설치하여야 하기 때문에 길이 60미터의 예인선은 항해등으로서 마스트등 2개를 켠다. ② 그리고 예인작업 중이라는 표시로 작업등인 마스트등을 1개 켜야 하고, 예인선열의 길이가 200미터를 초과하기 때문에 추가적으로 작업등인 마스트등을 1개 더 켜야 한다. 따라서 이 경우 예인선은 총 4개의 마스트등을 표시하여야 한다.

- 또한 이 예인선은 선미에서 예인줄을 내어 선박을 예인 중이므로 선미등 위쪽 수직선상에 황색 예인등 1개를 표시하여야 한다.

〈그림 2-51〉 길이 50미터 미만의 예인선이 예인선열의 길이 200미터 이하(좌)와 초과(우)인 경우 표시

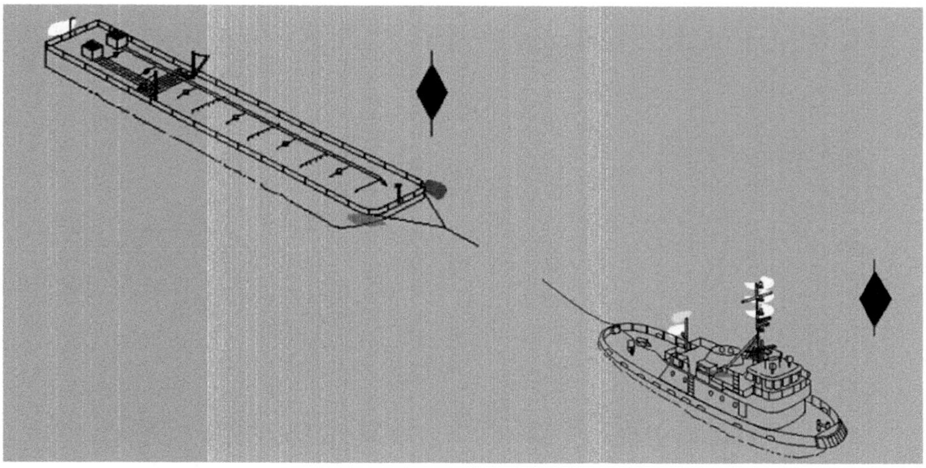

〈그림 2-52〉 길이 50미터 미만의 예인선이 예인선열 길이 200미터 초과하여 예인할 때 등화 및 형상물 표시

예인줄을 내어 피예인물을 끌고 있는 선박은 선미등 위에 황색 예인등을 켜야 한다. 그러나 예인선이 다른 선박을 뒤에서 밀거나(pushing ahead) 옆에 붙여서 끌고(towing alongside) 있을 때에는 이를 한 척으로 보고 예인등을 표시하지 않는다.[196]

196) 미국의 내수법(Inland rules)에는 밀거나 옆에 붙어 예인하는 선박은 백색 선미등을 끄고, 수직선상에 두 개의 황색 예인등을 켜도록 하고 있으므로 미국 내륙으로 항해하는 선박은 주의하여야 한다.

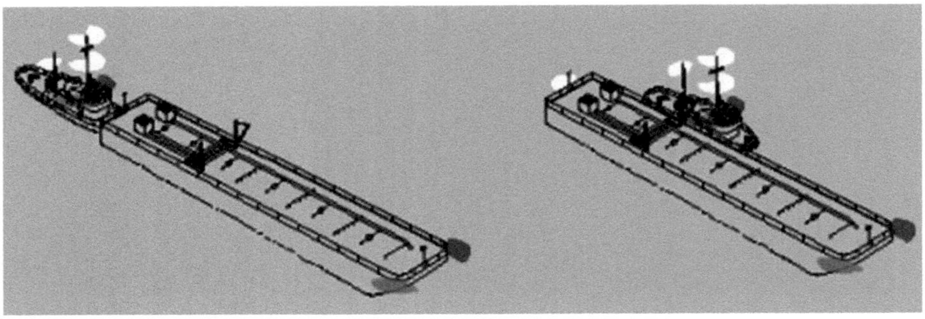

〈그림 2-53〉 밀고 가는 예인(Pushing ahead)과 현측 예인(Towing alongside)

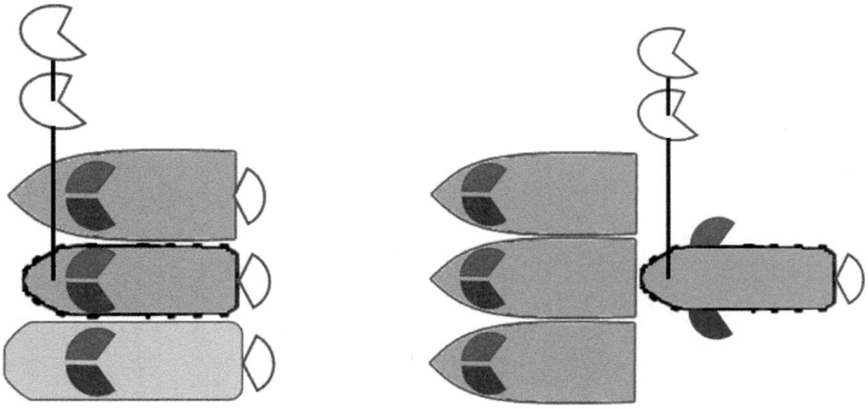

〈그림 2-54〉 뒤에서 밀거나 현측에 붙어서 예인하는 경우

2) 눈에 잘 띄지 않는 물체의 예인 표시

일부가 물에 잠겨 잘 보이지 아니하는 상태에서는 피예인물이 길이와 폭에 따라 백색 전주등을 표시한다. 주간에는 마름모꼴 형상물을 표시한다.

〈그림 2-55〉 일부가 물에 잠겨 예인되는 피예인물

피예인물의 길이가 100미터를 초과하면 〈그림 2-56〉의 점선과 같이 백색 전주등을 추가로 표시한다. 예인선열의 길이가 200미터를 초과하면 앞쪽 끝 부분에 마름모꼴 형상물을 추가로 표시한다.

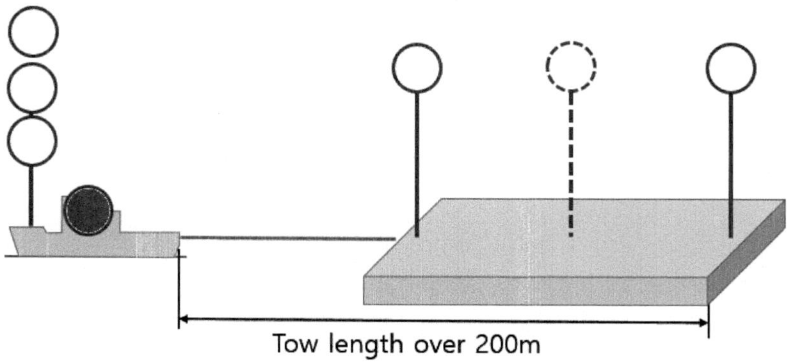

〈그림 2-56〉 예인선열 200미터 초과 등화표시(제24조 (g) (i))

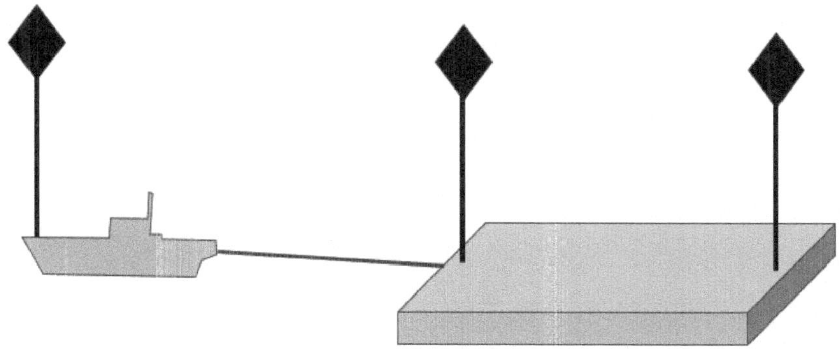

〈그림 2-57〉 예인선열 200미터 초과 형상물 표시(제24조 (g) (iii))

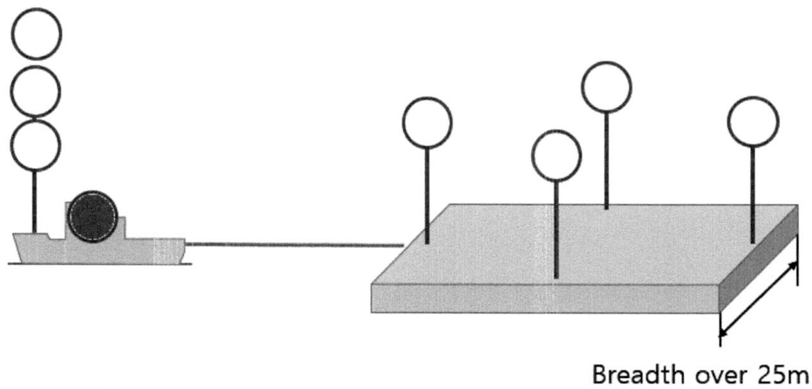

〈그림 2-58〉 피예인물의 폭 25미터 이상 등화 표시(제24조 (g) (ii))

심화학습

○ 예인선열의 길이에 대한 검토

COLREG에서 예인선열의 길이는 예인선의 선미에서부터 피예인선(물체)의 후단까지의 항해등에 추가하여 마스트등 또는 전주등을 작업등과 마름모꼴의 형상물을 표시하도록 요구하는 기준이 된다.

한편 「해사안전법」에서는 "예인선열"(曳引船列)이란 선박이 다른 선박을 끌거나 밀어 항행할 때의 선단(船團) 전체를 말한다고[197] COLREG와 달리 규정하고 있다.

그리고 예인선열의 길이가 200미터를 초과하면 마스트등 1개를 추가 표시해야 하는 사항에 대해서는 단서규정을 두어 COLREG의 규정과 동일하게 하였으나, 「해사안전법」 제81조에서 마름모꼴의 형상물 표시에 대해서는 별도의 단서규정을 두지 않아 COLREG의 규정과 달리 적용하여야 하는 문제가 발생한다.

문제는 「해사안전법」에서 '예인선열'의 용어는 예인선열의 등화 및 형상물을 추가로 표시하도록 규정하고 있는 제81조에서만 사용하고 있어 굳이 용어 '예인선열'에 대하여 COLREG와 달리 정의할 필요성이 있는가? 의문이 들고, 일선 선장 및 항해사들이 이를 알고 적절히 이행하고 있는지 궁금하다.

피예인선을 선미 예인하는 예인선의 선장 및 항해사는 우리나라의 영해 및 내수의 수역을 항해할 경우 「해사안전법」이 COLREG에 우선하여 적용되므로 형상물의 표시에 있어서 주의하기를 바란다.

197) 「해사안전법」 제2조(정의) 제28호.

3.6. 제25조 항행 중인 범선 및 노도선

PART C – LIGHTS AND SHAPES
Rule 25 (Sailing Vessels underway and Vessels under Oars) (a) A sailing vessel underway shall exhibit: (i) sidelights; (ii) a sternlight. (b) In a sailing vessel of less than 20 metres in length the lights prescribed in paragraph (a) of this Rule may be combined in one lantern carried at or near the top of the mast where it can best be seen. (c) A sailing vessel underway may, in addition to the lights prescribed in paragraph (a) of this Rule, exhibit at or near the top of the mast, where they can best be seen, two all-round lights in a vertical line, the upper being red and the lower green, but these lights shall not be exhibited in conjunction with the combined lantern permitted by paragraph (b) of this Rule.

3.6.1. 해석

제3장 등화와 형상물
제25조(항행 중인 범선 및 노도선) (a) 항행 중인 범선은 다음 각 호를 표시하여야 한다. (i) 현등 (ii) 선미등 (b) 길이 20미터 미만의 범선에 있어서는 이 조의 제(a)항에서 규정한 등화를 마스트의 꼭대기 또는 그 부근의 가장 잘 보이는 곳에 1개의 랜턴 안에 결합시킬 수 있다. (c) 항행 중인 범선은 이 조의 제(a)항에서 규정한 등화에 추가하여 마스트의 꼭대기 또는 그 부근의 가장 잘 보이는 곳에 위는 홍색이고, 아래는 녹색인 2개의 전주등을 수직으로 표시한다. 다만 이들 등화는 이 조의 제(b)항에서 허용한 결합등과 동시에 표시하여서는 아니 된다. **「해사안전법」 제83조(항행 중인 범선 등)** ① 항행 중인 범선은 다음 각 호의 등화를 표시하여야 한다. 1. 현등 1쌍 2. 선미등 1개 ② 항행 중인 길이 20미터 미만의 범선은 제1항에 따른 등화를 대신하여 마스트의 꼭대기나 그 부근의 가장 잘 보이는 곳에 삼색등 1개를 표시할 수 있다. ③ 항행 중인 범선은 제1항에 따른 등화에 덧붙여 마스트의 꼭대기나 그 부근의 가장 잘 보이는 곳에 전주등 2개를 수직선의 위아래에 표시할 수 있다. 이 경우 위쪽의 등화는 붉은색, 아래쪽의 등화는 녹색이어야 하며, 이 등화들은 제2항에 따른 삼색등과 함께 표시하여서는 아니 된다.

PART C – LIGHTS AND SHAPES

(d)

(i) A sailing vessel of less than 7 metres in length shall, if practicable, exhibit the lights prescribed in paragraph (a) or (b) of this Rule, but if she does not, she shall have ready at hand an electric torch or lighted lantern showing a white light which shall be exhibited in sufficient time to prevent collision.

(ii) A vessel under oars may exhibit the lights prescribed in this Rule for sailing vessels, but if she does not, she shall have ready at hand an electric torch or lighted lantern showing a white light which shall be exhibited in sufficient time to prevent collision.

(e) A vessel proceeding under sail when also being propelled by machinery shall exhibit forward where it can best be seen a conical shape, apex down wards.

제3장 등화와 형상물

(d)

(i) 길이 7미터 미만인 범선은 실행가능하면 이 조의 제(a)항 및 제(b)항에서 규정한 등화를 표시하여야 한다. 그러나 만약 표시하지 아니할 때에는 백색 전주등 또는 점화된 등화를 준비하여 두었다가 충돌을 방지할 수 있는 충분한 시간 동안 비추어야 한다.

(ii) 노도선은 이 조에서 규정한 범선의 등화를 달 수 있다. 그러나 그러하지 아니할 때에는 백색 전주등 또는 점화된 등화를 준비하여 두었다가 충돌을 방지할 수 있는 충분한 시간 동안 비추어야 한다.

(e) 돛을 펴고 진행하지만 동시에 기관에 의하여 추진되고 있는 선박은 전부 가장 잘 보이는 장소에 정점을 하방으로 둔 원추형 형상물 1개를 달아야 한다.

「해사안전법」 제83조(항행 중인 범선 등)

④ 길이 7미터 미만의 범선은 될 수 있으면 제1항이나 제2항에 따른 등화를 표시하여야 한다. 다만, 이를 표시하지 아니할 경우에는 흰색 휴대용 전등이나 점화된 등을 즉시 사용할 수 있도록 준비하여 충돌을 방지할 수 있도록 충분한 기간 동안 이를 표시하여야 한다.

⑤ 노도선(櫓櫂船)은 이 조에 따른 범선의 등화를 표시할 수 있다. 다만, 이를 표시하지 아니하는 경우에는 제4항 단서에 따라야 한다.

⑥ 범선이 기관을 동시에 사용하여 진행하고 있는 경우에는 앞쪽의 가장 잘 보이는 곳에 원뿔꼴로 된 형상물 1개를 그 꼭대기가 아래로 향하도록 표시하여야 한다.

3.6.2. 해설

항해 중인 범선은 현등 한 쌍과 선미등을 표시한다. 길이 20미터 미만의 범선은 현등과 선미등이 합쳐진 삼색등 1개를 표시할 수 있다.

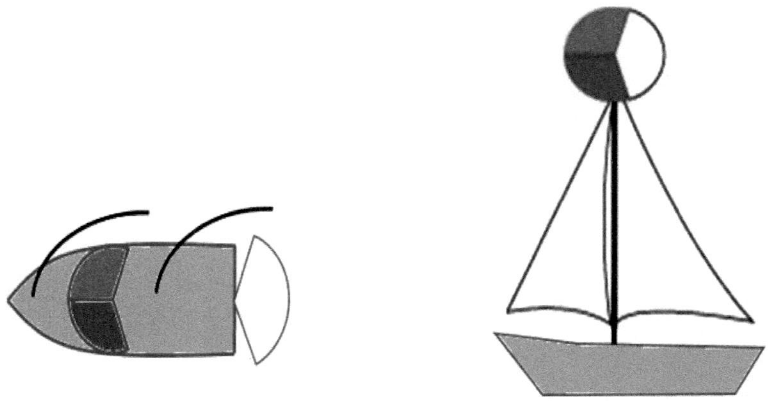

〈그림 2-59〉 항해 중인 범선의 등화 (20미터 이상, 미만)

부가적으로 마스트의 꼭대기나 그 부근의 가장 잘 보이는 곳에 수직선상에 홍색, 녹색 전주등 2개를 표시할 수 있다. 그러나 삼색등과 함께 표시하여서는 아니 된다.

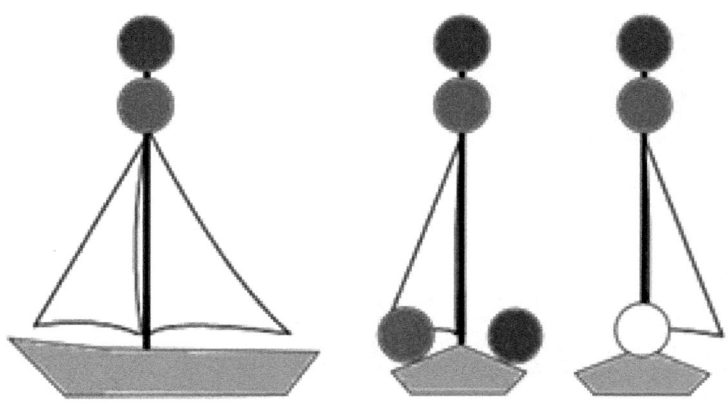

〈그림 2-60〉 항해 중인 범선(Port side, Ahead, Astern, Ahead)

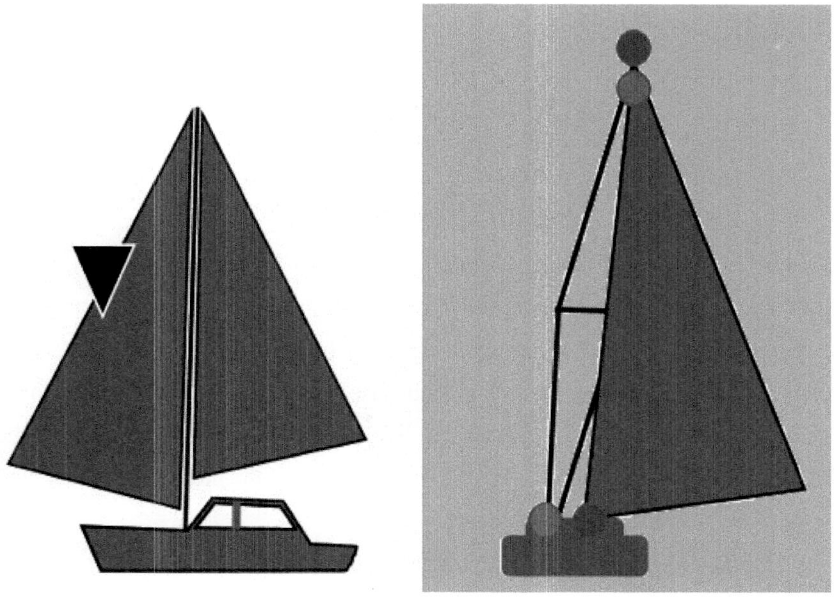

〈그림 2-61〉 범선이 기관을 함께 사용할 때 주간 형상물 및 등화(Ahead)

노 젓는 배는 범선의 등화를 켤 수 있으며, 충돌을 피하는데 충분한 시간동안 등화를 켜야 하는데 손전등도 가능하다.

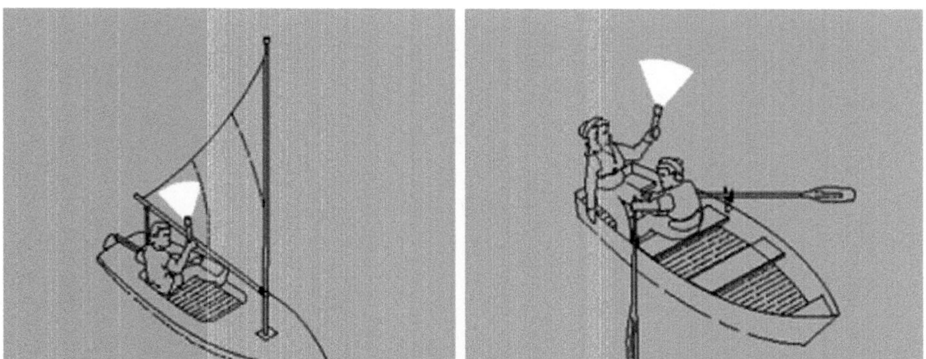

〈그림 2-62〉 7미터 미만의 범선과 노도선의 등화

3.7. 제26조 어선

PART C – LIGHTS AND SHAPES

Rule 26 (Fishing Vessels)

(a) A vessel engaged in fishing, whether underway or at anchor, shall exhibit only the lights and shapes prescribed in this Rule.

(b) A vessel when engaged in trawling, by which is meant the dragging through the water of a dredge net or other apparatus used as a fishing appliance, shall exhibit:

(i) two all-round lights in a vertical line, the upper being green and the lower white, or a shape consisting of two cones with their apexes together in a vertical line one above the other;

(ii) a masthead light abaft of and higher than the all-round green light; a vessel of less than 50 metres in length shall not be obliged to exhibit such a light but may do so;

(iii) when making way through the water, in addition to the lights prescribed in this paragraph, sidelights and a sternlight.

3.7.1. 해석

제3장 등화와 형상물

제26조(어선)

(a) 어로에 종사하고 있는 선박은 항행 중이든 정박 중이든 간에 이 조에서 규정한 등화 및 형상물만을 표시하여야 한다.

(b) 저인망 또는 기타의 어구를 수중에서 끄는 트롤 어로에 종사하고 있는 어선은 다음 각 호를 표시하여야 한다.

(ⅰ) 2개의 전주등을 수직으로 달되 위의 것은 녹색이고 아래 것은 백색이어야 한다. 또는 2개의 원추형을 정점을 포개서 수직으로 달은 형상물 1개를 표시한다.

(ⅱ) 녹색 전주등보다 후방이고 더 높은 장소에 마스트등 1개, 길이 50미터 미만의 선박은 그와 같은 등화를 표시할 의무는 없으나 표시할 수도 있다.

(ⅲ) 대수속력이 있을 때에는 이 항에서 규정한 등화에 추가하여 현등 및 선미등을 표시한다.

「**해사안전법**」 **제84조(어선)** ① 항망(桁網)이나 그 밖의 어구를 수중에서 끄는 트롤망어로에 종사하는 선박은 항행에 관계없이 다음 각 호의 등화나 형상물을 표시하여야 한다.

1. 수직선 위쪽에는 녹색, 그 아래쪽에는 흰색 전주등 각 1개 또는 수직선 위에 2개의 원뿔을 그 꼭대기에서 위아래로 결합한 형상물 1개
2. 제1호의 녹색 전주등보다 뒤쪽의 높은 위치에 마스트등 1개. 다만, 어로에 종사하는 길이 50미터 미만의 선박은 이를 표시하지 아니할 수 있다.
3. 대수속력이 있는 경우에는 제1호와 제2호에 따른 등화에 덧붙여 현등 1쌍과 선미등 1개

PART C – LIGHTS AND SHAPES

(c) A vessel engaged in fishing, other than trawling, shall exhibit:

(i) two all-round lights in a vertical line, the upper being red and the lower white, or a shape consisting of two cones with apexes together in a vertical line one above the other;

(ii) when there is outlying gear extending more than 150 metres horizontally from the vessel, an all-round white light or a cone apex upwards in the direction of the gear;

(iii) when making way through the water, in addition to the lights prescribed in this paragraph, sidelights and a sternlight.

(d) The additional signals described in Annex II to these Regulations apply to a vessel engaged in fishing in close proximity to other vessels engaged in fishing.

(e) A vessel when not engaged in fishing shall not exhibit the lights or shapes prescribed in this Rule, but only those prescribed for a vessel of her length.

제3장 등화와 형상물

(c) 트롤 이외의 어로에 종사하고 있는 선박은 다음 각 호를 표시하여야 한다.

(i) 2개의 전주등을 수직으로 달되 위의 것은 홍색이고 아래 것은 백색이어야 한다. 또는 2개의 원추를 정점을 포개서 수직으로 달은 형상물 1개를 표시한다.

(ii) 어구가 선박으로부터 수평으로 150미터 이상 뻗어 있을 때에는 그 어구방향으로 백색 전주등 1개 또는 하나의 원추를 정점으로 상방으로 하여 표시한다.

(iii) 대수속력이 있을 때에는 이 항에서 규정한 등화에 추가하여 현등 및 선미등을 표시한다.

(d) 이 규칙 부속서Ⅱ에서 규정하는 추가신호는 어로작업을 하고 있는 다른 선박의 근접 거리에서 어로에 종사하고 있는 선박에 적용한다.

(e) 어로에 종사하고 있지 아니하는 선박은 이 조에서 규정한 등화나 형상물을 표시해서는 아니 되고, 자선의 길이에 해당되는 선박이 표시해야 할 등화 및 형상물만을 표시한다.

「해사안전법」 제84조(어선)

② 제1항에 따른 어로에 종사하는 선박 외에 어로에 종사하는 선박은 항행 여부에 관계없이 다음 각 호의 등화나 형상물을 표시하여야 한다.

1. 수직선 위쪽에는 붉은색, 아래쪽에는 흰색 전주등 각 1개 또는 수직선 위에 두 개의 원뿔을 그 꼭대기에서 위아래로 결합한 형상물 1개
2. 수평거리로 150미터가 넘는 어구를 선박 밖으로 내고 있는 경우에는 어구를 내고 있는 방향으로 흰색 전주등 1개 또는 꼭대기를 위로 한 원뿔꼴의 형상물 1개
3. 대수속력이 있는 경우에는 제1호와 제2호에 따른 등화에 덧붙여 현등 1쌍과 선미등 1개

③ 트롤망어로와 선망어로(旋網漁撈)에 종사하고 있는 선박에는 제1항과 제2항에 따른 등화 외에 해양수산부령으로 정하는 추가신호를 표시하여야 한다.

④ 어로에 종사하고 있지 아니하는 선박은 이 조에 따른 등화나 형상물을 표시하여서는 아니 되며, 그 선박과 같은 길이의 선박이 표시하여야 할 등화나 형상물만을 표시하여야 한다.

3.7.2. 해설

어로에 종사하고 있는 선박은 항행 중이거나 닻을 놓고 정박 중일 때를 불문하고 제26조에서 규정한 등화만을 표시하여야 한다. 따라서 정박 중이더라도 정박등(Anchor lights)은 켜지 않으며, 어로작업으로 인해 조종성능이 제한되어도 조종제한선(RAM) 등화를 켜지 않는다. 어선은 어구를 수중에서 끄는 트롤어선(Trawler)과[198] 그 밖의 어선으로 구분한다.[199]

1) 트롤어선

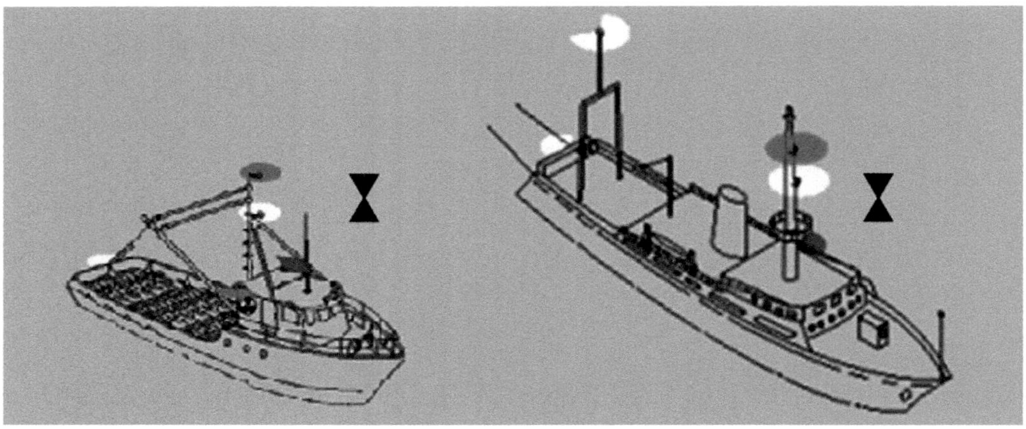

〈그림 2-63〉 트롤 작업선의 등화 및 형상물(50미터 미만(좌), 이상(우))

저인망어로[200] 등에 종사하는 트롤어선은 같은 수직선상에 전주등 2개를 위로부터 녹색, 백색 순으로 표시하고, 주간에 장구형 형상물을 단다.

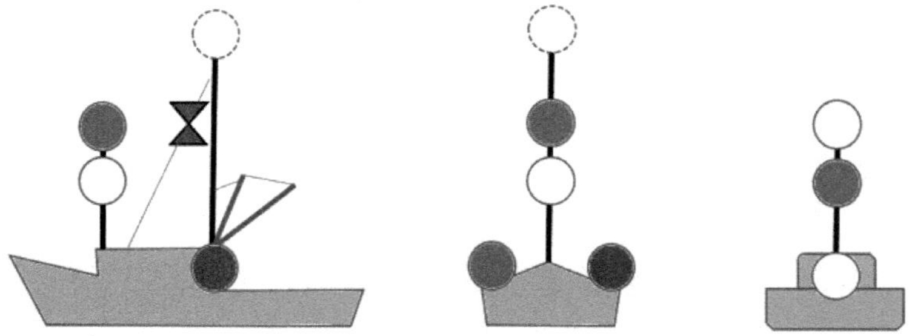

〈그림 2-64〉 저인망, 수중 트롤 작업선 등화 (Port side, Ahead, Astern)

198) 그물 입구가 잘 벌어지도록 하는 전개판(Otter board)을 단 그물을 선미쪽으로 내리고 선박이 이동하면서 그물을 끌어 어획하는 방법으로는 표층트롤, 중층트롤, 저층트롤로 나뉜다.

199) 낚시 줄을 여러 가닥 드리우고 항행하는 어선(Trolling)이나 레저용 낚시어선은 트롤(Trawling) 어선으로 보지 않는다.

200) 트롤어업과 같으나 망구 전개판이 달려있지 않은 그물을 사용한다. 트롤어업의 한 종류이다.

트롤어선의 길이가 50미터 이상이면 녹색 전주등보다 뒤쪽으로 높은 곳에(abaft and higher) 마스트등 한 개를 켠다. 길이 50미터 미만의 선박은 표시하지 않을 수 있다.
대수속력이 있는 경우에는 현등 한 쌍과 선미등을 표시한다.

2) 비트롤어선

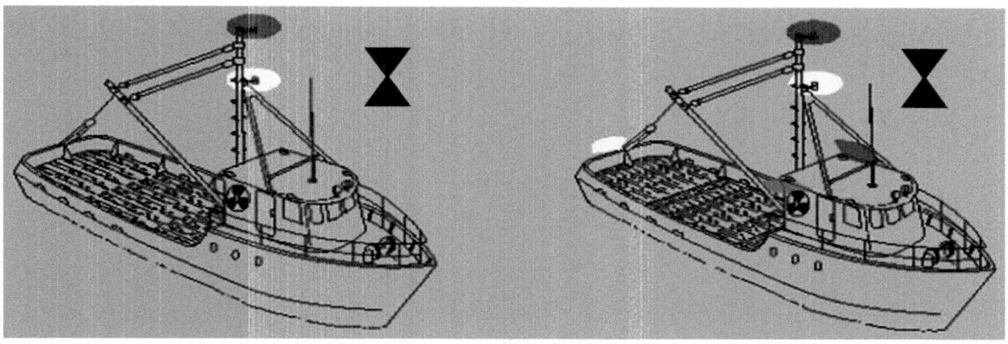

〈그림 2-65〉 트롤 이외의 어선 등화 및 형상물 (정박 중(좌), 항해 중(우))

트롤 이외의 선박은 수직선상에 2개의 전주등을 위로부터 홍색, 백색 순으로 표시하고 주간에는 장구형 형상물을 표시한다.
대수속력이 있는 경우에는 현등 한 쌍과 선미등을 표시한다.

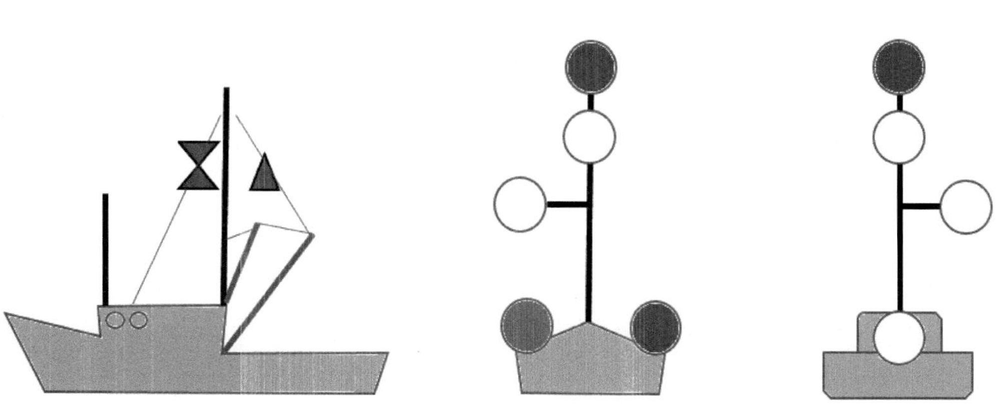

〈그림 2-66〉 저인망, 수중 트롤 작업선 이외의 등화 (Shapes, Ahead, Astern)

수평거리로 길이 150미터가 넘는 어구를 선체 밖으로 내고 있는 경우에는 어구 방향으로 백색 전주등 1개[201] 또는 꼭대기를 위로 향한 원뿔형 형상물 1개를 표시한다.[202]

어로에 종사하고 있지 아니하는 선박은 일반 동력선의 등화나 형상물만을 표시하여야 한다.

서로 시계 안에 있는 때 어로를 마치고 항행 중인 선박이 어로에 종사하고 있는 선박의 등화를 켜고 있는 것으로 의심되는 다른 선박에 접근하는 경우에는 일단 제7조 (a)항과[203] 제18조의 선박 상호간의 책무를 고려하여 다른 선박의 진로를 피하여야 한다.

부속서 2의 근접상태에서 어로작업 중인 어선들이 추가적으로 표시해야 하는 신호(signal)를 정리하면 〈표 2-7〉과 같다.[204]

---

201) 부가적으로 다는 전주등은 청-백, 홍-백과 같은 어선 식별등보다 아래 쪽에 설치되어야 하며 어선 식별등으로부터 적어도 0.9미터 이상 떨어져 있어야 한다. 최소 광달거리 1해리를 넘는 범위에서 광도가 어선 등화보다 약해야 한다. (부속서2 (1))

202) 길이 20미터 미만의 어로에 종사하고 있는 선박은 장구형 형상물 대신에 바구니(basket) 1개를 표시할 수 있도록 규정하였으나, 이 규정은 1993년에 개정되어 1995년에 폐지되었다. 따라서 어로에 종사하고 있는 선박은 주간에 모두 장구형 형상물을 표시하여야 한다.

203) 제7조(충돌의 위험성) (a) 모든 선박은 충돌의 위험성이 있는지의 여부를 판정하기 위하여 당시의 사정과 조건에 적합한 모든 이용할 수 있는 수단을 활용하여야 한다. 의심스러운 경우에는 충돌의 위험성이 있다고 보아야 한다.

204) 부속서 2 (2) 트롤 어선(Trawlers)에 관한 신호

(a) 길이 20미터를 초과하는 선박이 트롤망 어로에 종사할 때에는 심해 어구를 사용하든 또는 표층어구를 사용하든 간에 다음 신호를 표시하여야 한다.

(i) 투망을 할 때: 수직선상에 백등 2개

(ii) 어망을 끌어 올리고 있을 때: 수직선상에 백등 1개, 그 하방에 홍등 1개

(iii) 어망이 장해물에 걸려 묶여 있을 때: 수직선상에 홍등 2개

(b) 짝을 지어 트롤망 어로에 종사하는 길이 20미터 이상은 다음 각 호를 표시하여야 한다.

(i) 야간에는 전진방향과 자기 짝의 다른 선박의 방향을 비추는 탐조등 1개

(ii) 어망을 내보내거나, 끌어들이거나 또는 장애물에 걸려서 묶였을 때에는 2절 (a)항에 규정된 등화

- 부속서 2 (3) 선망 어선(Purse seiners)에 대한 신호

선망 어구로 어로에 종사하고 있는 선박은 수직선상에 황색등 2개를 표시할 수 있다. 이들 등화는 발광과 차광의 간격이 균일하고 매초마다 교대로 비추어야 한다. 이들 등화는 어선이 자기의 어구에 의하여 방해를 받을 때에 한해서 표시할 수 있다.

〈표 2-7〉 근접상태에서 어로작업 중 어선의 추가 표시하는 신호

어로작업의 종류	등화	기류
투망할 때 (Shooting nets)	white over white	Flag Z by day
양망할 때 (Hauling nets)	white over red	Flag G by day
장애물에 걸렸을 때 (Nets caught on bottom)	red over red	Flag P by day
쌍끌이 조업 (Pair trawling)	searchlights on water	Flag T by day
선망 조업 (Purse Seiners)	yellow over yellow, flashing alternately	

3.8. 제27조 조종불능선과 조종제한선

PART C – LIGHTS AND SHAPES

Rule 27 (Vessels not under Command or Restricted in their Ability to Manoeuvre)

(a) A vessel not under command shall exhibit:

(i) two all-round red lights in a vertical line where they can best be seen;

(ii) two balls or similar shapes in a vertical line where they can best be seen;

(iii) when making way through the water, in addition to the lights prescribed in this paragraph, sidelights and a sternlight.

(b) A vessel restricted in her ability to manoeuvre, except a vessel engaged in mineclearance operations, shall exhibit:

(i) three all-round lights in a vertical line where they can best be seen. The highest and lowest of these lights shall be red and the middle light shall be white;

(ii) three shapes in a vertical line where they can best be seen. The highest and lowest of these shapes shall be balls and the middle one a diamond;

(iii) when making way through the water, a masthead light or lights, sidelights and a sternlight in addition to the lights prescribed in subparagraph (i);

3.8.1. 해석

제3장 등화와 형상물

제27조(조종불능선 또는 조종제한선)

(a) 조종불능선은 다음 각 호를 표시하여야 한다.
 (i) 가장 잘 보이는 곳, 수직선상에 홍색 전주등 2개
 (ii) 가장 잘 보이는 곳, 수직선상에 구 또는 이와 유사한 형상물 2개
 (iii) 대수속력이 있는 경우에는 이 항에서 규정한 등화 이외에 현등 및 선미등

「해사안전법」 제85조(조종불능선과 조종제한선) ① 조종불능선은 다음 각 호의 등화나 형상물을 표시하여야 한다.
 1. 가장 잘 보이는 곳에 수직으로 붉은색 전주등 2개
 2. 가장 잘 보이는 곳에 수직으로 둥근꼴이나 그와 비슷한 형상물 2개
 3. 대수속력이 있는 경우에는 제1호와 제2호에 따른 등화에 덧붙여 현등 1쌍과 선미등 1개

COLREG
(b) 기뢰 제거작업에 종사하고 있는 선박을 제외하고 조종성능에 제한을 받는 선박은 다음 등화를 표시하여야 한다.
 (i) 가장 잘 보이는 곳, 수직선상에 전주등 3개, 이 전주등 3개 중에 상단 및 하단의 등화는 홍색이어야 하며 중간의 등화는 백색이어야 한다.

 (ii) 가장 잘 보이는 곳 수직선상에 형상물 3개, 이들 형상물중 상단 및 하단의 형상물은 구형이어야 하며 중간의 형상물은 장구형이어야 한다.
 (iii) 대수속력이 있는 경우에는 전호 (i)에 규정된 등화에 추가하여 하나 또는 그 이상의 마스트등, 현등 및 선미등

PART C – LIGHTS AND SHAPES

(iv) when at anchor, in addition to the lights or shapes prescribed in sub-paragraphs (i) and (ii), the light, lights or shape prescribed in Rule 30.

(c) A power-driven vessel engaged in a towing operation such as severely restricts the towing vessel and her tow in their ability to deviate from their course shall, in addition to the lights or shapes prescribed in Rule 24(a), exhibit the lights or shapes prescribed in sub-paragraphs (b)(i) and (ii) of this Rule.

제3장 등화와 형상물

(ⅳ) 정박 중인 경우에는, 위의 제(ⅰ)호 및 제(ⅱ)호에서 규정한 등화 또는 형상물에 추가하여 제30조에 규정된 등화 및 형상물

「해사안전법」 제85조(조종불능선과 조종제한선)

② 조종제한선은 기뢰제거작업에 종사하고 있는 경우 외에는 다음 각 호의 등화나 형상물을 표시하여야 한다.

1. 가장 잘 보이는 곳에 수직으로 위쪽과 아래쪽에는 붉은색 전주등, 가운데에는 흰색 전주등 각 1개
2. 가장 잘 보이는 곳에 수직으로 위쪽과 아래쪽에는 둥근꼴, 가운데에는 마름모꼴의 형상물 각 1개
3. 대수속력이 있는 경우에는 제1호에 따른 등화에 덧붙여 마스트등 1개, 현등 1쌍 및 선미등 1개
4. 정박 중에는 제1호와 제2호에 따른 등화나 형상물에 덧붙여 제88조에 따른 등화나 형상물

COLREG

(c) 예선과 피예인선이 그들의 침로에서 이탈하는 것을 심하게 제한하는 성질의 예인작업에 종사 하는 동력선은 24조 (a)항에서 규정하는 등화 또는 형상물에 추가하여 이 조문 (b)항 (ⅰ) 및 (ⅱ)에 규정된 등화 또는 형상물을 표시하여야 한다.

「해사안전법」 제85조(조종불능선과 조종제한선)

③ 동력선이 진로로부터 이탈능력을 매우 제한받는 예인작업에 종사하고 있는 경우에는 제82조제1항에 따른 등화나 형상물에 덧붙여 제2항제1호와 제2호에 따른 등화나 형상물을 표시하여야 한다.

PART C – LIGHTS AND SHAPES

(d) A vessel engaged in dredging or underwater operations, when restricted in her ability to manoeuvre, shall exhibit the lights and shapes prescribed in sub-paragraphs (b) (i), (ii) and (iii) of this Rule and shall in addition, when an obstruction exists, exhibit:

(i) two all-round red lights or two balls in a vertical line to indicate the side on which the obstruction exists;

(ii) two all-round green lights or two diamonds in a vertical line to indicate the side on which another vessel may pass;

(iii) when at anchor, the lights or shapes prescribed in this paragraph instead of the lights or shape prescribed in Rule 30.

(e) Whenever the size of a vessel engaged in diving operations makes it impracticable to exhibit all lights and shapes prescribed in paragraph (d) of this Rule, the following shall be exhibited:

(i) three all-round lights in a vertical line where they can best be seen. The highest and lowest of these lights shall be red and the middle light shall be white;

(ii) a rigid replica of the International Code flag "A" not less than 1 metre in height. Measures shall be taken to ensure its all-round visibility.

제3장 등화와 형상물

(d) 조종성에 제한을 받는 준설 또는 수중작업에 종사하고 있는 선박은 이 조의 제(b)항 (ⅰ), (ⅱ) 및 (ⅲ)에서 규정한 등화 및 형상물을 표시하여야 하며, 장애물이 있는 경우에는 추가하여 다음 등화 및 형상물을 표시하여야 한다.

(ⅰ) 장애물이 있는 쪽을 가리키는 수직선상에 홍색 전주등 2개 또는 구형 형상물 2개

(ⅱ) 다른 선박이 항과 할 수 있는 쪽을 가리키는 수직선상에 녹색 전주등 2개 또는 장구형 형상물 2개

(ⅲ) 정박 중인 때에는, 제30조에서 규정한 등화 또는 형상물에 대신하여 이 항에서 규정한 등화 또는 형상물을 표시하여야 한다.

「해사안전법」 제85조(조종불능선과 조종제한선)

④ 준설(浚渫)이나 수중작업에 종사하고 있는 선박이 조종능력을 제한받고 있는 경우에는 제2항에 따른 등화나 형상물을 표시하여야 하며, 장애물이 있는 경우에는 이에 덧붙여 다음 각 호의 등화나 형상물을 표시하여야 한다.

1. 장애물이 있는 쪽을 가리키는 뱃전에 수직으로 붉은색 전주등 2개나 둥근꼴의 형상물 2개
2. 다른 선박이 통과할 수 있는 쪽을 가리키는 뱃전에 수직으로 녹색 전주등 2개나 마름모꼴의 형상물 2개
3. 정박 중인 때에는 제88조에 따른 등화나 형상물을 대신하여 제1호와 제2호에 따른 등화나 형상물

COLREG

(e) 잠수작업에 종사하는 선박이 그 크기로 인하여 이 조문 (d)항에서 규정하는 등화나 형상물을 표시하는 것이 불가능한 때는 다음을 표시하여야 한다.

(ⅰ) 가장 잘 보이는 곳의 수직선상에 전 주위를 비추는 세 개의 등화. 최상단 및 최하단의 등은 홍등이고 중간 등은 백등이어야 한다.

(ⅱ) 딱딱한 판에 새긴 높이가 1미터 이상 되는 국제신호기 “A”자. 이것은 사방에서 보일 수 있어야 한다.

「해사안전법」 제85조(조종불능선과 조종제한선)

⑤ 잠수작업에 종사하고 있는 선박이 그 크기로 인하여 제4항에 따른 등화와 형상물을 표시할 수 없으면 다음 각 호의 표시를 하여야 한다.

1. 가장 잘 보이는 곳에 수직으로 위쪽과 아래쪽에는 붉은색 전주등, 가운데에는 흰색 전주등 각 1개
2. 국제해사기구가 정한 국제신호서(國際信號書) 에이(A) 기(旗)의 모사판(模寫版)을 1미터 이상의 높이로 하여 사방에서 볼 수 있도록 표시

PART C – LIGHTS AND SHAPES

(f) A vessel engaged in mineclearance operations shall in addition to the lights prescribed for a power-driven vessel in Rule 23 or to the lights or shape prescribed for a vessel at anchor in Rule 30 as appropriate, exhibit three all-round green lights or three balls. One of these lights or shapes shall be exhibited near the foremast head and one at each end of the fore yard. These lights or shapes indicate that it is dangerous for another vessel to approach within 1000 metres of the mineclearance vessel.

(g) Vessels of less than 12 metres in length, except those engaged in diving operations, shall not be required to exhibit the lights and shapes prescribed in this Rule.

(h) The signals prescribed in this Rule are not signals of vessels in distress and requiring assistance. Such signals are contained in Annex IV to these Regulations

제3장 등화와 형상물

COLREG

(f) 기뢰 제거작업에 종사하고 있는 선박은 규칙 제23조에서 규정한 동력선의 등화 또는 규칙 제30조에서 규정한 정박선의 등화나 형상물에 추가하여 3개의 녹색 전주등 또는 3개의 구형 형상물을 표시하여야 한다. 이들 등화나 형상물 중 1개는 전부 마스트 부근에 표시되어야 하고 나머지 2개는 전부 활대(yard)의 양단에 각각 표시하여야 한다. 이들 등화나 형상물은 다른 선박이 기뢰 제거작업 중인 선박의 1,000미터 범위 이내로 접근하는 것은 위험하다는 것을 표시한다.

「해사안전법」 제85조(조종불능선과 조종제한선)

⑥ 기뢰제거작업에 종사하고 있는 선박은 해당 선박에서 1천 미터 이내로 접근하면 위험하다는 경고로서 제81조에 따른 동력선에 관한 등화, 제88조에 따른 정박하고 있는 선박의 등화나 형상물에 덧붙여 녹색의 전주등 3개 또는 둥근꼴의 형상물 3개를 표시하여야 한다. 이 경우 이들 등화나 형상물 중에서 하나는 앞쪽 마스트의 꼭대기 부근에 표시하고, 다른 2개는 앞쪽 마스트의 가름대의 양쪽 끝에 1개씩 표시하여야 한다.

(g) 길이 12미터 미만의 선박은 잠수작업에 종사하고 있는 경우를 제외하고 이 조에서 규정한 등화 및 형상물을 표시하지 아니하여도 된다.

(h) 이 조에서 규정한 신호는 조난 및 구조를 필요로 하는 선박의 신호가 아니다. 그와 같은 신호는 이 규칙 부속서 Ⅳ에 포함되어 있다.

「해사안전법」 제85조(조종불능선과 조종제한선)

⑦ 길이 12미터 미만의 선박은 잠수작업에 종사하고 있는 경우 외에는 이 조에 따른 등화와 형상물을 표시하지 아니할 수 있다.

3.8.2. 해설

조종불능선(NUC)은 조종부자유선이라고도 하며 주로 선박이 고장 나서 못 움직이는 경우이다.

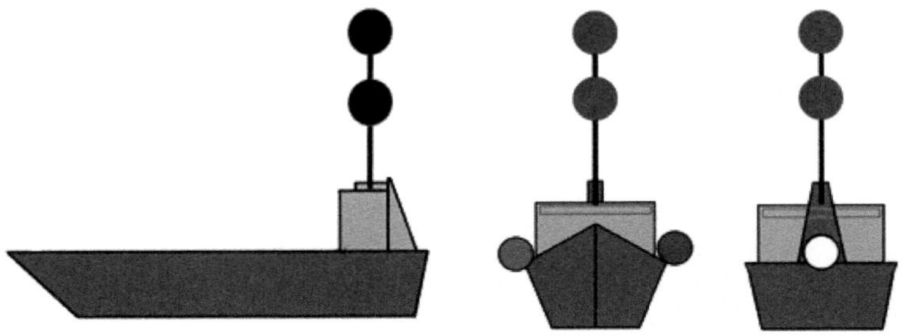

〈그림 2-67〉 조종불능선 (Shape, Ahead lights, Astern lights)

동일한 수직선상에 홍색 전주등 두 개를 표시하며, 주간에는 구형 형상물 두 개를 동일한 수직선상에 표시한다. 대수속력이 있으면 현등 한 쌍과 선미등을 표시한다. 마스트등은 켜지 않는다.

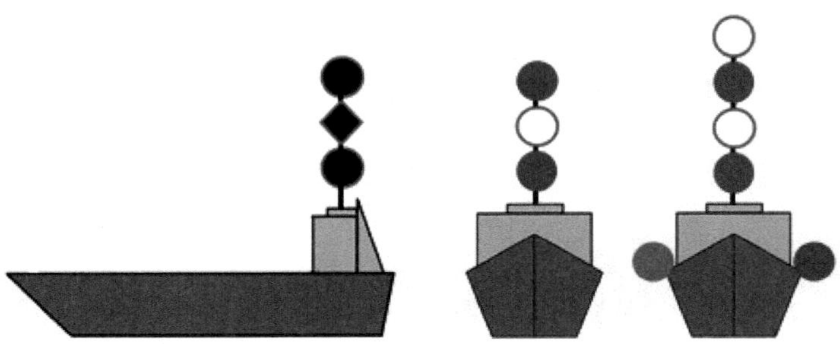

〈그림 2-68〉 조종제한선 (Shape, Ahead lights)

조종제한선(RAM)은 선박의 고장이 아니라 해상에서 조종성능을 제한받는 작업에 종사하여 다른 선박의 진로를 피하지 못할 경우이다. 등화는 전주등 3개를 수직선상에 홍색, 백색, 홍색 순으로 표시하며, 형상물은 구형, 마름모꼴형, 구형을 단다. 대수속력이 있으면 현등과 선미등을 표시하고, 조종불능선과 달리 마스트등을 함께 표시한다. 조종제한선이 닻을 놓고 있으면 추가적으로 COLREG 제30조에[205] 따른 등화와

205) COLREG 제30조(정박선 및 좌초선)

(a) 정박 중인 선박은 가장 잘 보이는 곳에 다음 각 호를 표시하여야 한다.

(ⅰ) 전부에 백색 전주등 1개 또는 구형 형상물 1개,

형상물을 표시하여야 한다.

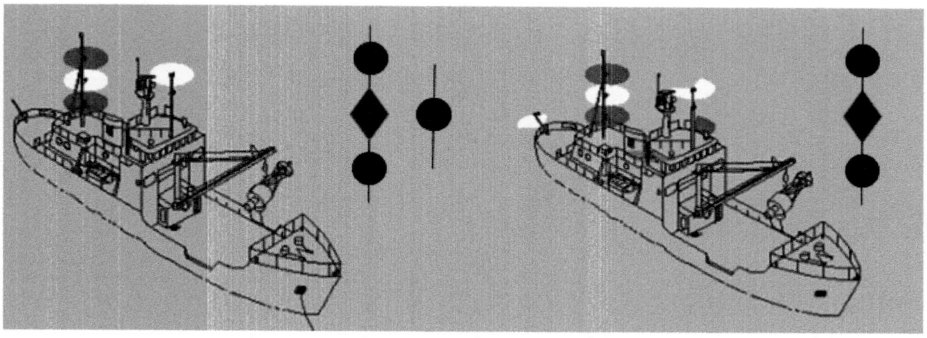

〈그림 2-69〉 조종제한선 (Anchored, Making way)

준설 또는 잠수작업 등으로 뱃전에 장애물이 있는 조종제한선은 추가적으로 장애물 쪽에 수직으로 붉은색 전주등 2개나 구형 형상물 2개를 표시한다. 선박이 통과할 수 있는 뱃전에는 수직으로 녹색 전주등 2개나 마름모꼴 형상물 2개를 표시한다. 정박 중에도 COLREG 제30조의 등화 또는 형상물을 표시하지 않는다.

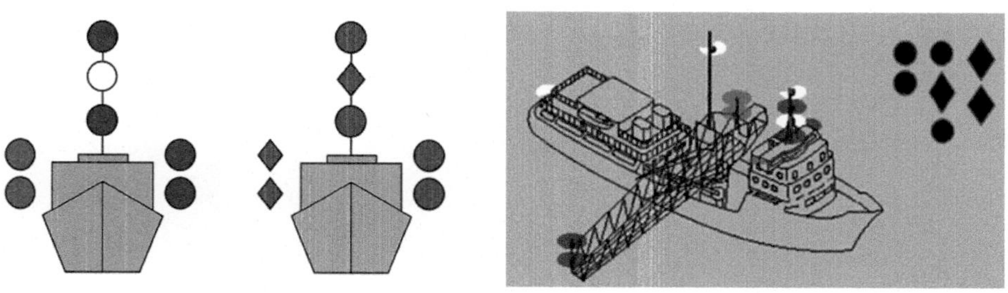

〈그림 2-70〉 장애물이 있는 조종제한선 (lights, shapes, Overview)

소형 잠수 작업선은 조종제한선 표시로 전주등 3개를 수직선상에 홍색, 백색, 홍색 순으로 표시하고, 국제신호기(International code flag)에 따른 'A' 표시판을 항상 달아둔다.

(ii) 선미 또는 그 부근에 위의 제(i)호에 규정한 등화보다 더 낮은 높이로 전 주위를 비추는 백등 1개,

(b) 길이 50미터 미만의 선박은 이 조의 제(a)항에 규정한 등화 대신에 가장 잘 보이는 곳에 백색 전주등 1개를 표시할 수 있다.

(c) 정박 중인 선박은 갑판을 조명하기 위하여 이용할 수 있는 작업등 또는 이와 동등한 등화를 사용할 수 있으며, 길이 100미터 이상의 선박은 이와 같은 등화를 사용하여야 한다.

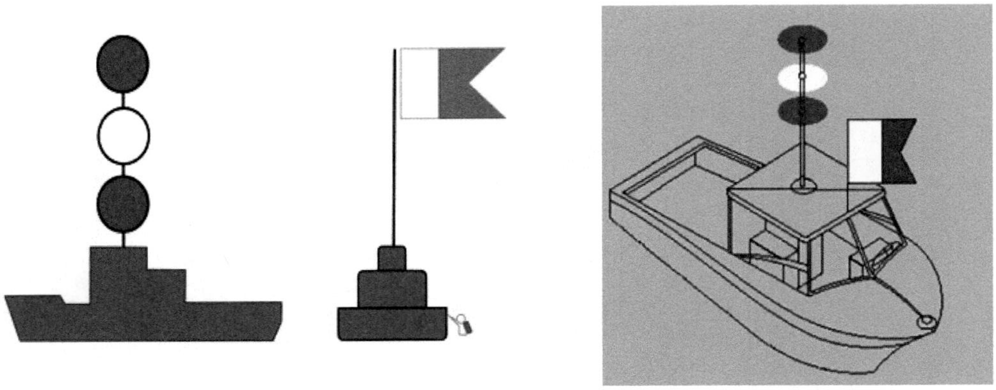

〈그림 2-71〉 소형 잠수 작업선(Lights, A, Overview)

기뢰 제거작업에 종사하는 선박은 3개의 녹등을 표시하는데 수직선상에 다는 것이 아니고 전부 마스트에 하나, 전부 마스트 가름대(yard)[206]에 수평으로 하나씩 달아 삼각형으로 보이게 한다. 이와 같은 추가 등화 및 형상물을 표시하고 있다면, 다른 선박은 이 선박으로부터 1천 미터 안으로 접근하지 말라는 표시이다.

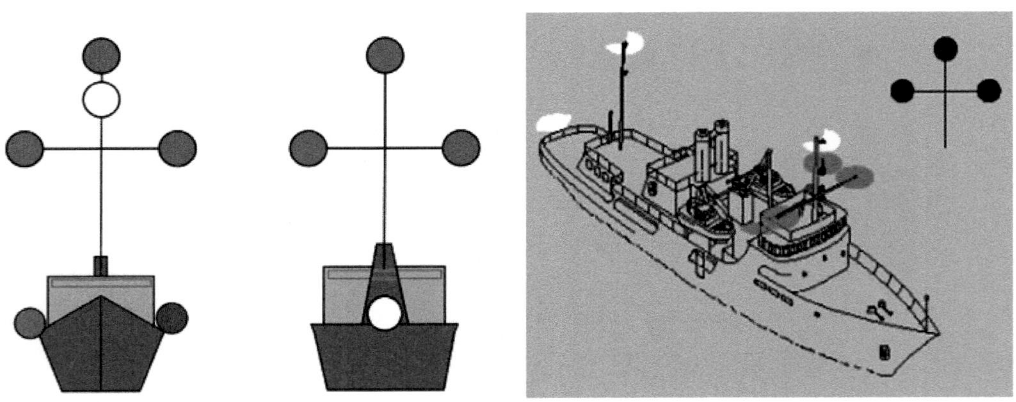

〈그림 2-72〉 기뢰 제거 작업선(Ahead, Astern, Overview)

예인작업에 따라 진로에서 벗어날 수 있는 능력이 심하게 제한된 예인선은 제24조의 규정에 따른 등화 및 형상물 표시에 추가하여 제27조의 규정에 따라 조종제한선을 나타내는 등화 및 형상물을 〈그림 2-73〉과 같이 표시하여야 한다.

---

206) 마스트를 가로지르는 활대이며, 범선에서는 횡범(선수미 방향에 수직인 돛)을 다는데 사용된다.

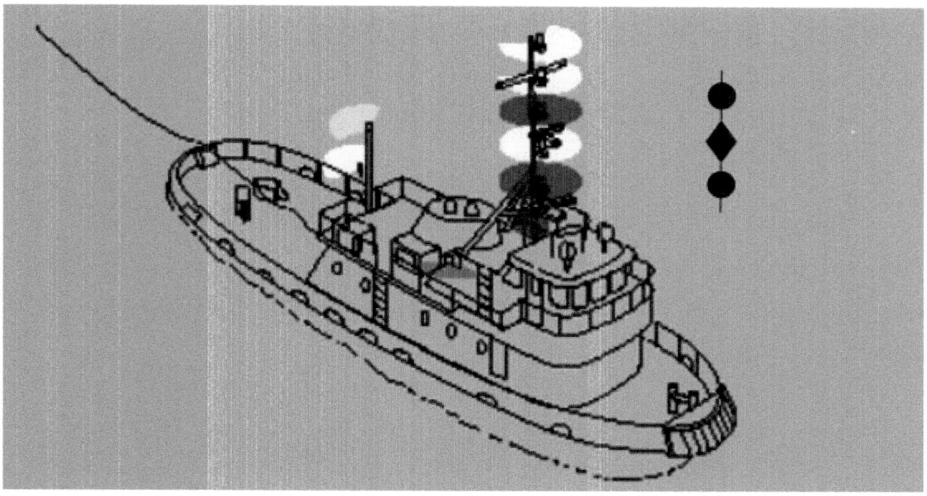

〈그림 2-73〉 후미 예인 중인 조종제한선

3.9. 제28조 흘수제약선, 제29조 도선선

PART C – LIGHTS AND SHAPES

Rule 28 (Vessel constrained by their draught)

A vessel constrained by her draught may, in addition to the lights prescribed for power-driven vessels in rule 23, exhibit where they can best be seen three all-round red lights in a vertical line, or a cylinder.

Rule 29 (Pilot Vessels)

(a) A vessel engaged on pilotage duty shall exhibit:

(i) at or near the masthead, two all-round lights in a vertical line, the upper being white and the lower red;

(ii) when underway, in addition, sidelight and a sternlight;

(iii) when at anchor, in addition to the lights prescribed in subparagraph (i), the light, lights or shape prescribed in Rule 30 for vessels at anchor.

(b) A pilot vessel when not engaged on pilotage duty shall exhibit the lights or shapes prescribed for a similar vessel of her length.

3.9.1. 해석

제3장 등화와 형상물

제28조(흘수제약선)

흘수제약선은 제23조에서 규정한 동력선의 등화에 추가하여 가장 잘 보일 수 있는 곳에 수직선상에 홍색의 전주등 3개 또는 원통형 형상물 1개를 표시할 수 있다.

「**해사안전법**」 **제86조(흘수제약선)** 흘수제약선은 제81조에 따른 동력선의 등화에 덧붙여 가장 잘 보이는 곳에 붉은색 전주등 3개를 수직으로 표시하거나 원통형의 형상물 1개를 표시할 수 있다.

제29조(도선선)

(a) 도선업무에 종사하고 있는 선박은 다음 각 호를 표시하여야 한다.

(i) 마스트 또는 마스트 부근에 수직선상으로 상부에 백색, 하부에 홍색으로 전주등 2개

(ii) 항행 중인 경우에는 현등 및 선미등을 추가한다.

(iii) 정박 중인 경우, 위의 제(i)호에서 규정한 등화에 추가하여 규칙 제30조에서 규정한 정박선에 대한 등화나 등화군 또는 형상물을 표시한다.

(b) 도선업무에 종사하고 있지 아니하는 경우의 도선선은 그 선박과 길이가 같은 선박에 대하여 규정한 등화 또는 형상물을 표시하여야 한다.

「**해사안전법**」 **제87조(도선선)** ① 도선 업무에 종사하고 있는 선박은 다음 각 호의 등화나 형상물을 표시하여야 한다.

1. 마스트의 꼭대기나 그 부근에 수직선 위쪽에는 흰색 전주등, 아래쪽에는 붉은색 전주등 각 1개
2. 항행 중에는 제1호에 따른 등화에 덧붙여 현등 1쌍과 선미등 1개
3. 정박 중에는 제1호에 따른 등화에 덧붙여 제88조에 따른 정박하고 있는 선박의 등화나 형상물

② 도선선이 도선업무에 종사하지 아니할 때에는 그 선박과 같은 길이의 선박이 표시하여야 할 등화나 형상물을 표시하여야 한다.

3.9.2. 해설

흘수제약선(CBD)은 동력선의 등화에 추가하여 가장 잘 보이는 곳의 수직선상에 홍색 전주등 3개를 표시할 수 있다. '표시하여야 한다.'라고 하지 않았기 때문에 의무규정은 아니나, 자선이 흘수제약선으로서 법적 지위를 갖기 위해서는 표시하여야 한다.

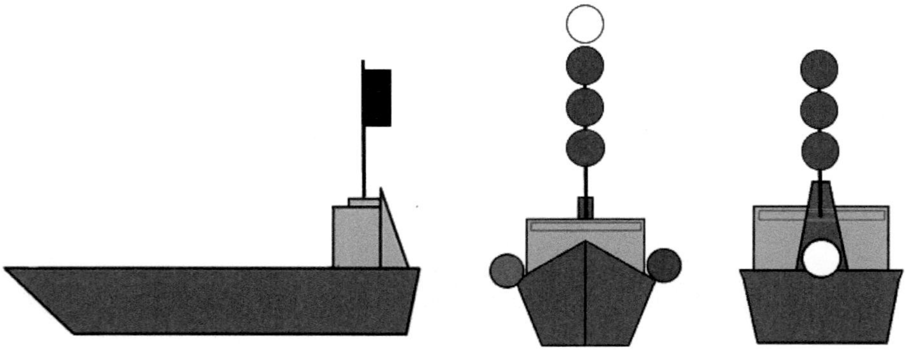

〈그림 2-74〉 흘수제약선 형상물과 등화(Ahead, Astern)

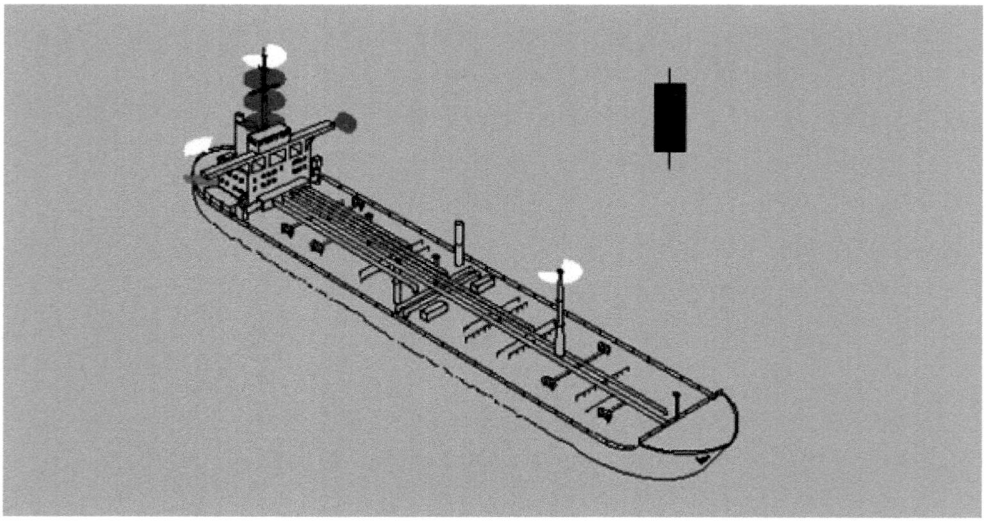

〈그림 2-75〉 흘수제약선 등화와 형상물

도선선은 마스트의 꼭대기나 그 부근의 수직선상에 백색, 홍색의 전주등을 표시한다. 항행 중에는 추가적으로 현등과 선미등을 표시한다.

정박 중에는 도선등을 표시한 채 추가적으로 제30조에 따른 정박등을 표시한다.

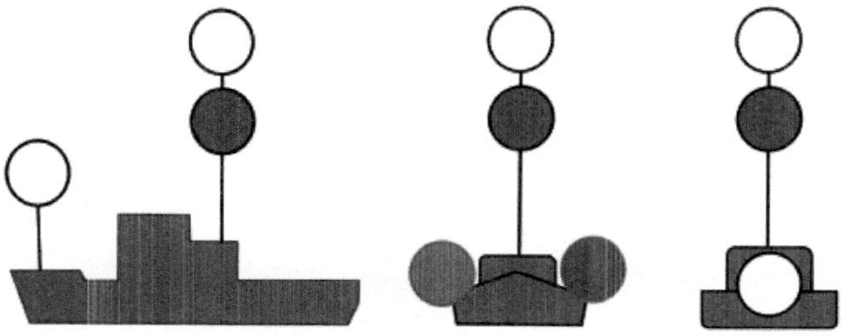

〈그림 2-76〉 도선선 (Anchored, Ahead, Astern)

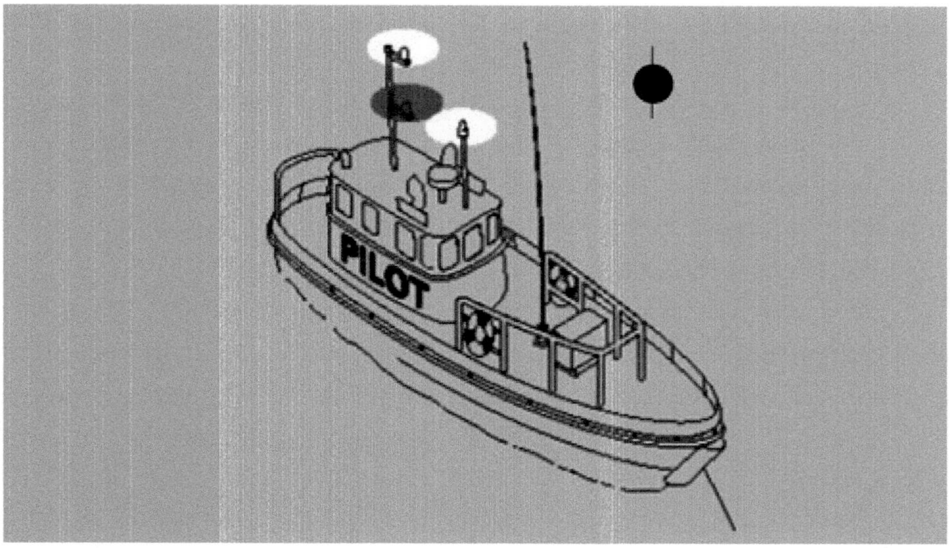

〈그림 2-77〉 정박 중인 도선선

3.10. 제30조 정박선 및 좌초선

PART C – LIGHTS AND SHAPES

Rule 30 (Anchored Vessels and Vessels aground)

(a) A vessel at anchor shall exhibit where it can best be seen:

(i) in the fore part, an all-round white light or one ball;

(ii) at or near the stern and at a lower level than the light prescribed in sub-paragraph (i), an all-round white light

(b) A vessel of less than 50 metres in length may exhibit an all-round white light where it can best be seen instead of the lights prescribed in paragraph (a) of this Rule.

(c) A vessel at anchor may, and a vessel of 100 metres and more in length shall, also use the available working or equivalent lights to illuminate her decks.

(d) A vessel aground shall exhibit the lights prescribed in paragraph (a) or (b) of this Rule and in addition, where they can best be seen:

(i) two all-round red lights in a vertical line;

(ii) three balls in a vertical line.

(e) A vessel of less than 7 metres in length, when at anchor, not in or near a narrow channel, fairway or anchorage, or where other vessels normally navigate, shall not be required to exhibit the lights or shape prescribed in paragraphs (a), (b) of this Rule.

(f) A vessel of less than 12 metres in length, when aground, shall not be required to exhibit the lights or shapes prescribed in sub-paragraphs (d)(i) and (ii) of this Rule.

3.10.1. 해석

제3장 등화와 형상물
제30조(정박선 및 좌초선) (a) 정박 중인 선박은 가장 잘 보이는 곳에 다음 각 호를 표시하여야 한다. (i) 전부에 백색 전주등 1개 또는 구형 형상물 1개, (ii) 선미 또는 그 부근에 위의 제(i)호에서 규정한 등화보다 더 낮은 높이로 백색 전주등 1개 (b) 길이 50미터 미만의 선박은 이 조의 제(a)항에서 규정한 등화 대신에 가장 잘 보이는 곳에 백색의 전주등 1개를 표시할 수 있다. (c) 정박 중인 선박은 갑판을 조명하기 위하여 이용할 수 있는 작업등 또는 이와 동등한 등화를 사용할 수 있으며, 길이 100미터 이상의 선박은 이와 같은 등화를 사용하여야 한다. (d) 좌초선은 이 조의 제(a)항 또는 제(b)항에서 규정한 등화를 표시하여야 하며, 이에 추가하여 가장 잘 보이는 곳에 다음 등화 또는 형상물을 표시하여야 한다. (i) 수직선상에 홍색 전주등 2개 (ii) 수직선상에 구형 형상물 3개 (e) 길이 7미터 미만의 선박은 좁은 수로, 항로 또는 정박지 안이나 그 부근 또는 다른 선박이 통상적으로 항해하는 곳 이외의 장소에서 정박한 때에는 이 조의 제(a)항 및 제(b)항에서 규정한 등화 또는 형상물을 표시하지 아니하여도 된다. (f) 길이 12미터 미만의 선박이 좌초되어 있을 때에는 이 조의 제(d)항 제(i)호 및 제(ii)호에서 규정한 등화 또는 형상물을 표시하지 아니하여도 된다. **「해사안전법」 제88조(정박선과 얹혀 있는 선박)** ① 정박 중인 선박은 가장 잘 보이는 곳에 다음 각 호의 등화나 형상물을 표시하여야 한다. 1. 앞쪽에 흰색의 전주등 1개 또는 둥근꼴의 형상물 1개 2. 선미나 그 부근에 제1호에 따른 등화보다 낮은 위치에 흰색 전주등 1개 ② 길이 50미터 미만인 선박은 제1항에 따른 등화를 대신하여 가장 잘 보이는 곳에 흰색 전주등 1개를 표시할 수 있다. ③ 정박 중인 선박은 갑판을 조명하기 위하여 작업등 또는 이와 비슷한 등화를 사용하여야 한다. 다만, 길이 100미터 미만의 선박은 이 등화들을 사용하지 아니할 수 있다.

제3장 등화와 형상물
「해사안전법」 제88조(정박선과 얹혀 있는 선박) ④ 얹혀 있는 선박은 제1항이나 제2항에 따른 등화를 표시하여야 하며, 이에 덧붙여 가장 잘 보이는 곳에 다음 각 호의 등화나 형상물을 표시하여야 한다. 1. 수직으로 붉은색의 전주등 2개 2. 수직으로 둥근꼴의 형상물 3개 ⑤ 길이 7미터 미만의 선박이 좁은 수로등 정박지 안 또는 그 부근과 다른 선박이 통상적으로 항행하는 수역이 아닌 장소에 정박하거나 얹혀 있는 경우에는 제1항과 제2항에 따른 등화나 형상물을 표시하지 아니할 수 있다. ⑥ 길이 12미터 미만의 선박이 얹혀 있는 경우에는 제4항에 따른 등화나 형상물을 표시하지 아니할 수 있다.

3.10.2. 해설

정박선이나 좌초선은 앞쪽에 백색 전주등 1개 또는 둥근꼴 형상물 1개와 선미나 그 부근에 앞쪽 전주등보다 낮은 위치에 백색 전주등 1개를 표시한다.

길이 50미터 미만의 선박은 가장 잘 보이는 곳에 백색 전주등 1개를 표시할 수 있으나 필요하다면 더 낮은 곳에 백색 전주등을 추가로 표시할 수도 있다.

길이 100미터 이상의 정박선은 갑판을 조명하기 위한 등 또는 이와 비슷한 등화를 반드시 표시하여야 하고, 길이 100미터 미만의 선박은 갑판 조명등을 표시하지 않을 수 있다.

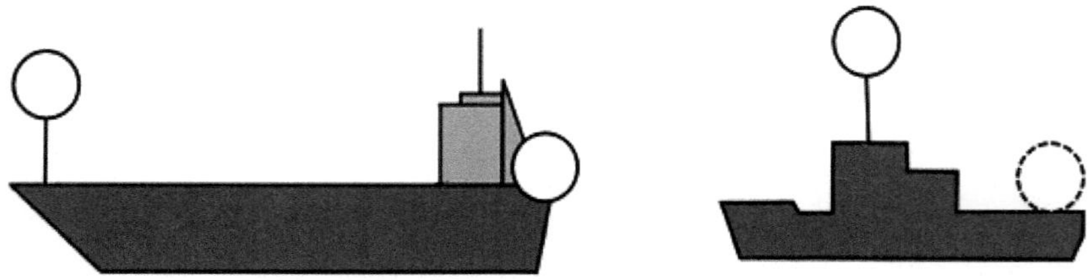

〈그림 2-78〉 정박등

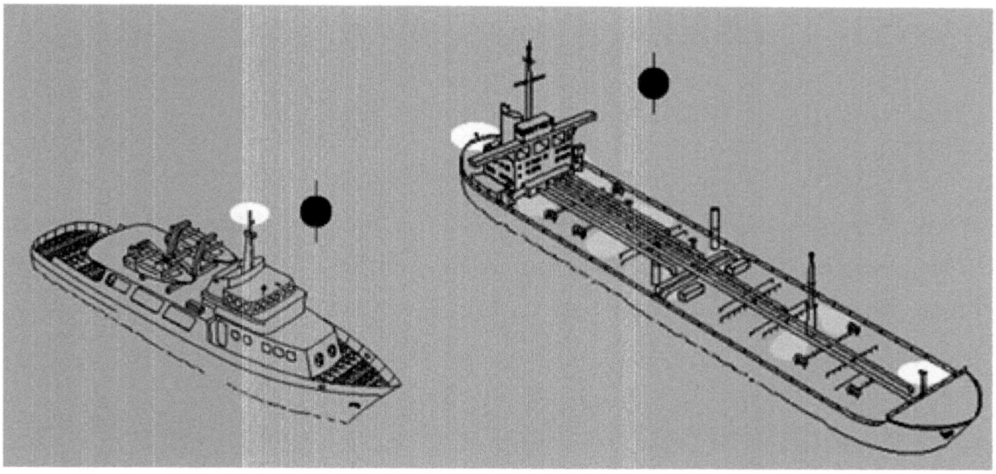

〈그림 2-79〉 정박등 (50미터 미만(좌), 이상(우))

좌초선은 정박등과 함께 수직선상에 조종불능선 표시인 홍색 전주등 2개를 표시한다. 주간에 수직선상에 둥근꼴 형상물 3개를 표시한다.

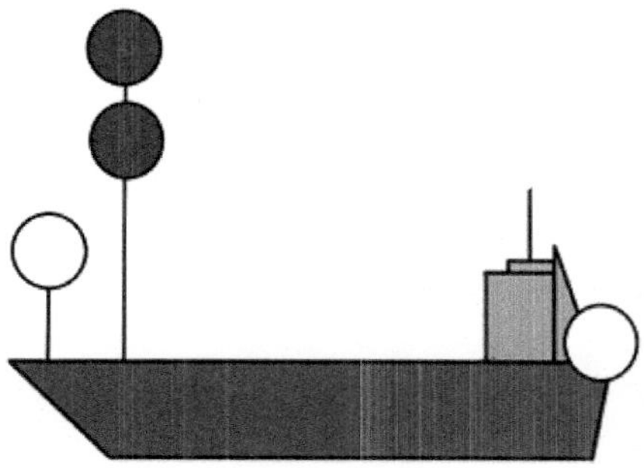

〈그림 2-80〉 좌초선의 등화

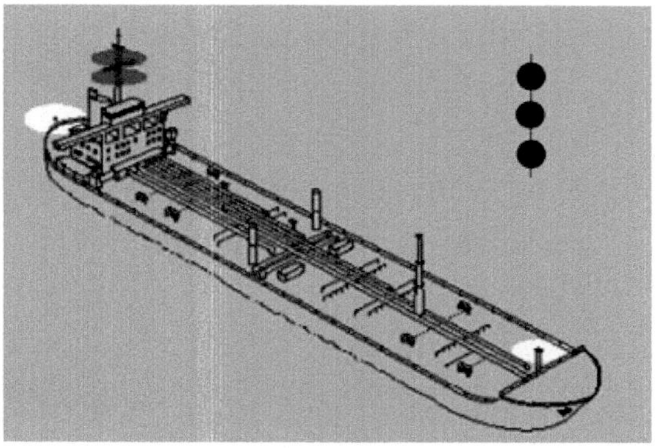

〈그림 2-81〉 좌초선의 표시

3.11. 제31조 수상항공기

PART C – LIGHTS AND SHAPES
Rule 31 (Seaplanes) Where it is impracticable for a seaplane or a WIG craft to exhibit lights and shapes of the characteristics or in the positions prescribed in the Rules of this Part she shall exhibit lights and shapes as closely similar in characteristics and position as is possible.

3.11.1. 해석

제3장 등화와 형상물
제31조(수상항공기) 수상항공기 또는 수면비행선박은 이 장의 조항들에서 규정한 특성 또는 위치에 등화 및 형상물을 표시하는 것이 불가능할 경우에는 가능한 한 이들 특성 및 위치와 가장 유사하게 등화 및 형상물을 표시하여야 한다. **해사안전법** **제89조(수상항공기 및 수면비행선박)** 수상항공기 및 수면비행선박은 이 절에서 규정하는 특성을 가진 등화와 형상물을 표시할 수 없거나 규정된 위치에 표시할 수 없는 경우 그 특성과 위치에 관하여 될 수 있으면 이 절에서 규정하는 것과 비슷한 등화나 형상물을 표시하여야 한다.

3.12. 등화와 형상물 요약

등화의 기본 색상은 홍색, 녹색, 백색이며 표시하는 위치는 가능한 한 마스트의 높은 곳이나 가름대(yard)에 표시한다.

주간 형상물은 검은 색이며 둥근꼴(Ball), 마름모꼴(Diamond), 원뿔꼴(Cone, Triangle), 원통형(Cylinder), 장구형이 있다. 가능한 한 높은 곳에 표시하며, 가름대(yard)에 표시할 때는 잘 보이게 단다.

닻 정박 중인 선박은 둥근꼴 형상물 1개를 표시하고, 조종불능선(NUC)은 둥근꼴 형상물 2개를 수직으로 표시한다. 기뢰제거선은 둥근꼴 형상물 3개를 삼각형 모양으로 표시한다. 흘수제약선(CBD)은 원통형 형상물 1개를 표시한다. 도선선은 아무런 형상물을 표시하지 않는다.

조종제한선(RAM)은 수직으로 둥근꼴-마름모꼴-둥근꼴 형상물 3개를 표시한다. 이 때는 양 현측 어디로든 항해할 수 있으나 현측에 둥근꼴 형상물 2개를 표시한 쪽은 항해할 수 없고, 현측에 마름모꼴 형상물 2개를 표시한 쪽으로 항해하여야 한다.

예인선열의 길이가 200미터를 초과하는 장예인(long tow)이면 예인선과 피예인선에 각각 마름모꼴 형상물을 1개씩 표시한다. 예인선열의 길이가 200미터 이하이면 형상물을 표시하지 않는다.

기범선이 기관을 함께 사용하여 항해 중일 때는 원뿔형 형상물을 원뿔의 꼭지(apex)가 아래로 향하도록 단다.

어로에 종사하고 있는 선박은 원뿔형 형상물 2개의 원뿔 꼭지를 맞대어 장구나 모래시계 형태로 형상물을 표시한다. 어구를 선박 밖으로 수평거리 150미터를 넘게 내고 있을 때는 원뿔형 형상물 1개를 원뿔의 꼭지(apex)가 위로 향하도록 어구 방향에 표시한다.

〈표 2-8〉 등화와 형상물 Ⅰ

선박	등화/형상물	전주등	형상물
NUC	수직선상에 홍등 두 개 표시 /구형 2개 표시		
RAM	수직선상에 홍-백-홍 순으로 표시 /구형-마름모형-구형		
CBD	수직선상에 홍등 세 개를 표시		
저인망 트롤선	수직선상에 녹-백 순으로 표시 /원뿔을 맞댄 장구형 형상물 1개		
기타 어로선	수직선상에 홍-백 순으로 표시 /원뿔을 맞댄 장구형 형상물 1개 /어구가 150미터를 초과할 때 원뿔 1개		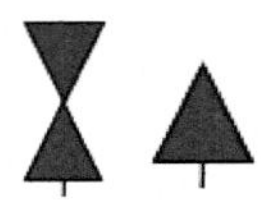
범선	수직선상에 홍-록 순으로 표시 /기관을 같이 사용할 때는 원뿔 1개		
도선선	수직선상에 백-홍 순으로 표시		없음
기뢰 제거선	삼각 형태로 녹색등 3개 표시 /구형을 등화와 같은 형태로 3개 표시	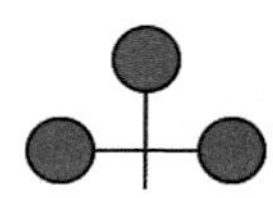	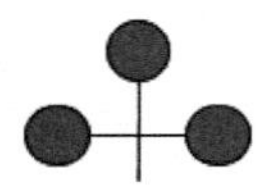
정박선	선수 쪽에 백색 전주등 1개, 선미 쪽은 앞쪽보다 낮게 백색 전주등 1개 /구형 1개	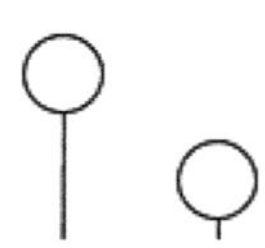	
좌초선	정박등에 부가하여 수직으로 붉은색의 전주등 2개 /수직으로 둥근꼴의 형상물 3개	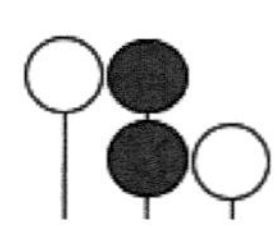	
예인선	예인선열 길이에 따라 마스트등 표시 /예인선열이 200미터를 초과할 때 마름모꼴 1개를 예인선과 피예인선에 게양	전주등 표시 없음	

〈표 2-9〉 등화와 형상물 II

야간 등화	주간 형상물
NUC 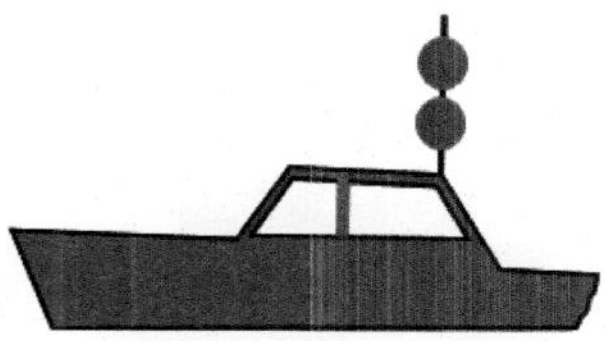	NUC 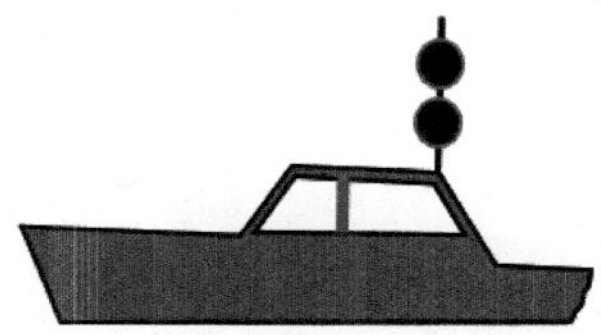
RAM (No restrictions to pass) 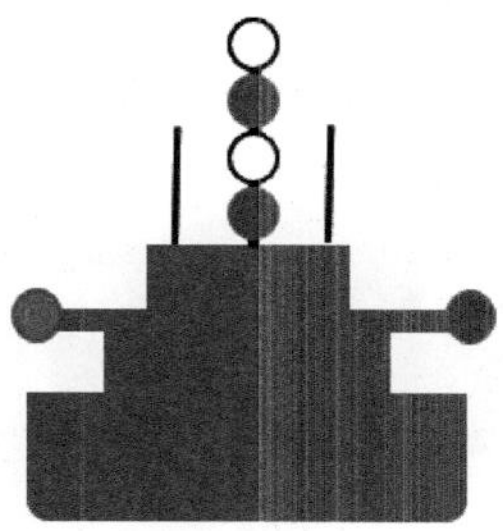	RAM (No restrictions to pass) 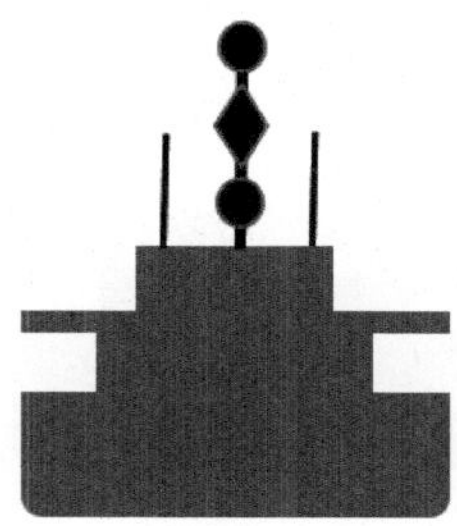
RAM (Do not pass to starboard) 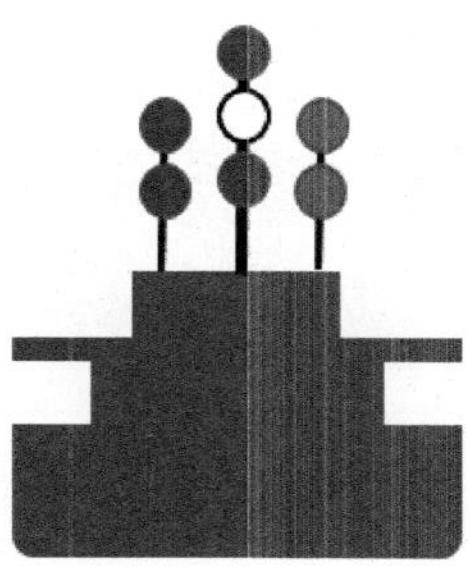	RAM (Do not pass to starboard) 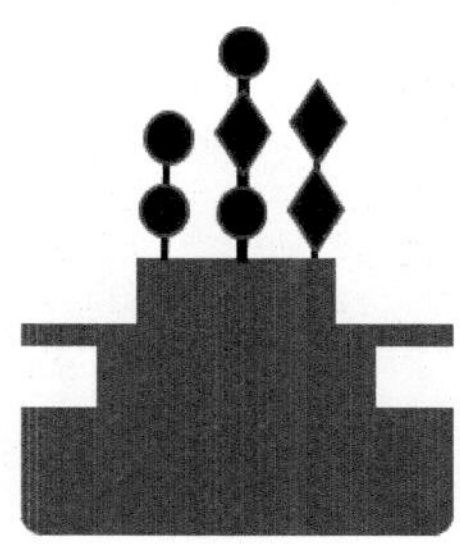
CBD 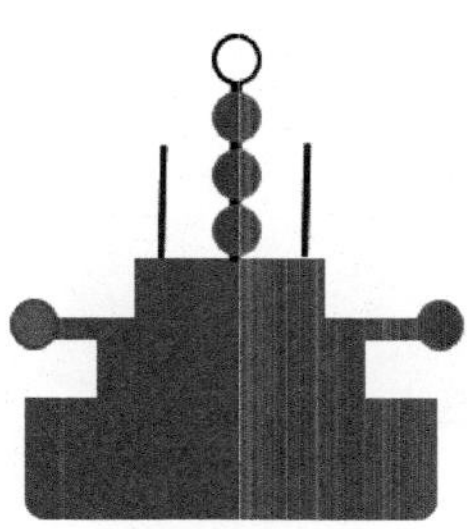	CBD 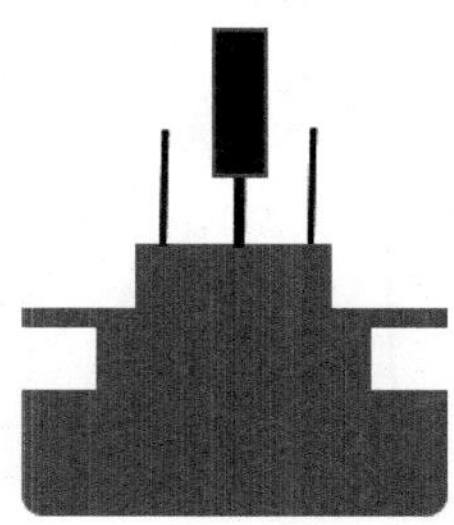

야간 등화	주간 형상물
Fishing/Trawling 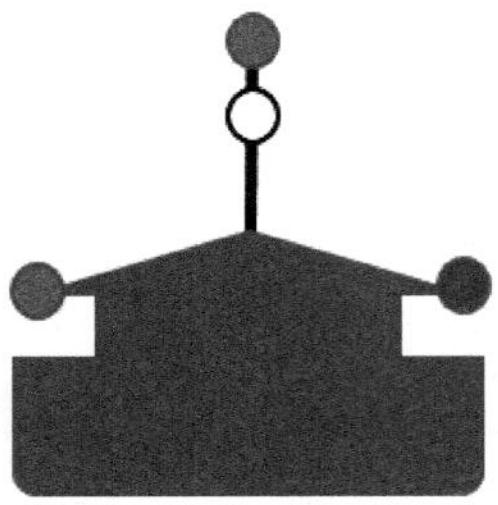	Fishing/Trawling (≧ 20 meter) 
Fishing/Non-trawling 	Fishing/Non-trawling 
Fishing – Gear out (> 150m) 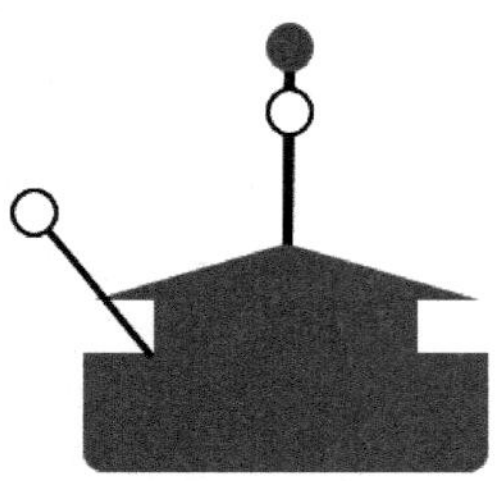	Fishing – Gear out (> 150m) 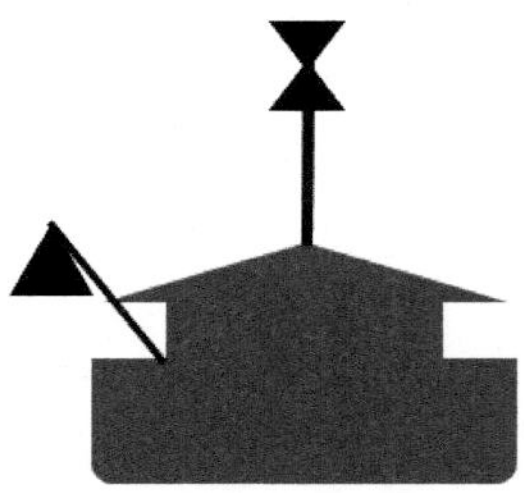
Sail 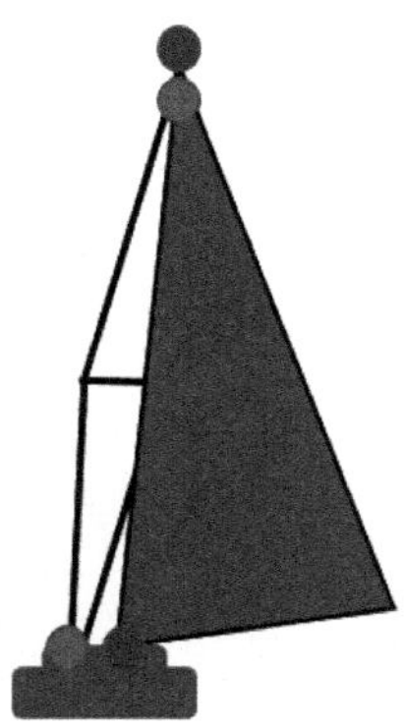	Sail under power 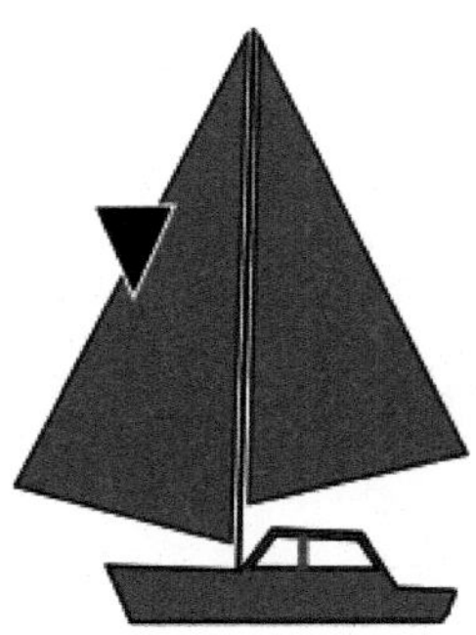

야간 등화	주간 형상물
Pilot boat 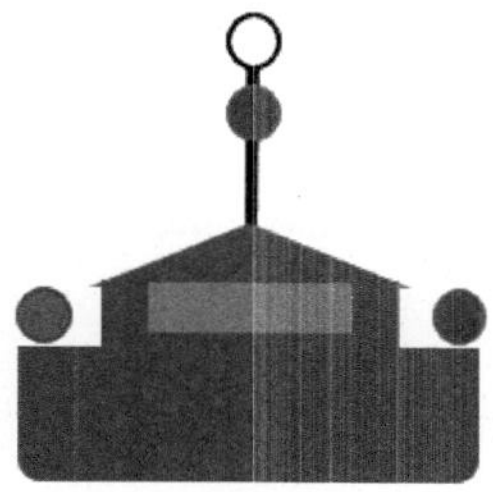	No day shape
Mine sweeper 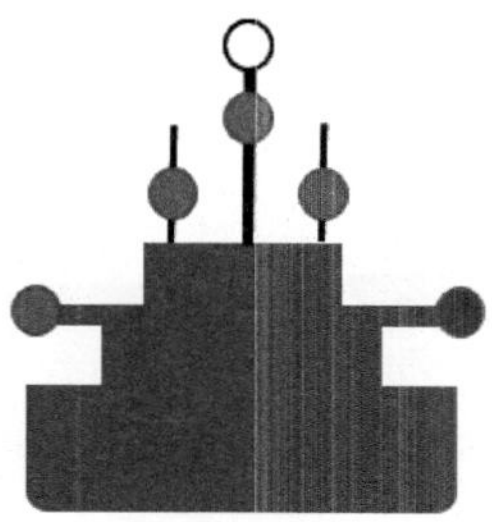	Mine sweeper 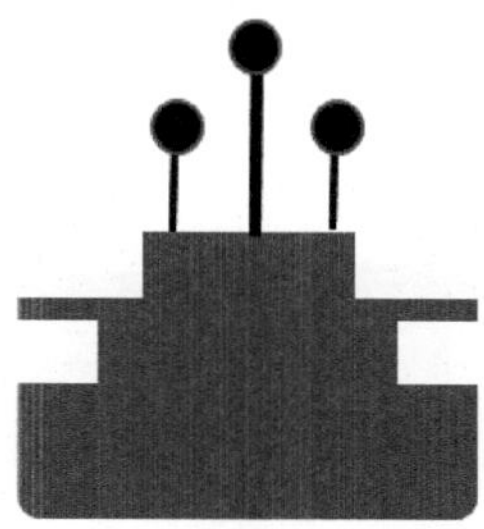
Anchor (> 50 meter) 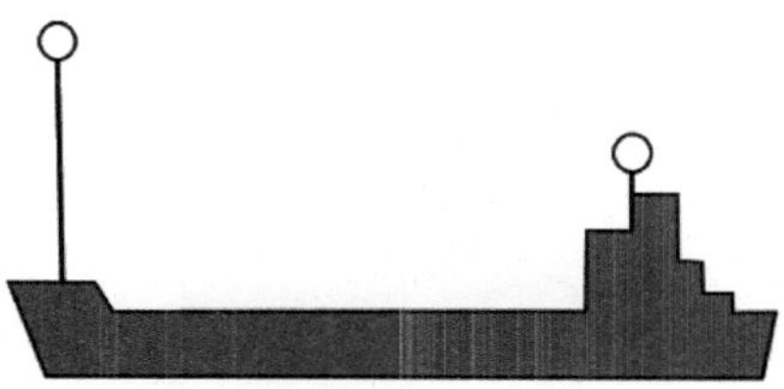	Anchor 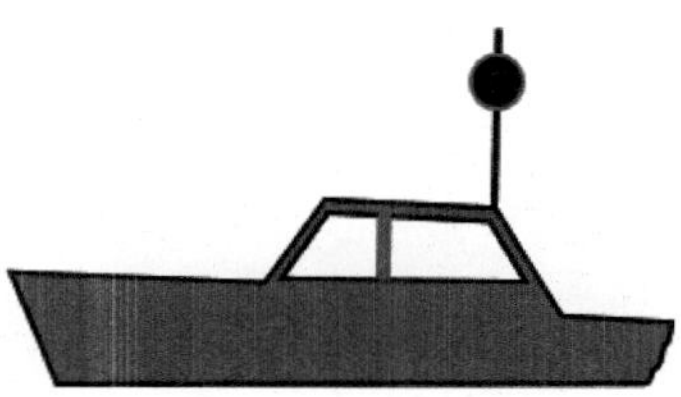
Aground (≧ 50 meter) 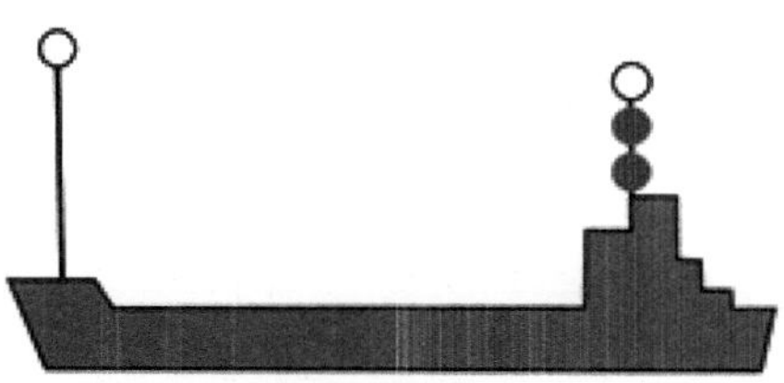	Aground 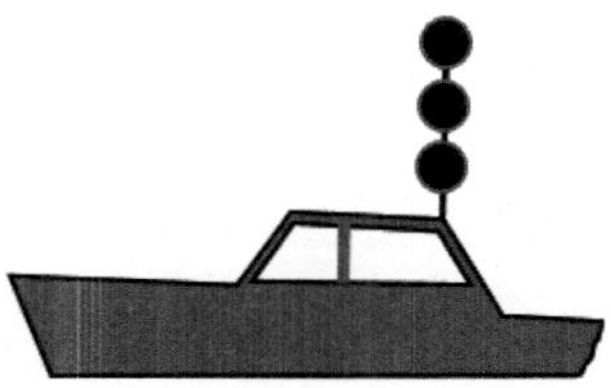
Aground (< 50 meter) 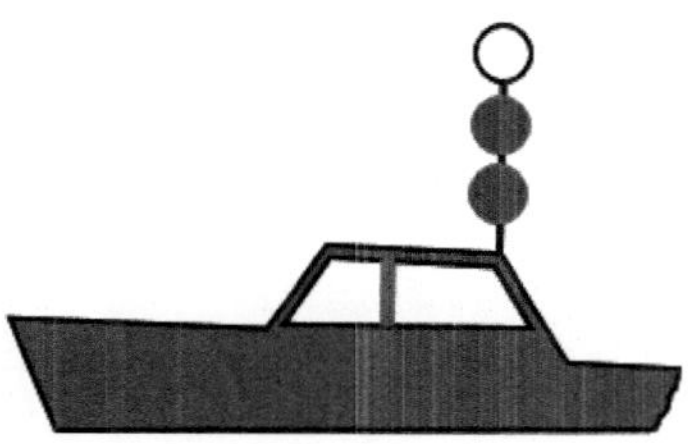	Aground 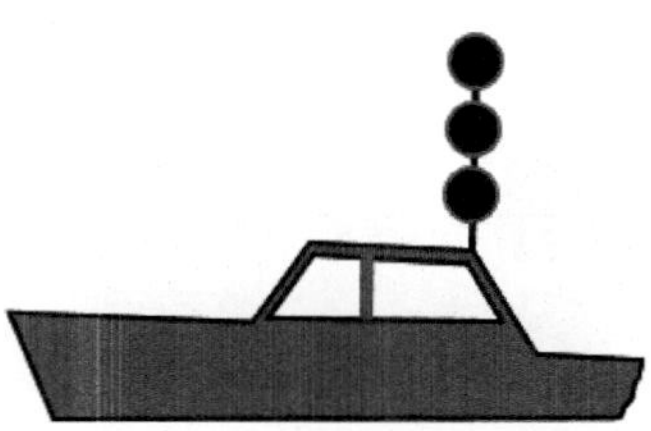

야간 등화	주간 형상물
Vessel (< 50 meter), Short tow (inconspicuous objects) 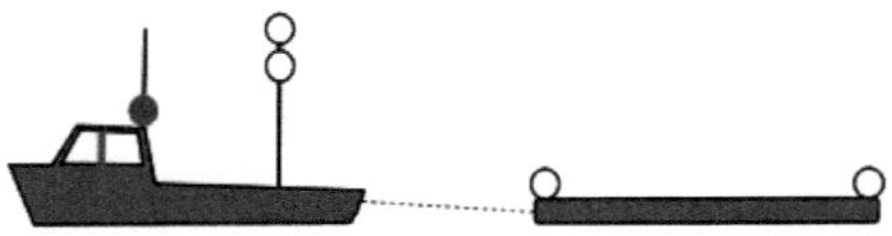	Short tow No day shape
Vessel (< 50 meter), Long tow (inconspicuous objects) 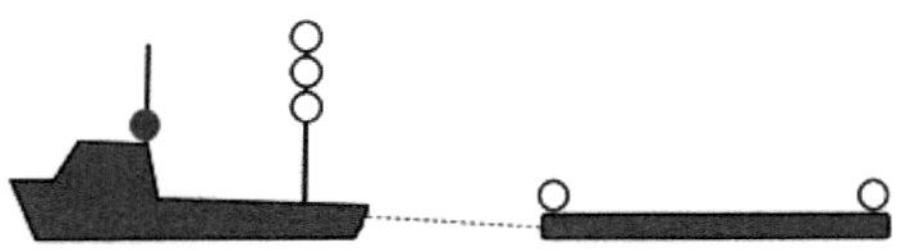	Long tow 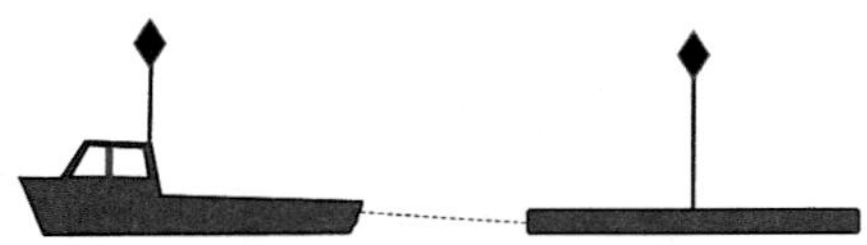
Vessel (< 50 meter), Long tow 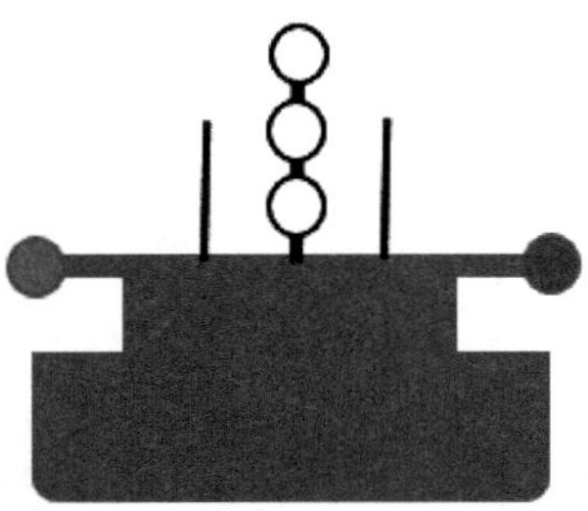	Long tow 
Composite unit 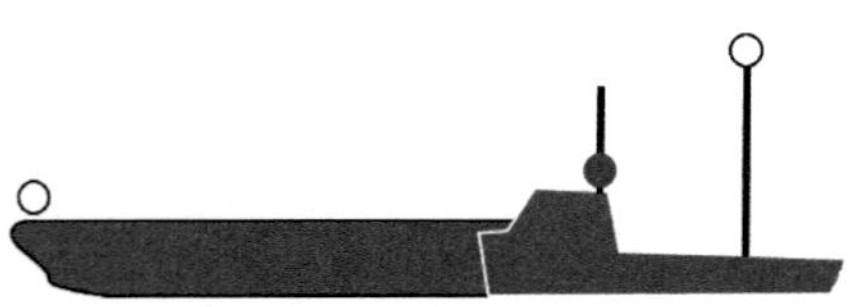	No day shape
Hovercraft (Non-displacement mode) 	No day shape

4 (Part D) 음향 및 발광 신호

1. Part A. 총칙 (Rule 1–3)
2. Part B. 항법 (Rule 4–19)

Section 1	모든 시계 항법	(Rule 4–10)
Section 2	서로 시계 항법	(Rule 11–18)
Section 3	제한 시계 항법	(Rule 19)

3. Part C. 등화와 형상물 (Rule 20–31)
4. Part D. 음향 및 발광 신호 (Rule 32–37)
5. Part E. 적용 예외 (Rule 38)
6. Part F. 협약이행 검증 (Rule 39–41)

부속서 1	동화 및 형상물의 배치와 기술 명세
부속서 2	근접 어로작업선에 대한 부가 신호
부속서 3	음향신호장치의 기술 명세
부속서 4	조난 신호

제4장(Part D)의 음향 및 발광 신호는 6개 조문으로 구성되어 있으며, 선박의 동작을 표시하기 위한 신호이다.

4.1. 제32조~제37조

PART D – SOUND AND LIGHT SIGNALS
PART D – SOUND AND LIGHT SIGNALS **Rule 32 (Definitions)** (a) The word 'whistle' means any sound signalling appliance capable of producing the prescribed blasts and which complies with the specifications in Annex III to these Regulations. (b) The term 'short blast' means a blast of about one second's duration. (c) The term 'prolonged blast' means a blast of from four to six seconds's duration. **Rule 33 (Equipment for Sound Signals)** (a) A vessel of 12 metres or more in length shall be provided with a whistle, a vessel of 20 metres or more in length shall be provided with a bell in addition to a whistle, and a vessel of 100 metres or more in length shall, in addition, be provided with a gong, the tone and sound of which cannot be confused with that of the bell. The whistle, bell and gong shall comply with the specification in Annex III to these Regulations. The bell or gong or both may be replaced by other equipment having the same respective sound characteristics, provided that manual sounding of the required signals shall always be possible. (b) A vessel of less than 12 metres in length shall not be obliged to carry the sound signalling appliances prescribed in paragraph (a) of this Rule but if she does not, she shall be provided with some other means of making an efficient sound signal.

4.1.1. 해석

제4장 음향 및 발광신호

제4장 음향 및 발광신호

제32조(정의)

(a) "기적"이란 규정한 고동소리(blast)를 낼 수 있고, COLREG의 부속서 Ⅲ에서 규정하는 요건을 충족하는 모든 음향신호기구를 말한다.

(b) "단음"이란 약 1초 동안의 고동소리를 말한다.
(c) "장음"이란 4초에서 6초 동안의 고동소리를 말한다.

제33조(음향신호설비)

(a) 길이 12미터 이상의 선박은 기적 1개를 그리고 길이 20미터 이상의 선박은 기적 1개 및 종 1개를 비치하여야 하며, 길이 100미터 이상의 선박은 이에 추가하여 음조 및 음성이 종과 혼동되지 아니하는 징 1개를 비치하여야 한다. 기적, 종 및 징은 COLREG의 부속서 Ⅲ에서 규정하는 요건을 충족하여야 한다. 종 또는 징 또는 이들 양자는 각기 동일한 음향특성을 가진 다른 장비로 대체될 수 있다. 다만 이들은 규정된 신호를 수동으로도 항시 낼 수 있어야 한다.
(b) 길이 12미터 미만의 선박은 이 조의 제(a)항에서 규정한 음향신호설비를 비치하지 아니하여도 되지만 이와 같은 설비를 비치하지 아니할 경우에는 유효한 음향신호를 발하는 다른 수단이 있어야 한다.

해사안전법

제5절 음향신호와 발광신호

제90조(기적의 종류) "기적"(汽笛)이란 다음 각 호의 구분에 따라 단음(短音)과 장음(長音)을 발할 수 있는 음향신호장치를 말한다.
1. 단음: 1초 정도 계속되는 고동소리
2. 장음: 4초부터 6초까지의 시간 동안 계속되는 고동소리

PART D – SOUND AND LIGHT SIGNALS

Rule 34 (Maneuvering and Warning Signals)

(a) When vessels are in sight of one another, a power-driven vessel underway, when maneuvering as authorized or required by these Rules, shall indicate that manoeuvre by the following signals on her whistle:

- one short blast to mean 'I am altering my course to starboard ';
- two short blasts to mean 'I am altering my course to port ';
- three short blasts to mean 'I am operating astern propulsion'.

(b) Any vessel may supplement the whistle signals prescribed in paragraph (a) of this Rule by light signals, repeated as appropriate, whilst the manoeuvre is being carried out:

(i) these light signals shall have the following significance:

- one flash to mean 'I am altering my course to starboard ';
- two flashes to mean 'I am altering my course to port ';
- three flashes to mean 'I am operating astern propulsion';

(ii) the duration of each flash shall be about one second, the interval between flashes shall be about one second, and the interval between successive signals shall be not less than ten seconds;

(iii) the light used for this signals shall, if fitted, be an all-round white light, visible at a minimum range of 5 miles and shall comply with the provisions of Annex I to these Regulations.

제4장 음향 및 발광 신호

「해사안전법」 제91조(음향신호설비) ① 길이 12미터 이상의 선박은 기적 1개를, 길이 20미터 이상의 선박은 기적 1개 및 호종(號鐘) 1개를 갖추어 두어야 하며, 길이 100미터 이상의 선박은 이에 덧붙여 호종과 혼동되지 아니하는 음조와 소리를 가진 징을 갖추어 두어야 한다. 다만, 호종과 징은 각각 그것과 음색이 같고 이 법에서 규정한 신호를 수동으로 행할 수 있는 다른 설비로 대체할 수 있다.

② 길이 12미터 미만의 선박은 제1항에 따른 음향신호설비를 갖추어 두지 아니하여도 된다. 다만, 이들을 갖추어 두지 아니하는 경우에는 유효한 음향신호를 낼 수 있는 다른 기구를 갖추어 두어야 한다.

③ 선박이 갖추어 두어야 할 기적·호종 및 징의 기술적 기준과 기적의 위치 등에 관하여는 해양수산부장관이 정하여 고시한다.

COLREG

제34조(조종 및 경고신호)

(a) 선박이 서로 시계 안에 있는 경우 항행 중인 동력선은 이 규칙에서 인정하거나 또는 요구하는 조종을 할 때에는 기적으로 다음 신호를 하여 그 조종을 표시하여야 한다.
- 단음 1회 "본선은 우현 쪽으로 변침을 하고 있다"를 말한다.
- 단음 2회 "본선은 좌현 쪽으로 변침을 하고 있다"를 말한다.
- 단음 3회 "본선은 기관을 후진으로 사용하고 있다"를 말한다.

(b) 모든 선박은 조종을 하고 있는 동안 다음의 발광신호로 적절하게 반복하여 이 조의 제(a)항에서 규정한 기적신호를 보충할 수 있다.

(i) 이들의 발광신호는 다음의 의미를 갖는다.
- 섬광 1회 "본선은 우현 쪽으로 변침을 하고 있다"을 말한다.
- 섬광 2회 "본선은 좌현 쪽으로 변침을 하고 있다"을 말한다.
- 섬광 3회 "본선은 기관을 후진으로 사용하고 있다"을 말한다.

(ii) 각 섬광의 지속시간은 약 1초이고, 섬광 사이의 간격은 약 1초이며, 연속된 신호 사이의 간격은 10초 이상이어야 한다.

(iii) 이 신호에 사용하는 등화는, 설치되어 있다면, 5마일의 최소 가시거리에서 볼 수 있는 백색 전주등이어야 하고, COLREG의 부속서 I 의 규정을 충족하여야 한다.

PART D – SOUND AND LIGHT SIGNALS

(c) When in sight of one another in a narrow channel or fairway:

(i) a vessel intending to overtake another shall in compliance with Rule 9(e) (i) indicate her intention by the following signals on her whistle:

- two prolonged blasts followed by one short blast to mean 'I intend to overtake you on your starboard side';
- two prolonged blasts followed by two short blasts to mean 'I intend to overtake you on your port side';

(ii) the vessel about to be overtaken when acting in accordance with Rule 9(e)(i) shall indicate her agreement by the following signal on her whistle:

- one prolonged, one short, one prolonged and one short blast, in that order.

제4장 음향 및 발광 신호

「해사안전법」 제92조(조종신호와 경고신호) ① 항행 중인 동력선이 서로 상대의 시계 안에 있는 경우에 이 법의 규정에 따라 그 침로를 변경하거나 그 기관을 후진하여 사용할 때에는 다음 각 호의 구분에 따라 기적신호를 행하여야 한다.

1. 침로를 오른쪽으로 변경하고 있는 경우: 단음 1회
2. 침로를 왼쪽으로 변경하고 있는 경우: 단음 2회
3. 기관을 후진하고 있는 경우: 단음 3회

② 항행 중인 동력선은 다음 각 호의 구분에 따른 발광신호를 적절히 반복하여 제1항에 따른 기적신호를 보충할 수 있다.

1. 침로를 오른쪽으로 변경하고 있는 경우: 섬광 1회
2. 침로를 왼쪽으로 변경하고 있는 경우: 섬광 2회
3. 기관을 후진하고 있는 경우: 섬광 3회

COLREG

(c) 좁은 수로 또는 항로에서 서로 시계 안에 있는 경우

(i) 다른 선박을 추월할 의도가 있는 선박은, 제9조 제(e)(i)항에 따라 기적으로 다음의 신호를 하여 자선의 의도를 표시하여야 한다.

- 장음 2회 단음 1회 "본선은 귀선의 우현 쪽으로 추월하고자 한다"를 말한다.

- 장음 2회 단음 2회 "본선은 귀선의 좌현 쪽으로 추월하고자 한다"를 말한다

(ii) 추월당하고 있는 선박은 제9조 제(e)(i)항에 따라 행동을 할 때에는 기적으로 다음의 신호를 하여 자선의 동의를 표시하여야 한다.

- 장음 1회, 단음 1회, 장음 1회 및 단음 1회의 순으로 — · — ·

「해사안전법」 제92조(조종신호와 경고신호)

③ 제2항에 따른 섬광의 지속시간 및 섬광과 섬광 사이의 간격은 1초 정도로 하되, 반복되는 신호 사이의 간격은 10초 이상으로 하며, 이 발광신호에 사용되는 등화는 적어도 5해리의 거리에서 볼 수 있는 흰색 전주등이어야 한다.

PART D – SOUND AND LIGHT SIGNALS

(d) When vessels in sight of one another are approaching each other and from any cause either vessel fails to understand the intentions or actions of the other, or is in doubt whether sufficient action is being taken by the other to avoid collision, the vessel in doubt shall immediately indicate such doubt by giving at least five short and rapid blasts on the whistle. Such signal may be supplemented by a light signal of at least five short and rapid flashes.

(e) A vessel nearing a bend or an area of a channel or fairway where other vessels may be obscured by an intervening obstruction shall sound one prolonged blast. Such signal shall be answered with a prolonged blast by any approaching vessel that may be within hearing around the bend or behind the intervening obstruction.

(f) If whistles are fitted on a vessel at a distance apart of more than 100 metres, one whistle only shall be used for giving maneuvering and warning signals.

제4장 음향 및 발광 신호

COLREG

(d) 서로 시계 안에 있는 선박들이 서로 접근하고 있을 때, 어떠한 사유로 인하여 한 선박이 다른 선박의 의도 또는 동작을 이해하지 못하는 경우 또는 충돌을 회피하기 위하여 다른 선박이 충분한 동작을 취하고 있는지의 여부가 의심스러운 경우는, 의심을 하는 선박은 기적으로 빠르게 적어도 5회의 단음을 울려 그와 같은 의문을 즉시 표시하여야 한다. 그와 같은 신호는 빠르게 적어도 5회의 섬광을 발하는 발광신호로써 보충할 수 있다.

「해사안전법」 제92조(조종신호와 경고신호)

④ 선박이 좁은 수로등에서 서로 상대의 시계 안에 있는 경우 제67조제5항에 따른 기적신호를 할 때에는 다음 각 호에 따라 행하여야 한다.

1. 다른 선박의 우현 쪽으로 추월하려는 경우에는 장음 2회와 단음 1회의 순서로 의사를 표시할 것
2. 다른 선박의 좌현 쪽으로 추월하려는 경우에는 장음 2회와 단음 2회의 순서로 의사를 표시할 것
3. 추월당하는 선박이 다른 선박의 추월에 동의할 경우에는 장음 1회, 단음 1회의 순서로 2회에 걸쳐 동의의사를 표시할 것

⑤ 서로 상대의 시계 안에 있는 선박이 접근하고 있을 경우에는 하나의 선박이 다른 선박의 의도 또는 동작을 이해할 수 없거나 다른 선박이 충돌을 피하기 위하여 충분한 동작을 취하고 있는지 분명하지 아니한 경우에는 그 사실을 안 선박이 즉시 기적으로 단음을 5회 이상 재빨리 울려 그 사실을 표시하여야 한다. 이 경우 의문신호(疑問信號)는 5회 이상의 짧고 빠르게 섬광을 발하는 발광신호로써 보충할 수 있다.

(e) 좁은 수로 또는 항로에 있는 장애물의 방해로 다른 선박을 볼 수 없는 만곡부 또는 수역에 접근하는 선박은 장음 1회를 울려야 한다. 만곡부의 주변 또는 장애물이 방해가 되는 배후에서 접근하고 있는 모든 선박은 그와 같은 신호를 들었을 경우에는 장음 1회를 울려 응답하여야 한다.

(f) 선박에 2개 이상의 기적을 100미터 이상의 거리를 두고 설치하고 있다면, 기적 1개만은 조종 및 경고신호를 울리는데 사용하여야 한다.

PART D – SOUND AND LIGHT SIGNALS

Rule 35 (Sound Signals in restricted Visibility)

In or near an area of restricted visibility, whether by day or night, the signals prescribed in this Rule shall be used as follows:

(a) A power-driven vessel making way through the water shall sound at intervals of not more than 2 minutes one prolonged blast.

(b) A power-driven vessel underway but stopped and making no way through the water shall sound at intervals of not more than 2 minutes two prolonged blasts in succession with an interval of about 2 seconds between them.

(c) A vessel not under command, a vessel restricted in her ability to manoeuvre, a vessel constrained by her draught, a sailing vessel, a vessel engaged in fishing and a vessel engaged in towing or pushing another vessel shall, instead of the signals prescribed in paragraphs (a) or (b) of this Rule sound at intervals of not more than 2 minutes three blasts in succession, namely one prolonged followed by two short blasts.

제4장 음향 및 발광 신호

「**해사안전법**」 제92조(**조종신호와 경고신호**)

⑥ 좁은 수로등의 굽은 부분이나 장애물 때문에 다른 선박을 볼 수 없는 수역에 접근하는 선박은 장음으로 1회의 기적신호를 울려야 한다. 이 경우 그 선박에 접근하고 있는 다른 선박이 굽은 부분의 부근이나 장애물의 뒤쪽에서 그 기적신호를 들은 경우에는 장음 1회의 기적신호를 울려 이에 응답하여야 한다.

⑦ 100미터 이상 거리를 두고 둘 이상의 기적을 갖추어 두고 있는 선박이 조종신호 및 경고신호를 울릴 때에는 그 중 하나만을 사용하여야 한다.

제35조(제한된 시계상태에서 음향신호)

제한된 시계상태의 수역 안 또는 그 부근에서, 주야를 막론하고, 이 조에서 규정한 신호는 다음과 같이 사용하여야 한다.

(a) 대수속력이 있는 동력선은 2분을 초과하지 아니하는 간격으로 장음 1회를 울려야 한다.

(b) 정지하고 대수속력이 없는 항행 중인 동력선은, 장음 사이의 간격을 약 2초로 하여 연속한 장음 2회를 2분을 초과하지 아니하는 간격으로 울려야 한다.

(c) 조종불능선, 조종제한선, 흘수제약선, 범선, 어로에 종사하고 있는 선박 및 다른 선박을 예인하거나 밀고 있는 선박은 이 조의 제(a)항 또는 제(b)항에서 규정한 신호를 대신하여 2분을 초과하지 아니하는 간격으로 연속 3회의 기적 즉, 장음 1회에 이어 단음 2회를 울려야 한다.

「**해사안전법**」 **제93조(제한된 시계 안에서의 음향신호)** ① 시계가 제한된 수역이나 그 부근에 있는 모든 선박은 밤낮에 관계없이 다음 각 호에 따른 신호를 하여야 한다.

1. 항행 중인 동력선은 대수속력이 있는 경우에는 2분을 넘지 아니하는 간격으로 장음을 1회 울려야 한다.
2. 항행 중인 동력선은 정지하여 대수속력이 없는 경우에는 장음 사이의 간격을 2초 정도로 연속하여 장음을 2회 울리되, 2분을 넘지 아니하는 간격으로 울려야 한다.
3. 조종불능선, 조종제한선, 흘수제약선, 범선, 어로 작업을 하고 있는 선박 또는 다른 선박을 끌고 있거나 밀고 있는 선박은 제1호와 제2호에 따른 신호를 대신하여 2분을 넘지 아니하는 간격으로 연속하여 3회의 기적(장음 1회에 이어 단음 2회를 말한다)을 울려야 한다.

PART D – SOUND AND LIGHT SIGNALS

(d) A vessel engaged in fishing, when at anchor, and a vessel restricted in her ability to manoeuvre when carrying out her work at anchor, shall instead of the signals prescribed in paragraph (g) of this Rule sound the signal prescribed in paragraph (c) of this Rule.

(e) A vessel towed or if more than one vessel is towed the last vessel of the tow, if manned, shall at intervals of not more than 2 minutes sound four blasts in succession, namely one prolonged followed by three short blasts. When practicable, this signal shall be made immediately after the signal made by the towing vessel.

(f) When a pushing vessel and a vessel being pushed ahead are rigidly connected in a composite unit they shall be regarded as a power-driven vessel and shall give the signals prescribed in paragraphs (a) or (b) of this Rule.

(g) A vessel at anchor shall at intervals of not more than one minute ring the bell rapidly for about 5 seconds. In a vessel of 100 metres or more in length the bell shall be sounded in the forepart of the vessel and immediately after the ringing of the bell the gong shall be sounded rapidly for about 5 seconds in the after part of the vessel. A vessel at anchor may in addition sound three blasts in succession, namely one short, one prolonged and one short blast, to give warning of her position and of the possibility of collision to an approaching vessel.

제4장 음향 및 발광 신호

(d) 어로에 종사하고 있는 선박이 정박 중일 때와 조종제한선이 정박 중인 상태에서 작업을 수행하고 있을 때에는 이 조의 제(g)항에서 규정한 신호를 대신하여 이 조의 제(c)항에서 규정한 음향신호를 울려야 한다.

(e) 피예인선박 또는 2척 이상의 선박이 피예인되는 경우 그 예인의 최후단 선박은, 만약 선원이 승선하고 있는 경우, 2분을 초과하지 아니하는 간격으로 연속 4회의 기적 즉, 장음 1회와 단음 3회를 울려야 한다. 실행 가능한 한 이 신호는 예인선이 신호를 울린 후 즉시 울려야 한다.

(f) 밀고 있는 선박과 전방에서 밀리고 있는 선박이 견고하게 연결되어 하나의 복합체를 이룬 경우에는 이들은 1척의 동력선으로 보고, 이 조의 제(a)항 및 제(b)항에서 규정한 신호를 하여야 한다.

「해사안전법」 제93조(제한된 시계 안에서의 음향신호)

4. 끌려가고 있는 선박(2척 이상의 선박이 끌려가고 있는 경우에는 제일 뒤쪽의 선박)은 승무원이 있을 경우에는 2분을 넘지 아니하는 간격으로 연속하여 4회의 기적(장음 1회에 이어 단음 3회를 말한다)을 울릴 것. 이 경우 신호는 될 수 있으면 끌고 있는 선박이 행하는 신호 직후에 울려야 한다.

COLREG

(g) 정박 중인 선박은 1분을 초과하지 아니하는 간격으로 약 5초 동안 급속히 종을 울려야 한다. 길이 100미터 이상의 선박에서 종은 선박의 선수 쪽에서 울려야 하며 이 종을 울린 직후 선박의 선미 쪽에서 징을 약 5초 동안 급속히 울려야 한다. 정박 중인 동력선은 이에 추가하여 접근하는 선박에 대하여 자선의 위치와 충돌의 가능성을 경고하기 위하여 연속 3회의 기적 즉, 단음 1회, 장음 1회, 단음 1회를 울릴 수 있다.

「해사안전법」 제93조(제한된 시계 안에서의 음향신호)

5. 정박 중인 선박은 1분을 넘지 아니하는 간격으로 5초 정도 재빨리 호종을 울릴 것. 다만, 정박하여 어로 작업을 하고 있거나 작업 중인 조종제한선은 제3호에 따른 신호를 울려야 하고, 길이 100미터 이상의 선박은 호종을 선박의 앞쪽에서 울리되 호종을 울린 직후에 뒤쪽에서 징을 5초 정도 재빨리 울려야 하며, 접근하여 오는 선박에 대하여 자기 선박의 위치와 충돌의 가능성을 경고할 필요가 있을 경우에는 이에 덧붙여 연속하여 3회(단음 1회, 장음 1회, 단음 1회) 기적을 울릴 수 있다.

PART D – SOUND AND LIGHT SIGNALS

(h) A vessel aground shall give the bell signal and if required the gone signal prescribed in paragraph (g) of this Rule and shall, in addition, give three separate and distinct strokes on the bell immediately before and after the rapid ringing of the bell. A vessel aground may in addition sound an appropriate whistle signal.

(i) A vessel of 12 metres or more but less than 20 metres in length shall not be obliged to give the bell signals prescribed in paragraphs (g) and (h) of this Rule. However, if she does not, she shall make some other efficient sound signal at intervals of not more than 2 minutes.

(j) A vessel of less than 12 metres in length shall not be obliged to give the above-mentioned signals but, if she does not, shall make some other efficient sound signal at intervals of not more than 2 minutes.

(k) A pilot vessel when engaged on pilotage duty may in addition to the signals prescribed in paragraphs (a), (b) or (g) of this Rule sound an identity signal consisting of four short blasts.

제4장 음향 및 발광 신호

COLREG

(h) 좌초선은 종신호와 만약 요구되는 경우 이 조의 제(g)항에서 규정한 징신호를 울려야 하고, 이에 추가하여 급속히 울린 종신호의 직전 및 직후에 종신호를 분리되어 명확하게 3회 울려야 한다. 좌초선은 이에 추가하여 적절한 기적신호를 할 수 있다.

「해사안전법」 제93조(제한된 시계 안에서의 음향신호)

6. 얹혀 있는 선박 중 길이 100미터 미만의 선박은 1분을 넘지 아니하는 간격으로 재빨리 호종을 5초 정도 울림과 동시에 그 직전과 직후에 호종을 각각 3회 똑똑히 울릴 것. 이 경우 그 선박은 이에 덧붙여 적절한 기적신호를 울릴 수 있다.
7. 얹혀 있는 선박 중 길이 100미터 이상의 선박은 그 앞쪽에서 1분을 넘지 아니하는 간격으로 재빨리 호종을 5초 정도 울림과 동시에 그 직전과 직후에 호종을 각각 3회씩 똑똑히 울리고, 뒤쪽에서는 그 호종의 마지막 울림 직후에 재빨리 징을 5초 정도 울릴 것. 이 경우 그 선박은 이에 덧붙여 알맞은 기적신호를 할 수 있다.

(i) 길이 12미터 이상 20미터 미만의 선박은 이 조의 제(g)항 및 제(h)항에서 규정한 종신호를 울릴 의무는 없다. 그러나 만약 이들 선박이 종 신호를 울리지 아니한 경우에는, 2분을 초과하지 아니하는 간격으로 다른 유효한 음향신호를 울려야 한다.

(j) 길이 12미터 미만의 선박은 앞에서 언급한 신호를 울릴 의무가 없다. 그러나 만약 이들 선박이 신호를 울리지 아니한 경우에는, 2분을 초과하지 아니하는 간격으로 다른 유효한 음향신호를 울려야 한다.

(k) 도선선이 도선업무에 종사하고 있는 경우에는 이 조의 제(a)항, 제(b)항 또는 제(g)항에서 규정한 신호에 추가하여 단음 4회로 이루어진 식별신호를 울릴 수 있다.

「해사안전법」 제93조(제한된 시계 안에서의 음향신호)

8. 길이 12미터 미만의 선박은 제1호부터 제7호까지의 규정에 따른 신호를, 길이 12미터 이상 20미터 미만인 선박은 제5호부터 제7호까지의 규정에 따른 신호를 하지 아니할 수 있다. 다만, 그 신호를 하지 아니한 경우에는 2분을 넘지 아니하는 간격으로 다른 유효한 음향신호를 하여야 한다.
9. 도선선이 도선업무를 하고 있는 경우에는 제1호, 제2호 또는 제5호에 따른 신호에 덧붙여 단음 4회로 식별신호를 할 수 있다.

② 밀고 있는 선박과 밀려가고 있는 선박이 단단하게 연결되어 하나의 복합체를 이룬 경우에는 이를 1척의 동력선으로 보고 제1항을 적용한다.

PART D – SOUND AND LIGHT SIGNALS

Rule 36 (Signals to attract Attention)

If necessary to attract the attention of another vessel any vessel may make light or sound signals that cannot be mistaken for any signal authorized elsewhere in these Rules, or may direct the beam of her searchlight in the direction of the danger, in such a way as not to embarrass any vessel. Any light to attract the attention of another vessel shall be such that it can not be mistaken for any aid to navigation. For the purpose of this Rule the use of high intensity intermittent or revolving lights, such as strove lights, shall be avoided.

Rule 37 (Distress Signals)

When a vessel is in distress and requires assistance she shall use or exhibit the signals described in Annex IV to these Regulations.

제4장 음향 및 발광 신호

第36조(주의환기 신호)

모든 선박은 다른 선박의 주의를 환기할 필요가 있을 경우에는 이 규칙의 다른 조항에서 정한 어떠한 신호와도 오인되지 아니하는 등화신호 또는 음향신호를 울릴 수 있고, 또한 다른 선박이 당황하지 아니하는 방법으로 위험이 있는 쪽으로 탐조등을 비출 수 있다. 다른 선박의 주의를 환기시키기 위한 어떠한 등화도 항로표지 등으로 오인될 수 없는 것이어야 한다. 이 조의 목적상 회전등과 같이 고광도의 단속적이거나 회전하는 등화의 사용은 피하여야 한다.

第37조(조난신호)

선박이 조난을 당하여 구조를 요청할 때에는 COLREG의 부속서Ⅳ에서 규정한 신호를 사용하거나 표시하여야 한다.

해사안전법

第94조(주의환기신호) ① 모든 선박은 다른 선박의 주의를 환기시키기 위하여 필요하면 이 법에서 정하는 다른 신호로 오인되지 아니하는 발광신호 또는 음향신호를 하거나 다른 선박에 지장을 주지 아니하는 방법으로 위험이 있는 방향에 탐조등을 비출 수 있다.

② 제1항에 따른 발광신호나 탐조등은 항행보조시설로 오인되지 아니하는 것이어야 하며, 스트로보등(燈)이나 그 밖의 강력한 빛이 점멸하거나 회전하는 등화를 사용하여서는 아니 된다.

第95조(조난신호) ① 선박이 조난을 당하여 구원을 요청하는 경우 국제해사기구가 정하는 신호를 하여야 한다.

② 선박은 제1항에 따른 목적 외에 같은 항에 따른 신호 또는 이와 오인될 위험이 있는 신호를 하여서는 아니 된다.

4.2. 음향 및 발광 신호 요약

음향신호는 상대선박에게 자선의 변침 의도를 알리려고 할 때나 변침할 때 사용된다. 기적을 울리거나 종을 치거나 빛을 비추어 신호를 하는데 1초는 점(dot)과 4~6초는 선(dash)으로 표시한다. 단음(short blast)과 장음(prolonged blast)은[207] 각각 1초와 4~6초간 울리는 것이다.

길이 12미터 미만의 선박은 기적, 호종(號鐘), 징과 같은 음향신호설비를 갖추지 않아도 되지만 무엇이든 유효한 음향신호를 낼 수 있는 다른 기구를 갖추어 두어야 한다.

〈그림 2-82〉 호종(Bell)과 기적(Whistle)

1) 조종신호

조종신호 및 경고신호는 선박이 서로 시계 안에 있을 때에만 울려야 한다. 대표적인 조종신호로서 단음 1회는 우현 변침, 단음 2회는 좌현 변침, 단음 3회는 후진기관 사용을 뜻한다. 발광신호도 같으며 광달거리가 5해리 이상인 백색 전주등을 사용한다.

〈표 2-10〉 기본적 선박 조종신호

신호	조종	의미
● ☼	우현 변침	I am altering course to starboard.
● ● ☼☼	좌현 변침	I am altering course to starboard.
● ● ● ☼☼☼	후진기관 사용	I am operating astern propulsion.

207) 장음을 흔히 'long blast'라고 하는데 틀린 용어이며 'prolonged blast'라고 해야 한다.

단음 4회는 도선업무에 종사하는 도선선의 식별신호이다.[208)]

단음 5회는 상대의 동작에 의심이 들 때 사용하는 신호이며, 그 이상 울리는 신호는 위험신호이다.

상대의 조종신호에 대한 동의신호는 없으나 좁은 수로나 항로 내에서 추월하려면 동의신호(■ • ■ •)를 받아야 추월할 수 있다.

〈표 2-11〉 추월 신호

신호	조종	의미
■■•	상대선 우현측으로 추월	I intend to overtake you on your starboard side.
■■••	상대선 좌현측으로 추월	I intend to overtake you on your port side.
■•■•	동의 표시	I agree.

2) 무중신호

무중에 닻 정박 신호는 선박의 길이에 따라 다르다. 100미터 미만의 선박은 적어도 1분 간격으로 5초간 호종을 급속히 울린다. 100미터 이상 선박은 앞쪽에서 먼저 신호를 하고 뒤쪽에서도 따라 신호를 하도록 하고 있다. 우선 선수부에서 적어도 1분 간격으로 5초간 호종을 급속히 울린 후에 선미부에서도 징으로 5초간 급속한 신호를 울려야 한다.

〈표 2-12〉 무중 신호

선박의 길이	신호방법	간격
100미터 미만 선박	5초간 급속히 종(Bell)을 울린다	1분
100미터 이상 선박	선수부에서 5초간 급속히 종(Bell)을 울리고 나서, 선미부에서도 5초간 급속히 징(Gong)을 울린다.	1분

208) I am a PILOT BOAT. Stay away!

접근하는 선박에 대하여 자선의 위치와 충돌의 가능성을 경고할 필요가 있을 경우에는 무중신호에 덧붙여 단-장-단(• ▬ •) 순으로 기적을 울릴 수 있다.[209]

도선선은 무중신호 후에 단음 4회로 식별신호를 보낼 수 있다.

3) 좌초신호

좌초한 선박은 닻 정박하고 있는 선박과 같은 신호를 보내지만 한 가지 신호를 더하여야 한다. 100미터 미만 선박은 무중신호 직전과 직후에 개별적이고 독특한 소리가 나도록 3회 타종한다. 그리고 이에 덧붙여 적절한 기적신호를 울릴 수 있다.

100미터 이상 선박은 선수에서 신호를 할 때 그 직전과 직후에 호종을 각각 3회 명확히 울려야 한다. 그리고 선미에서 신호를 한다. 또한 이에 덧붙여 적절한 기적신호를 울릴 수 있다.

좌초선에서 울리는 3회의 신호는 호종(Bell)으로 하게 되어 있으므로 징(Gong)으로 울려서는 아니 된다.

음향신호는 적어도 1분 간격으로 울린다. 주의할 사항으로는 호종을 너무 자주 울리게 되면 연속된 신호로 오인되어 조난신호로 오해받을 수 있다.

4) 만곡부 신호

만곡부 등에 접근함으로써 다른 선박이 잘 안 보이는 곳에서는 만곡부 신호로 장음 1회를 울린다.

---

209) Ships position stationary!

〈표 2-13〉 Signals in restricted visibility Ⅰ (Rule 35)

Condition	Signal	Interval
(a) Power-driven vessel (PDV) making way ('Here I come, sounding one')	▬	2 mins
(b) Power-driven vessel NOT making way (stopped in water)	▬ ▬	2 mins
(c) NUC, RAM, CBD, Sailing, Fishing, Towing Long-short-short is the same as Morse Code D (think 'D for danger')	▬ • •	2 mins
(d) RAM and Fishing at anchor (when anchored, these vessels may be surrounded by gear and obstructions)	▬ • •	2 mins
(e) Towed vessel, if manned (last tow if more than one) – Sounded immediately after(▬ • •) on towing vessel. – The tug signal alone does not indicate the presence of a tow. Rule 2(a) 'precautions' would require that, in fog, the towed vessel should be manned for this purpose especially if it is over 200 metres.	▬ • • •	2 mins
(f) Composite unit pushing ahead (same as Power-driven vessel).	▬	2 mins
(i) Vessel 12m to 20m – No bell signals required at anchor or aground.	Any efficient sound signal (eg) • ▬ • (anchor) • • ▬ (aground)	2 mins
(j) Less than 12 metres: As above	Efficient sound signal	2 mins
(k) Pilot vessel:		2 mins
Same as for PDV, however may also sound 4 short blasts as an optional identity signal	▬ (PDV) • • • • (optional)	
Pilot vessel making way	▬ • • • •	
Pilot vessel not making way	▬ ▬ • • • •	

〈표 2-14〉 Signals in restricted visibility II (Rule 35)

Condition	Signal	Interval
(g) Vessel at anchor: Below 100 metres (〈 100m)	5 sec bell	1 min
100 metres or more (≥ 100m)	(fore) 5 sec bell, and (aft) 5 sec gong	
Optional whistle to warn approaching vessel Use it when other vessels come too close, bell/gong might not be loud enough.	• ▬ • Short–Long–Short	
(h) Vessel aground: Same as 'anchored' plus 3 strokes before and after bell	3 distinct strokes on the bell before and after rapid ringing (***)	1 min
Below 100 metres (〈 100m)	***(5 sec bell)***	
100 metres or more (≥ 100m)	***(5 sec bell)***, (5 sec gong)	
May also be signalled by flag, sound or light for U (Short–short–long). Signal letter 'U' means 'You are running into danger.'	• • ▬ Short–Short–Long	

5 (Part E) 적용 예외

1. Part A. 총칙 (Rule 1–3)
2. Part B. 항법 (Rule 4–19)

Section 1	모든 시계 항법	(Rule 4–10)
Section 2	서로 시계 항법	(Rule 11–18)
Section 3	제한 시계 항법	(Rule 19)

3. Part C. 등화와 형상물 (Rule 20–31)
4. Part D. 음향 및 발광 신호 (Rule 32–37)
5. Part E. 적용 예외 (Rule 38)
6. Part F. 협약이행 검증 (Rule 39–41)

부속서 1	동화 및 형상물의 배치와 기술 명세
부속서 2	근접 어로작업선에 대한 부가 신호
부속서 3	음향신호장치의 기술 명세
부속서 4	조난 신호

COLREG 시행 당시에 건조 중이거나 운항 중인 선박에 대해서는 장비설치 규정 일부를 유예하기 위한 조문이다.

그러나 현재는 유예 시한이 만료되었으며, 단위를 인치에서 미터로 변경함에 따른 수치 문제와 길이 150미터 미만인 선박의 마스트등 재배치를 면제하는 조항은 계속 유효하다.

별도의 설명이 필요하지 않다고 보아 원문에 대한 해석만 제공한다.

PART E – EXEMPTIONS

Rule 38 (Exemptions)

Any vessel (or class of vessels) provided that she complies with the requirements of the International Regulations for Preventing Collisions at Sea, 1960, the keel of which is laid or which is at a corresponding stage of construction before the entry into force of these Regulations may be exempted from compliance therewith as follows:

(a) The installation of lights with ranges prescribed in Rule 22, until four years after the date of entry into force of these Regulations.

(b) The installation of lights with colour specifications as prescribed in Section 7 of Annex I to these Regulations, until four years after the date of entry into force of these Regulations.

(c) The repositioning of lights as a result of conversion from Imperial to metric units and rounding off measurement figures, permanent exemption.

(d)

(i) The repositioning of masthead lights on vessels of less than 150 meters in length, resulting from the prescriptions of Section 3(a) of Annex I to these Regulations, permanent exemption.

(ii) The repositioning of masthead lights on vessels of 150 meters or more in length, resulting from the prescriptions of Section 3(a) of Annex I to these Regulations, until nine years after the date of entry into force of these Regulations.

(e) The repositioning of masthead lights resulting from the prescriptions of Section 2(b) of Annex I to these Regulations, until nine years after the date of entry into force of these Regulations.

(f) The repositioning of sidelights resulting from the prescriptions of Sections 2(g) and 3(b) of Annex I to these Regulations, until nine years after the date of entry into force of these Regulations.

(g) The requirements for sound signal appliances prescribed in Annex III to these regulations, until nine years after the date of entry into force of these Regulations.

(h) The repositioning of all-round lights resulting from the prescription of Section 9(b) of Annex I to these Regulations, permanent exemption.

제5장 적용 예외

제38조(적용 예외)

1960년 국제해상충돌예방규칙의 규정을 준수한다는 조건하에 이 협약의 발효 전에 용골이 놓였거나 또는 이와 동등한 건조단계에 있는 모든 선박(또는 선박의 종류)은 다음과 같이 적용이 유보될 수 있다.

(a) 제22조에 규정한 가시거리를 갖는 등화의 설치는 이 협약의 발효일로부터 4년까지 유보(시한 만료)

(b) 이 협약 부속서Ⅰ의 제7절에서 규정한 색조를 가진 등화의 설치는 이 협약의 발효일로부터 4년까지 유보(시한 만료)

(c) 인치(inch) 단위에서 미터(meter) 단위로 바꾸고 남는 끝 수치 때문에 생기는 등화의 재배치는 영구히 유보(유효)

(d)

(i) 이 협약 부속서Ⅰ의 제3절 (a)항에서 규정한 결과에 의하여 길이 150미터 미만의 선박에서 마스트등의 위치 변경은 영구히 면제(유효)

(ii) 이 협약 부속서Ⅰ의 제3절 (a)항에서 규정한 결과에 의하여 길이 150미터 이상의 선박에서 마스트등의 위치 변경은 이 협약의 발효일로부터 9년까지 유보(시한 만료)

(e) 이 협약 부속서Ⅰ의 제2절 (b)항에서 규정한 결과에 의하여 마스트등의 위치 변경은 이 협약의 발효일로부터 9년까지 유보(시한만료).

(f) 이 협약 부속서Ⅰ의 제2절 (g)항 및 제3절 (b)항에서 규정한 결과에 의하여 현등의 위치 변경은 이 협약의 발효일로부터 9년까지 유보(시한만료).

(g) 이 협약 부속서Ⅱ에서 규정한 음향신호장치에 관한 규정은 이 협약의 발효일로부터 9년까지 유보(시한 만료).

(h) 이 협약 부속서Ⅰ의 제9절 (b)항에서 규정한 결과에 의하여 전주등의 위치 변경은 영구히 면제한다(유효).

6 (Part F) 협약이행 검증

1. Part A. 총칙 (Rule 1–3)
2. Part B. 항법 (Rule 4–19)

Section 1	모든 시계 항법	(Rule 4–10)
Section 2	서로 시계 항법	(Rule 11–18)
Section 3	제한 시계 항법	(Rule 19)

3. Part C. 등화와 형상물 (Rule 20–31)
4. Part D. 음향 및 발광 신호 (Rule 32–37)
5. Part E. 적용 예외 (Rule 38)
6. Part F. 협약이행 검증 (Rule 39–41)

부속서 1	동화 및 형상물의 배치와 기술 명세
부속서 2	근접 어로작업선에 대한 부가 신호
부속서 3	음향신호장치의 기술 명세
부속서 4	조난 신호

국제해사기구에서 회원국에 대한 국제협약 준수 여부 등에 대한 감사를 시행함에 따라 COLREG 72를 감사대상 협약으로 포함시킨 조문이다.

6.1. 제39조~제41조

PART F – Verification of compliance with the provisions of the Convention

PART F – Verification of compliance with the provisions of the Convention

Rule 39 (Definitions)

(a) Audit means a systematic, independent and documented process for obtaining audit evidence and evaluating it objectively to determine the extent to which audit criteria are fulfilled.

(b) Audit Scheme means the IMO Member State Audit Scheme established by the Organization and taking into account the guidelines developed by the Organization.

Rule 40 (Application)

Contracting Parties shall use the provisions of the Code for Implementation in the execution of their obligations and responsibilities contained in the present Convention.

Rule 41 (Verification of compliance)

(a) Every Contracting Party shall be subject to periodic audits by the Organization in accordance with the audit standard to verify compliance with and implementation of the present Convention.

(b) The Secretary-General of the Organization shall have responsibility for administering the Audit Scheme, based on the guidelines developed by the Organization.

(c) Every Contracting Party shall have responsibility for facilitating the conduct of the audit and implementation of a programme of actions to address the findings, based on the guidelines developed by the Organization.

(d) Audit of all Contracting Parties shall be:

  (i) based on an overall schedule developed by the Secretary-General of the Organization, taking into account the guidelines developed by the Organization; and

  (ii) conducted at periodic intervals, taking into account the guidelines developed by the Organization.

6.1.1. 해석

제6장 협약이행 검증
제 6 장 협약 규정의 준수에 대한 검증 **제39조(정의)** (a) 감사란 감사기준에 만족하는 정도를 결정하기 위하여 감사 증거를 획득하고 그것을 객관적으로 분석하기 위한 체계적이고 독립적이며 문서화된 절차를 말한다. (b) 감사제도란 기구에 의해 개발된 지침을 고려하여 기구가 수립한 IMO 회원국 감사 제도를 말한다. **제40조(적용)** 체약국 정부는 현행 협약에 포함된 그들의 의무 및 책임을 수행하는데 있어 IMO 협약 이행규약의 규정을 사용하여야 한다. **제41조(준수 여부 검증)** (a) 각 체약국 정부는 현행 협약의 준수 및 이행 여부를 검증하기 위하여 감사기준에 따라 기구로부터 정기적인 감사를 받아야 한다. (b) 기구의 사무총장은 기구가 개발한 지침에 근거하여 감사제도를 관리할 책임이 있다. (c) 각 체약국 정부는 기구가 개발한 지침에 근거하여 감사 활동에 협조하고 관찰사항을 처리하기 위한 조치 계획을 이행할 책임이 있다. (d) 모든 체약국들에 대한 감사는, (i) 기구가 개발한 지침을 고려하여 기구의 사무총장이 개발한 종합적인 계획에 근거하여야 한다. 그리고, (ii) 기구가 개발한 지침을 고려하여 주기적인 간격으로 시행되어야 한다.

6.1.2. 해설

'IMO 회원국 감사제도(IMSAS)'는 IMO가 선박안전과 해양환경 보호 등의 실효성을 확보하기 위해 각 회원국에 대하여 ① 국제협약의[210] 국내 수용 및 이행 실태, ② 해양안전 관리조직 및 인력의 적정성, ③ 정부업무 대행기관에 대한 관리·감독체계 등에 대하여 감사하는 제도이다.

따라서 감사 대상기관은 국제협약 시행 주체인 체약국[211] 정부와 정부업무 대행기관이다. 우리나라의 경우 체약국 정부인 해양수산부[212] 및 해양경찰청 업무 일부가 포함된다. 정부대행기관으로는 한국선급(KR), 프랑스선급(BV), 한국해양교통안전공단 및 한국해양수산연수원 등이 포함되나 정부권한 대행체제와 지도·감독관계를 파악하는 수준으로 한정된다.

1) IMO 회원국 감사제도(IMSAS) 배경

IMO는 설립 목적에 따라 해양안전과 해양환경 보호를 위한 국제협약과 결의서 등을 지속적으로 개발하고 개정함으로써 해양사고를 예방하고 효율적인 해운을 지원해 왔다.

그럼에도 불구하고 해양오염사고 등 대형 해양사고가 지속적으로 발생하자[213] IMO

---

210) 여기서 국제협약이란 주요 6개 협약(SOLAS, MARPOL, STCW, LL, TONNAGE, COLREG)과 이와 관련된 의정서 등을 말한다.

211) 체약국(Contracting government)은 협약에 가입한 회원국이며, 협약 당사국이라고도 한다. 회원국(Member state)과는 구분되며, IMO 회원국은 비준한 협약에 대해서는 체약국이고 비준하지 않으면 단지 회원국이다.

212) 소속기관인 중앙해양안전심판원, 국립해양조사원 및 지방해양수산청을 포함한다.

213) 1989. 3. 24일 알래스카 연안에서 유조선 Exxon Valdez호 좌초로 약 3만7천 톤의 원유를 유출, 1993년 영국 연안에서 단일선체 유조선 Braer호(89.730 DWT)의 좌초사고로 인하여 약 96,200kl(84,700톤)의 원유와 1,700kl(1,500톤)의 연료유가 유출, 1996년 영국 연안에서 단일선체 유조선 Sea Empress호(147,273 DWT)의 좌초사고로 81,800kl(72,000톤)의 원유와 420kl(370톤)의 연료유 유출, 1999년 프랑스 브리타니 연안의 비스케이 만에서 유조선 Erika호(19,666 GT)의 침몰사고로 화물인 약 31,000톤의 Bunker-C유 중에서 약 22,500kl(19,800톤)가 유출되었다. 2002년 스페인 북서해안에서 단일선체 유조선 Prestige호(42,820GT, 81,564 DWT)의 침몰사고로 인하여 화물로 적재되었던 77,000톤의 Bunker-C유 중에서 71,600kl(63,000톤)가 유출되었고, 2003년 파키스탄 카라치 항 입구에서 유조선 Tasman Spirit호(87,584 DWT)의 좌초·침몰로 약 34,100kl(30,000톤)의 원유가 유출되었으며, 2007년 한국 서해 태안 앞바다에서 단일선체 유조선 Hebei Spirit호(146,848 GT)의 충돌사고로 인하여 12,547kl(10,800톤)의 원유가 유출되었다. (출처 : 김광수, 2013, 대형 기름유출사고와 방제조치에 관한 연구, 한국환경안전학회지 Vol.19, No.2, pp.129-137)

는 주요 원인이 일부 회원국이 IMO가 제정한 해양안전 및 환경보호와 관련한 국제협약(IMO instruments)의 이행 능력과 의지가 부족하여 이 국제협약의 실효성이 확보되지 않는데서 비롯된다고 보았다.

2) 도입

2003년 제23차 IMO 총회에서는 협약 당사국의 불성실한 의무 이행을 방지하기 위한 대책으로 '자발적 회원국 감사제도(VIMSAS)에[214] 관한 결의서'를[215] 채택하였으며, 향후 감사절차 등을 마련하여 시행하기로 하였다.[216]

2005년 제24차 IMO 총회에서는 감사 원칙과 절차(Framework and Procedure) 등을[217] 개발하였고, 협약에 따른 회원국의 구체적인 의무사항 등을[218] 제시함에 따라 2006년부터 '자발적 회원국 감사제도(VIMSAS)'를 시행할 수 있었다.

2006년부터 2007년간 25개 회원국이 VIMSAS에 참여하였으며, 우리나라는 2007년 4월에 8일간 자발적으로 감사를 받았다. 그러나 자발적 신청에 따른 감사였기 때문에 해사행정 시스템에 문제가 있을 것으로 추측되는 국가에서는 수감신청을 하지 아니하였기에 소기의 성과를 거두기 곤란하였다.

2009년 제26차 IMO 총회에서는 자발적 제도를 강제화하는 결의서가[219] 채택되었고, 2013년 28차와 2015년 29차 IMO 총회에서는 감사에 실질적으로 활용되는 결의서 3건을 채택하였다.

① 체약국이 기국, 연안국, 항만국으로서 준수해야 할 기본적인 사항을 제시한 'IMO 협약이행규약(Ⅲ Code)에 관한 결의서'[220]

② '감사 원칙과 절차(Framework and Procedure)에 관한 결의서'[221]

---

214) (VIMSAS) Voluntary IMO Member State Audit Scheme

215) IMO A.946(23), VOLUNTARY IMO MEMBER STATE AUDIT SCHEME

216) '채택(Adoption)'이란 결의가 이루어진 것이며, 시행은 발효요건이 완성되어야 하므로 '발효(Entry into force)'나 시행(Enforcement)과는 구분된다.

217) IMO A.974(24), FRAMEWORK AND PROCEDURES FOR THE VOLUNTARY IMO MEMBER STATE AUDIT SCHEME

218) IMO A.973(24), CODE FOR THE IMPLEMENTATION OF MANDATORY IMO INSTRUMENTS

219) IMO A.1018(26) FURTHER DEVELOPMENT OF THE VOLUNTARY IMO MEMBER STATE AUDIT SCHEME

220) IMO A.1070(28) IMO INSTRUMENTS IMPLEMENTATION CODE (Ⅲ CODE)

221) IMO A.1067(28) FRAMEWORK AND PROCEDURES FOR THE IMO MEMBER STATE AUDIT SCHEME

③ 체약국이 기국, 연안국, 항만국으로서 준수해야 할 구체적 사항을 나열한 '의무사항 색인목록(Non-exhaustive list of obligations)에 관한 결의서'가 있으며[222] 이 색인목록은 지난 총회 이후 새로이 발효된 협약의 규정을 반영하기 위하여 매 총회마다 개정하고 있다.

따라서 IMO회원국감사는 위 3개 결의서에 근거하여 실시된다고 할 수 있다.

3) IMO협약이행규약(III Code)에 관한 결의서

COLREG 제40조에서 규정하고 있는 이행규약(the Code for Implementation)은 IMO협약이행규약(III Code)을 말한다.

IMO협약이행규약(III Code)은 감사의 기준(Audit standard)을 정하고 있으며, 최신판은 2013. 12. 4일에 채택된 A.1070(28)이다. 이 이행규약은 4개의 장으로 구성된다.

- 제1장은 공통사항으로 ① 이 코드의 목적, ② 목적 달성을 위한 체약국의 전략수립, ③ 해양안전과 환경보호를 위해 체약국이 수행해야 하는 활동, ④ 감사대상 협약의 범위와 체약국의 조치, ⑤ 새로운 감사대상 협약 등이 채택될 때 체약국의 초기조치, ⑥ 체약국의 전략을 관련 기관에 전파, ⑦ 체약국이 협약 등의 각종 요구사항에 대응한 활동을 전개하고 있다는 기록 관리, ⑧ 체약국이 협약 등의 효율적인 이행을 위해 개선해야 할 사항이 수록되어 있다.
- 제2장에는 기국이 준비해야 할 사항이며 ① 의무와 책임의 효율적 집행에 관한 사항, ② 정부업무 대행에 관한 사항, ③ 협약 등의 준수에 관한 사항, ④ 안전 및 환경 관련 감독관에 관한 사항, ⑤ 해양사고 조사관에 관한 사항, ⑥ 정기적 시행평가에 관한 사항이 수록되어 있다.
- 제3장은 연안국에 관한 사항으로서 ① 권리와 의무를 다하기 위한 정책의 규정화 및 안전조치[223] 시행, ② 사고통계 관리 및 분석, 오염방제 조직, 해양사고 조사를 위한 국제적 협력에 관한 사항, ③ 정기적 시행평가에 관한 사항이 수록되어 있다.

---

222) IMO A.1105(29), 2015 NON-EXHAUSTIVE LIST OF OBLIGATIONS UNDER INSTRUMENTS RELEVANT TO THE IMO INSTRUMENTS IMPLEMENTATION CODE (RESOLUTION A.1070(28))

223) 해사통신설비, 기상정보 및 경보, 수색구조, 수로서지, 항로, 선위보고제도, VTS, 항로표지에 관한 사항

○ 제4장은 항만국에 관한 사항으로서 ① 권리와 의무를 다하기 위한 정책의 규정화 및 안전조치[224] 시행, ② 항만국통제 시행에 관한 사항, ③ 정기적 시행평가에 관한 사항이 수록되어 있다.

4) 감사 원칙과 절차에 관한 결의서

감사 원칙과 절차(Framework and Procedure)에 관한 결의서 최신판은 2013. 12. 5일에 채택된 A.1067(28)이다. 이 결의서의 부속서(Annex)는 2개의 장과 6개의 부록(Appendix)으로 구성된다.

○ 제1장은 회원국감사를 위한 원칙적 사항을 규정하고 있다. 해상안전과 환경보호를 위한 IMO협약(IMO instruments)을[225] 아래와 같이 6개로 구분하여 감사 대상으로 규정하였다.

1) 해상인명안전(Safety of life at sea)
2) 선박오염방지(Prevention of pollution from ships)
3) 선원의 훈련, 자격증명 및 당직에 관한 기준(Standards of training, certification and watchkeeping for seafarers)
4) 만재흘수선(Load lines)
5) 선박 톤수 측정(Tonnage measurement of ships)
6) 해상충돌예방규칙(Regulations for preventing collisions at sea)

---

224) 협약이 정한 쓰레기 수용시설, 항만국통제 시행, 연료공급자에 대한 등록 유지

225) 협약을 나열하지 않은 것은 협약뿐만 아니라 협약과 관련된 제도들을 포괄하기 위한 것이다. 대표협약은 아래와 같다.

협약명칭	발효	주요내용
해상인명안전협약 (SOLAS 74)	'80. 5.	선박 구조·설비 기준 및 선박 안전운항제도
해양오염방지협약 (MARPOL 73/78)	'83.10.	해양오염방지 구조·설비 및 오염물질 배출 허용 기준
해상충돌예방에 관한 국제협약 (COLREG 72)	'77. 7.	선박 충돌예방 항법
선원의 훈련, 자격증명 및 당직에 관한 국제협약 (STCW 78)	'84. 4.	선원의 자격 및 훈련 기준
국제만재흘수선협약 (LL 66)	'68. 7.	화물적재허용량 및 복원성 기준
선박톤수측정협약 (TONNAGE 69)	'82. 7.	선박 크기(톤수) 측정 기준

COLREG에는 이 규정에 의거하여 제39조부터 제41조의 새로운 규칙이 추가되었다.

- 제2장은 회원국감사를 위한 절차와 6개의 부록으로 구성된다. 감사를 실시하기 위해 또는 감사를 받기 위해 필요한 상세한 절차에 관한 사항으로서 ① 감사준비, ② 감사 전 점검사항, ③ 감사시행, ④ 보고서 작성, ⑤ 회원국의 수정조치계획, ⑥ 사후감사, ⑦ 기록관리, ⑧ 감사흐름도이다.

5) 의무사항 색인목록에 관한 결의서

수감 기관에서 감사에 대비하여 준비하여야 할 의무사항들을 도표 형태의 목록으로 정리한 것이다.

색인목록은 2년마다 개최되는 총회에서 최신화 작업이 이루어지고 있으며, 초안은 IMO 협약준수전문위원회(III)에서 검토하고 해사안전위원회(MSC)를 거쳐 총회에 상정되는 과정을 거치므로 IMSAS 대응과 관련된 정부와 유관기관은 초안 작성단계인 'IMO 협약준수전문위원회(III)' 회의부터 관심을 가져야 한다.

참고

ㅁ 우리 영문 법령에서 사용되는 조문체계는 다음과 같다.

편	編	Part
장	章	Chapter
절	節	Section
관	款	Sub-Section
조	條	Article
항	項	Paragraph
호	號	Subparagraph
목	目	Item
별표	別 表	Attached Table
별지서식	別 紙 書 式	Form

총칙	總 則	General Provisions
통칙	通 則	Common Provisions
보칙	補 則	Supplementary Provisions
벌칙	罰 則	Penalty Provisions
부칙	附 則	Addendum (Addenda)
시행일	施 行 日	Enforcement Date
경과조치	經 過 措 置	Transitional Measures

제3장

부속서(Annex)

1. Part A. 총칙 (Rule 1–3)
2. Part B. 항법 (Rule 4–19)

Section 1	모든 시계 항법	(Rule 4–10)
Section 2	서로 시계 항법	(Rule 11–18)
Section 3	제한 시계 항법	(Rule 19)

3. Part C. 등화와 형상물 (Rule 20–31)
4. Part D. 음향 및 발광 신호 (Rule 32–37)
5. Part E. 적용 예외 (Rule 38)
6. Part F. 협약이행 검증 (Rule 39–41)

부속서 1	동화 및 형상물의 배치와 기술 명세
부속서 2	근접 어로작업선에 대한 부가 신호
부속서 3	음향신호장치의 기술 명세
부속서 4	조난 신호

신호 장치의 기술적 사항에 대한 국내 규정은 해양수산부 고시인 '선박의 구조 및 설비기준'과 '소형선박의 구조 및 설비 기준'에 수록되어 있다.

부속서 부분은 별도의 설명이 필요하지 않다고 보아 주로 원문에 대한 해석만 제공한다.

1 부속서 I

ANNEX Ⅰ

ANNEX I

POSITIONING AND TECHNICAL DETAILS OF LIGHTS AND SHAPES

1. Definition

The term 'height above the hull' means height above the uppermost continuous deck. This height shall be measured from the position vertically beneath the location of the light.

2. Vertical positioning and spacing of lights

(a) On a power-driven vessel of 20 metres or more in length the masthead lights shall be placed as follows:

(i) the forward masthead light, or if only one masthead light is carried, then that light, at a height above the hull of not less than 6 meters, and, if the breadth of the vessel exceeds 6 meters, then at a height above the hull not less than such breadth, so however that the light need not be placed at a greater height above the hull than 12 metres;

(ii) when two masthead lights are carried the after one shall be at least 4.5 metres vertically higher than the forward one.

(b) The vertical separation of mastheadlights of power-driven vessels shall be such that in all normal conditions of trim the after light will be seen over and separate from the forward light at a distance of 1,000 meters from the stem when viewed from sea level.

(c) The masthead light of a power-driven vessel of 12 metres but less than 20 metres in length shall be placed at a height above the gunwale of not less than 2.5 metres.

(d) A power-driven vessel of less than 12 metres in length may carry the uppermost light at a height of less than 2.5 metres above the gunwale. When however a masthead light is carried in addition to sidelights and a sternlight or the all-round light prescribed in rule 23(c)(i) is carried in addition to sidelights, then such masthead light or all-round light shall be carried at least 1 metre higher than the sidelights.

1.1. 해석

부속서 1

부속서 I

등화 및 형상물의 배치와 기술적 명세

1. 정의

'선체상 높이'라 함은 최상층 전통갑판상의 높이를 말한다.
이러한 높이는 등화 설치장소의 직하로부터 수직 하방으로 측정되어야 한다.

2. 등화의 수직 배치 및 간격

(a) 길이가 20미터 이상인 동력선의 마스트등은 다음과 같이 배치하여야 한다.

(i) 전부 마스트등 또는 하나의 마스트등만 표시할 경우에는 그 마스트등은 선체상 6미터 이상의 높이에 표시한다. 그리고 선폭이 6미터 이상인 선박은 선폭보다 높은 높이에 표시한다. 그러나 12미터 이상의 높이에 달 필요는 없다.

(ii) 두 개의 마스트등을 달아야 할 경우 후부 마스트등은 전부 마스트등보다 최소한 4.5미터 이상의 높이에 달아야 한다.

(b) 동력선이 표시하는 마스트등 간의 수직간격은 통상적인 트림 하에서 선수전방 1,000미터의 수면에서 볼 때 후부등은 전부등보다 높고 분리되어 보이도록 하여야 한다.

(c) 길이가 12미터 이상 20미터 미만인 동력선의 마스트등은 현연상 2.5미터 이상의 높이에 표시하여야 한다.

(d) 길이가 12미터 미만인 동력선은 현연상 2.5미터 미만의 높이에 최상부 등화를 달 수 있다. 그러나 현등 및 선미등에 부가하여 마스트등 또는 규칙 제23조 (c)(i)에 규정하는 전주등을 현등에 추가하여 달 때에는 그러한 마스트등 또는 전주등은 적어도 현등보다 1미터 이상의 높은 위치에 달아야 한다.

ANNEX I

(e) One of the two or three masthead lights prescribed for a power-driven vessel when engaged in towing or pushing another vessel shall be placed in the same position as either the forward masthead light or the after masthead light: provided that, if carried on the aftermast, the lowest after masthead light shall be at least 4.5 metres vertically higher than the forward masthead light.

(f)

(i) The masthead lights prescribed in Rule 23 (a) shall be so placed as to be above and clear of all other lights and obstructions except as described in sub-paragraph (ii)

(ii) When it is impracticable to carry the all-round lights prescribed by Rule 27(b) (i) or Rule 28 below the masthead lights, they may be carried above the after masthead light(s) or vertically in between the forward masthead light(s) and after masthead light(s), provided that in the latter case the requirement of Section 3 (c) of this Annex shall be complied with.

(g) The sidelights of a power-driven vessel shall be placed at a height above the hull not greater than three quarters of that of the forward masthead light. They shall not be so low as to be interfered with by deck lights.

(h) The sidelights, if in a combined lantern and carried on a power-driven vessel of less than 20 metres in length, shall be placed not less than 1 metre below the masthead light.

(i) When the Rules prescribe two or three lights to be carried in a vertical line, they shall be spaced as follows:

(i) on a vessel of 20 metres in length or more such lights shall be spaced not less than 2 metres apart, and the lowest of these lights shall, except where a towing light is required, be placed at a height of not less than 4 m above the hull;

(ii) on a vessel of less than 20 metres in length such lights shall be spaced not less than 1 metre apart and the lowest of these lights shall, except where a towing light is required, be placed at a height of not less than 2 metres above the gunwale.

(iii) when three lights are carried they shall be equally spaced.

부속서 1

(e) 다른 선박을 끌거나 미는데 종사하고 있는 동력선이 표시하여야 할 둘 또는 셋의 마스트등 중에 하나는 전부 마스트등의 위치 또는 후부 마스트등의 위치에 배치되어야 한다. 다만, 후부 마스트에 표시할 때는 최하단의 후부 마스트등은 전부 마스트등보다 적어도 수직으로 4.5미터 이상 높게 위치하여야 한다.

(f)

(i) 규칙 제23조 (a)항에서 규정하는 마스트등이나 정부등들은 본항 (ii)호에서 규정하는 경우를 제외하고는 모든 등화 및 장애물보다 높고 확실하게 떨어지도록 배치하여야 한다.

(ii) 규칙 제27조 (b)항 (i)호 또는 규칙 제28조에서 규정하는 전주등들을 마스트등의 하방에 표시하는 것이 불가능한 때는 그들은 후부 마스트등보다 높게 표시하든지 또는 수직 위치에서 전부 마스트등과 후부 마스트등 사이의 높이에 표시할 수 있다. 다만, 후자의 경우에는 이 부속서 제3절 (c)항의 요구조건에 일치하여야 한다.

(g) 동력선의 현등은 전부 마스트등 높이의 3/4보다 높지 아니한 위치에 두어야 하되 갑판 상의 등화 때문에 방해를 받는 낮은 위치에 두어서는 아니 된다.

(h) 길이 20미터 미만의 동력선에 표시하는 복합현등은 마스트등 하방 1미터 이상의 거리에 두어야 한다.

(i) 동일수직선상에 2개 또는 3개의 등을 표시하여야 한다는 규칙에 따라야 될 때 그들 간격은 다음과 같다.

(i) 길이가 20미터 이상인 선박에 있어서 이러한 등은 2미터 이상의 간격을 두어야 하며 이러한 등 중에서 가장 낮은 위치에 다는 등은 예선등이 필요한 경우를 제외하고는 선체상 4미터 이상의 높이에 두어야 한다.

(ii) 20미터 미만의 길이를 가진 선박에 있어서 이와 같은 등화는 1미터 이상의 간격으로 표시하여야 하며 예선등이 필요한 경우를 제외하고는 현연상 2미터 이상의 높이에 두어야 한다.

(iii) 3개의 등화를 표시하는 경우는 이들은 같은 간격으로 배치되어야 한다.

ANNEX Ⅰ

(j) The lower of the two all-round lights prescribed for a vessel when engaged in fishing shall be at a height above the sidelights not less than twice the distance between the two vertical lights.

(k) The forward anchor light prescribed in Rule 30(a)(i), when two are carried, shall not be less than 4.5 metres above the after one. On a vessel of 50 metres or more in length this forward anchor light shall be placed at a height of not less than 6 metres above the hull.

3. Horizontal positioning and spacing of lights

(a) When two masthead lights are prescribed for a power-driven vessel, the horizontal distance between them shall not be less than one half of the length of the vessel but need not be more than 100 m. The forward light shall be placed not more than one quarter of the length of the vessel from the stem.

(b) On a power-driven vessel of 20 m or more in length the sidelights shall not be placed in front of the forward masthead lights. They shall be placed at or near the side of the vessel.

(c) When the lights prescribed in Rule 27(b)(i) or Rule 28 are placed vertically between the forward masthead light(s) and the after masthead light(s) these all-round lights shall be placed at a horizontal distance of not less than 2 m from the fore and after centreline of the vessel in the athwartship direction.

(d) When only one masthead light is prescribed for a power driven vessel, this light shall be exhibited forward of amidships; except that a vessel of less than 20 m in length need not exhibit this light forward of amidships but shall exhibit it as far forward as is practicable.

4. Details of location of direction-indicating lights for fishing vessels, dredgers and vessels engaged in underwater operations

(a) The light indicating the direction of the outlying gear from a vessel engaged in fishing as prescribed in Rule 26(c)(ii) shall be placed at a horizontal distance of not less than 2 metres and not more than 6 metres away from the two all-round red and white lights. This light shall be placed not higher than the all-round white light prescribed in Rule 26(c)(i) and not lower than the sidelights.

부속서 1

(j) 어로작업에 종사하고 있는 선박에 대하여 규정된 두 개의 전주등 중에 하부 등은 현등으로부터 이들 두개의 수직 등화간 거리의 2배 이상 되는 위치에 두어야 한다.

(k) 정박등을 두 개 다는 경우에는 본 규칙 제30조 (a)항 (ⅰ)에 규정된 앞쪽에 다는 등화는 뒤쪽에 다는 등화보다 4.5미터 이상의 높이에 두어야 한다. 길이가 50미터 이상 되는 선박에 있어서는 이러한 전부 정박등은 선체상 6미터 이상의 높이에 달아야 한다.

3. 등화의 수평배치 및 간격

(a) 동력선에 두 개의 마스트등을 표시하여야 하는 경우 이들 두 등화의 수평거리는 선체 길이의 1/2 이상 되어야 하지만 100미터 이상 될 필요는 없다. 전부 마스트등은 선수재로부터 선체 길이의 1/4 이하 되는 거리에 두어야 한다.

(b) 길이가 20미터 이상 되는 동력선에 있어서 현등은 전부 마스트등보다 앞쪽에 표시되어서는 아니 된다. 현등은 선박의 현측이나 현측 부근에 두어야 한다.

(c) 규칙 제27조 (b)항 (ⅰ)호 또는 규칙 제28조에서 규정된 등화들이 수직위치에서 전부 마스트등과 후부 마스트등 사이에 배치될 경우는 이들 전주등들은 선체 종중심선으로부터 정횡방향으로 2미터 이상의 수평거리에 배치되어야 한다.

(d) 동력선에 하나의 마스트등만 규정될 때에 이 등화는 선체의 중앙보다 전방에 표시하여야 한다. 다만 길이가 20미터 미만인 선박은 이 등화를 선체의 중앙보다 전방에 표시할 필요는 없으나 가능한 범위까지 전방에 표시하여야 한다.

4. 어로, 준설 또는 수중작업에 종사하고 있는 선박의 방향지시등의 배치장소에 대한 명세

(a) 규칙 제26조 (c)항 (ⅱ)호에 규정되어 있는 어로작업에 종사중인 선박의 어구의 방향을 지시하는 등화는 두 개의 홍백의 전주등으로부터 수평거리 2미터 이상 6미터 이하의 거리에 두어야 한다. 이 방향지시등은 규칙 제26조 (c)항 (ⅰ)호에 규정되어 있는 전주백등보다 높지 아니 하고 현등보다 낮지 아니하여야 한다.

ANNEX I

(b) The lights and shapes on a vessel engaged in dredging or underwater operations to indicate the obstructed side and/or the side on which it is safe to pass, as prescribed in Rule 27(d)(i) and (ii), shall be placed at the maximum practical horizontal distance, but in no case less than 2 metres, from the lights or shapes prescribed in Rule 27(b)(i) and (ii). In no case shall the upper of these lights or shapes be at a greater height than the lower of the three lights or shapes prescribed in Rule 27(b)(i) and (ii).

5. Screens for sidelights

The sidelights of vessels of 20 metres or more in length shall be fitted with inboard screens painted matt black, and meeting the requirements of Section 9 of this Annex. On vessels of less than 20metres in length the sidelights, if necessary to meet the requirements of Section 9 of this Annex, shall be fitted with inboard matt black screens. With a combined lantern, using a single vertical filament and a very narrow division between the green and red sections, external screens need not be fitted.

6. Shapes

(a) Shapes shall be black and of the following sizes:

(i) a ball shall have a diameter of not less than 0.6 metre;

(ii) a cone shall have a base diameter of not less than 0.6 metre and a height equal to its diameter;

(iii) a cylinder shall have a diameter of at least 0.6 metre and a height of twice its diameter;

(iv) a diamond shape shall consist of two cones as defined in (ii) above having a common base.

(b) The vertical distance between shapes shall be at least 1.5 metres.

(c) In a vessel of less than 20 metres in length shapes of lesser dimensions but commensurate with the size of the vessel may be used and the distance apart may be correspondingly reduced.

7. Colour specification of lights

The chromaticity of all navigation lights shall conform to the following standards, which lie within the boundaries of the area of the diagram specified for each colour by the International Commission on Illumination (CIE).

The boundaries of the area for each colour are given by indicating the corner co-ordinates, which are as follows;

부속서 1

(b) 규칙 제27조 (d)항 (ⅰ) 및 (ⅱ)호에 규정되어 있는 준설작업과 수중작업에 종사하고 있는 선박이 표시하여야 하는 장애 현이나 안전하게 항과 할 수 있는 현을 가리키는 등화나 형상물은 가능한 한 최대의 수평간격을 갖도록 두어야 하며 여하한 경우라도 규칙 제27조 (b) 항(ⅰ) 및 (ⅱ)호에 규정되어 있는 등화와 형상물로부터 2미터 이상의 거리에 두어야 한다. 여하한 경우에도 이들 등화나 형상물의 상부의 것은 규칙 제27조 (b)항 (ⅰ) 및 (ⅱ)호에 규정 되어있는 3개의 등화나 형상물 중의 하부 것보다 높은 위치에 있어서는 아니 된다.

5. 현등에 대한 차광판

길이 20미터 이상의 선박 현등에는 광택이 없는 흑색을 칠한 내측 격판을 설치하여야 한다. 그리고 이 부속서 제9절의 조건에 일치되어야 한다. 길이 20미터 미만인 선박의 현등이 이 부속서 제9절의 요구사항에 합치될 필요가 있을 경우에는 흑색의 윤기 없는 내측 차광판을 설치하여야 한다. 단일 수직 필라멘트를 사용하면서 녹색과 홍색을 구분하는데 매우 좁은 격판을 사용하는 복합 현등에서는 외부 격판을 설치할 필요는 없다.

6. 형상물

(a) 형상물은 흑색이여야 하고 그 크기는 다음과 같아야 한다.

(ⅰ) 구형은 직경이 0.6미터 이상 되어야 한다.

(ⅱ) 원추형은 저면 직경이 0.6미터 이상 그리고 높이는 직경과 같다.

(ⅲ) 원통형은 직경이 적어도 0.6미터가 되어야 하며 높이는 직경의 2배가 되어야 한다.

(ⅳ) 장구형은 위의 (ⅱ)에 정의되어 있는 두 개의 원추형 형상물의 저면을 맞대어 만든다.

(b) 형상물 사이의 수직거리는 적어도 1.5미터 있어야 한다.

(c) 길이가 20미터 미만인 선박에 있어서는 선박의 크기에 상응하는 보다 작은 크기를 가진 형상물이 사용될 수도 있으며 그들의 간격도 이에 따라 축소시킬 수 있다.

7. 등화의 색별 기준

모든 항해등의 색도는 국제조명위원회가 정한 색도도에서 해당 색도의 영역 내에 있어야 한다.

각각의 색에 대응하는 영역의 경계는 다음의 직각 좌표에 의하여 표시된다.

ANNEX I

(i) White

x 0.525 0.525 0.452 0.310 0.310 0.443

y 0.382 0.440 0.440 0.348 0.283 0.382

(ii) Green

x 0.028 0.009 0.300 0.203

y 0.385 0.723 0.511 0.356

(iii) Red

x 0.680 0.660 0.735 0.721

y 0.320 0.320 0.265 0.259

(iv) Yellow

x 0.612 0.618 0.575 0.575

y 0.382 0.382 0.425 0.406

8. Intensity of lights

(a) The minimum luminous intensity of lights shall be calculated by using the formula:

$I = 3.43 \times 10^6 \times T \times D^2 \times K^{-D}$

where I is luminous intensity in candelas under service conditions,

T is threshold factor 2×10^{-7} lux,

D is range of visibility (luminous range) of the light in nautical miles,

K is atmospheric transmissivity.

For prescribed lights the value of K shall be 0.8, corresponding to a meteorological visibility of approximately 13 nautical miles.

(b) A selection of figures derived from the formula is given in the following table:

Range of visibility (luminous range) of light in nautical miles D	Luminous intensity of light in candelas for K = 0.8 I
1	0.9
2	4.3
3	12
4	27
5	52
6	94

NOTE: The maximum luminous intensity of navigation lights should be limited to avoid undue glare. This shall not be achieved by a variable control of the luminous intensity.

부속서 1

(i) 백색

x 0.525 0.525 0.452 0.310 0.310 0.443
y 0.382 0.440 0.440 0.348 0.283 0.382

(ii) 녹색

x 0.028 0.009 0.300 0.203
y 0.385 0.723 0.511 0.356

(iii) 홍색

x 0.680 0.660 0.735 0.721
y 0.320 0.320 0.265 0.259

(iv) 황색

x 0.612 0.618 0.575 0.575
y 0.382 0.382 0.425 0.406

8. 등화의 광도

(a) 등화의 최소 조명도는 다음 공식을 이용하여 계산한다.

$I = 3.43 \times 10^6 \times T \times D^2 \times K^{-D}$

다만, I는 사용 상태 하에서 칸델라로 표시되는 조명도

T는 시광계수(始光係數) 2×10^{-7} lux

D는 해리로 표시한 등화의 시인거리

K는 대기전달율

규정된 등화에 대하여는 K의 값은 대략 13해리의 기상학상의 시정에 대응하는 값으로 0.8이어야 한다.

(b) 상기 공식으로부터 구하여진 숫자의 몇 가지 예는 다음 표에 주어져 있다.

해리로 표시된 등화의 광달거리 D(해리)	K = 0.8로 하였을 때 칸델라로 표시된 등화의 광도 I(칸델라)
1	0.9
2	4.3
3	12
4	27
5	52
6	94

주 : 항해등의 최대 광도는 지나치게 눈부시지 않도록 제한되어야 한다.
이를 광도 조절로 성취하여서는 아니 된다.

ANNEX Ⅰ

9. Horizontal sectors

(a)

(i) In the forward direction, sidelights as fitted on the vessel shall show the minimum required intensities. The intensities must decrease to reach practical cut-off between 1 degree and 3 degrees outside the prescribed sectors.

(ii) For sternlights and masthead lights and at 22.5 degrees abaft the beam for sidelights, the minimum required intensities shall be maintained over the arc of the horizon up to 5 degrees within the limits of the sectors prescribed in Rule 21. From 5 degrees within the prescribed sectors the intensity may decrease by 50 percent up to the prescribed limits; it shall decrease steadily to reach practical cut-off at not more than 5 degrees outside the prescribed sectors.

(b)

(i) All-round lights shall be so located as not to be obscured by masts, topmasts or structures within angular sectors of more than 6 degrees, except anchor lights prescribed in Rule 30, which need not be placed at an impracticable height above the hull.

(ii) If it is impracticable to comply with paragraph (b)(i) of this section by exhibiting only one all-round light, two all-round lights shall be used suitably positioned or screened so that they appear, as far as practicable, as one light at a distance of one mile.

10. Vertical sectors

(a) The vertical sectors of electric lights as fitted, with the exception of lights on sailing vessels underway shall ensure that:

(i) at least the required minimum intensity is maintained at all angles from 5 degrees above to 5 degrees below the horizontal;

(ii) at least 60 per cent of the required minimum intensity is maintained from 7.5 degrees above to 7.5 degrees below the horizontal.

(b) In the case of sailing vessels underway the vertical sectors of electric lights as fitted shall ensure that:

(i) at least the required minimum intensity is maintained at all angles from 5 degrees above to 5 degrees below the horizontal;

(ii) at least 50 per cent of the required minimum intensity is maintained from 25 degrees above to 25 degrees below the horizontal.

(c) In the case of lights other than electric these specifications shall be met as closely as possible.

부속서 1

9. 수평 사광 범위

(a)

(i) 선박에 설치된 현등은 앞쪽으로는 요구되는 최소한도의 조명도를 갖추어야 한다. 조명도는 규정되어 있는 사광범위의 외측에서 1°~3° 사이에서 실제적인 차단이 되도록 감소되어야 한다.

(ii) 선미등, 마스트등 및 정횡후 22.5° 범위의 현등에서는 요구되는 최소한의 조명도를 규칙 제21조에 규정하고 있는 사광범위내 5°로부터 규정된 한계선에 달할 때까지 조명도는 50% 감소될 수 있다. 이것은 점점 감소되어 사광범위 바깥 5°로부터 규정된 한계선에 달할 때까지 조명도는 50% 감소될 수 있다. 이것은 점점 감소되어 사광범위 바깥 5°를 넘지 아니하는 범위 내에서 완전히 차단되어야 한다.

(b)

(i) 규칙 제30조에 규정된 정박등을 제외한 전주등은 마스트, 톱마스트 또는 구조물에 의하여 6°를 넘는 범위에서 차단을 받지 아니하도록 설치되어야 한다. 그러나 정박 등은 선체 위로 불가능한 높이까지 달 필요는 없다.

(ii) 하나의 전주등을 표시하는 것만으로 이 절의 (b)(i)항을 따르는 것이 불가능할 때에는 2개의 전주등을 적당하게 배치하고 차폐함으로써 1해리의 거리에서 가능한 한 실제로 하나의 등화로 보일 수 있도록 표시하여야 한다.

10. 수직 사광범위

(a) 항해 중인 범선에 대한 등화를 제외하고 전기적인 설비 등화의 수직사광범위는 다음과 같다.

(i) 적어도 요구되는 최소한의 조명도를 수평면상 5°로부터 수평면하 5°까지 전 사광범위에서 유지한다.

(ii) 적어도 요구되는 최소한의 조명도의 60%를 수평면상 7.5°로부터 수평면하 7.5°까지 유지한다.

(b) 항해 중인 범선인 경우에 전기적인 설비 등화의 수직사광범위는 다음과 같아야 한다.

(i) 적어도 요구되는 최소한의 조명도를 수평면상 5°에서 수평면하 5°까지 전사광범위에서 유지한다.

(ii) 적어도 요구되는 최소한의 조명도의 50%를 수평면상 25° 수평면하 25°까지 유지한다.

(c) 전기적인 등화 이외의 등화인 경우에도 가능한 한 위의 정한 바에 따라야 한다.

ANNEX I

11. Intensity of non-electric lights

Non-electric lights shall so far as practicable comply with the minimum intensities, as specified in the Table given in Section 8 of this Annex.

12. Maneuvering light

Notwithstanding the provisions of paragraph 2 (f) of this Annex the maneuvering light described in Rule 34(b) shall be placed in the same fore and aft vertical plane as the masthead light or lights and, where practicable, at a minimum height of 2 metres vertically above the forward masthead light, provided that it shall be carried not less than 2 meters vertically above or below the after masthead light. On a vessel where only one masthead light is carried the maneuvering light, if fitted, shall be carried where it can best be seen, not less than 2 metres vertically apart from the masthead light.

13. High Speed Craft

(a) The masthead light of high-speed craft may be placed at a height related to the breadth of the craft lower than that prescribed in paragraph 2(a)(i) of this annex, provided that the base angle of the isosceles triangles formed by the sidelights and masthead light, when seen in end elevation, is not less than 27 degrees.

(b) On high-speed craft of 50 metres or more in length, the vertical separation between foremast and mainmast light of 4.5 metres required by paragraph 2(a)(ii) of this annex may be modified provided that such distance shall not be less than the value determined by the following formula:

$$y = \frac{(\alpha + 17\psi)C}{1000} + 2$$

where:

y is the height of the mainmast light above the fore mast light in metres;

α is the height of the foremast light above the water surface in service condition in metres;

Ψ is the trim in service condition in degrees;

C is the horizontal separation of masthead lights in metres.

14. Approval

The construction of lanterns and shapes and the installation of lanterns on board the vessel shall be to the satisfaction of the appropriate authority of the State whose flag the vessel is entitled to fly.

부속서 1

11. 전기식이 아닌 등화의 광도

비전기적인 등화는 실현 가능한 한 본 부속서 제8절 표에 규정되어 있는 최소한의 조명도에 일치하도록 하여야 한다.

12. 조종신호등

이 부속서 제2절 (f)의 규정에도 불구하고 규칙 제34조 (b)에 규정되어 있는 조종신호등은 마스트등 또는 양 마스트등이 있는 종수직면에 두어야 한다. 그리고 실행 가능하면 이것은 후부 마스트등 상방 또는 하방 2미터보다 적은 거리에 두어서는 아니 된다는 조건으로 전부 마스트등 상방 최소 2미터 이상의 수직높이에 두어야 한다. 하나의 마스트등을 달고 있는 선박에서는 조종신호등은 만약 설치된다면 마스트등에서 수직으로 2미터 이상 떨어진 곳 가장 잘 보이는 장소에 두어야 한다.

13. 고속선

(a) 고속정의 마스트등은 고속선의 선폭과 관련하여 이 부속서 제2절 (a)(ⅰ)항에 규정된 것보다 낮게 배치할 수 있다. 다만, 이러한 경우에는 양현등과 마스트등이 형성하는 2등변삼각형의 저각(底角)이 끝단의 수직투영면에서 27° 이상의 각도를 이루어야 한다.

(b) 길이 50미터 이상의 고속선에는 이 부속서의 제2절 (a)(ii)항에서 요구되는 전부 마스트등과 주 마스트등의 수직 간격 4.5미터는 변경될 수 있다. 단, 그러한 거리는 다음의 식에 의하여 결정된 값 이상이 되어야 한다.

$$y = \frac{(\alpha + 17\psi)C}{1000} + 2$$

식에서,
y는 전부 마스트등 상방으로부터 메인 마스트등의 높이(m)
α는 운항 상태에서 수면상방으로부터 전부마스트등의 높이(m)
Ψ는 운항 상태에서 트림(각도)
C는 마스트등의 수평거리(m)

14. 승인

선등과 형상물의 구조 및 선박의 선등 설치는 기국의 관할관청이 승인한 것이라야 한다.

2 부속서 II

ANNEX II

ANNEX II

ADDITIONAL SIGNALS FOR FISHING VESSELS FISHING IN CLOSE PROXIMITY

1. General

The lights mentioned herein shall, if exhibited in pursuance of Rule 26(d), be placed where they can best be seen. They shall be at least 0.9 metre apart but at a lower level than lights prescribed in Rule 26(b)(i) and (c)(i). The lights shall be visible all round the horizon at a distance of at least 1 mile but at a lesser distance than the lights prescribed by these Rules for fishing vessels.

2. Signals for trawlers

(a) Vessels of 20 m of more in length when engaged in trawling, whether using demersal or pelagic gear shall exhibit:
  (i) when shooting their nets: two white lights in a vertical line;
  (ii) when hauling their nets: one white light over one red light in a vertical line;
  (iii) when the net has come fast upon an obstruction: two red lights in a vertical line.

(b) Each vessel of 20 m or more in length engaged in pair trawling shall exhibit:
  (i) by night, a searchlight directed forward and in the direction of the other vessel of the pair;
  (ii) when shooting or hauling their nets or when their nets have come fast upon an obstruction, the lights prescribed in 2(a) above.

(c) A vessel of less than 20 m in length engaged in trawling, whether using demersal or pelagic gear or engaged in pair trawling, may exhibit the lights prescribed in paragraphs (a) or (b) of this section, as appropriate.

3. Signals for purse seiners

Vessels engaged in fishing with purse seine gear may exhibit two yellow lights in a vertical line. These lights shall flash alternately every second and with equal light and occultation duration. These lights may be exhibited only when the vessel is hampered by its fishing gear.

2.1. 해석

부속서 2

부속서Ⅱ

근접하여 어로 작업을 하는 어선들에 대한 부가적 신호

1. 총칙

여기에 언급되는 등화를 제26조 (d)에 따라서 표시한다면 가장 잘 보이는 곳에 표시하여야 한다. 이들 등화는 적어도 0.9미터 이상 떨어져야 하고 제26조 (b)(ⅰ)와 (c)(ⅰ)에 규정한 등화보다 낮아야 한다. 이 등화는 전주를 비추고 시인거리는 적어도 1해리가 되어야 하나 그 시인거리는 본 규칙에서 어선에 관하여 규정한 등화의 그것보다 짧아야 한다.

2. 트롤 어선에 관한 신호

(a) 길이 20미터를 초과하는 선박이 트롤망 어로에 종사할 때에는 심해 어구를 사용하든 또는 표층 어구를 사용하든 간에 다음 신호를 표시하여야 한다.
  (ⅰ) 투망을 할 때 : 수직선상에 백등 2개
  (ⅱ) 어망을 끌어 올리고 있을 때 : 수직선상에 백등 1개, 그 하방에 홍등 1개
  (ⅲ) 어망이 장해물에 걸려 묶여 있을 때 : 수직선상에 홍등 2개

(b) 짝을 지어 트롤망 어로에 종사하는 길이 20미터 이상의 선박은 다음 각 호를 표시하여야 한다.
  (ⅰ) 야간에는 전진방향과 짝을 이룬 다른 선박의 방향을 비추는 탐조등 1개
  (ⅱ) 어망을 내보내거나 끌어들이거나 또는 장애물에 걸려서 묶였을 때에는 제2절 (a)항에 규정된 등화

(c) 트롤망어로에 종사하고 있는 길이 20미터 미만의 선박은 심해 어구를 사용하든 또는 표층 어구를 사용하든 또는 짝을 지어 트롤망어로에 종사하든 간에 이 절의 (a) 또는 (b)항에 규정된 적합한 등화를 표시할 수 있다.

3. 선망 어선에 대한 신호

선망어구로 어로에 종사하고 있는 선박은 수직선상에 황색등 2개를 표시할 수 있다. 이들 등화는 발광과 차광의 간격이 균일하고 매초마다 교대로 비추어야 한다. 이들 등화는 어선이 자기의 어구에 의하여 방해를 받을 때에 한해서 표시할 수 있다.

2.2. 설명

「해사안전법」 제84조(어선) ③ 트롤망어로와 선망어로(旋網漁撈)에 종사하고 있는 선박에는 제1항과 제2항에 따른 등화 외에 해양수산부령으로 정하는 추가신호를 표시하여야 한다.

「해사안전법 시행규칙」 제56조(어로에 종사하고 있는 선박의 추가신호) 법 제84조제3항에서 "해양수산부령으로 정하는 추가신호"란 별표 16에서 정하는 신호를 말한다.

■ 해사안전법 시행규칙 [별표 16]

어로에 종사하고 있는 선박의 추가신호(제56조 관련)

<table>
<tr><th>선종</th><th colspan="2">작업내용</th><th>표시등화</th><th>가시거리</th><th>설치기준</th></tr>
<tr><td rowspan="4">트롤어선</td><td rowspan="3">외끌이의 경우</td><td>어망을 투입하고 있는 경우</td><td>수직선상에 백색등화 2개</td><td rowspan="4">법 제80조에 따라 해양수산부장관이 정하여 고시하는 기준에 의한 다른 등화보다 그 가시거리가 짧아야 하되, 1해리 이상의 수평선 주위에서 볼 수 있어야 한다.</td><td rowspan="4">0.9미터 이상의 간격으로 설치하여야 한다.</td></tr>
<tr><td>어망을 건져 올리고 있는 경우</td><td>수직선상에 홍색의 등화 1개와 그 윗부분에 백색등화 1개</td></tr>
<tr><td>어망이 장애물이 걸린 경우</td><td>수직선상에 홍색등화 2개</td></tr>
<tr><td colspan="2">쌍끌이의 경우</td><td>외끌이의 경우에 해당하는 등화 외에 야간에는 한 쌍을 이룬 다른 선박의 진행방향을 비추는 탐조등 1개</td></tr>
</table>

선종	작업내용	표시등화	가시거리	설치기준
선망 어선	어구에 의하여 조종 성능이 제약을 받고 있는 경우	수직선상에 1초마다 번갈아 섬광을 발하며, 꺼지고 켜지는 시간이 동일한 황색의 등화 2개		

3 부속서Ⅲ

ANNEX Ⅲ

ANNEX III

TECHNICAL DETAILS OF SOUND SIGNAL APPLIANCES

1. Whistles

(a) Frequencies and range of audibility.

The fundamental frequency of the signal shall lie within the range 70-700Hz. The range of audibility of the signal from a whistle shall be determined by those frequencies, which may include the fundamental and/or one or more higher frequencies, which lie within the range 180~700 Hz(+/-1%) for a vessel of 20 metres or more in length, or 180~2100 Hz(+/-1%) for a vessel of less than 20 metres in length and which provide the sound pressure levels specified in paragraph 1(c) below.

(b) Limits of fundamental frequencies.

To ensure a wide variety of whistle characteristics, the fundamental frequency of a whistle shall be between the following limits:

(i) 70~200 Hz, for a vessel 200 metres or more in length;

(ii) 130~350 Hz, for a vessel 75 metres but less than 200 metres in length;

(iii) 250~700 Hz, for a vessel less than 75 metres in length.

(c) Sound signal intensity and range of audibility.

A whistle fitted in a vessel shall provide, in the direction of maximum. intensity of the whistle and at a distance of 1 metre from it, a sound pressure level in at least one 1/3rd-octave band within the range of frequencies 180~700 Hz(+/-1%) for a vessel of 20 metres or more in length, or 180~2100 Hz(+/-1%) for a vessel of less than 20 metres in length, of not less than the appropriate figure given in the table below.

Length of vessel in metres	1/3rd-octave band level at 1 metre in dB referred to 2 x 10-5 N/M2	Audibility range in nautical miles
200 or more	143	2
75 but less than 200	138	1.5
20 nut less than 75	130	1
less than 20	120*	0.5
	115**	
	111***	

* When the measured frequencies lie within the range 180~450 Hz

** When the measured frequencies lie within the range 450~800 Hz

*** When the measure frequencies lie within the range 800~2100 Hz

3.1. 해석

부속서 3

부속서 Ⅲ

음향신호 장치의 기술적 명세

1. 기 적

(a) 주파수와 가청거리

신호음의 기본주파수는 70~700Hz 범위 내에 있어야 한다. 기적으로부터 신호의 가청거리는 그 주파수에 의하여 결정되어야 하는데 그 주파수는 기본주파수와 더 높은 주파수를 동시에 갖거나, 기본주파수 또는 더 높은 주파수를 가질 수 있고, 그것은 길이 20미터 이상의 선박에 대하여는 180~700Hz(+/−1%)의 범위 내에 그리고 길이 20미터 미만의 선박에 대하여는 180~2100Hz(+/−1%)의 범위 내에 있으며 아래의 제1절 (c)항에 규정된 음압수준을 가지고 있어야 한다.

(b) 기본주파수의 범위

기적 특성의 다양성을 확보하게 하기 위하여 기적의 기본적인 주파수를 다음의 범위 내에 두어야 한다.

(i) 길이 200미터 이상의 선박에 대하여서는 70~200Hz

(ii) 길이 75미터 이상 200미터 미만의 선박은 130~250Hz

(iii) 길이 75미터 미만의 선박은 250~700Hz

(c) 음향신호의 강도와 가청거리

선박에 설치되는 기적은 길이 20미터 이상의 선박에 대하여는 180~700Hz(+/−%)의 범위 내에 그리고 길이 20미터 미만의 선박에 대하여는 180~2,100Hz(+/−%)의 범위 내에 중심주파수를 갖는 3분의 1 옥타브밴드 중의 어느 하나에 의하여 측정할 때 신호음의 가장 강한 방향과 기적으로부터 1미터 떨어진 위치에서 적어도 다음 표에 열거하는 값의 적절한 음압수준보다 낮아서는 아니 된다.

선박의 길이 (미터)	1미터 거리에서 1/3 옥타브 밴드에 의하여 측정한 음압, 데시벨 2 x 10−5 N/M2 기준	가청거리 (해리)
200 or more	143	2
75 but less than 200	138	1.5
20 nut less than 75	130	1
less than 20	120*	0.5
	115**	
	111***	

* 측정된 주파수가 180~450Hz 범위 내에 있을 때.

** 측정된 주파수가 450~800Hz 범위 내에 있을 때.

*** 측정된 주파수가 800~2,100Hz 범위 내에 있을 때.

ANNEX III

(d) Directional properties.

The sound pressure level of a directional whistle shall be not more than 4 dB below the prescribed sound pressure level on the axis at any direction in the horizontal plane within ±45 degrees of the axis. The sound pressure level at any other direction in the horizontal plane shall be not more than 10 dB below the prescribed sound pressure level on the axis, so that the range in any direction will be at least half the range on the forward axis. The sound pressure level shall be measured in that 1/3rd-octave band which determines the audibility range.

(e) Positioning of whistles.

When a directional whistle is to be used as the only whistle on a vessel, it shall be installed with its maximum intensity directed straight ahead.

A whistle shall be placed as high as practicable on a vessel, in order to reduce interception of the emitted sound by obstructions and also to minimize hearing damage risk to personnel. The sound pressure level of the vessel's own signal at listening posts shall not exceed 110 dB (A) and so far as practicable should not exceed 100 dB (A).

(f) Fitting of more than one whistle.

If whistles are fitted at a distance apart of more than 100 m, it shall be so arranged that they are not sounded simultaneously.

(g) Combined whistle systems.

If due to the presence of obstructions the sound field of a single whistle or of one of the whistles referred to in paragraph 1(f) above is likely to have a zone of greatly reduced signal level, it is recommended that a combined whistle system be fitted so as to overcome this reduction. For the purposes of the Rules a combined whistle system is to be regarded as a single whistle. The whistles of a combined system shall be located at a distance apart of not more than 100metres and arranged to be sounded simultaneously. The frequency of any one whistle shall differ from those of the others by at least 10 Hz.

부속서 3

(d) 지향 특성

지향성 기적의 음압수준은 축을 통하는 수평면의 좌우 45° 범위 내에서는 규정된 축 방향 음압 수준보다 4dB 이상 떨어져서는 아니 된다. 축을 포함하는 수평면의 어떤 방향에서도 기적의 가청거리가 적어도 앞쪽 축상에서 가청거리의 1/2 이상이 되도록 하기 위하여 수평면의 어떤 방향에서도 음압수준은 규정된 축방향 음압수준보다 10dB 이상 떨어져서는 아니 된다. 음압수준은 가청거리를 결정하는 1/3 옥타브 밴드에 의하여 측정되어야 한다.

(e) 기적의 배치

지향성 기적 하나만을 설치할 때에는 그 최대강도가 바로 선수방향으로 향하도록 설치하여야 한다.

장애물에 부딪쳐서 반향으로 생기는 음향간섭을 감소시키고 사람의 청각손상 위험을 최소화하기 위하여 기적은 될 수 있는 한 선체상 높은 곳에 설치되어야 한다. 자선 신호의 음압수준은 청취 점에서 110dB(A)를 초과하여서는 아니 되고 실행 가능한 100dB(A)를 초과하지 말아야 한다.

(f) 2개 이상의 기적 설치

만약 선상에 복수의 기적이 100미터 이상 떨어진 거리에 설치된다면 동시에 울릴 수 없게 설치되어야 한다.

(g) 복합식 기적 시스템

만약 장애물로 인하여 단수 기적 또는 위 제1절의 (f)항에 언급한 기적들 중 1개의 음력장이 크게 감소된 신호 수준을 갖는 구역을 가지게 될 것 같으면 이 감소를 극복하기 위하여 복합식 기적을 설치하도록 권고한다. 이 조문의 목적 하에서는 복합식 기적은 단일기적으로 취급된다. 복합식 기적은 100미터 이내의 거리에 설치하여야 하고 동시에 울려지도록 하여야 한다. 한 기적의 주파수는 다른 것의 주파수와 적어도 10Hz 이상 달라야 한다.

ANNEX III

2. Bell or gong

(a) Intensity of signal

A bell or gong, or other device having similar sound characteristics shall produce a sound pressure level of not less than 110 dB at a distance of 1 metre from it.

(b) Construction

Bells and gongs shall be made of corrosion-resistant material and designed to give a clear tone. The diameter of the mouth of the bell shall be not less than 300 mm for vessels of 20 metres or more in length. Where practicable, a power-driven bell striker is recommended to ensure constant force but manual operation shall be possible. The mass of the striker shall be not less than 3 per cent of the mass of the bell.

3. Approvals

The construction of sound signal appliances, their performance and their installation on board the vessel shall be to the satisfaction of the appropriate authority of the State whose flag the vessel is entitled to fly.

부속서 3

2. 종 또는 징

(a) 신호의 강도

종과 징 또는 유사한 음향특성을 가지는 다른 장치는 발음장치로부터 1미터의 거리에서 110dB 이상의 음압수준을 나타내어야 한다.

(b) 구조

종과 징은 녹이 슬지 아니하는 재료로 만들어져야 하고 선명한 음조를 가지도록 고안되어야 한다. 길이 20미터 이상의 선박의 종은 저부직경이 300미리 이상 되어야 한다. 실행 가능하면, 일정한 타력을 확보하도록 동력 타종장치를 권고하나 수동조작이 가능하여야 한다. 타봉의 질량은 종 질량의 3% 이상이 되어야 한다.

3. 승인

음향신호장치의 구조, 성능 및 선체상의 설치는 기국의 관할관청이 승인한 것이라야 한다.

4 부속서Ⅳ

ANNEX Ⅳ

Annex Ⅳ
Distress signals

1 The following signals, used or exhibited either together or separately, indicate distress and need of assistance:

(a) a gun or other explosive signals fired at intervals of about a minute;

(b) a continuous sounding with any fog-signalling apparatus;

(c) rockets or shells, throwing red stars fired one at a time at short intervals;

(d) a signal made by any signalling method consisting of the group •••———••• (SOS) in the Morse Code;

(e) a signal sent by radiotelephony consisting of the spoken word MAYDAY;

(f) the International Code Signal of distress indicated by N.C.;

(g) a signal consisting of a square flag having above or below it a ball or anything resembling a ball;

(h) flames on the vessel (as from a burning tar barrel, oil barrel, etc.);

(i) a rocket parachute flare or a hand-flare showing a red light;

(j) a smoke signal giving off orange-coloured smoke;

(k) slowly and repeatedly raising and lowering arms outstretched to each side;

(l) a distress alert by means of digital selective calling (DSC) transmitted on:

(i) VHF channel 70, or

(ii) MF/HF on the frequencies 2187.5 kHz, 8414.5 kHz, 4207.5 kHz, 6312 kHz, 12577 kHz or 16804.5 kHz;

(m) a ship-to-shore distress alert transmitted by the ship's Inmarsat or other mobile satellite service provider ship earth station;

(n) signals transmitted by emergency position-indicating radio beacons;

(o) approved signals transmitted by radiocommunications systems, including survival craft radar transponders.

4.1. 해석

부속서 4

부속서 Ⅳ

조난신호

1. 다음 각 호의 신호는 함께 또는 단독으로 사용되어서 조난 및 원조의 필요를 알리는 신호이다.
   (a) 약 1분간의 간격으로 시행하는 1회의 발포 기타 폭발에 의한 신호
   (b) 무중신호장치에 의한 연속 음향 신호
   (c) 짧은 간격으로 1회에 한 개씩 발사되어 별 모양의 붉은 불꽃을 내는 로켓 또는 유탄에 의한 신호
   (d) 임의의 신호 수단에 의하여 발신되는 모스 부호 •••■■■•••(SOS)를 구성하는 신호
   (e) 무선전화에 의한 '메이데이'라는 구두 신호
   (f) 조난을 나타내는 국제기류 NC 신호
   (g) 위 또는 아래에 구 또는 구와 유사한 것 한 개를 붙인 사각형 기로 된 신호

   (h) 선상에서 화염 신호(타르통, 기름통 등의 연소로 발생)
   (i) 낙하산으로 내려오는 붉은 색의 불꽃 로켓 또는 손에 들고 붉은 색 불꽃을 내는 신호
   (j) 주황색의 연기를 뿜는 발연 신호
   (k) 좌우로 벌린 팔을 천천히 반복적으로 올렸다 내렸다 하는 신호
   (l) 아래 주파수의 디지털선택호출(DSC) 수단에 의해 발신된 조난 신호
      (i) 초단파 채널 70, 또는
      (ii) 중파 및 단파 2,187.5㎑, 8,414.5㎑, 4,207.5㎑, 6,312㎑, 12,577㎑ or 16,804.5㎑
   (m) 선박의 해사인공위성 또는 기타 이동위성통신 선박지구국에서 발사된 선박 대 육상 조난 신호
   (n) 비상위치를 지시하는 무선 비콘이 발사하는 신호
   (o) 구명정의 레이더 자동응답장치를 포함하여 무선통신장치에 의하여 송신된 승인된 신호

ANNEX Ⅳ

2 The use or exhibition of any of the foregoing signals, except for the purpose of indicating distress and need of assistance and the use of other signals which may be confused with any of the above signals, is prohibited.

3 Attention is drawn to the relevant sections of the International Code of Signals, the International Aeronautical and Maritime Search and Rescue Manual, Volume III and the following signals:

(a) a piece of orange-coloured canvas with either a black square and circle or other appropriate symbol (for identification from the air);

(b) a dye marker.

부속서 4

2. 조난 및 원조의 필요성을 알리는 목적 이외에 이전 항의 어떠한 신호의 사용 또는 표시, 그리고 이것들과 혼동될 우려가 있는 어떤 신호도 사용하여서는 아니 된다.

3. 국제신호서와 '국제 항공 및 상선 수색 및 구조 편람' 제3권의 해당 절 및 다음 신호에 유의한다.

(a) 주황색 범포에 검은 색 사각형과 원 또는 기타 적절한 기호를 표시한 신호(상공에서 식별을 위한 것)

(b) 수면의 착색 신호

4.2. 조난신호

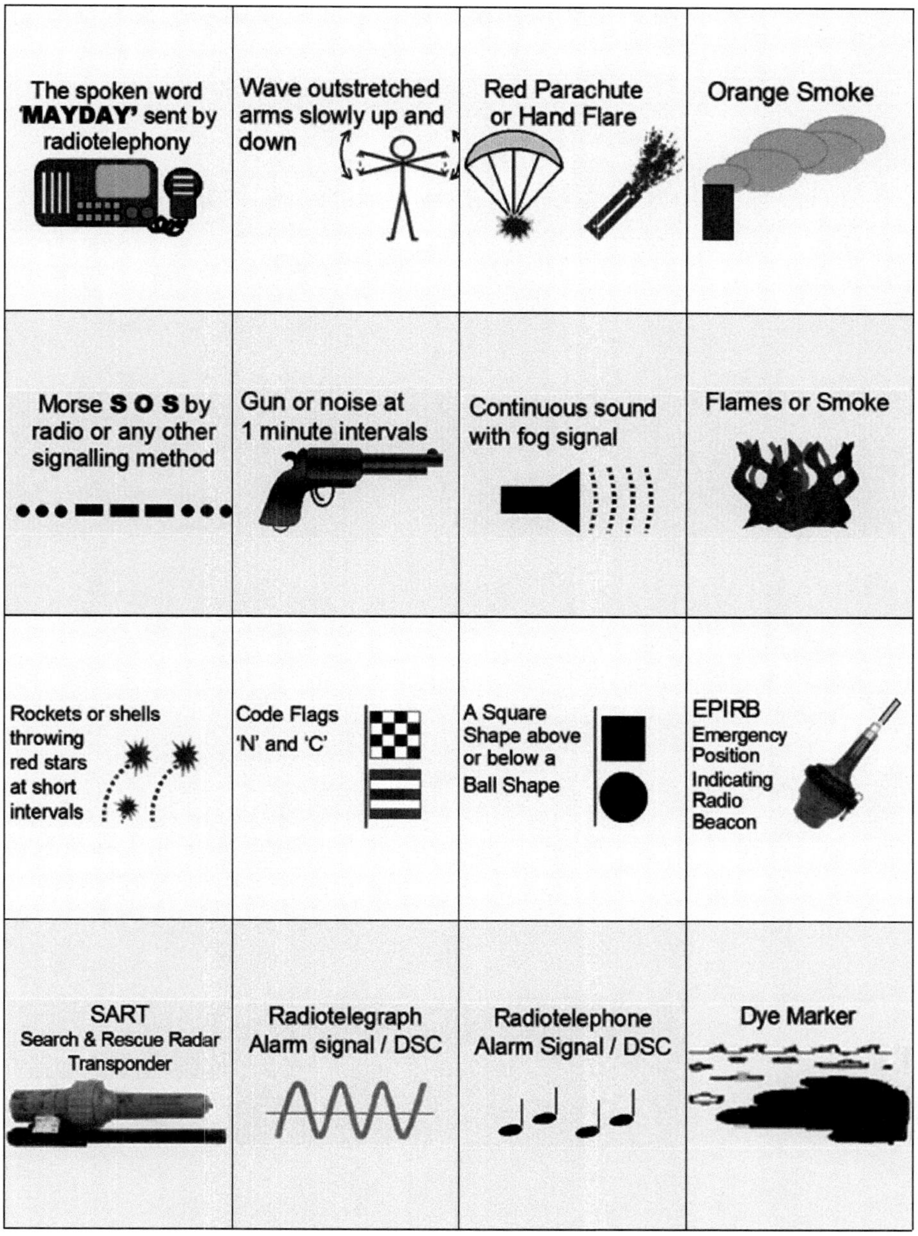

〈그림 3-1〉 International Distress Signals

제4장

국내 해상교통법규

	COLREG		해사안전법
1	Part A. 총칙	(Rule 1–3)	제2조, 제96조, 제97조
2	Part B. 항법	(Rule 4–19)	제62조~제77조
	Section 1 모든 시계 항법	(Rule 4–10)	제62조~제68조
	Section 2 서로 시계 항법	(Rule 11–18)	제69조~제76조
	Section 3 제한 시계 항법	(Rule 19)	제77조
3	Part C. 등화와 형상물	(Rule 20–31)	제78조~제76조
4	Part D. 음향 및 발광 신호	(Rule 32–37)	제90조~제95조
5	Part E. 적용 예외	(Rule 38)	
6	Part F. 협약이행 검증	(Rule 39–41)	

COLREG		해사안전법	
부속서 1	동화 및 형상물의 배치와 기술 명세	고시	선박설비기준
부속서 2	근접 어로작업선에 대한 부가 신호	부령	해사안전법 시행규칙 별표 16
부속서 3	음향신호장치의 기술 명세	고시	선박설비기준
부속서 4	조난 신호		

국제협약을 비준하면 헌법에 따라 국내법과 같은 효력을 갖는다. 그러나 국제협약에는 처벌규정을 두고 있지 않으므로 강행력 확보에 지장이 있다. 대다수 국제협약은 국내법으로 그 내용을 도입하면서 처벌규정을 두고 있다.

COLREG와 병렬적인 조문을 갖는 법은 「해사안전법」이며, COLREG 부속서의 내용은 선박설비기준, 소형선박설비기준, 「해사안전법 시행규칙」 등에 포함되어 있다. 선박통항이 빈번한 수상구역 등에서는 COLREG의 특별규칙으로 별도의 항법을 정할 수 있으며 「선박입출항법」이 이에 해당한다.

1 해사안전법

「해사안전법」은 국제해상충돌예방규칙협약(COLREG 72)의 강행력을[226] 확보하기 위하여 제정되었으며,[227] 주권국가의 권한이 온전하게 미치는 영역인 영해 및 내수에서 안전한 해상교통로 확보를 위하여 교통안전 특정해역, 항로지정제도 등을 함께 도입하였다.

이 법 제1조는 '선박의 안전운항을 위한 안전관리체계를 확립하여 선박항행과 관련된 모든 위험과 장해를 제거함으로써 해사안전(海事安全) 증진과 선박의 원활한 교통에 이바지함을 목적으로 한다.'고 규정하고 있다.

1.1. 용어의 정의 및 적용(제2조~제3조)

1.1.1. 용어의 정의(제2조)

「해사안전법」은 COLREG에서 규정하지 아니하거나 사용하지 아니한 다음의 용어에 대해 정의하고 있다. 이러한 용어는 법을 시행하는데 필요하기 때문에 정의한 것이기 때문에 그 의미를 알고 사용할 필요가 있다.

제2조(정의) 이 법에서 사용하는 용어의 뜻은 다음과 같다.

1. "해사안전관리"란 선원·선박소유자 등 인적 요인, 선박·화물 등 물적 요인, 항행보조시설·안전제도 등 환경적 요인을 종합적·체계적으로 관리함으로써 선박의 운용과 관련된 모든 일에서 발생할 수 있는 사고로부터 사람의 생명·신체 및 재산의 안전을 확보하기 위한 모든 활동을 말한다.

5. "대한민국선박"이란 「선박법」 제2조 각 호에 따른 선박을[228] 말한다.

6. "위험화물운반선"이란 선체의 한 부분인 화물창(貨物倉)이나 선체에 고정된 탱크 등

226) 헌법 제6조 제1항에서 "이 헌법에 의하여 체결 공포된 조약과 일반적으로 승인된 국제법규는 국내법과 같은 효력을 가진다."고 규정하고 있지만 국제협약에는 벌칙조항이 없어 가입하는 것만으로는 강행력이 미흡하다. 이를 보완하기 위하여 국내법으로 입법하여 벌칙규정을 두고 있다.

227) COLREG 72는 1977. 7. 15일 국제적으로 발효되었으며, 우리나라는 1978. 7. 12일 국무회의를 거쳐, 1977. 7. 29일에 수락서를 IMO에 기탁함으로써 같은 날 발효되었다. 해사안전법의 전신인 해상교통안전법은 1986. 12. 31일에 제정되어 1년 후인 1988. 1. 1일부터 시행되었다.

228) 「선박법」 제2조(한국선박) 다음 각 호의 선박을 대한민국 선박(이하 "한국선박"이라 한다)으로

에 해양수산부령으로 정하는 위험물을 싣고 운반하는 선박을 말한다.
7. "거대선"(巨大船)이란 길이 200미터 이상의 선박을 말한다.
8. "고속여객선"이란 시속 15노트 이상으로 항행하는 여객선을 말한다.
15. "해양시설"이란 자원의 탐사·개발, 해양과학조사, 선박의 계류(繫留)·수리·하역, 해상주거·관광·레저 등의 목적으로 해저(海底)에 고착된 교량·터널·케이블·인공섬·시설물이거나 해상부유 구조물로서 선박이 아닌 것을 말한다.[229]
16. "해상교통안전진단"이란 해상교통안전에 영향을 미치는 다음 각 목의 사업(이하 "안전진단대상사업'이라 한다)으로 발생할 수 있는 항행안전 위험 요인을 전문적으로 조사·측정하고 평가하는 것을 말한다.[230]
가. 항로 또는 정박지의 지정·고시 또는 변경
나. 선박의 통항을 금지하거나 제한하는 수역(水域)의 설정 또는 변경
다. 수역에 설치되는 교량·터널·케이블 등 시설물의 건설·부설 또는 보수
라. 항만 또는 부두의 개발·재개발
마. 그 밖에 해상교통안전에 영향을 미치는 사업으로서 대통령령으로[231] 정하는 사업
17. "항행장애물"(航行障碍物)이란 선박으로부터 떨어진 물건, 침몰·좌초된 선박 또는 이로부터 유실(遺失)된 물건 등 해양수산부령으로 정하는 것으로서[232] 선박항행에 장애가 되는 물건을 말한다.[233]
20. "항로지정제도"란 선박이 통항하는 항로, 속력 및 그 밖에 선박 운항에 관한 사항을 지정하는 제도를 말한다.
29. "대수속력"(對水速力)이란 선박의 물에 대한 속력으로서 자기 선박 또는 다른 선박의 추진장치의 작용이나 그로 인한 선박의 타력(惰力)에 의하여 생기는 것을 말한다.
28. "예인선열"(曳引船列)이란 선박이 다른 선박을 끌거나 밀어 항행할 때의 선단(船團) 전체를 말한다.

한다.
1. 국유 또는 공유의 선박
2. 대한민국 국민이 소유하는 선박
3. 대한민국의 법률에 따라 설립된 상사법인(商事法人)이 소유하는 선박
4. 대한민국에 주된 사무소를 둔 제3호 외의 법인으로서 그 대표자(공동대표인 경우에는 그 전원)가 대한민국 국민인 경우에 그 법인이 소유하는 선박

229) 구 「해상교통안전법」에서는 '「해양환경관리법」 제2조제17호에 따른 해양시설을 말한다.'라고 규정하여 해양사고로 인한 해양오염 등과 관련한 사항을 규정하기 위해 정의하였다. 그러나 「해사안전법」에서는 '제3장 수역 안전관리, 제1절 해양시설의 보호수역 설정 및 관리'를 추가 반영하여 개정하였다.

230) 「해사안전법」 '제4장 해상교통 안전관리, 제1절 해상교통안전진단'과 관련하여 '해상교통안전진

예인선열에 대한 정의는 COLREG와 다르게 정의하고 있다. 이 법에서는 선단 전체를 말하므로 예인선의 선수에서 피예인선의 선미까지로 해석되지만, COLREG에서 예인선열의 길이는 예인선의 선미에서 피예인선의 선미까지 길이를 말한다.

1.1.2. 적용 수역 및 대상(제3조)

이 법이 적용되는 지리적 범위와 대상에 관하여 대한민국 선박은 영해 내외를 불문하고 공해와 그 공해에 접속된 가항수역에 있는 모든 선박에게 적용되며, 외국선박에 대해서는 우리나라의 주권이나 주권적 권리가 미치는 가항수역에 있는 선박에 대하여 적용한다.

1) 적용 수역

가) 영해 및 내수

영해 이내의 수역인 영해 및 내수에서는 우리나라의 주권이 미치는 영역이기 때문에 대한민국선박과 외국선박 모두 이 법을 적용한다. 즉 주권국가는 자국의 영해를 영토와 같이 전적으로 자국법이 적용되는 영역으로 관리하고 있다. 다만 모든 국가의 선박은 UN해양법협약에 따라 모든 나라의 영해에서 무해통항(innocent passage) 할 수 있다.[234]

단'의 목적을 정의하고 있다고 할 것이다.

231) 「해사안전법 시행령」 제1조의2(해상교통안전에 영향을 미치는 사업) 「해사안전법」(이하 "법"이라 한다) 제2조제16호마목에서 "대통령령으로 정하는 사업"이란 다음 각 호의 어느 하나에 해당하는 사업으로서 최고 속력이 시속 60노트 이상인 선박을 사용하는 사업을 말한다.
1. 「해운법」 제2조제2호에 따른 해상여객운송사업
2. 「해운법」 제2조제3호에 따른 해상화물운송사업

232) 「해사안전법 시행규칙」 제4조(항행장애물) 법 제2조제17호에서 "해양수산부령으로 정하는 것"이란 다음 각 호의 어느 하나에 해당하는 것을 말한다.
1. 선박으로부터 수역에 떨어진 물건
2. 침몰·좌초된 선박 또는 침몰·좌초되고 있는 선박
3. 침몰·좌초가 임박한 선박 또는 침몰·좌초가 충분히 예견되는 선박
4. 제2호 및 제3호의 선박에 있는 물건
5. 침몰·좌초된 선박으로부터 분리된 선박의 일부분

233) 「해사안전법」 '제4장 해상교통 안전관리, 제2절 항행장애물의 처리'와 관련하여 '항행장애물'의 의미를 정의하고 있으며, IMO에서 채택한 난파물제거협약(Wreck Rmoval Convention)에서 '난파물(Wreck)'의 정의를 '항행장애물'로 바꾸어 정의한 것이다.

234) UNCLOS 제17조(무해통항권) 연안국이거나 내륙국이거나 관계없이 모든 국가의 선박은 이 협약에 따라, 영해에서 무해통항권을 향유한다.

직선기선을 설정함에 따라 내수로 바뀐 수역에서도 무해통항권이 보장된다. 무해통항은 영해를 통과하는 통항의 한 종류로서[235] 연안국의 평화, 공공질서 또는 안전을 해치지 않는 한 무해한 통항으로 본다.[236] 연안국이 항해안전 등을 위해 무해통항에 관한 법령을 제정할 수도 있다.[237]

---

235) UNCLOS 제18조(통항의 의미) 1. 통항이라 함은 다음의 목적을 위하여 영해를 지나서 항행함을 말한다.
(a) 내수에 들어가지 아니하거나 내수 밖의 정박지나 항구시설에 기항하지 아니하고 영해를 횡단하는 것; 또는
(b) 내수를 향하여 또는 내수로부터 항진하거나 또는 이러한 정박지나 항구시설에 기항하는 것
2. 통항은 계속적이고 신속하여야 한다. 다만, 정선이나 닻을 내리는 행위가 통상적인 항행에 부수되는 경우, 불가항력이나 조난으로 인하여 필요한 경우, 또는 위험하거나 조난상태에 있는 인명·선박 또는 항공기를 구조하기 위한 경우에는 통항에 포함된다.

236) UNCLOS 제19조(무해통항의 의미) 1. 통항은 연안국의 평화, 공공질서 또는 안전을 해치지 아니하는 한 무해하다. 이러한 통항은 이 협약과 그 밖의 국제법규칙에 따라 이루어진다.
2. 외국선박이 영해에서 다음의 어느 활동에 종사하는 경우, 외국선박의 통항은 연안국의 평화, 공공질서 또는 안전을 해치는 것으로 본다.
(a) 연안국의 주권, 영토보전 또는 정치적 독립에 반하거나, 또는 국제연합헌장에 구현된 국제법의 원칙에 위반되는 그 밖의 방식에 의한 무력의 위협이나 무력의 행사
(b) 무기를 사용하는 훈련이나 연습
(c) 연안국의 국방이나 안전에 해가 되는 정보 수집을 목적으로 하는 행위
(d) 연안국의 국방이나 안전에 해로운 영향을 미칠 것을 목적으로 하는 선전행위
(e) 항공기의 선상 발진·착륙 또는 탑재
(f) 군사기기의 선상 발진·착륙 또는 탑재
(g) 연안국의 관세·재정·출입국관리 또는 위생에 관한 법령에 위반되는 물품이나 통화를 싣고 내리는 행위 또는 사람의 승선이나 하선
(h) 이 협약에 위배되는 고의적이고도 중대한 오염행위
(i) 어로활동
(j) 조사활동이나 측량활동의 수행
(k) 연안국의 통신체계 또는 그 밖의 설비·시설물에 대한 방해를 목적으로 하는 행위
(l) 통항과 직접 관련이 없는 그 밖의 활동

237) UNCLOS 제21조(무해통항에 관한 연안국의 법령) 1. 연안국은 이 협약의 규정과 그 밖의 국제법규칙에 따라 다음 각 호의 전부 또는 일부에 대하여 영해에서 무해통항에 관한 법령을 제정할 수 있다.
(a) 항행의 안전과 해상교통의 규제
(b) 항행보조수단과 설비 및 그 밖의 설비나 시설의 보호
(c) 해저전선과 관선의 보호
(d) 해양생물자원의 보존
(e) 연안국의 어업법령 위반방지
(f) 연안국의 환경보전과 연안국 환경오염의 방지, 경감 및 통제
(g) 해양과학조사와 수로측량
(h) 연안국의 관세·재정·출입국관리 또는 위생에 관한 법령의 위반방지
2. 이러한 법령이 일반적으로 수락된 국제규칙이나 기준을 시행하는 것이 아닌 한 외국선박의 설계, 구조, 인원배치 또는 장비에 대하여 적용하지 아니한다.

다만 외국선박 중 '대한민국의 항(港)과 항 사이만을 항행하는 선박'과 '국적의 취득을 조건으로 하여 선체용선(船體傭船)으로 차용한 선박'에 대하여는 IMO에서 채택한 국제안전관리규약(ISM Code)을 입법한 '선박의 안전관리체제'와 관련한 규정(제46조부터 제50조)을 적용할 때 이 법의 일부를 적용한다.

나) 공해

대한민국선박은 영해 및 내수를 제외한 해역에서도 기국주의에 의해 적용한다.

다) 배타적 경제수역 또는 대륙붕

먼저 항행장애물을 발생시킨 선박은 대한민국선박과 외국선박 모두 영해 및 내수뿐만 아니라 배타적 경제수역에서 이 법을 적용한다. 여기서 '배타적 경제수역'이란 「해양법에 관한 국제연합협약」에 따라 「영해 및 접속수역법」 제2조에 따른 기선으로부터 그 바깥쪽 200해리까지의 선까지 이르는 수역 중 대한민국의 영해를 제외한 수역을 말한다.[238)]

또한 해양시설에 대하여는 영해 및 내수뿐만 아니라 배타적 경제수역 또는 대륙붕에서 이 법을 적용한다. 이어도의 해양과학기지나 동해 가스전이 이에 해당한다.

2) 적용 대상

가) 적용 선박

이 법 제2조 제2호에서 정의하고 있는 바와 같은 선박에 적용한다. 즉 여기서 선박이란 물에서 항행수단으로 사용하거나 사용할 수 있는 모든 종류의 배(물 위에서 이동할 수 있는 수상항공기와 수면비행선박을 포함한다)를 말한다.

나) 적용 사람

이 법은 선박의 소유자 및 선장과 해양시설의 소유자에게 적용한다. 여기서 선박소유자에 관한 규정은 선박을 공유하는 경우로서 선박관리인을 임명하였을 때에는 그 선박관리인에게 적용하고, 선박을 임차(賃借)하였을 때에는 그 선박임차인에게 적용한

---

3. 연안국은 이러한 모든 법령을 적절히 공표하여야 한다.
4. 외국선박이 영해에서 무해통항권을 행사하는 경우, 이러한 모든 법령과 해상충돌방지에 관하여 일반적으로 수락된 모든 국제규칙을 준수하여야 한다.

238) 「배타적 경제수역 및 대륙붕에 관한 법률」 제2조제1항.

다. 그리고 선장에 관한 규정은 선장을 대신하여 그 직무를 수행하는 자에게도 적용한다. 즉 선장뿐만 아니라 항해당직을 수행하고 있는 항해사와 선박의 권한을 위임받아 선박을 도선하고 있는 도선사 등 선박을 조선하고 있는 행위자에게 이 법이 적용된다고 할 것이다. 또한 해양시설의 소유자에 관한 규정은 해양시설을 임대차한 경우에는 그 임차인에게 적용한다.

1.2. 해사안전관리계획(제6조~제7조의3)

국내외의 주요 해양안전 정책은 주로 대형 해양사고의 조사 결과를 기반으로 유사사고의 재발을 방지하기 위한 차원에서 수립되어왔다. 그러나 「해사안전법」은 해양사고를 선제적으로 예방함으로써 국민의 안전한 해양이용을 촉진하기 위한 중장기 시책을 추진토록 규정하고 있다.[239]

정부는 분야별로 국민의 안전권 제고를 위한 중장기 계획을 수립하는데, 해양수산부에서는 해사안전 증진을 위한 '국가 해사안전 기본계획'을 5년 단위로 수립하고 있다. 기본계획 중 항행환경개선에 관한 계획은 10년 단위로 수립할 수 있다.[240]

기본계획 및 시행계획을 수립하거나 변경한 때에는 관계 중앙행정기관의 장 및 시·도지사에게 통보하고 지체 없이[241] 국회 소관 상임위원회에 제출하여야 한다.

국제해사기구에서 회원국 감사(IAMSAS)를 7년 단위로 시행함에 따라 '국제해사기구의 회원국 감사 대응계획'은 7년마다 수립하고 있다. 그리고 대응계획을 시행하기 위하여 매년 점검계획을 수립하고 있다.

'국가 해사안전 기본계획'은 계속적으로 수립하는 법정계획이며, 해사안전의 모든 분야를 다루는 종합계획이고, 관계기관이 참여하는 실천적이고 체계적인 환류계획이다.

---

239) 「해사안전법」 제4조(국가 등의 책무) ② 국가는 국민의 안전한 해양이용을 촉진하기 위하여 국민에 대한 해사안전 지식·정보의 제공, 해사안전 교육 및 해사안전 문화의 홍보에 노력하여야 한다.

240) 기본계획 중 항행환경개 선에 관한 계획은 10년 단위로 할 수 있는데, 항로표지의 개발에 관한 사항이 「항로표지법」에 따라 10년 단위로 수립되고 있기 때문에 이를 반영한 것이다.

241) '지체 없이'와 '즉시'는 비슷한 용어이지만 합리적인 이유로 늦어지는 것을 인정할 때는 '지체 없이'를 사용한다.

1.3. 수역 안전관리(제8조~제14조의2)

우리나라는 국내법과 UN해양법협약에 따라 영해 또는 배타적 경제수역(EEZ)에서 ① 해양시설 보호수역, ② 교통안전 특정해역, ③ 유조선 통항금지해역, ④ 시운전 금지해역 ⑤ 항로의 지정 등과 같은 수역 안전관리제도를 운영하고 있다.

1.3.1. 해양시설 보호수역(제8조~제9조)

이어도의 해양과학기지나 동해 가스전은 배타적 경제수역(EEZ)에 설치된 해양시설이며, 해안을 따라 영해 내에 설치된 풍력단지 등도 해양시설이다. 대표적인 해양시설로서 현재 옹진 소청도 해양과학기지, 신안 가거초 해양과학기지, 이어도 해양과학기지가 운영되고 있다.

「해사안전법」 제8조에 따라 이를 보호하기 위한 수역을 설정할 수 있다.[242] 수역의 범위는 UN해양법협약에 따라 500미터를 넘을 수 없으며,[243] 「해사안전법」에서도

---

242) 「해사안전법」 제8조(보호수역의 설정 및 입역허가) ① 해양수산부장관은 해양시설 부근 해역에서 선박의 안전항행과 해양시설의 보호를 위한 수역(이하 "보호수역"이라 한다)을 설정할 수 있다.
② 누구든지 보호수역에 입역(入域)하기 위하여는 해양수산부장관의 허가를 받아야 하며, 해양수산부장관은 해양시설의 안전 확보에 지장이 없다고 인정하거나 공익상 필요하다고 인정하는 경우 보호수역의 입역을 허가할 수 있다.
③ 해양수산부장관은 제2항에 따른 입역허가에 필요한 조건을 달 수 있다.
④ 해양수산부장관은 제2항에 따른 입역허가에 관하여 필요하면 관계 행정기관의 장과 협의하여야 한다.
⑤ 보호수역의 범위는 대통령령으로 정하고, 보호수역 입역허가 등에 필요한 사항은 해양수산부령으로 정한다.

243) UNCLOS 제60조(배타적 경제수역에서 인공섬, 시설 및 구조물) 1. 배타적 경제수역에서 연안국은 다음을 건설하고, 이에 관한 건설·운용 및 사용을 허가하고 규제하는 배타적 권리를 가진다.
(a) 인공섬
(b) 제56조에 규정된 목적과 그 밖의 경제적 목적을 위한 시설과 구조물
(c) 배타적 경제수역에서 연안국의 권리행사를 방해할 수 있는 시설과 구조물
2. 연안국은 이러한 인공섬, 시설 및 구조물에 대하여 관세·재정·위생·안전 및 출입국관리 법령에 관한 관할권을 포함한 배타적 관할권을 가진다.
3. 이러한 인공섬·시설 또는 구조물의 건설은 적절히 공시하고, 이러한 것이 있다는 사실을 경고하기 위한 영구적 수단을 유지한다. 버려졌거나 사용되지 아니하는 시설이나 구조물은 항행의 안전을 보장하기 위하여 제거하며, 이 경우 이와 관련하여 권한 있는 국제기구에 의하여 수립되어 일반적으로 수락된 국제기준을 고려한다. 이러한 제거작업을 수행함에 있어서 어로·해양환경 보호 및 다른 국가의 권리와 의무를 적절히 고려한다. 완전히 제거되지 아니한 시설 또는 구조물의 깊이, 위치 및 규모는 적절히 공표한다.
4. 연안국은 필요한 경우 항행의 안전과 인공섬·시설 및 구조물의 안전을 보장하기 위하여 이

해역의 선박교통량 및 국제적인 기준을 고려하여 정하도록 함에 따라 500미터를 넘을 수 없다.[244] 유럽 북해 등의 해상 석유시추시설의 경우에도 부근 500미터이내로 선박이 접근하지 못하도록 안전수역(Safety zone)을 설정하고 있다.[245]

해양수산부장관은 해양시설 부근 해역에서 선박의 안전항행과 해양시설의 보호를 위한 수역을 설정하고, 위임규정에 따라 지방해양수산청장은 입역하려는 선박에 대해 허가 할 수 있도록 하고 있다.

예외적으로 허가가 필요하지 않은 경우는 제9조에 따라 ① 선박의 고장이나 그 밖의 사유로 선박 조종이 불가능한 경우, ② 해양사고를 피하기 위하여 부득이한 사유가 있는 경우, ③ 인명을 구조하거나 또는 급박한 위험이 있는 선박을 구조하는 경우, ④ 관계 행정기관의 장이 해상에서 안전 확보를 위한 업무를 하는 경우, ⑤ 해양시설을 운영하거나 관리하는 기관이 그 해양시설의 보호수역에 들어가려고 하는 경우로 제한하고 있다.

1.3.2. 교통안전 특정해역(제10조~제13조)

우리나라는 교통량이 아주 많거나 거대선, 위험화물운반선, 고속여객선 등의 통항이 잦은 해역으로서 해양사고가 발생할 우려가 있는 해역을 교통안전특정해역으로 정하

러한 인공섬·시설 및 구조물의 주위에 적절한 조치를 취할 수 있는 합리적인 안전수역을 설치할 수 있다.

5. 연안국은 적용 가능한 국제기준을 고려하여 안전수역의 폭을 결정한다. 이러한 수역은 인공섬·시설 또는 구조물의 성격 및 기능과 합리적으로 연관되도록 설정되고, 일반적으로 수락된 국제기준에 의하여 허용되거나 권한 있는 국제기구가 권고한 경우를 제외하고는 그 바깥쪽 끝의 각 점으로부터 측정하여 500미터를 넘을 수 없다. 안전수역의 범위는 적절히 공시한다.
6. 모든 선박은 이러한 안전수역을 존중하며 인공섬·시설·구조물 및 안전수역 주변에서 일반적으로 수락된 항행에 관한 국제기준을 준수한다.
7. 인공섬·시설·구조물 및 그 주위의 안전수역은 승인된 국제항행에 필수적인 항로대 이용을 방해할 수 있는 곳에 설치할 수 없다.
8. 인공섬·시설 및 구조물은 섬의 지위를 가지지 아니한다. 이들은 자체의 영해를 가지지 아니하며 이들의 존재가 영해, 배타적 경제수역 또는 대륙붕의 경계획정에 영향을 미치지 아니한다.

244) 「해사안전법 시행령」 제5조(보호수역의 고시 등) ① 해양수산부장관은 법 제8조제1항에 따라 보호수역을 설정하는 경우에는 해당 보호수역의 위치 및 범위를 고시하고 해도(海圖)에 표시하여야 한다. 보호수역을 변경하거나 폐지하는 경우에도 또한 같다.
② 법 제8조제5항에 따른 보호수역의 범위는 법 제3조제1항제4호에 따른 해양시설 부근 해역의 선박교통량 및 「해양법에 관한 국제연합 협약」에 따른 국제적인 기준을 고려하여 정한다.

245) 영국은 UN해양법협약의 안전수역(Safety zones)에 근거하여 제정한 1987년 석유법(Petroleum Act) 제23조(안전수역 : 위반)에 따라 특별한 경우가 아니고는 안전수역 입역을 금지하고 있다. 대다수의 EU 국가에서 유사한 법률을 갖추고 있다.

도록 규정하고 있다.246)

교통안전특정해역은 항만의 수상구역과 연결되어 있으며, 현재 인천구역, 부산구역, 울산구역, 포항구역 및 여수구역 등 다섯 곳이 지정되어 관리되고 있다.247)

〈표 4-1〉 교통안전특정해역 현황

구역	면적 (km2)	길이 (해리)	폭 (해리)	지정항로 폭 (km)	속력제한 (Knots)
인천 구역	137.3	동: 19, 서: 22	1	1.2~1.8	–
부산 구역	215	12	6	0.5~1.4	10
여수 구역	130.2	18	1~4	0.7~2.2	14 (위험물운반선: 12)
울산 구역	298	12	11	–	–
포항 구역	709	35	24	–	–

이 해역은 「해사안전법」으로 전부개정되기 전의 법률인 「해상교통안전법」 및 같은 법 시행령에 따라 1988년에 최초로 지정되었으며, 「선박입출항법」에 따른 무역항의 수상구역 등에서 규제하고 있는 교통에 방해가 되는 어구 설치나 어로의 제한, 공사 허가 등에 관한 규제가 특정해역에서도 유사하게 실시됨으로써 선박운항의 안전 및 질서 유지를 우선시하는 수역을 항만구역 밖으로 확장한 효과가 있다고 볼 수 있다.

교통안전특정해역에서도 「선박입출항법」에 따른 항로와248) 같이 항로를 지정하고 있다. 인천구역, 부산구역, 여수구역은 지정항로를 운영하고 있으므로 해당 특정해역

246) 「해사안전법」 제10조(교통안전특정해역의 설정 등) ① 해양수산부장관은 다음 각 호의 어느 하나에 해당하는 해역으로서 대형 해양사고가 발생할 우려가 있는 해역(이하 "교통안전특정해역"이라 한다)을 설정할 수 있다.

1. 해상교통량이 아주 많은 해역
2. 거대선, 위험화물운반선, 고속여객선 등의 통항이 잦은 해역

② 해양수산부장관은 관계 행정기관의 장의 의견을 들어 해양수산부령으로 정하는 바에 따라 교통안전특정해역 안에서의 항로지정제도를 시행할 수 있다.

③ 교통안전특정해역의 범위는 대통령령으로 정한다.

247) 부산 앞바다는 「영해 및 접속수역법」 제1조(영해의 범위)에 따라 영해는 3마일로 제한되고, 그 밖의 수역은 공해이자 국제해협이다. 그러나 부산 앞바다의 특정해역은 영해 한계선 밖까지 일부 확장되어 있다.

248) 선박입출항법 제2조(정의) 11. "항로"란 선박의 출입 통로로 이용하기 위하여 제10조에 따라 지정·고시한 수로를 말한다.

– 「해사안전법」 제2조(정의) 20. "항로지정제도"란 선박이 통항하는 항로, 속력 및 그 밖에 선박 운항에 관한 사항을 지정하는 제도를 말한다.

에서 ① 해양경비·해양오염방제 및 항로표지의 설치 등을 위하여 긴급히 항행할 필요가 있는 경우, ② 해양사고를 피하거나 인명이나 선박을 구조하기 위하여 부득이한 경우, ③ 교통안전특정해역과 접속된 항구에 입·출항하지 아니하는 경우가 아니고는 지정항로를 이용하여 항행하여야 한다.

교통안전특정해역의 부산항 출입항로는 대수속력 10노트, 광양항 출입항로는 14노트이며, 위험화물운반선은 12노트 이상 속력으로 통항하여서는 아니 된다.[249] 인천항 출입항로, 부산항 출입항로 및 광양만 출입항로는 일반적인 항법은 물론 별도 지정된 항법을 준수하여야 한다.

교통안전특정해역에서 해양경찰서장은 거대선, 위험화물운반선, 고속여객선, 그 밖에 해양수산부령으로 정하는 선박이 교통안전특정해역을 항행하려는 경우 항행안전을 확보하기 위하여 필요하다고 인정하면 선장이나 선박소유자에게 다음 6개 사항을 명할 수 있다. ① 통항시각의 변경, ② 항로의 변경, ③ 제한된 시계의 경우 선박의 항행 제한, ④ 속력의 제한, ⑤ 안내선의 사용, ⑥ 그 밖에 해양수산부령으로 정하는 사항이다. 또한 교통안전특정해역에서는 항로지정제도에 따르는 선박의 통항에 지장을 주는 어로작업, 어망·어구설치 또는 양식어업을 하여서는 아니 되며,[250] 허가 받지 않은 해저전선·해저파이프라인의 부설, 준설, 측량 등 선박의 항행에 지장을 줄 우려가 있는 공사 또는 작업을 하여서는 아니 된다.[251]

---

249) 「해사안전법 시행규칙」 [별표 3]

250) 「해사안전법」 제12조(어업의 제한 등) ① 교통안전특정해역에서 어로 작업에 종사하는 선박은 항로지정제도에 따라 그 교통안전특정해역을 항행하는 다른 선박의 통항에 지장을 주어서는 아니 된다.

② 교통안전특정해역에서는 어망 또는 그 밖에 선박의 통항에 영향을 주는 어구 등을 설치하거나 양식어업을 하여서는 아니 된다.

③ 교통안전특정해역으로 정하여지기 전에 그 해역에서 면허를 받은 어업권을 행사하는 경우에는 해당 어업면허의 유효기간이 끝나는 날까지 제2항을 적용하지 아니한다.

④ 특별자치도지사·시장·군수·구청장(자치구의 구청장을 말한다)이 교통안전특정해역에서 어업면허를 허가(어업면허의 유효기간 연장허가를 포함한다)하려는 경우에는 미리 해양경찰청장과 협의하여야 한다.

– 선박입출항법 제44조(어로의 제한) 누구든지 무역항의 수상구역 등에서 선박교통에 방해가 될 우려가 있는 장소 또는 항로에서는 어로(漁撈)(어구 등의 설치를 포함한다)를 하여서는 아니 된다.

251) 「해사안전법」 제13조(공사 또는 작업) ① 교통안전특정해역에서 해저전선이나 해저파이프라인의 부설, 준설, 측량, 침몰선 인양작업 또는 그 밖에 선박의 항행에 지장을 줄 우려가 있는 공사나 작업을 하려는 자는 해양경찰청장의 허가를 받아야 한다. 다만, 관계 법령에 따라 국가가 시행하는 항로표지 설치, 수로 측량 등 해사안전에 관한 업무의 경우에는 그러하지 아니하다.
② 해양경찰청장은 제1항에 따른 허가를 하면 그 사실을 해양수산부장관에게 보고하여야 하며,

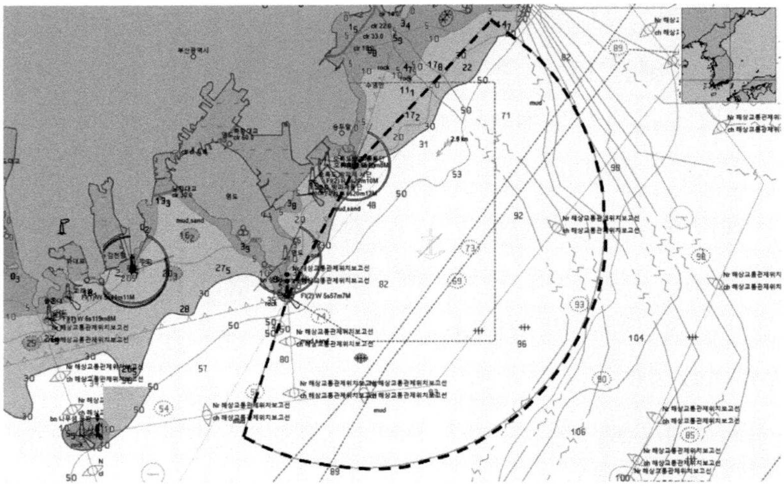

〈그림 4-1〉 부산구역 교통안전 특정해역

교통안전특정해역은 위험물운반선의 출입이 잦거나 해상 교통량이 폭주하는 해역이며, 무역항의 수상구역과 연결되어 있는 특별관리해역으로서 대형 해양사고를 예방하는 중요한 역할을 담당해 오고 있다. 따라서 이 해역에 대한 일부 규제는 과잉되다 할 수 없으므로 비례의 원칙에 어긋나지 않는 타당한 것으로 본다.

해양수산부장관은 이를 고시하여야 한다.

③ 해양경찰청장은 제1항에 따라 공사 또는 작업의 허가를 받은 자가 다음 각 호의 어느 하나에 해당하면 그 허가를 취소하거나 6개월의 범위에서 공사나 작업의 전부 또는 일부의 정지를 명할 수 있다. 다만, 제1호 또는 제4호에 해당하는 경우에는 그 허가를 취소하여야 한다.

1. 거짓이나 그 밖의 부정한 방법으로 제1항에 따른 허가를 받은 경우
2. 공사나 작업이 부진하여 이를 계속할 능력이 없다고 인정되는 경우
3. 제1항에 따라 허가를 할 때 붙인 허가조건 또는 허가사항을 위반한 경우
4. 정지명령을 위반하여 정지기간 중에 공사 또는 작업을 계속한 경우

④ 제1항에 따라 허가를 받은 자는 해당 허가기간이 끝나거나 허가가 취소되었을 때에는 해당 구조물을 제거하고 원래 상태로 복구하여야 한다.

⑤ 제1항에 따른 공사나 작업의 허가, 제3항에 따른 행정처분의 세부기준과 절차, 그 밖에 필요한 사항은 해양수산부령으로 정한다.

- 「선박입출항법」 제41조(공사 등의 허가) ① 무역항의 수상구역 등이나 무역항의 수상구역 부근에서 대통령령으로 정하는 공사 또는 작업을 하려는 자는 해양수산부령으로 정하는 바에 따라 해양수산부장관의 허가를 받아야 한다.

② 해양수산부장관이 제1항에 따른 허가를 할 때에는 선박교통의 안전과 화물의 보전 및 무역항의 안전에 필요한 조치를 명할 수 있다.

○ **해사안전법 시행규칙 [별표 4]**

교통안전특정해역 지정항로에서의 항법(제7조제1항제3호 관련)

항로명	항법
인천항 출입항로	1. 선박이 인천항에 입항하고자 하는 경우에는 별표 2에 따른 인천항 출입항로의 입항항로(제1항로, 동수도항로)로 항행하여야 하고, 출항하고자 하는 경우에는 출항항로(제2항로, 서수도항로)로 항행하여야 한다. 2. 제1호에도 불구하고 길이 30미터 미만의 선박 또는 범선은 입항항로 및 출항항로의 바깥해역을 이용하여 출항하거나 입항할 수 있으며, 덕적도 서북쪽 해역에서 인천항으로 항행하는 선박은 출항항로의 바깥해역을 안전하게 항행할 수 있는 경우에는 출항항로의 바깥해역을 항행할 수 있으나 입항항로 또는 출항항로를 따라 항행하는 다른 선박의 안전한 통항을 방해하여서는 아니 된다. 3. 제2호에 따라 덕적도 서북쪽 해역에서 인천항으로 항행하고자 하는 선박은 낮에는 제1대표기 밑에 엔(N)기를 게양하여야 하며, 밤에는 음향신호, 발광신호 또는 무선전화 등을 이용하여 항로를 정상적으로 항행하고 있는 다른 선박이 충분히 식별할 수 있도록 적절한 조치를 취하여야 한다.
부산항 출입항로	1. 선박이 부산항에 입항하고자 하는 경우에는 별표 2에 따른 부산항 출입항로의 입항항로로 항행하여야 하고, 출항하고자 하는 경우에는 출항항로로 항행하여야 한다. 2. 제1호에도 불구하고 길이 20미터 미만의 선박 또는 범선은 부산항 출입항로의 바깥해역을 이용하여 입항하거나 출항할 수 있으나, 입항항로 또는 출항항로를 따라 항행하는 다른 선박의 안전한 통항을 방해하여서는 아니 된다.
광양만 출입항로	1. 선박이 별표 2에 따른 광양만 출입항로를 항행하고자 하는 경우에는 입항선박은 입항항로로 항행하여야 하고, 출항선박은 출항항로로 항행하여야 한다. 2. 제1호에도 불구하고 길이 20미터 미만의 선박 또는 범선은 광양만 출입항로의 바깥해역을 이용하여 입항하거나 출항할 수 있으나, 입항항로 또는 출항항로를 따라 항행하는 다른 선박의 안전한 통항을 방해하여서는 아니 된다. 3. 흘수제약선은 깊은 수심항로가 설정된 수역에서는 동 항로를 따라 항행하여야 하고 항로 안에서 마주칠 우려가 있는 경우에는 깊은수심항로의 오른편으로 항행하여야 한다. 다만, 흘수제약을 받지 아니하는 선박은 급박한 위험을 피하기 위한 경우를 제외하고는 깊은 수심항로를 항행하여서는 아니 된다.

	4. 제1호에 따라 항로지정방식에 따라 항행하는 선박이 서로 충돌의 위험이 있을 경우에는 흘수제약을 받지 아니하는 선박이 흘수제약선의 진로를 피하여야 한다. 5. 주의해역에서 항행하는 모든 선박은 충돌을 회피하기 위한 최상의 조종 준비상태를 유지하여야 하고, 통상적인 통항흐름에 따라 항행하여야 한다.

※ 비고

위 표에서 정한 항법 외의 사항에 대하여는 법 제68조에 따른 통항분리수역에서의 항법에 따른다. 이 경우, 법 제68조제4항 및 제10항에 따른 선박에는 길이 30미터 미만의 선박을 포함한다.

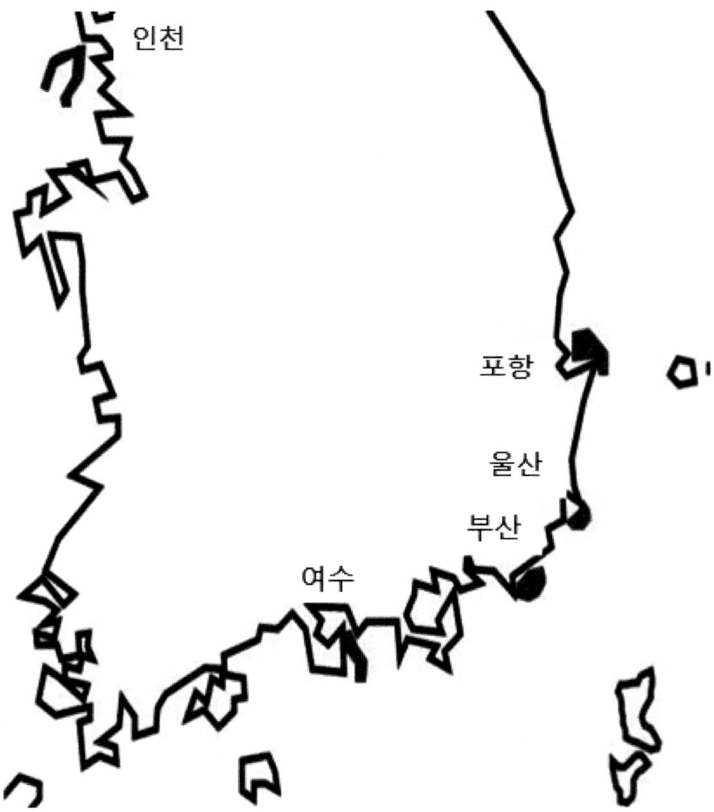

〈그림 4-2〉 교통안전특정해역의 위치

1.3.3. 유조선 통항금지해역(제14조)

우리나라의 남해안과 서해안은 섬이 많은 다도해 지형으로서 유류오염사고가 발생하면 피해가 막대해진다. 이에 따라 정부는 유조선의 안전운항을 확보하고 해양사고로 인한 해양오염 피해를 저감하기 위하여 일정 규모 이상의 기름이나 유해액체물질을 싣고 다니는 선박이 항행하여서는 아니 되는 해역을 '유조선통항금지해역'으로 지정하게 되었다.

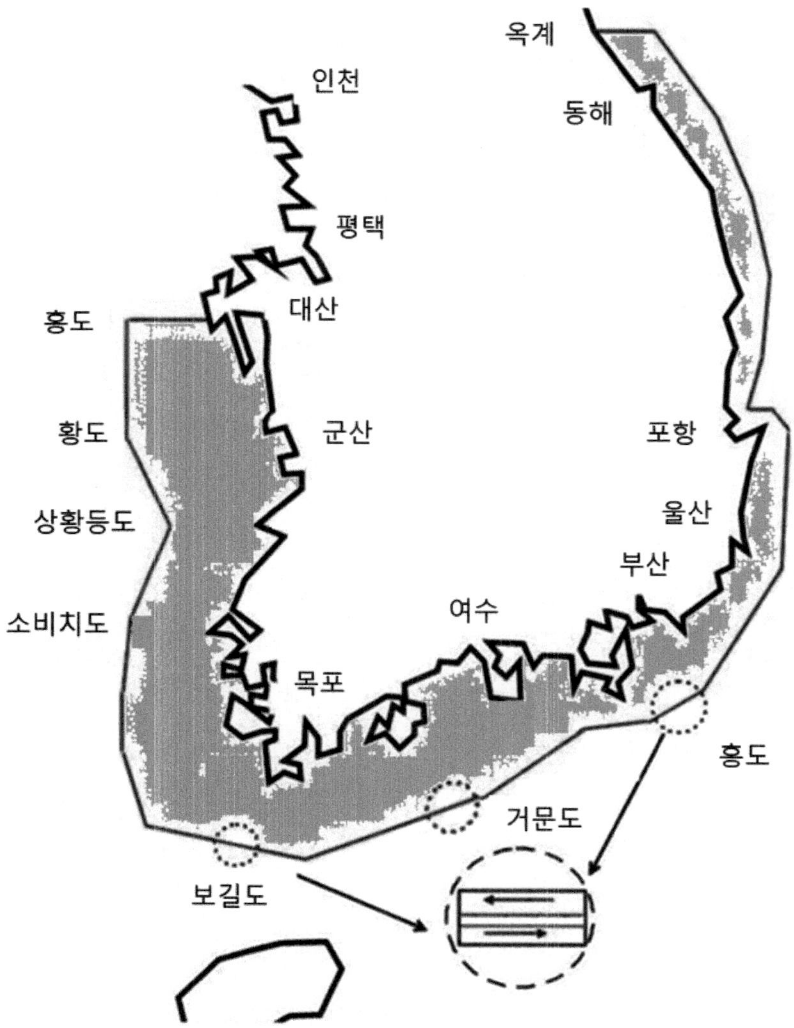

〈그림 4-3〉 유조선통항금지해역도

유조선 통항금지해역은 영해 안쪽이며, 서해안 태안반도 옹도에서 동해항 앞 해상을 잇는 약 472마일의 선 안의 해역이다. 개략적으로 서해안이나 남해안은 연안에서 약 10~25마일, 동해안은 연안에서 약 3마일까지 이격한 선의 안쪽 해역이다.

1997. 12. 17일 일부 개정된 「해상교통안전법」에 '유조선 안전항로'라는 명칭으로 도입되었다.[252] 2002. 12. 26일 일부 개정된 법에서 유조선안전항로를 유조선통항금지해역으로 명칭을 변경하였으며, 「해상교통안전법」은 2011. 6. 15. 「해사안전법」으로 전부개정되었다.

유조선이 유조선통항금지해역을 항행할 수 있는 예외적인 경우는 ① 기상상황의 악화로 선박의 안전에 현저한 위험이 발생할 우려가 있는 경우, ② 인명이나 선박을 구조하여야 하는 경우, ③ 응급환자가 생긴 경우, ④ 항만을 입항·출항하는 경우이며, 이 경우 유조선은 출입해역의 기상 및 수심, 그 밖의 해상상황 등 항행여건을 충분히 헤아려 유조선통항금지해역의 바깥쪽 해역에서부터 항구까지의 거리가 가장 가까운 항로를 이용하여 입출항하여야 한다.

1.3.4. 시운전 금지해역(제14조의2)

국제해사기구는 1993년 총회에서 선박조종성능 잠정기준을[253] 채택하고 이를 해사안전위원회(MSC)에서 관리하도록 위임하였다. 해사안전위원회(MSC)는 1994년에 잠정기준 지침서를[254] 채택하였다. 2002년에는 잠정기준과 지침서를 개정하여 새로운 선박조종 성능기준과[255] 지침서를[256] 채택하였다.

이에 따라 조선업체는 조종성능 기준을 고려하여 선박을 설계하고 시운전을 통해 회전시 전진거리(旋回縱距)가 선박 길이의 4.5배, 회전 직경이 5배를 초과하지 않는지 등을 검토한다.

시운전 선박은 선회(旋回)·지그재그·전속전진·후진·급정지·비상조타 등을 실시하기 때문에 다른 선박의 안전한 항해를 저해할 우려가 매우 크며, 시운전 선박과 충돌사고 등이 여러 차례 발생하였다.

252) 「해상교통안전법(법률 제5469호, 1997. 12. 17. 일부개정, 1998. 6. 18. 시행)」
253) IMO, A.751(18), Interim Standards for Ship Manoeuvrability, 1993.
254) IMO, MSC/Circ.644, Explanatory notes to the Interim Standards for ship, 1994.
255) IMO, MSC.137(76), Standards for Ship Manoeuvrability, 2002.
256) IMO, MSC/Circ.1053, Explanatory notes to the Interim Standards for ship, 2002.

이에 따라 정부에서는 시운전 선박에 의한 충돌 등 해양사고 예방을 위하여 2018. 10. 18일부터 시행된 「해사안전법」 일부개정법률에 따라 해상 교통량이 많은 연안에 시운전금지해역을 설정하고 길이 100미터 이상 시운전 선박의 조종성능 시험을 제한하고 있다.[257]

시운전금지해역은 연안 교통량의 약 90%가 집중되는 통항밀집 해역에 설정되었다.[258]

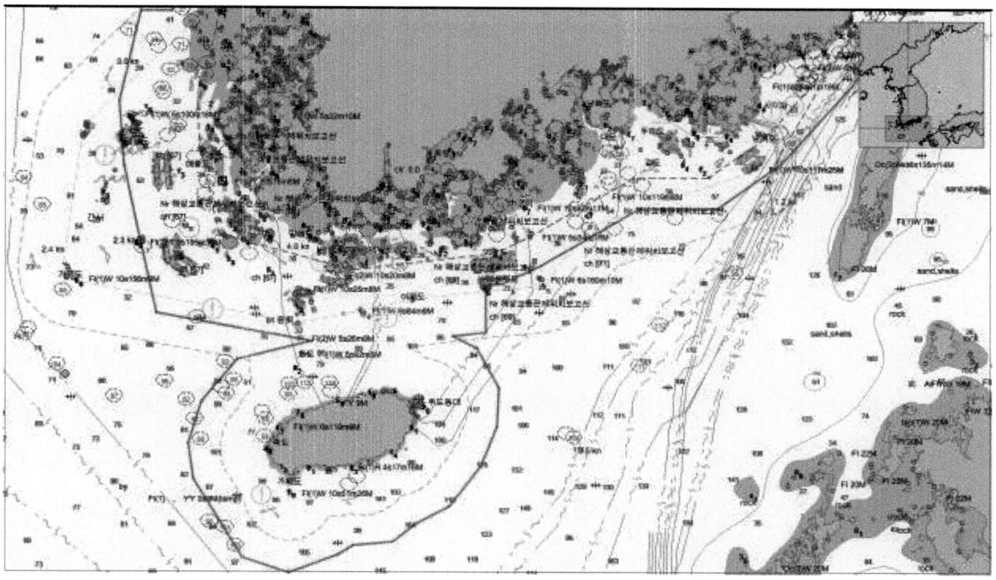

〈그림 4-4〉 시운전금지해역도

257) 제14조의2(시운전금지해역의 설정) ① 누구든지 충돌 등 해양사고를 방지하기 위하여 시운전(조선소 등에서 선박을 건조·개조·수리 후 인도 전까지 또는 건조·개조·수리 중 시험운전하는 것을 말한다. 이하 이 조 및 제106조제5호의2에서 같다)을 금지한 해역(이하 "시운전금지해역"이라 한다)에서 길이 100미터 이상의 선박에 대하여 해양수산부령으로 정하는 시운전을 하여서는 아니 된다.

② 제1항에 따른 시운전금지해역의 범위는 대통령령으로 정한다.

258) 「해사안전법 시행규칙」 제10조의2(시운전금지해역에서 금지되는 시운전) 법 제14조의2 제1항에서 "해양수산부령으로 정하는 시운전"이란 다음 각 호의 시운전을 말한다.

1. 선박의 선회권(旋回圈) 등 선회 성능을 확인하기 위한 시운전
2. 선박의 침로(針路)를 좌·우로 바꿔 지그재그로 항해하는 등 선박의 운항 성능을 확인하기 위한 시운전
3. 전속력 또는 후진(後進)으로 항해하거나 급정지하는 등 선박의 기관 성능을 확인하기 위한 시운전
4. 비상조타 기능 등 선박의 조타 성능을 확인하기 위한 시운전
5. 그 밖에 선박의 침로나 속력의 급격한 변경 등으로 인하여 다른 선박의 항행안전을 저해할 우려가 있는 시운전

1.4. 해상교통 안전진단(제15조~제24조)

해양의 개발과 함께 선박의 통항에 지장을 주는 해양시설이나 수역이 증가하고 있다. 2009. 5. 27일 일부 개정된 「해상교통안전법(現 해사안전법)」에서 해상교통안전진단제도를 도입하였으며, 해양개발 및 선박의 안전한 통항로 확보를 병행하기 위하여 해상 구조물 설치나 수역 지정 이전에 해상교통 안전진단을 실시하도록 제도화하였다.

1.4.1. 안전진단의 범위

안전진단 대상사업의 구체적인 범위는 「해사안전법 시행령」 별표 2의3에 명시되어 있으며, 사업의 구분에 따라 세부 진단사업의 범위를 상세히 규정하고 있다.

이는 해상교통에 영향을 미치는 사업이라는 포괄적 정의를 구체화하여 누구나 진단대상사업의 범위를 예측 가능하도록 세부적으로 정의한 것으로 이해할 수 있다.

- ○ 첫째, 대상 선박의 길이를 통한 선박 규모의 제한이다. 즉 진단대상사업의 범위를 길이 100미터 이상의 선박이 통항하는 수역으로 한정하는 것이다. 또한 길이 200미터 이상의 거대선과 거대선 이외의 선박이 이용하는 경우로 구분하고 있다.
- ○ 둘째, 대상 선박이 통항하는 해역의 특성을 고려하는 것이다. 즉 길이 100미터 이상의 선박이 1일 평균 4회 이상 통항하는 수역의 개념을 도입하여 해상교통에 미치는 영향이 중대한 사업을 진단대상사업의 범위로 정하였으나 해당 해역의 수심이 4미터 미만인 경우는 진단대상사업의 범위에서 제외시키고 있다.

해양시설 등이 해상교통에 미치는 영향은 복잡·다양하고 정량화하기 어려우므로 해역의 특성을 고려한 진단대상 사업범위 설정과 대상 선박의 규모 지정을 위해 꾸준히 검토하고 그 결과를 법령에 반영해 나갈 필요가 있다.

○ 해사안전법 시행령 [별표 2의3]

안전진단대상사업의 범위(제7조의3 관련)

구분	안전진단대상사업의 범위
1. 항로 또는 정박지의 지정·고시 또는 변경	가. 길이 100미터 이상의 선박이 통항하는 수역에 다음의 어느 하나에 해당하는 항로를 지정·고시하려는 경우 1) 법 제31조제1항에 따른 항로 2) 「선박의 입항 및 출항 등에 관한 법률」 제10조에 따른 항로

	3) 「항만법」 제2조제5호가목(1)에 따른 항로 나. 가목에 따른 항로를 다음의 범위 이상으로 변경하려는 경우 1) 거대선이 이용하는 항로: 항로의 길이, 중심선의 교각(交角) 또는 폭을 10퍼센트 이상 변경하려는 경우 2) 그 밖의 항로: 항로의 길이, 중심선의 교각 또는 폭을 20퍼센트 이상 변경하려는 경우 다. 길이 100미터 이상의 선박이 통항하는 수역에 다음의 어느 하나에 해당하는 정박지를 지정·고시하려는 경우 1) 「선박의 입항 및 출항 등에 관한 법률」 제5조에 따른 정박구역 또는 정박지 2) 「항만법」 제2조제5호가목(1)에 따른 정박지 라. 다목에 따른 정박지(정박구역을 포함한다)를 다음의 범위 이상으로 변경하려는 경우 1) 거대선이 이용하는 정박지: 정박지의 면적을 10퍼센트 이상 변경하려는 경우 2) 그 밖의 정박지: 정박지의 면적을 20퍼센트 이상 변경하려는 경우
2. 선박의 통항을 금지하거나 제한하는 수역의 설정 또는 변경	가. 길이 100미터 이상의 선박이 통항하는 수역에 다음의 어느 하나에 해당하는 구역 등을 설정·지정하는 사업을 실시하려는 경우. 다만, 해당 수역의 해도에 표시된 수심이 4미터 미만인 경우는 제외한다. 1) 「광업법」 제3조제3호의3에 따른 채굴권을 설정하여 광물을 채취하려는 경우 2) 「골재채취법」 제21조의2 또는 같은 법 제34조에 따라 골재채취 예정지 또는 골재채취단지를 지정하거나 같은 법 제22조에 따른 골재채취 허가를 받아 골재를 채취하려는 경우 나. 가목에 해당하는 구역 등의 면적을 10퍼센트 이상 확장하려는 경우
3. 수역에 설치되는 교량·터널·케이블 등 시설물의 건설·부설 또는 보수	가. 길이 100미터 이상의 선박이 통항하는 수역에 「도로법」 등에 따른 교량을 건설하거나 터널(수심이 변경되거나 해상공사가 이루어지는 경우에 한정한다)을 부설하려는 경우. 다만, 해당 수역의 수심이 4미터 미만인 경우는 제외한다. 나. 가목에 해당하는 교량(교각을 포함한다)이나 터널의 위치, 교량의 수면상 높이 또는 터널의 수면하 깊이를 변경하려는 보수 다. 이 법, 「선박의 입항 및 출항 등에 관한 법률」 또는 「항만법」에 따라 지정·고시된 항로 또는 정박지(정박구역을 포함한다)를 횡단하는 해월(海越)케이블을 설치하려는 경우. 다만, 해당 수역의 수심이 4미터 미만인 경우는 제외한다. 라. 다목에 해당하는 해월케이블의 위치 또는 수면상 높이 또는 터널의 수면하 깊이를 변경하려는 보수

	마. 그 밖에 다음의 어느 하나에 해당하는 시설물[교량, 교각, 터널, 해월케이블, 선박 계류시설, 방파제·파제제(波除堤)·방조제, 「마리나항만의 조성 및 관리 등에 관한 법률」 제2조제1호에 따른 마리나항만에 설치되는 시설물 및 「어촌·어항법」 제2조제3호가목에 따른 국가어항에 설치되는 시설물은 제외한다]을 설치하는 사업으로서 공유수면의 점용·사용 또는 공유수면 매립 수역의 길이가 200미터 이상이거나 면적이 2만 제곱미터 이상인 경우. 다만, 해당 수역의 수심이 4미터 미만인 경우는 제외한다. 1) 「공유수면 관리 및 매립에 관한 법률」 제8조에 따른 공유수면 점용·사용의 허가를 받아야 하는 시설물을 설치하는 사업 2) 「공유수면 관리 및 매립에 관한 법률」 제10조에 따른 공유수면의 점용·사용 협의 또는 승인을 받아야 하는 시설물을 설치하는 사업 3) 「공유수면 관리 및 매립에 관한 법률」 제28조에 따른 공유수면 매립면허를 받아야 하는 시설물을 설치하는 사업 4) 「공유수면 관리 및 매립에 관한 법률」 제35조에 따른 공유수면 매립협의 또는 승인을 받아야 하는 시설물을 설치하는 사업 바. 마목에 해당하는 시설물의 점용·사용 수역 면적 또는 매립 수역 면적을 10퍼센트 이상 확장하려는 경우
4. 항만 또는 부두의 개발·재개발	가. 「항만법」 제3조제1항에 따른 무역항 또는 연안항을 새로 지정하려는 경우 나. 「항만법」 제3조제1항제1호에 따른 무역항의 항만구역 또는 무역항의 항만구역으로부터 10킬로미터 이내의 수역에 다음의 어느 하나에 해당하는 항만을 지정하려는 경우 1) 「마리나항만의 조성 및 관리 등에 관한 법률」 제2조제1호에 따른 마리나항만 2) 「어촌·어항법」 제2조제3호가목에 따른 국가어항 다. 길이 100미터 이상 선박이 이용하는 계류시설의 건설 라. 다목에 해당하는 계류시설의 변경 1) 거대선이 이용하는 계류시설: 해당 계류시설의 길이 또는 접안능력을 10퍼센트 이상 연장하거나 상향하려는 경우 2) 그 밖의 계류시설: 해당 계류시설의 길이 또는 접안능력을 20퍼센트 이상 연장하거나 상향하려는 경우 마. 이 표에 따라 안전진단대상사업의 범위에 포함되는 항로, 정박지, 계류시설로부터 해당 항로, 정박지, 계류시설을 이용하는 최대 선박의 길이의 3배 안의 수역에 방파제·파제제·방조제를 건설하려는 경우. 다만, 사업을 하려는 수역의 해도에 표시된 수심이 4미터 미만인 경우는 제외한다. 바. 마목에 해당하는 방파제·파제제·방조제의 길이 또는 면적을 10퍼센트 이상 확장하려는 경우

5. 그밖에 해상 교통안전에 영향을 미치는 사업	가. 최고 속력이 60노트 이상인 선박을 투입하여 「해운법」 제2조제2호에 따른 해상여객운송사업을 하려는 경우 나. 최고 속력이 60노트 이상인 선박을 투입하여 「해운법」 제2조제3호에 따른 해상화물운송사업을 하려는 경우

비고

1. "길이 100미터 이상의 선박이 통항하는 수역"이란 길이 100미터 이상의 선박이 1일 평균 4회 이상 통항하는 수역을 말한다. 이 경우 선박의 통항량이나 규모를 알 수 없는 경우에는 「기상법 시행령」 제8조제2항에 따른 폭풍해일주의보·지진해일주의보·태풍주의보·풍랑주의보 또는 폭풍해일경보·지진해일경보·태풍경보·풍랑경보의 기상특보가 발효되지 않은 12일 이상의 기간(최근 1년 이내의 계절별로 3일 이상을 합산한 기간을 말한다)에 「선박안전법」 제30조에 따른 선박위치발신장치의 위치정보를 사용한 교통조사를 실시하여 길이 100미터 이상의 선박이 1일 평균 4회 이상 통항하는 것으로 확인되면 길이 100미터 이상의 선박이 통항하는 수역으로 본다.
2. 제1호에도 불구하고 위 표 제3호가목 또는 나목에 따라 교량의 건설, 위치 변경 또는 수면상 높이를 변경하려는 경우에 길이 100미터 이상의 선박이 통항하는 수역인지 여부는 「항만법」 제5조에 따른 항만기본계획, 같은 법 제51조에 따른 항만재개발기본계획 또는 「신항만건설 촉진법」 제3조에 따른 신항만건설기본계획에 따라 길이 100미터 이상의 선박이 대상수역을 통항할 가능성을 고려하여 판단한다.
3. 다른 법령에 따라 허가·인가 등을 받은 것으로 의제(擬制)되는 사업이 위 표에 따른 안전진단대상사업의 범위에 포함되는 경우에는 안전진단대상사업으로 본다.

1.4.2. 안전진단의 시기

일반적으로 안전진단의 수행시기가 빠르면 빠를수록 안전성을 확보하고 비용도 줄일 수 있다. 따라서 건설단계보다 타당성 조사나 기본설계 단계에서 진단을 통해 보완하는 것이 안전성 및 비용측면에서 유리한 것으로 알려져 있다.

「해사안전법 시행규칙」 제11조(안전진단서의 작성 및 제출 등)에서 안전진단서 제출시기를 정의하고 있는데, 기본적으로 각종 인허가 등을 받기 전에 수행하도록 하고 있다. 해상교통에 미치는 영향으로 인해 당초 의도한 사업의 규모 및 구역 등이 변경될 수 있기 때문에 인허가 전으로 규정하고 있다는 점에 유의해야 한다.

1.4.3. 안전진단 업무절차

진단대상사업을 시행하려는 자와 관련된 업무절차는 「해사안전법」 제15조에 따라 아래와 같다.

① 기술 및 인력을 갖추고 해양수산부장관에게 등록한 진단대행업자에게 해상교통 안전진단을 의뢰하고,

② 진단대행업자로부터 진단서를 제출받아 허가권한을 가진 행정기관장을 거쳐 해양수산부장관에게 제출하고,

③ 진단서를 제출받은 해양수산부 장관은 진단서를 검토하여 처분기관을 통해 사업자에게 검토의견을 주고,

④ 처분기관은 검토의견의 이행결과를 확인 후 허가 등 행정조치를 하고 해양수산부 장관에 이를 통보한다.

「해사안전법」에서는 구체적인 진단 업무절차 등 안전진단기준을 하위 규정에 위임하고 있으므로 안전진단의 세부 업무절차는 「해사안전법 시행규칙」과 '해상교통안전진단 시행지침'에 명시되어 있다.

사업의 성격 및 규모에 따라 절차 중 일부가 간소화될 수 있으나 착수 및 최종보고회와 같은 원칙적인 안전진단 업무절차는 반드시 준수되도록 하여 이해당사자와 사전 협의를 거치도록 하고 있다.

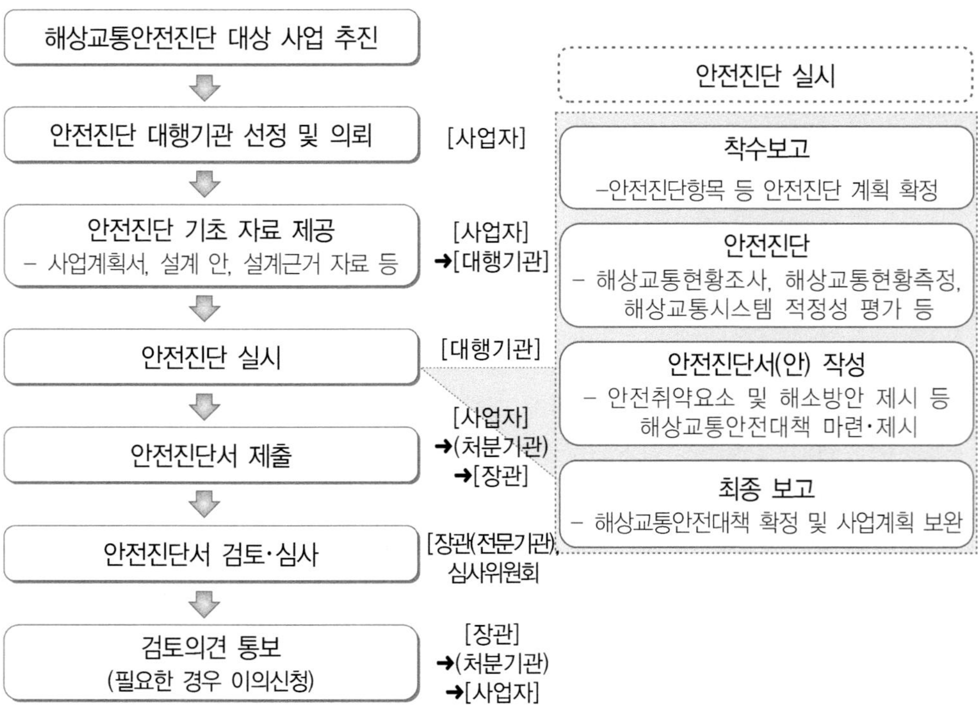

〈그림 4–5〉 안전진단 업무절차

1.4.4. 안전진단항목

해상교통안전진단 기준에 포함되어야 하는 진단항목 및 내용은 공통 사항과 사업별로 지정된 사항이 있으며,[259] 진단기준의 적용에 필요한 세부기준, 내용 및 방법 등에 관하여 필요한 사항은 해양수산부장관이 '해상교통안전진단 시행지침'으로 고시하고 있다.

진단대상사업이 다양하므로 모든 사업에 획일적인 조사항목을 제시하고 있지는 않으나 「해사안전법 시행규칙」 별표 6에서 원칙적으로 ① 해상교통 현황조사, ② 해상교통 현황 측정, ③ 해상교통시스템 적정성평가 및 ④ 해상교통 안전대책 수립을 시행토록 규정하고 있다.

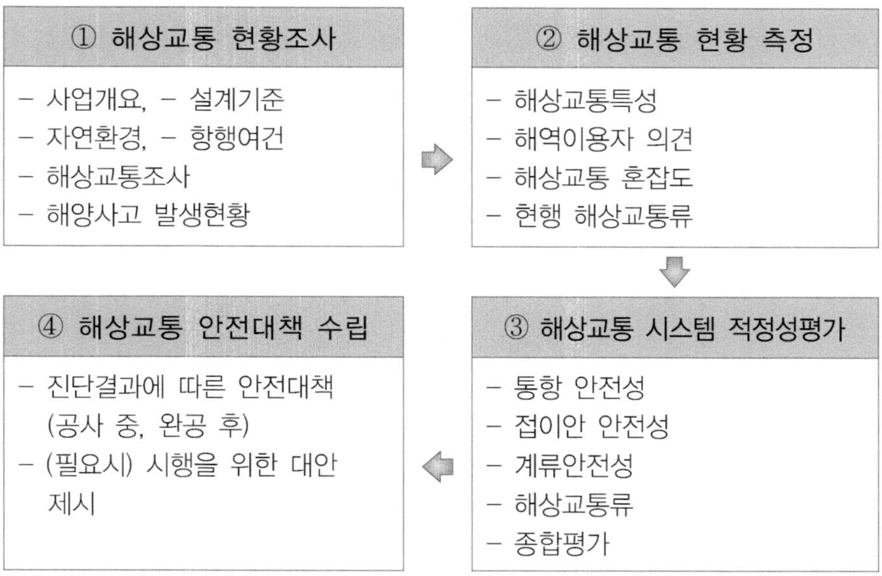

〈그림 4-6〉 진단항목별 내용

해상교통 안전진단은 객관적·정량적 평가기법과 주관적·정성적 평가기법을 함께 활용하도록 구성되어 있다. 따라서 해상교량 건설업체 등이 전문인력이나 장비를 갖추고 직접 해상교통 안전진단을 수행하기는 쉽지 않기 때문에 전문기관에 진단 대행을 의뢰할 수 있다.

안전진단 대행업자는 안전진단 대상사업을 하려고 수역에 대한 현황을 조사하거나 해상교통시스템 적정성평가를 실시하여도 해상교통에 미치는 영향을 파악하는데 유

259) 「해사안전법」 시행규칙 [별표 5] 참조

의(有意)한 결과를 얻을 수 없다고 판단하는 경우에는 관련 절차 중에 일부 또는 전부를 생략하고 안전진단을 실시할 수 있다.

진단대상 사업별로 구체적으로 시행해야 하는 조사방법 및 평가방법을 정리하면 아래와 같다.[260)]

〈표 4-2〉 진단대상 사업별 조사 및 평가방법

<table>
<tr><th colspan="2" rowspan="2"></th><th rowspan="2">해상교통 현황 조사</th><th colspan="2">해상교통 현황 측정</th><th colspan="4">해상교통시스템 적정성평가</th><th rowspan="2">해상교통 안전 대책</th></tr>
<tr><th>현황 측정</th><th>교통 혼잡도</th><th>통항 안전성</th><th>접·이안 안전성</th><th>계류 안전성</th><th>해상 교통류</th></tr>
<tr><td rowspan="2">수역</td><td>설정</td><td>●</td><td>●</td><td>●</td><td>●</td><td>△</td><td>—</td><td>△</td><td>●</td></tr>
<tr><td>변경</td><td>●</td><td>●</td><td>△</td><td>●</td><td>△</td><td>—</td><td>—</td><td>●</td></tr>
<tr><td rowspan="2">수역내 시설물</td><td>건설·부설</td><td>●</td><td>●</td><td>△</td><td>●</td><td>△</td><td>△</td><td>△</td><td>●</td></tr>
<tr><td>보수</td><td>●</td><td>●</td><td>—</td><td>●</td><td>—</td><td>—</td><td>—</td><td>●</td></tr>
<tr><td rowspan="2">항만 또는 부두</td><td>개발</td><td>●</td><td>●</td><td>●</td><td>●</td><td>●</td><td>●</td><td>△</td><td>●</td></tr>
<tr><td>재개발</td><td>●</td><td>●</td><td>△</td><td>●</td><td>●</td><td>△</td><td>—</td><td>●</td></tr>
<tr><td colspan="2">그 밖의 사업</td><td>●</td><td>●</td><td>△</td><td>●</td><td>△</td><td>△</td><td>△</td><td>●</td></tr>
</table>

●: 수행하여야 하는 항목

△: 조건에 따라 수행하지 아니하여도 되는 항목

※ 비고: 안전진단대행업자는 해상교통현황조사를 통하여 안전진단대상사업을 하려고 하는 수역에 대한 현황을 조사한 결과 총톤수 500톤 미만인 선박만이 통항(통항할 것으로 예상되는 경우를 포함한다)하는 경우에 해당하여 해상교통시스템 적정성평가를 실시하여도 해상교통에 미치는 영향을 파악할 수 없는 등 유의(有意)한 결과를 얻을 수 없다고 판단하는 경우에는 해상교통시스템 적정성평가 중 일부 또는 전부를 생략하고 안전진단을 실시할 수 있다. 다만, 수면비행선박 등 선박의 조종능력 또는 조종특성이 일반적인 선박과 다른 선박이 해당 수역을 통항하거나 통항할 예정인 경우에는 그러하지 아니하다.

1.5. 항행장애물의 처리(제25조~제30조)

국제해사기구는 영해 밖의 배타적 경제수역(EEZ)에서 발생한 난파물이 적절히 처리되지 않아 선박의 안전항해에 지장을 초래하고 있는 점에 관심을 갖고 연안국에게 그러한 난파물이 적절히 처리될 수 있도록 개입할 권리를 부여하고 난파물의 선주가 난파물 제거비용을 보증하는 국제적인 기준을 마련하고자 난파물제거협약의 제정을 추

260) 해상교통안전진단시행지침 [별표 2] 안전진단대상사업별 안전진단항목(제11조제1항 관련)

진하게 되었다.

국제해사기구는 2007년 5월 18일 케냐 나이로비에서 '난파물 제거에 관한 2007년 나이로비 국제협약(Nairobi International Convention on the Removal of Wrecks, 2007)'을 채택하였다. 이 협약의 공법적 내용을 「해사안전법」에 수용하였으며, 협약에서 정의하고 있는 난파물(Wreck) 및 위태(Hazard)는[261] 「해사안전법」에서 각각 항행장애물 및 위험성으로 규정하고 있다.

이 협약의 채택에 따라 「해사안전법」 제3조(적용범위)를 개정하여[262] 배타적 경제수역에서 발생한 난파물의 처리를 위한 법적 근거를 마련하였다.

1.5.1. 용어의 정의

항행장애물은 앞서 제3조에서 설명한 바와 같이 '선박으로부터 떨어진 물건, 침몰·좌초된 선박 또는 이로부터 유실(遺失)된 물건 등 해양수산부령으로 정하는 것으로서[263] 선박항행에 장애가 되는 물건을 말한다.

'난파물제거협약'에서 '난파물(wreck)'이란 선박에서 해양사고가 선행되어 발생하여야 하며, 그러한 선박 또는 그 선박과 연계된 어떠한 재산이 위험에 처한 상태에 놓

---

261) 난파물제거협약 제1조(정의) 4. "난파물"이라 함은 해양사고 중 다음에 해당되는 경우를 의미한다.
(a) 침몰 또는 좌초된 선박; 또는
(b) 침몰 또는 좌초된 선박 내에 있거나 있었던 모든 물체를 포함한 당해 선박의 어떠한 일부분 ; 또는
(c) 선박으로부터 해양에 멸실되고 해양에서 좌초, 침몰 또는 표류하는 모든 물체, 또는
(d) 위험에 처한 선박 또는 일체의 재산을 지원하기 위한 효과적인 조치가 더 이상 주어지지 않는 경우로서 침몰 또는 좌초하고 있거나 침몰 또는 좌초가 합리적으로 예상되는 선박
5. "위태"이라 함은 다음 경우의 상태나 위협을 의미한다.
(a) 항해에 위험이나 장애를 야기하는 경우 ; 또는
(b) 해양환경에 매우 해로운 결과를 일으키거나 1개국 이상 국가의 해안선 및 관련 이익에 손해를 발생시키는 것이 합리적으로 예상될 경우

262) 「해사안전법」 제3조(적용범위) 제1항 3. 대한민국의 배타적경제수역에서 항행장애물을 발생시킨 선박

263) 「해사안전법 시행규칙」 제4조(항행장애물) 법 제2조제17호에서 "해양수산부령으로 정하는 것"이란 다음 각 호의 어느 하나에 해당하는 것을 말한다.
1. 선박으로부터 수역에 떨어진 물건
2. 침몰·좌초된 선박 또는 침몰·좌초되고 있는 선박
3. 침몰·좌초가 임박한 선박 또는 침몰·좌초가 충분히 예견되는 선박
4. 제2호 및 제3호의 선박에 있는 물건
5. 침몰·좌초된 선박으로부터 분리된 선박의 일부분

여 있음에도 불구하고 어떠한 선박 또는 재산을 지원하기 위한 행위 또는 활동이 더 이상 수행되지 않는 결과 선박이 ① 침몰 또는 좌초된 선박, ② 침몰 또는 좌초된 선박 내에 있거나 있었던 모든 물체를 포함한 당해 선박의 어떠한 일부분, ③ 선박으로부터 해양에 멸실되고 해양에서 좌초, 침몰 또는 표류하는 모든 물체, ④ 위험에 처한 선박 또는 일체의 재산을 지원하기 위한 효과적인 조치가 더 이상 주어지지 않는 경우로서 침몰 또는 좌초하고 있거나 침몰 또는 좌초가 합리적으로 예상되는 선박 중 하나에 해당될 때 비로소 난파물이 된다고 규정하고 있다.

선박이 해양사고를 당할 경우 선박소유자 및 선장은 선박을 구난하기[264] 위하여 최선을 다할 것이고 자신들을 대신하여 선박의 구난작업을 수행하도록 구난업자 또는 기타의 자와 계약을 체결할 것이다. 이러한 상황에서 선박의 구난작업은 '선박구난협약(International Convention on Salvage(SALVAGE 1989))'이 우선적으로 적용될 것이다. 그러나 선박소유자 및 선장이 '선박구난협약' 제19조에[265] 의거하여 구난작업을 수행하고 있는 구난업자 또는 기타의 자에게 위험에 처한 선박에 대한 구난작업의 금지를 명시적이고 합리적으로 요청할 경우 '선박구난협약'에 의한 구난작업은 더 이상 진행되지 않게 되며, 이때부터 해당 선박 등은 난파물에 해당된다는 것이다.[266]

또한 '난파물제거협약'에서 항행장애물은 '위험성'이 있을 경우에 제거하는 것이므로 앞서 기술한 바와 같이 '위험성'에 대하여 정의하고 있다. 그러나 「해사안전법」에서는 별도로 정의하고 있지 않으며, 위험성의 결정과 관련하여 '항행장애물이 선박의 항행안전이나 해양환경에 중대한 영향을 끼치는지를 고려하여 항행장애물의 위험성을 결정하도록 규정하고 있다.

1.5.2. 항행장애물의 보고 등(제25조)

해양사고로 아래의 항행장애물을 발생시킨 선박의 선장, 선박소유자 또는 선박운항자(이하 "항행장애물제거책임자"라 한다)는 해양수산부령으로 정하는 바에 따라 해양

264) 구조(Rescue)는 조난에 처한 사람을 구출하여 응급조치 또는 그 밖의 필요한 것을 제공하고 안전한 장소로 인도하기 위한 활동을 말하며, 구난(Salvage)은 위험에 처한 선박이나 재산을 구하려는 활동을 말한다.

265) 선박구난협약(SALVAGE 89) 제19조(구난작업의 금지) 선주, 선장 또는 선박에 선적된 화물의 소유자가 위험에 처한 화물에 대해 명백하고 합당한 금지를 한 경우에도 불구하고 구조작업을 진행한 경우에는 이 협약에 따라 보상금을 지급하지 않는다.

266) 정대율, 「難破物除去協約案에 대한 硏究」, 한국해양대학교대학원 법학석사학위논문, 2005. 7. 53~54쪽.

수산부장관에게 지체 없이 그 항행장애물의 위치와 제27조에 따른 위험성 등을 보고하여야 한다.

① 떠다니거나 침몰하여 다른 선박의 안전운항 및 해상교통질서에 지장을 주는 항행장애물

② 「항만법」 제2조 제1호에 따른 항만의 수역, 「어촌·어항법」 제2조 제3호에 따른 어항의 수역, 「하천법」 제2조 제1호에 따른 하천의 수역(이하 "수역등"이라 한다)에 있는 시설 및 다른 선박 등과 접촉할 위험이 있는 항행장애물

그리고 법에 따라 항행장애물제거책임자가 보고하여야 하는 사항에는 시행규칙 제20조에서 정한 다음 사항이 포함되어야 한다.

① 선박의 명세에 관한 사항
② 선박소유자 및 선박운항자의 성명(명칭) 및 주소에 관한 사항
③ 항행장애물의 위치에 관한 사항
④ 항행장애물의 크기·형태 및 구조에 관한 사항
⑤ 항행장애물의 상태 및 손상의 형태에 관한 사항
⑥ 선박에 선적된 화물의 양과 성질에 관한 사항(항행장애물이 선박인 경우)
⑦ 선박에 선적된 연료유 및 윤활유를 포함한 기름의 종류와 양에 관한 사항(항행장애물이 선박인 경우)

해양수산부장관은 항행장애물에 대한 보고를 받으면 항행장애물 주변을 항행하는 선박과 인접 국가에 항행장애물의 위치와 내용 등을 알려야 한다. 또한 대한민국선박이 외국의 배타적 경제수역에서 항행장애물을 발생시켰을 경우 항행장애물제거책임자는 그 해역을 관할하는 국가에 지체 없이 보고하여야 한다.

1.5.3. 항행장애물의 표시 등(제26조)

항행장애물제거책임자는 항행장애물이 다른 선박의 항행안전을 저해할 우려가 있는 경우에는 지체 없이 항행장애물에 위험성을 나타내는 표시를 하거나 다른 선박에게 알리기 위한 조치를 하여야 한다. 다만, 항행장애물 중 침몰·좌초된 선박에 대하여는 「항로표지법」 제14조에 따라 조치하여야 한다. 항로표지법 상 항행장애물에 표시하여야 하는 항로표지는 청색과 황색의 수직 줄무늬를 표시한 신위험물표지로서 〈그림 4-7〉과 같은 형상이다.[267]

---

267) 「항로표지의 기능 및 규격에 관한 기준」 제15조(신위험물표지의 기능) ① 신위험물표지는 수로

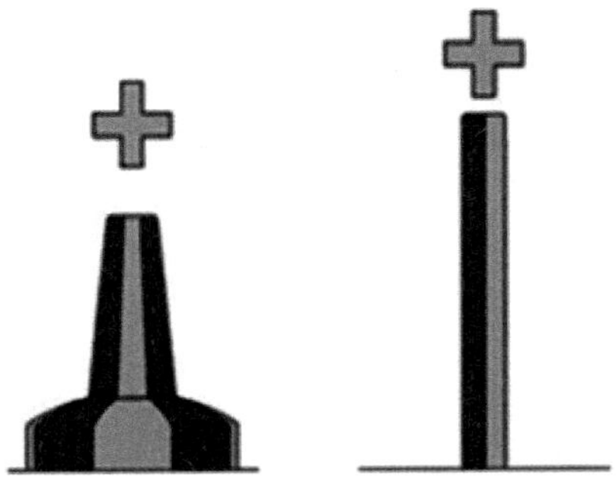

〈그림 4-7〉 신위험물표지 형상

해양수산부장관은 항행장애물제거책임자가 항행장애물에 위험성을 나타내는 표시나 조치를 하지 아니하는 경우 항행장애물제거책임자에게 그 표시나 조치를 하도록 명할 수 있고, 항행장애물제거책임자가 이 명령을 이행하지 아니하거나 시급히 표시하지 아니하면 선박의 항행안전에 위해(危害)를 미칠 우려가 큰 경우 해양수산부장관은 직접 항행장애물에 표시할 수 있다.

심화학습

○ **침몰한 항행장애물의 표시에 대한 검토**

대흥7호(총톤수 6,310톤)는 전라북도 군산시 옥도면 소재 어청도등대로부터 247도 방향, 8.4마일 해상(수심 약 52m)에서 선수의 좌·우현 닻을 놓아 정박한 상태에서 2015. 1. 7. 침수로 인해 선체가 침몰되며 뒤집혀졌고, 그 결과 길이 132미터인 선체는 선미부가 해저에 닿은 상태로 선수부가 수면 위로 약 15미터 돌출된 상태였다. 이 선박의 선수 돌출부는 이후 기상악화에 따른 외력의 영향으로 수면 위 약 10미터로 낮아졌다.[268)]

대흥7호는 「해사안전법」 상 항행장애물에 해당하므로 법에 따라 항행장애물의 보

도지에 등재되지 않은 새롭게 발견된 위험물들을 표시하기 위하여 사용한다.

② 제1항의 위험물은 모래톱, 암초 등과 같은 자연적인 장해물과 침몰·좌초선박과 같은 인위적 장해물을 포함한다.

③ 신위험물 표지는 다음 각 호와 같이 기능에 적합한 특성을 갖추어야 한다.

1. 도색 : 치수가 동일한 청색/황색 수직 줄무늬(최소 4줄, 최대 8줄)
2. 형상 : 망대 또는 원주형
3. 두표(붙일 경우) : 수직/직각을 이루는 황색십자형(“+”) 1개
4. 등색(설치시) : 황색과 청색을 교차점등
5. 등질 : Fl Bu 10 s +05 s +Y10 s +05 s (1주기 3초).

고, 표시, 위험성 결정 및 제거 등을 실시하여야 한다.

〈그림 4-8〉 전복·침몰된 대흥7호

한편 항행장애물의 처리와 관련하여 해양수산부장관은 ① 「배타적 경제수역법」 제2조에 따른 배타적 경제수역, ② 「항만법」 제3조 제2항 제1호 및 같은 조 제3항제1호에 따른 국가관리무역항 및 국가관리연안항의 항만구역을 관리하고, 그 밖의 수역은 시·도지사에게 권한을 위임하였다(「해사안전법」 제91조 제1항 및 같은 법 시행령 제21조 제1항). 따라서 항행장애물 대흥7호의 처리와 관련하여서는 「해사안전법」상 관리청이 전라북도지사가 해당한다.

문제는 「항로표지법」 제14조에 따라 침몰하거나 좌초된 선박의 소유자가 침몰·좌초선박을 표시하기 위한 항로표지를 설치하여야 할 수역은 다음과 같다. ① 「해사안전법」 제10조에 따른 교통안전특정해역, ② 「해사안전법」 제14조에 따른 유조선통항금지해역, ③ 「해사안전법」 제31조 제1항에 따라 고시한 항로, ④ 「선박입출항법」 제5조 제1항에 따라 지정·고시한 정박구역 또는 정박지, ⑤ 「선박입출항법」 제10조 제1항에 따라 지정·고시한 항로, ⑥ 선박이 통상적으로 통항하는 수역으로서 선박의 항행안전을 위하여 침몰·좌초선박 표지의 설치가 필요하다고 지방해양수산청장이 지정·고시한 수역

대흥7호는 위의 수역에 해당하지 않기 때문에 「항로표지법」에 따라 침선을 표시하는 항로표지인 신위험물표지를 표시할 의무가 없다는 것이다.

268) 재결 중앙해심 제2016-019호 '압항부선 대흥7호·액체화학품산적운반선 카보니안 프론티어 충돌사건'

1.5.4. 항행장애물의 위험성 결정(제27조)

해양수산부장관은 항행장애물이 선박의 항행안전이나 해양환경에 중대한 영향을 끼치는지를 고려하여 항행장애물의 위험성을 결정하여야 한다. 항행장애물의 위험성을 결정할 때에는 시행규칙 제21조에 따라 다음 12가지 사항을 고려하여야 한다.

① 항행장애물의 크기·형태 및 구조
② 항행장애물의 상태 및 손상의 형태
③ 항행장애물에 선적된 화물의 성질·양과 연료유 및 윤활유를 포함한 기름의 종류·양
④ 침몰된 항행장애물의 경우에는 그 침몰된 상태(음파 및 자기적 측정 결과 등에 따른 상태를 포함한다)
⑤ 해당 수역의 수심 및 해저의 지형
⑥ 해당 수역의 조차·조류·해류 및 기상 등 수로조사 결과
⑦ 해당 수역의 주변 해양시설과의 근접도
⑧ 국제항해에 이용되는 통항대(通航帶) 또는 설정된 통항로와 근접도
⑨ 선박 통항의 밀도 및 빈도
⑩ 선박 통항의 방법
⑪ 항만시설의 안전성
⑫ 국제해사기구에서 지정한 특별민감해역 또는 「1982년 해양법에 관한 국제연합협약」 제211조 제6항에 따른 특별규제조치가 적용되는 수역

1.5.5. 항행장애물 제거(제28조)

항행장애물제거책임자는 항행장애물을 제거하여야 한다. 만약 항행장애물제거책임자가 항행장애물을 제거하지 아니하면 해양수산부장관이 그 항행장애물제거책임자에게 항행장애물을 제거하도록 명할 수 있으며, 항행장애물제거책임자가 명령을 이행하지 아니하거나 항행장애물이 제27조에 따라 위험성이 있다고 결정된 경우 해양수산부장관이 직접 항행장애물을 제거할 수 있다.

1.5.6. 항행장애물의 표시·제거 비용징수 및 조치(제29조 및 제30조)

해양수산부장관은 항행장애물의 표시·제거에 드는 비용의 징수에 대비하여 필요한 경우에는 선박소유자에게 비용 지불을 보증하는 서류의 제출을 요구할 수 있다.

항행장애물의 표시·제거에 쓰인 비용은 항행장애물제거책임자의 부담으로 하되, 항행장애물제거책임자를 알 수 없는 경우에는 대통령령으로[269] 정하는 바에 따라 그 항행장애물 또는 항행장애물을 발생시킨 선박을 처분하여 비용에 충당할 수 있다.

해양수산부장관은 항행장애물의 표시·제거 명령 또는 처리비용에 대한 재정보증의 요구에 응하지 아니하는 선박에 대하여는 국내항의 입항·출항을 거부하거나 국내계류시설의 사용을 허가하지 아니할 수 있다.

1.6. 항해 안전관리(제31조~제44조)

안전한 항해를 지원하기 위하여 항로지정 및 보호, 특정선박에 대한 조치, 선박교통관제, 선박위치정보 보호, 음주운항금지, 교통단속과 해양사고보고 등에 관해 규정하고 있다.

1.6.1. 항로의 지정 등(제31조)

선박의 항로지정(Ships' Routeing)은 해상인명안전협약(SOLAS) 제5장 제10규칙에 근거를 두고 있다.

해양수산부장관은 선박이 통항하는 수역의 지형·조류, 그 밖에 자연적 조건 또는 선박 교통량 등으로 해양사고가 일어날 우려가 있다고 인정하면 관계 행정기관의 장의 의견을 들어 그 수역의 범위, 선박의 항로 및 속력 등 선박의 항행안전에 필요한 사항을 해양수산부령으로 정하는 바에 따라 고시할 수 있다. 또한 해양수산부장관은 태풍 등 악천후를 피하려는 선박이나 해양사고 등으로 자유롭게 조종되지 아니하는 선박을 위한 수역 등을 지정·운영할 수 있다.

---

269) 「해사안전법 시행령」 제9조(비용징수) ① 해양수산부장관은 법 제29조제2항에 따라 항행장애물 또는 항행장애물을 발생시킨 선박을 처분하는 경우에는 공매(公賣)에 의하여 처분한다. 다만, 항행장애물 또는 항행장애물을 발생시킨 선박의 가액(價額)이 공매비용에 미치지 못할 우려가 있는 경우에는 그러하지 아니하다.

② 해양수산부장관은 제1항 본문에 따라 항행장애물 또는 항행장애물을 발생시킨 선박을 공매하는 경우에는 다음 각 호의 사항을 게시판 또는 인터넷 홈페이지에 7일 동안 공고하여야 한다.

1. 공매할 물건의 명칭 및 내용
2. 공매의 장소 및 일시
3. 입찰보증금을 받는 경우에는 그 금액

③ 해양수산부장관은 제1항에 따른 공매로 취득한 금액 중에서 해당 물건의 표시·제거와 공매 등에 든 비용을 제외하고 남은 금액이 있는 경우에는 「공탁법」에 따라 공탁하여야 한다.

지방해양수산청장은 선박의 항행안전에 필요한 사항으로 ① 선박의 항로·속력 또는 항법, ② 선박의 교통량, ③ 수역의 범위, ④ 기상여건, ⑤ 그 밖에 해상교통 및 선박의 항행안전을 위하여 해양수산부장관이 필요하다고 인정하는 사항을 고려하여 고시할 수 있다. 고시한 수역 안을 통항하는 선박은 해당 고시에 따른 항로·항법 및 속력 등을 따라야 한다. 이 규정에 따라 지방해양수산청장이 고시한 항로는 26개소이며, 17개 고시에 따라 항로·항법 등이 지정되어 있다.

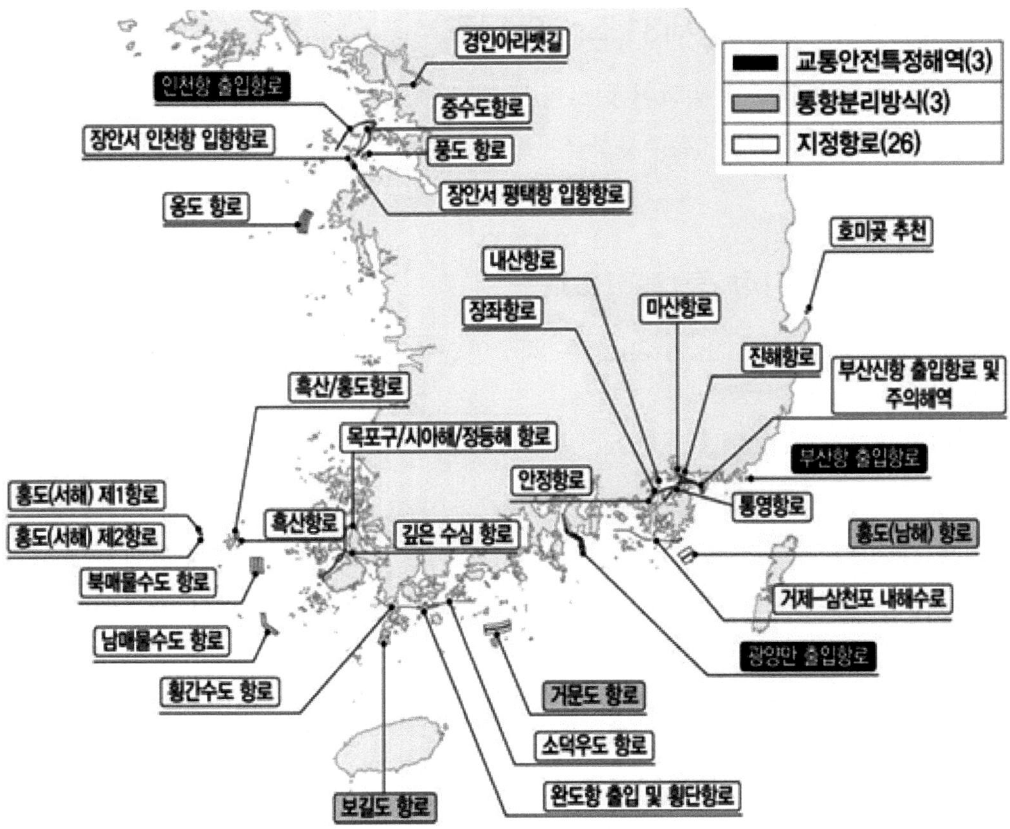

〈그림 4-9〉 지정항로 위치도

〈표 4-3〉 지방해양수산청 고시항로 현황

관할	고시명	항로(구역)명	구분	속력 제한	통항 제한	비고
인천	경인아라뱃길 선박통항규칙	1. 경인아라뱃길 항로	지정	O	O	(통항제한) 예부선 등
	장안서 부근해역 항행안전에 관한 고시	2. 장안서 인천항 입항항로	지정	X	X	(통항제한) 총톤수 200톤 이상 선박 등
	중수도 항로 항행안전에 관한 고시	3. 중수도 항로	추천	X	O	
평택	풍도 추천 고시	4. 풍도 추천	추천	X	X	
	장안서 부근해역 항행안전에 관한 고시	5. 장안서 평택항 출입항로	지정	X	X	
대산	(옹도항로) 항행안전에 관한 고시	6. 옹도 항로	지정	X	X	
목포	(목포 인근해역) 항행안전에 관한 고시	7. 목포구/시아해/정등해 항로	지정	X	O	시계제한시 흘수제약선 등의 교차항행 금지
		8. 깊은 수심 항로	지정	X	O	
	(매물수도 등) 항행안전에 관한 고시	9. 북매물수도 항로	지정	O	X	
		10. 남매물수도 항로	지정	O	X	
	(홍도 및 흑산도 해역) 항행안전에 관한 고시	11. 홍도 제1항로	지정	X	X	
		12. 홍도 제2항로	지정	X	X	
		13. 흑산 항로	지정	X	X	
		14. 흑산/홍도항로	지정	X	X	
	(완도항) 항행안전에 관한 고시	15. 완도항 출입 및 횡단항로	지정	X	X	
	(완도항 인근해역) 항행안전에 관한 고시	16. 횡간수도 항로	추천	X	X	흑일도 부근 및 횡간도 부근 경계해역 지정
		17. 소덕우도 항로	추천	X	X	
마산	진해만 및 부근수역의 항행안전에 관한 고시	18. 마산항로	지정	O	X	속력제한 구역 및 주의 해역 등 포함 (안정항로) LNG선 반경 1km이내 접근 제한 등
		19. 통영항로	지정	O	X	
		20. 진해항로	지정	O	X	
		21. 안정항로	지정	O	O	
	고성조선산업특구 내산지구 부근 해역의 항행안전에 관한 고시	22. 내산항로	지정	X	X	
	고성군 장좌지구 부근해역의 항행안전에 관한 고시	23. 장좌항로	지정	X	X	일부 정박금지 구역 지정
	(거제-삼천포 내해수로) 항행안전에 관한 고시	24. 거제-삼천포 내해수로	추천	X	X	유조선 등 통항 자제 권고 및 주의해역 설정 등
부산	신항 항로지정 및 항행안전에 관한 고시	25. 신항출입항로 및 주의해역	지정	O	X	주의항로 속력제한
포항	(호미곶 끝단) 선박 항행안전에 관한 고시	26. 호미곶 추천	추천	X	X	총톤수 1,000톤 이상 선박에 적용

1.6.2. 외국선박의 통항 및 안전조치

UN해양법협약에서 정하는 바에 따라 외국선박의 무허가 내수 통항을 금지하고, 위험화물운반선·핵추진선박 등의 영해 내 통항 시 안전조치 준수의무 등을 규정할 필요가 있다.

이에 외국선박이 대한민국의 내수를 항행하는 경우에는 허가를 받도록 하고, 위험물운반선 등이 영해를 통과할 경우에는 특별예방조치를 준수하도록 함으로써 외국선박의 무단 정박 등이 방지됨으로써 내수에서 선박의 통항이 원활해지고, 위험선박에 대한 통제가 효율적으로 이루어질 것으로 기대된다.[270]

1) 외국선박의 무허가 내수통항 금지

외국선박은 해양수산부장관의 허가를 받지 아니하고는 대한민국의 내수에서 통항할 수 없도록 규정하고 있다. 그럼에도 불구하고 외국선박은 「영해 및 접속수역법」 제2조 제2항에 따른 직선기선에 따라 내수에 포함된 해역에서는 정박·정류(停留)·계류 또는 배회(徘徊)함이 없이 계속적이고 신속하게 통항할 수 있다. 즉 UN해양법협약에 따라 무해통항권을 인정하고 있다. 다만, 다음의 경우에는 허가 없이 내수를 통항할 수 있다.

① 불가항력이나 조난으로 인하여 필요한 경우

② 위험하거나 조난상태에 있는 인명·선박·항공기를 구조하기 위한 경우

③ 그 밖에 대한민국 항만에의 입항 등 해양수산부령으로 정하는 경우[271]

2) 특정선박에 대한 안전조치(제33조)

대한민국의 영해 또는 내수를 통항하는 외국선박 중 핵추진선박과 핵물질 등 위험화물운반선에 대하여 SOLAS협약 등 관련 국제협약에서 정하는 문서를 휴대하거나 SOLAS협약에서 정한 안전조치를 준수하도록 규정하였다.

또한 해양수산부장관은 이 특정선박에 의한 해양오염 방지, 경감 및 통제를 위하여 필요하면 통항로를 지정하는 등 안전조치를 명할 수 있다.

---

270) 「해사안전법(법률 제10801호, 2011. 6. 15., 전부개정)」의 개정 이유.

271) '해양수산부령으로 정하는 경우'라 함은 ① 「선박의 입항 및 출항 등에 관한 법률」 제4조에 따른 허가를 받거나 신고를 하고 무역항의 수상구역 등에 출입하기 위하여 대기하는 경우와 ② 「선박법」 제6조 단서에 따라 불개항장에서의 기항 허가를 받고 대기하는 경우를 말한다(시행규칙 제25조).

1.6.3. 항로 등의 보전(제34조)

누구든지 항로에서 ① 선박의 방치 또는 ② 어망 등 어구의 설치나 투기 행위를 하여서는 아니 된다. 해양경찰서장은 이를 위반한 자에게 방치된 선박의 이동·인양 또는 어망 등 어구의 제거를 명할 수 있다.

누구든지 「항만법」 제2조 제1호에 따른 항만의 수역 또는 「어촌·어항법」 제2조 제3호에 따른 어항의 수역 중 해상안전 및 해상교통 여건 등을 고려하여 해양경찰서장이 정하여 고시하는 수역에서는 해상교통의 안전에 장애가 되는 스킨다이빙, 스쿠버다이빙, 윈드서핑 등 다음의 행위를 하여서는 아니 된다.

① 「수상레저안전법」 제2조 제1호에 따른 수상레저활동

② 「수중레저활동의 안전 및 활성화 등에 관한 법률」 제2조 제2호에 따른 수중레저활동

③ 「마리나항만의 조성 및 관리 등에 관한 법률」 제2조 제3호에 따른 마리나선박을 이용한 유람, 스포츠 또는 여가 행위

④ 「유선 및 도선 사업법」 제2조 제1호에 따른 유선사업에 사용되는 선박을 이용한 고기잡이, 관광 또는 그 밖의 유락 행위

다만 해상교통안전에 장애가 되지 아니한다고 인정되어 해양경찰서장의 허가를 받은 경우와 「체육시설의 설치·이용에 관한 법률」 제20조에 따라 신고한 체육시설업과 관련된 해상에서 행위를 하는 경우에는 그러하지 아니하다. 또한 선박 및 레저기구가 항만 및 어항의 수역 중 해양경찰서장이 정하여 고시하는 수역을 통과하기 위하여 침로(針路)나 속력의 급격한 변경 등이 없이 다른 선박의 항행안전을 저해하지 않고 항행하는 경우는 제외한다.

해양경찰서장은 허가하였으나, ① 항로나 정박지 등 해상교통 여건이 달라진 경우와 ② 허가 조건을 위반한 경우에는 그 허가를 취소하거나 해상교통안전에 장애가 되지 아니 하도록 시정할 것을 명할 수 있고, ③ 거짓이나 그 밖의 부정한 방법으로 허가를 받은 경우에는 그 허가를 취소하여야 한다.

1.6.4. 수역등 및 항로의 안전 확보(제35조)

항만 및 항로의 교통장애는 국가경제에 막대한 손실을 초래하게 되므로 항만 및 항로에서의 교통안전을 확보하기 위하여 선박을 이용하여 항만이나 항로의 기능을 저해

하는 항만이나 항로를 점거 또는 차단하는 행위를 금지하고 있다.

따라서 누구든지 수역등[272] 또는 수역등의 밖으로부터 10킬로미터 이내의 수역에서 선박 등을 이용하여 수역등이나 항로를 점거하거나 차단하는 행위를 함으로써 선박 통항을 방해하여서는 아니 된다.

해양경찰서장은 이를 위반하여 선박 통항을 방해한 자 또는 방해할 우려가 있는 자에게 일정한 시간 내에 스스로 해산할 것을 요청하고, 이에 따르지 아니하면 해산을 명할 수 있다. 해산명령을 받은 자는 지체 없이 물러가야 한다.

1.6.5. 선박교통관제(제36조~제36조의2)

선박교통관제(VTS: Vessel Traffic Service)는 선박에게 다른 선박의 위치나 교통량, 기상위험 같은 간단한 정보 제공부터 항만이나 진입수로에서 광범위한 교통관리를 위한 영역까지 포함하는 육상에 설치된 시스템이다.

일반적으로 선박이 선박교통 관제구역에 들어갈 때 당국에 무선으로 보고하면 선박교통관제센터에서 선박을 추적하기 시작한다. 선박은 항행경보나 기타 경보를 청취하기 위해 특정 주파수를 청수하여야 한다. 사고의 위험이 있거나, 교통 흐름이 통제되고 있는 지역에서 진행상황에 대한 조언 구하려는 경우에 관제사와 선박이 직접 접촉할 수도 있다.

우리나라는 1993년 포항항에 VTS시스템을 최초로 도입한 이후 부산항 및 태안 연안 등 전국 20개소에 설치·운영 중이며, 선박교통량이 많은 연안해역으로 관제범위를 확대하고 있다.

선박교통관제에 관해서는 「선박입출항법」과 「해사안전법」에 규정되어 있었으나 2019. 12. 3일에 「선박교통관제에 관한 법률」이 별도로 제정되었다. 「선박교통관제에 관한 법률」에서는 「해사안전법」과 「선박입출항법」의 내용을 포괄하고 있으며,[273]

---

272) '수역등'이라 함은 「항만법」 제2조제1호에 따른 항만의 수역, 「어촌·어항법」 제2조제3호에 따른 어항의 수역, 「하천법」 제2조제1호에 따른 하천의 수역을 말한다(법 제25조제1항제2호).

273) 선박교통관제에 관한 법률 제18조(선박교통관제사의 업무) 선박교통관제사는 다음 각 호의 업무를 수행한다.

1. 선박교통관제구역에서 출입하거나 이동하는 선박에 대한 관찰확인, 안전정보의 제공 및 안전에 관한 조언·권고·지시
2. 혼잡한 교통상황의 발생을 예방하기 위한 선박교통정보 및 기상청에서 발표한 기상특보 등의 제공
3. 「선박의 입항 및 출항 등에 관한 법률」 제2조제2호에 따른 무역항의 수상구역 등에서 항만

이 법의 제정에 따라 「선박입출항법」에서 선박교통관제에 관한 조문인 제19조부터 제22조가 삭제되었으며, 「해사안전법」 제36조 및 제36조의2도 각각 삭제되었다.[274)] 시행일는 2020. 6. 4일이다.

심화학습

○ 「해사안전법」 및 「선박입출항법」에서 규정한 관제제도

VTS에 대한 내용은 「해사안전법」 제2조(정의) 제21호에서 '선박교통관제란 선박교통의 안전 및 효율성을 증진하고 해양환경과 해양시설을 보호하기 위하여 선박의 위치를 탐지하고 선박과 통신할 수 있는 설비를 설치·운영함으로써 선박의 동정을 관찰하며 선박에 대하여 안전에 관한 정보를 제공하는 것을 말한다.'라고 규정하고 있다.

「선박입출항법」 제2조(정의) 제14호에서 '선박교통관제란 무역항의 수상구역 등에서 선박교통의 안전과 효율성 증진 및 환경 보호를 위하여 선박을 탐지하거나 선박과 통신할 수 있는 설비를 설치·운영하고 필요한 조치를 하는 것을 말한다.'

두 법률의 차이점은 「해사안전법」의 정보를 제공하는 업무와[275)] 「선박입출항법」의 필요한 조치를 하는 업무로 구분할 수 있다.[276)] 「선박입출항법」에 따른 조치가

의 효율적 운영에 필요한 선박 출입신고·선석(船席)·정박지(碇泊地)·도선(導船)·예선(曳船) 정보 등 항만운영정보의 제공

4. 「선박의 입항 및 출항 등에 관한 법률」 제8조부터 제18조까지의 규정에 따른 무역항 질서 단속에 관한 정보의 제공
5. 「해사안전법」 제38조에 따른 선박 출항통제 관련 정보의 제공
6. 그 밖에 선박교통안전과 효율성 증진을 위하여 해양수산부령으로 정하는 업무

274) 「선박교통관제에 관한 법률」 부칙 제4조(다른 법률의 개정) ① 해사안전법 일부를 다음과 같이 개정한다.

제2조제21호를 삭제한다.

제36조 및 제36조의2를 각각 삭제한다.

제44조제2항을 삭제한다.

제107조제2호의2를 삭제한다.

제110조제3항제15호, 제15호의2 및 제15호의3을 각각 삭제한다.

② 선박의 입항 및 출항 등에 관한 법률 일부를 다음과 같이 개정한다.

제2조제14호 및 제15호를 각각 삭제한다.

제4장(제19조부터 제22조까지)을 삭제한다.

제48조제1항제1호 중 "제11조, 제20조제1항, 제22조"를 "제11조"로 한다.

제56조제9호의2를 삭제한다.

제59조제1항제2호를 삭제하고, 같은 조 제3항 중 "해양수산부장관(제20조 및 제22조를 위반한 자의 경우에는 해양경찰청장을 말한다)"를 "해양수산부장관"으로 한다.

좀 더 적극적인 개입으로 볼 수 있으나 IMO에서 선장이 선박의 효과적인 항해와 조선에 관한 결정을 한다고 선언하고 있으며 「해사안전법」 제45조에서도 선박의 안전을 위한 선장의 전문적인 판단을 방해하거나 간섭하지 아니하도록 보장하고 있기 때문에 「선박입출항법」에 따른 개입의 수준 또한 적극적이더라도 조언의 일종으로 보아야 한다. 두 법률의 내용상 차이는 거의 없다.

○ 관제사의 역할

「해사안전법」에서 관제사의 업무를 ① 관제구역에서 운항하는 선박에 대한 관찰확인·안전정보제공·조언 및 지시, ② 기상특보의 발표나 혼잡한 교통상황의 발생을 예방하기 위한 정보의 제공, ③ 그 밖에 선박교통 안전과 효율성 증진을 위하여 해양수산부령으로 정하는 업무로[277] 정하고 있으며, 「선박입출항법」에서는 ① 선박교통관제구역에서 운항하는 선박에 대한 관찰확인, 안전 확보에 필요한 정보제공과 조언 및 지시, ② 무역항의 수상구역 등에서 항만의 효율적 운영에 필요한 선석·정박지·도선·예선 정보 등 항만운영정보의 제공하는 것으로 규정하고 있다. 「선박입출항법」은 부두나 선석이 있는 수상구역에서 시행하는 관제를 규정하고 있기 때문에 항만운영에 관한 역할을 부가하고 있다.

「해사안전법」 제36조(선박교통관제의 시행 등) 제2항에서 선박교통관제를 시행하는 구역을 출입·통항하는 선박의 선장은 선박교통관제에 따르도록 규정하고 있으나, 제3항에서 선장은 그 선박의 안전운항에 대한 책임을 면제받지 아니한다고 하여 관제지시의 수용여부는 선장의 책임으로 돌리고 있다. 마찬가지로 「선박입출항법」 제20조(선박교통관제의 운영 등) 제1항에서 선박이 선박교통관제구역을 출입·통과하거나 선박교통관제구역에서 이동·정박·계류할 때에는 선박교통관제에 따라야 한다고 하면서도, 제2항에서 선장은 선박교통관제에도 불구하고 그 선박의 안전 운항에 대한 책임을 면제받지 아니한다고 하여 관제지시의 수용여부는 선장의 책임으로 돌리고 있다.

관제사의 지시와 관련하여 관제사는 기본적으로 선박에게 정보제공이나 조언을 위한 역할을 수행하며 선박은 관제지시에 따라야 한다. 그러나 관제사의 지시는 선박 조종에 관해서 도선사와 선장의 관계와 같이, 도선사의 지시가 선장의 지휘권을 대체하지 못하는 것과 같은 경우로 보아야 한다.[278] 따라서 법령에 '지시'라고 한 것은 선박에게 일정한 정박지를 지정하고 그곳에 정박토록 지시하는 등을 의미하는 지시하고 보아야 할 것이다.

275) 「해사안전법」 제36조(선박교통관제의 시행 등) ① 해양경찰청장은 선박교통의 안전을 도모하기 위하여 해양수산부령으로 정하는 구역에 대하여 선박교통관제를 시행하여야 한다.

1.6.6. 선박위치정보의 공개 제한 등(제37조)

항적기록장치(VDR: Voyage Data Recorder)는 국제항해선박의 필수탑재장비이다. 장치에 기록된 정보는 선주와 정부의 해양사고 조사관이 보유하도록 국제해사기구에서 결의하였다.

어선·컨테이너선 등의 위치정보는 선박소유자의 영업비밀과 같이 취급되고 있으므로 해당 정보를 보호할 필요성이 있다. 따라서 전자적 수단으로 선박의 항적 등을 기록한

---

② 제1항에 따라 선박교통관제를 시행하는 구역(이하 "관제구역"이라 한다)을 출입·통항하는 선박의 선장은 선박교통관제에 따라야 한다. 다만, 선박을 안전하게 운항할 수 없는 명백한 사유가 있는 경우에는 선박교통관제에 따르지 아니할 수 있다.

③ 선장은 선박교통관제에도 불구하고 그 선박의 안전운항에 대한 책임을 면제받지 아니한다.

④ 해양수산부령으로 정하는 선박의 선장은 관제구역을 출입하려는 때에 해당 관제구역을 관할하는 선박교통관제관서에 신고하여야 한다.

⑤ 선박은 관제구역을 출입·통항하는 때에는 해양수산부령으로 정하는 무선설비를 갖추고 제36조의2제1항에 따른 선박교통관제사와의 상호 호출응답용 관제통신을 항상 청취·응답하여야 한다.

⑥ 선박교통관제를 시행한 기관과 해양수산부령으로 정하는 선박은 제5항에 따른 관제통신을 녹음하여 보존하여야 한다.

⑦ 제1항부터 제6항까지에서 규정한 사항 외에 선박교통관제의 시행절차와 대상선박 및 시설관리, 신고절차, 관제구역별 관제통신의 제원(諸元), 관제통신 녹음방법과 보존기간 등에 필요한 사항은 해양수산부령으로 정한다.

276) 「선박입출항법」 제20조(선박교통관제의 운영 등) ① 선박이 선박교통관제구역을 출입·통과하거나 선박교통관제구역에서 이동·정박·계류할 때에는 선박교통관제에 따라야 한다. 다만, 선박을 안전하게 운항할 수 없는 명백한 사유가 있는 경우에는 선박교통관제를 따르지 아니할 수 있다.
② 선장은 선박교통관제에도 불구하고 그 선박의 안전 운항에 대한 책임을 면제받지 아니한다.
③ 선박교통관제를 시행하기 위한 절차와 적용대상 선박, 선박교통관제 시설관리 등에 필요한 사항은 해양수산부령으로 정한다.

277) 선박교통관제의 시행 등에 관한 규칙 제13조(선박교통관제사의 업무 등) ① 「해사안전법」 제36조의2제2항제3호에 따른 선박교통관제사의 업무는 다음 각 호와 같다.
1. 관제업무 관련 법규 준수여부 감시·적발 및 감시·적발 지원
2. 관제구역 내 해양사고 발생 접수 시 관할 기관 등에 사고 발생사실 전파
② 해양경찰청장은 선박교통관제사가 효율적으로 업무를 수행할 수 있도록 지원 및 관리·감독하기 위하여 선임선박교통관제사를 둘 수 있다.
③ 제1항 및 제2항에서 규정한 사항 외에 선박교통관제사 업무 등에 필요한 사항은 해양경찰청장이 정한다.

278) 1910년 브뤼셀에서 채택된 "선박충돌에 관한 일부규정의 통일에 관한 조약(International Convention for the Unification of Certain Rules with respect to Collisions between Vessels, Brussels, 1910)"은 많은 나라에서 채택하고 있으며, 우리 상법에도 도입되어 있다. 일반원칙으로 과실에 인한 충돌은 불법행위 일반원칙에 따라 과실 행위자가 책임을 지며, 도선사와 선장의 관계에 대해 도선사는 선장의 운항에 관한 조언자로 규정하고 있기 때문에 도선사의 과실이라도 당해 선박에 책임이 있다.
- 「상법」 제880조(도선사의 과실로 인한 충돌) 선박의 충돌이 도선사의 과실로 인하여 발생한 경우에도 선박소유자는 제878조 및 제879조를 준용하여 손해를 배상할 책임이 있다.

정보를 보유한 자는 승선원 구조, 해양사고 원인조사 등의 경우를 제외하고는 공개할 수 없도록 하였다. 또한 선박위치정보의 무분별한 공개를 금지함으로써 해양사고의 증거 유출 또는 훼손이 방지되고 선박 영업활동의 비밀이 보장될 수 있을 것이다.[279)]

항해자료기록장치 등 해양수산부령으로 정하는 전자적 수단으로 선박의 항적(航跡) 등을 기록한 정보를 보유한 자는 다음 각 호의 경우를 제외하고는 선박위치정보를 공개하여서는 아니 된다.

① 선박위치정보의 보유권자가 그 보유 목적에 따라 사용하려는 경우

② 「해양사고의 조사 및 심판에 관한 법률」 제16조에 따른 조사관 등이 해양사고의 원인을 조사하기 위하여 요청하는 경우

③ 「재난 및 안전관리 기본법」 제3조 제7호에 따른 긴급구조기관이 급박한 위험에 처한 선박 또는 승선자를 구조하기 위하여 요청하는 경우

④ 6개월 이상의 기간이 지난 선박위치정보로서 해양수산부령으로 정하는 경우

직무상 선박위치정보를 알게 된 선박소유자, 선장 및 해원(海員) 등은 선박위치정보를 누설·변조·훼손하여서는 아니 된다.

1.6.7. 선박 출항통제(법 38조)

해양수산부장관은 해상에 대하여 기상특보가 발표되거나 제한된 시계 등으로 선박의 안전운항에 지장을 줄 우려가 있다고 판단할 경우에는 선박소유자나 선장에게 선박의 출항통제를 명할 수 있다. 출항통제의 기준·방법 및 절차 등에 필요한 사항은 다음과 같다.

○ 해사안전법 시행규칙 제31조 및 [별표 10]

선박출항통제의 기준 및 절차(시행규칙 제31조 관련)

1. 국제항해에 종사하지 않는 여객선 및 여객용 수면비행선박
   가. 적용선박: 「해운법」 제2조제1호의2에 따른 여객선 중 국제항해에 종사하지 않는 여객선 및 여객용 수면비행선박(이하 "내항여객선"이라 한다)
   나. 출항통제권자: 해양경찰서장
   다. 기상상태별 출항통제선박 및 통제절차

---

279) 「해사안전법(법률 제10801호, 2011. 6. 15., 전부개정)」의 개정이유.

기상상태	출항통제선박	통제절차
풍랑·폭풍해일주의보	1) 「선박안전법 시행령」 제2조제1항제3호가목에 따른 평수구역(이하 "평수구역"이라 한다) 밖을 운항하는 내항여객선. 다만, 「기상법 시행령」 제8조제1항에 따른 해상예보구역 중 앞바다(이하 이 표에서 "앞바다"라고 한다)에서 운항하는 내항여객선과 총톤수 2,000톤 이상 내항여객선에 대해서는 운항항로의 해상상태가 「해운법」 제21조에 따른 운항관리규정의 출항정지조건·운항정지조건(이하 "출항정지조건등"이라 한다)에 해당하지 않는 내항여객선에 한정하여 출항을 허용할 수 있다.	가) 「해운법」 제22조에 따른 운항관리자(이하 이 표에서 "운항관리자"라 한다)는 풍랑·폭풍해일주의보 발효 시 기상상황을 종합분석(다음 기항지 도착예정시간 내에 출항정지조건등에 해당하는 기상특보·예보의 발표 여부를 포함하여야 한다)할 것 나) 운항관리자는 해당 내항여객선의 출항정지조건등을 확인하고 선장의 의견을 들을 것 다) 운항관리자는 앞바다에서 운항하는 내항여객선 및 총톤수 2,000톤 이상 내항여객선에 대하여 종합분석된 해상상태가 출항정지조건등에는 해당하지 않아 출항을 허용하려는 경우에는 출항통제권자에게 보고할 것 라) 출항통제권자는 해상상태 및 운항관리자의 보고 등을 고려하여 해당 내항여객선의 출항 여부를 결정할 것
	2) 평수구역 안에서 운항하는 내항여객선. 다만, 운항항로의 해상상태가 해당 내항여객선의 출항정지조건등에 해당하여 안전운항에 위험이 있다고 판단될 경우에만 운항을 통제할 수 있다.	가) 운항관리자는 평수구역 안에서 운항하는 내항여객선이 출항통제선박에 해당된다고 판단되는 경우에는 출항통제권자에게 보고할 것 나) 출항통제권자는 해상상태 및 운항관리자의 보고 등을 고려하여 해당 내항여객선의 출항 여부를 결정할 것
풍랑·폭풍해일경보, 태풍주의보·경보	모든 내항여객선	출항통제권자는 해당 기상특보가 발효되면 해당 내항여객선의 출항을 통제하여야 한다.
시계제한 시 - 시정 1킬로미터 이내	모든 내항여객선(여객용 수면비행선박은 제외한다)	출항통제권자는 시계제한 시 해당 내항여객선의 출항을 통제하여야 한다.
시계제한 시 - 시정 11킬로미터 이내	여객용 수면비행선박	

※ 비고

1. 기상특보의 발표 기준은 「기상법 시행령」 제9조에 따른다.
2. "여객용 수면비행선박"이란 「해운법」 제3조제1호 또는 제2호의 내항 정기여객운송사업 또는 내항 부정기 여객운송사업에 종사하는 「선박법」 제1조의2제1항제1호에 따른 수면비행선박을 말한다.
3. "총톤수"란 선박국적증서 또는 선적증서에 기재된 톤수를 말한다.

2. 내항여객선 외의 선박

가. 적용선박: 내항여객선을 제외한 선박. 다만, 다음의 어느 하나에 해당하는 선박에 대해서는 적용하지 않는다.

1) 「수상레저안전법」에 따른 수상레저기구
2) 「낚시 관리 및 육성법」에 따른 낚시어선
3) 「유선 및 도선 사업법」에 따른 유 · 도선

나. 출항통제권자: 지방해양수산청장

다. 기상상태별 출항통제선박 및 통제절차

<table>
<tr><th colspan="2">기상상태</th><th>출항통제선박</th><th>통제절차</th></tr>
<tr><td colspan="2">풍랑·폭풍해일 주의보</td><td>1) 평수구역 밖을 운항하는 선박 중 총톤수 250톤 미만으로서 길이 35미터 미만의 국제항해에 종사하지 않는 선박
2) 국제항해에 종사하는 예부선 결합선박
3) 수면비행선박(여객용 수면비행선박은 제외한다)</td><td rowspan="5">출항통제권자는 해당 기상특보가 발효되거나 시계제한 시 출항신고 선박의 총톤수·길이·항행구역 등을 확인하여 통제대상 여부를 판단한 후 해당 선박의 출항을 통제하여야 한다.</td></tr>
<tr><td colspan="2">풍랑·폭풍해일 경보</td><td>1) 총톤수 1,000톤 미만으로서 길이 63미터 미만의 국제항해에 종사하지 않는 선박
2) 국제항해에 종사하는 예부선 결합선박</td></tr>
<tr><td colspan="2">태풍주의보 및 경보</td><td>1) 총톤수 7,000톤 미만의 국제항해에 종사하지 않는 선박
2) 국제항해에 종사하는 예부선 결합선박</td></tr>
<tr><td rowspan="2">시계제한시</td><td>시정 0.5킬로미터 이내</td><td>1) 화물을 적재한 유조선·가스운반선 또는 화학제품운반선[향도선(嚮導船)을 활용하는 경우는 제외한다]
2) 레이더 및 초단파 무선전화(VHF) 통신설비를 갖추지 않은 선박</td></tr>
<tr><td>시정 11킬로미터 이내</td><td>수면비행선박(여객용 수면비행선박은 제외한다)</td></tr>
<tr><td colspan="4">※ 비고
1. 위 표에도 불구하고 어선의 출항통제에 관한 사항은 「선박안전 조업규칙」에 따라 안전조업을 위하여 필요한 사항을 정하기 위하여 해양수산부장관이 고시한 바에 따라 기상특보 발효 시 조치사항을 적용한다.
2. 출항통제권자는 선박의 안전운항 확보, 항만의 효율적 운영 또는 재난·안전관리 등을 위하여 필요하다고 인정하는 경우에는 출항통제를 완화하거나 적용하지 않을 수 있다.
3. "총톤수" 및 "길이"란 선박국적증서 또는 선적증서에 기재된 톤수 및 길이를 말한다. 이 경우 예부선 결합선박[추진기관이 설치되어 있는 선박에 결합하여 운항하는 압항부선(押航艀船)은 제외한다]은 예선톤수만을 말한다.</td></tr>
</table>

1.6.8. 순찰 및 정선(제39조 및 제40조)

해양경찰서장은 선박 통항의 안전과 질서를 유지하기 위하여 소속 경찰공무원에게 수역등·항로 또는 보호수역을 순찰하게 하여야 한다.

해양경찰서장은 이 법 또는 이 법에 따른 명령을 위반하였거나 위반한 혐의가 있는 사람이 승선하고 있는 선박에 대하여 정선(停船)하거나 회항(回航)할 것을 명할 수 있다. 정선명령이나 회항명령은 음성·음향·수기(手旗)·발광(發光)·기류(旗旒) 신호·무선통신 등의 방법으로 그 선박에서 항해 당직을 수행하고 있는 사람에게 알려야 한다.

1.6.9. 음주 및 약물복용상태에서 조타기 조작 금지 등

1) 술에 취한 상태에서의 조타기 조작 금지(제41조)

해상교통사고는 대형의 인명사고와 해양오염으로 이어질 수 있다. 특히 술에 취한 상태에서는 사고발생 위험이 높아짐에 따라 선박을 조종하는 자는 술에 취한 상태에서 운항하여서는 아니 된다.

혈중 알코올농도 0.03퍼센트 이상으로 술에 취한 상태에 있는 사람은 「선박직원법」 제2조 제1호에[280] 따른 선박의 조타기(操舵機)를 조작하거나 조작할 것을 지시하는 행위 또는 「도선법」 제2조 제1호에 따른 도선을 하여서는 아니 된다.[281]

---

280) 「선박직원법」 제2조(정의) 이 법에서 사용하는 용어의 뜻은 다음 각 호와 같다.

1. "선박"이란 「선박안전법」 제2조제1호에 따른 선박과 「어선법」 제2조제1호에 따른 어선을 말한다. 다만, 다음 각 목의 어느 하나에 해당하는 선박은 제외한다.
   가. 총톤수 5톤 미만의 선박. 다만, 총톤수 5톤 미만의 선박이라 하더라도 다음의 어느 하나에 해당하는 선박에 대하여는 이 법을 적용한다.
      1) 여객 정원이 13명 이상인 선박
      2) 「낚시 관리 및 육성법」 제25조에 따라 낚시어선업을 하기 위하여 신고된 어선
      3) 「유선 및 도선사업법」 제3조에 따라 영업구역을 바다로 하여 면허를 받거나 신고된 유선·도선
      4) 수면비행선박
   나. 주로 노와 삿대로 운전하는 선박
   다. 그 밖에 대통령령으로 정하는 선박

– 「선박직원법 시행령」 제3조(선박의 범위) 「선박직원법」 제2조제1호다목에서 "대통령령으로 정하는 선박"이란 부선과 계류된 선박중 총톤수 500톤 미만의 선박을 말한다.

281) 「해사안전법」 제41조(술에 취한 상태에서의 조타기 조작 등 금지) ① 술에 취한 상태에 있는 사람은 운항을 하기 위하여 「선박직원법」 제2조제1호에 따른 선박[총톤수 5톤 미만의 선박과 같은 호 나목 및 다목에 해당하는 외국선박을 포함하고, 시운전선박(국내 조선소에서 건조 또는 개조하여 진수 후 인도 전까지 시운전하는 선박을 말한다) 및 이동식 시추선·수상호텔 등 「선박

해양경찰청 소속 경찰공무원은 해상교통의 안전과 위험방지 등을 위하여 조타기를 조작하거나 조작할 것을 지시하는 사람 또는 도선을 하는 사람이 술에 취하였는지 측정할 수 있으며, 해당 운항자 또는 도선사는 해양경찰청 소속 경찰공무원의 측정 요구에 따라야 한다. 다만 해양사고가 발생한 경우에는 반드시 음주측정을 하여야 한다.

〈표 4-4〉 술에 취한 상태에서의 조타기 조작시 벌칙(법 제104조의2, 제107조)

선박 분류	혈중알콜농도	벌칙	근거
총톤수 5톤 이상 (외국선박 포함)	0.2 % 이상	2년 이상 5년 이하의 징역이나 2천만 원 이상 3천만 원 이하의 벌금	제104조의 2
	0.08% 이상 0.2% 미만	1년 이상 2년 이하의 징역이나 1천만 원 이상 2천만 원 이하의 벌금	
	0.03% 이상 0.08% 미만	1년 이하의 징역이나 1천만원 이하의 벌금	
	2회 이상 술에 취한 상태 운항	2년 이상 5년 이하의 징역이나 2천만 원 이상 3천만 원 이하의 벌금	
	음주측정요구 1회 거부	3년 이하의 징역이나 3천만 원 이하의 벌금	
	음주측정요구 2회 이상 거부	2년 이상 5년 이하의 징역이나 2천만 원 이상 3천만 원 이하의 벌금	
총톤수 5톤 미만 (한국선박)	0.03% 이상	500만 원 이하의 벌금	제107조

음주측정한 결과에 불복하는 사람에 대하여는 해당 운항자 또는 도선사의 동의를 받아 혈액채취 등의 방법으로 다시 측정할 수 있다. 벌칙은 선박의 총톤수에 따라 달리 정하고 있다.

2) 약물복용 등의 상태에서 조타기 조작 등 금지(제41조의2)

해상교통의 안전을 위하여 약물·환각물질의 영향으로 인하여 정상적으로 선박의 조타기를 조작하거나 조작할 것을 지시하는 행위 등을 하지 못할 우려가 있는 상태에서 조타기를 조작하거나 조작할 것을 지시하는 행위 등을 금지하고, 이를 위반할 경우 해기사면허를 취소·정지할 수 있고, 3년 이하의 징역 또는 3천만 원 이하의 벌금에

안전법」 제2조제1호에 따라 해양수산부령으로 정하는 부유식 해상구조물은 제외한다. 이하 이 조 및 제41조의2에서 같다]에 따른 선박의 조타기(操舵機)를 조작하거나 조작할 것을 지시하는 행위 또는 「도선법」 제2조제1호에 따른 도선(이하 "도선"이라 한다)을 하여서는 아니 된다.

처하도록 하고 있다.[282]

따라서 「마약류 관리에 관한 법률」 제2조 제1호에 따른 마약류와 「화학물질관리법」 제22조 제1항에 따른 환각물질의 영향으로 인하여 정상적으로 선박의 조타기를 조작하거나 조작할 것을 지시하는 행위 또는 도선을 하여서는 아니 된다. 대상 선박은 음주의 경우와 같다.

3) 위험방지를 위한 조치(제41조의3)

해양경찰서장은 운항자 또는 도선사가 술에 취한 상태와 약물복용 등의 상태에서 조타기 조작 금지 규정을 위반한 경우에는 그 운항자 또는 도선사가 정상적으로 조타기를 조작하거나 조작할 것을 지시할 수 있는 상태가 될 때까지 조타기 조작 또는 조작 지시를 하지 못하게 명령하거나 도선을 하지 못하게 명령하는 등 필요한 조치를 취할 수 있다.

4) 해기사면허의 취소·정지 요청(제42조)

해양경찰청장은 「선박직원법」 제4조에 따른 해기사면허를 받은 자가 다음 중 어느 하나에 해당하는 경우 해양수산부장관에게 해당 해기사면허를 취소하거나 1년의 범위에서 해기사면허의 효력을 정지할 것을 요청할 수 있다.

① 제41조 제1항을 위반하여 술에 취한 상태에서 운항을 하기 위하여 조타기를 조작하거나 그 조작을 지시한 경우

② 제41조 제2항 제2호를 위반하여 술에 취한 상태에서 조타기를 조작하거나 조작할 것을 지시하였다고 인정할 만한 상당한 이유가 있음에도 불구하고 해양경찰청 소속 경찰공무원의 측정요구에 따르지 아니한 경우

③ 제41조의2를 위반하여 약물·환각물질의 영향으로 인하여 정상적으로 조타기를 조작하거나 그 조작을 지시하지 못할 우려가 있는 상태에서 조타기를 조작하거나 그 조작을 지시한 경우

1.6.10. 해양사고가 발생한 경우의 조치(제43조)

해양사고의 발생 후 대응조치와 관련된 법률로는 「해양사고의 조사 및 심판에 관한 법률」에서 준해양사고 통보,[283] 「수상에서의 수색·구조 등에 관한 법률」에서 조난사

---

282) 「해사안전법」(법률 제11197호, 2012. 1. 17., 일부개정) 개정 이유.

고 신고,[284] 「재난 및 안전관리 기본법」에는 재난을 신고하도록[285] 규정하고 있으나 이러한 법령은 기본적으로 국가기관이 사고를 처리하기 위하여 사고를 인지하기 위한 규정이다. 따라서 사고를 겪거나 인지한 자에게 관계 관청에 통보 또는 신고하는 역할만 부여하고 있다.[286]

---

283) 해양사고심판법 제31조의2(준해양사고의 통보) ① 선박소유자 또는 선박운항자는 해양사고를 방지하기 위하여 선박(「어선법」 제2조제1호에 따른 어선은 제외한다. 이하 이 조에서 같다)의 운용과 관련하여 발생한 준해양사고를 해양수산부령으로 정하는 바에 따라 중앙수석조사관에게 통보하여야 한다.

② 중앙수석조사관은 제1항에 따라 통보받은 내용을 분석하여 선박과 사람의 안전 및 해양환경 등에 위해를 끼칠 수 있는 사항이 포함되어 있는 경우에는 선박소유자 등 관계인에게 그 내용을 알려야 한다.

③ 중앙수석조사관은 제1항에 따라 준해양사고를 통보한 자의 의사에 반하여 통보자의 신분을 공개하여서는 아니 된다.

284) 「수상구조법」 제15조(조난사실의 신고 등) ① 수상에서 조난사고가 발생한 때에는 다음 각 호의 어느 하나에 해당하는 자는 즉시 가까운 구조본부의 장이나 소방관서의 장에게 조난사실을 신고하여야 한다.

1. 조난된 선박등의 선장·기장 또는 소유자
2. 수상에서 조난사실을 발견한 자
3. 조난된 선박등으로부터 조난신호나 조난통신을 수신한 자
4. 조난사고 원인을 제공한 선박의 선장 및 승무원

② 선박 등의 소재가 불명하고 통신이 두절되어 실종의 위험이 있다고 인정되는 경우에는 그 선박등의 소유자·운항자 또는 관리자는 지체 없이 그 사실을 구조본부의 장이나 소방관서의 장에게 신고하여야 한다.

③ 제1항 및 제2항에 따라 조난사실을 신고받거나 인지한 구조본부의 장 또는 소방관서의 장은 그 사실을 지체 없이 조난지역을 관할하는 구조본부의 장이나 소방관서의 장에게 통보하여야 한다.

285) 「재난안전법」 19조(재난 신고 등) ① 누구든지 재난의 발생이나 재난이 발생할 징후를 발견하였을 때에는 즉시 그 사실을 시장·군수·구청장·긴급구조기관, 그 밖의 관계 행정기관에 신고하여야 한다.

② 제1항에 따른 신고를 받은 시장·군수·구청장과 그 밖의 관계 행정기관의 장은 관할 긴급구조기관의 장에게, 긴급구조기관의 장은 그 소재지 관할 시장·군수·구청장 및 재난관리주관기관의 장에게 통보하여 응급대처방안을 마련할 수 있도록 조치하여야 한다.

286) 「수상구조법」 제15조(조난사실의 신고 등) ① 수상에서 조난사고가 발생한 때에는 다음 각 호의 어느 하나에 해당하는 자는 즉시 가까운 구조본부의 장이나 소방관서의 장에게 조난사실을 신고하여야 한다.

1. 조난된 선박등의 선장·기장 또는 소유자
2. 수상에서 조난사실을 발견한 자
3. 조난된 선박등으로부터 조난신호나 조난통신을 수신한 자
4. 조난사고 원인을 제공한 선박의 선장 및 승무원

② 선박등의 소재가 불명하고 통신이 두절되어 실종의 위험이 있다고 인정되는 경우에는 그 선박등의 소유자·운항자 또는 관리자는 지체 없이 그 사실을 구조본부의 장이나 소방관서의 장에게 신고하여야 한다.

이와 달리 사고와 관련된 선장이나 선박소유자에게 사고를 신고해야 할 뿐만 아니라 처리하는 역할을 함께 부여하고 있는 법률로는 「해사안전법」, 「선박입출항법」, 「해양환경관리법」이 있다.

「해사안전법」에서는 사고를 당한 자가 ① 자선에 발생한 위험이나 다른 선박의 항행 안전에 미치는 위험을 방지하기 위해 필요한 조치를 신속하게 취하여야 하고, ② 해양경찰서장이나 지방해양수산청장에게 사고 사실과 조치한 내용을 신고하여야 한다. ③ 신고를 받은 자가 지방해양수산청장인 경우에는 해양경찰서장에게 지체 없이 통보하여야 하는데 해양경찰서장이 수색구조업무를 담당하고 있기 때문이다. 해양경찰서장은 ① 사고 선박의 선장이나 선박소유자에게 연락하여 사고 사실과 조치한 내용을 확인하고, ② 조치내용이 미흡한 경우에는 필요한 조치를 명한다. ③ 필요하다면 구역을 정하여 다른 선박의 사용을 금지시킬 수 있다.

「선박입출항법」 제39조에는 해양사고 등을 당한 자가 ① 다른 선박의 항행이나 무역항의 안전을 위해 위험을 알리는 항로표지를 설치하는 등 필요한 조치를 해야 하며, ② 직접 하기 곤란한 상황이면 지방해양수산청장 또는 시·도지사에게 항로표지 등의 설치를 요청할 수 있도록 하고 있다.[287)]

「선박입출항법」은 무역항의 수상구역 등에 적용되며, 「해사안전법」은 대한민국의 영해, 내수에 있는 선박에 적용되므로 무역항의 수상구역 등에 있는 선박에도 「선박입출항법」에서 달리 정하고 있지 않은 사안에 대해서는 「해사안전법」이 보충적으로 적용된다. 따라서 「선박입출항법」에 사고 신고에 관한 규정이 없다하더라도 「해사안전법」에 따라 신고하여야 한다. 이는 특별법에서 규정하고 있지 않은 사항을 일반법에

---

③ 제1항 및 제2항에 따라 조난사실을 신고받거나 인지한 구조본부의 장 또는 소방관서의 장은 그 사실을 지체 없이 조난지역을 관할하는 구조본부의 장이나 소방관서의 장에게 통보하여야 한다.

287) 「선박입출항법」 제39조(해양사고 등이 발생한 경우의 조치) ① 무역항의 수상구역 등이나 무역항의 수상구역 부근에서 해양사고·화재 등의 재난으로 인하여 다른 선박의 항행이나 무역항의 안전을 해칠 우려가 있는 조난선(遭難船)의 선장은 즉시 「항로표지법」 제2조제1호에 따른 항로표지를 설치하는 등 필요한 조치를 하여야 한다.

② 제1항에 따른 조난선의 선장이 같은 항에 따른 조치를 할 수 없을 때에는 해양수산부령으로 정하는 바에 따라 해양수산부장관에게 필요한 조치를 요청할 수 있다.

③ 해양수산부장관이 제2항에 따른 조치를 하였을 때에는 그 선박의 소유자 또는 임차인은 그 조치에 들어간 비용을 해양수산부장관에게 납부하여야 한다.

④ 해양수산부장관은 선박의 소유자 또는 임차인이 제3항에 따른 조치 비용을 납부하지 아니할 경우 국세 체납처분의 예에 따라 이를 징수할 수 있다.

⑤ 제3항에 따른 비용의 산정방법 및 납부절차는 해양수산부령으로 정한다.

서 끌어 사용한 경우이다.

1) 선장 또는 선박소유자의 조치 및 해양사고 발생 신고

선장이나 선박소유자는 해양사고가 일어나 선박이 위험하게 되거나 다른 선박의 항행안전에 위험을 줄 우려가 있는 경우에는 위험을 방지하기 위하여 신속하게 필요한 조치를 취하고, 해양사고의 발생 사실과 조치 사실을 지체 없이 해양경찰서장이나 지방해양수산청장에게 신고하여야 한다

지방해양수산청장은 해양사고의 신고를 받으면 지체 없이 그 사실을 해양경찰서장에게 통보하여야 한다.

2) 선장 또는 선박소유자의 해양사고 신고 절차(시행규칙 제32조)

선장 또는 선박소유자는 해양사고가 발생한 경우에는 ① 해양사고의 발생일시 및 발생장소, ② 선박의 명세, ③ 사고 개요 및 피해상황, ④ 조치사항, ⑤ 그 밖에 해양사고의 처리 및 항행안전을 위하여 해양수산부장관이 필요하다고 인정하는 사항을 관할 해양경찰서장 또는 지방해양수산청장에게 신고하여야 한다. 다만, 외국에서 발생한 해양사고의 경우에는 선적항 소재지의 관할관청에 신고하여야 한다.

선장 또는 선박소유자는 해양사고를 신고한 후에 해당 해양사고에 대하여 추가로 조치한 사항이 있는 경우에는 지체 없이 관할관청에 알려야 한다.

3) 해양경찰서장의 조치

해양경찰서장은 선장이나 선박소유자가 신고한 조치 사실을 적절한 수단을 사용하여 확인하고, 조치를 취하지 아니하였거나 취한 조치가 적당하지 아니하다고 인정하는 경우에는 그 선박의 선장이나 선박소유자에게 해양사고를 신속하게 수습하고 해상교통의 안전을 확보하기 위하여 필요한 조치를 하도록 명하여야 한다.

또한 해양경찰서장은 해양사고가 일어나 선박이 위험하게 되거나 다른 선박의 항행안전에 위험을 줄 우려가 있는 경우 필요하면 구역을 정하여 다른 선박에 대하여 선박의 이동·항행 제한 또는 조업중지를 명할 수 있다. 「수상구조법」에서도 이와 유사하게 선박의 이동 및 대피 명령을 두고 있다.[288]

---

288) 「수상구조법」 제10조(선박의 이동 및 대피 명령) 구조본부의 장은 다음 각 호의 어느 하나에 해당하는 선박의 경우에는 해양수산부령으로 정하는 바에 따라 해당 선박의 이동 및 대피를 명할 수 있다. 다만, 외국선박에 대한 이동 및 대피명령은 「영해 및 접속수역법」 제1조 및 제3조에 따른 영해 및 내수(「내수면어업법」 제2조제1호에 따른 내수면은 제외한다)에서만 실시한다.

1.6.11. 항행보조시설의 설치 및 관리(제44조)

해양수산부장관은 선박의 항행안전에 필요한 항로표지·신호·조명 등 항행보조시설을 설치하고 관리·운영하여야 한다.

해양경찰청장, 지방자치단체의 장 또는 운항자는 ① 선박교통량이 아주 많은 수역, ② 항행상 위험한 수역에 「항로표지법」 제2조 제1호에[289] 따른 항로표지를 설치할 필요가 있다고 인정하면 해양수산부장관에게 그 설치를 요청할 수 있다.

1.7. 선박 및 사업장의 안전관리(제45조~제54조)

국제해사기구에서 선박의 안전운항을 위하여 육상의 사업장에도 일정한 안전관리체제를 갖추어 선박을 지원할 수 있도록 규정한 국제안전관리규약(ISM Code)을 채택함에 따라 그 내용을 「해사안전법」에 수용하였다. 이에 따라 「해사안전법」의 목적에 '이 법은 선박의 안전운항을 위한 안전관리체제를 확립하고'라는 문구가 추가되었다.

해상에 대한 육상의 지원을 원활하기 위한 목적에 따라 이 법 제45조에서 '누구든지 선박의 안전을 위한 선장의 전문적인 판단을 방해하거나 간섭하여서는 아니 된다.'는 규정을 두고 있다.

1.7.1. 선박의 안전관리체제

해양수산부장관은 선박을 운항하는 선박소유자가 그 선박과 사업장에 대하여 선박의 안전운항 등을 위한 안전관리체제를 수립하고 시행하는 데 필요한 시책을 강구하여야 한다. 이에 따라 11가지 기준을 정하고 있다.

1) 대상선박

해저자원을 채취·탐사 또는 발굴하는 작업에 종사하는 이동식 해상구조물을 포함하여 다음 선박을 운항하는 선박소유자는 안전관리체제를 수립하고 시행하여야 한다. 다만, 「해운법」 제21조에 따른 '운항관리규정'을 작성하여 해양수산부장관으로부터

---

1. 태풍, 풍랑 등 해상기상의 악화로 조난이 우려되는 선박
2. 선박구난현장에서 구난작업에 방해가 되는 선박

289) 항로표지법 제2조(정의) 1. "항로표지"란 항행하는 선박에 대하여 등광(燈光)·형상(形象)·색채·음향·전파 등을 수단으로 선박의 위치·방향 및 장애물의 위치 등을 알려주는 항행보조시설로서 광파(光波)표지, 형상표지, 음파표지, 전파표지 및 특수신호표지 등 해양수산부령으로 정하는 것을 말한다.

심사를 받고 시행하는 경우에는 안전관리체제를 수립하여 시행하는 것으로 본다.

① 「해운법」 제3조에 따른 해상여객운송사업에 종사하는 선박

② 「해운법」 제23조에 따른 해상화물운송사업에 종사하는 선박으로서 총톤수 500톤 이상의 선박(기선(機船)과 밀착된 상태로 결합된 부선(艀船)을 포함한다)

③ 국제항해에 종사하는 총톤수 500톤 이상의 어획물운반선과 이동식 해상구조물

④ 수면비행선박

⑤ 그 밖에 대통령령으로[290] 정하는 선박으로서 국제항해에 종사하는 총톤수 500톤 이상의 준설선(浚渫船) 등이 포함된다.

2) 안전관리체제의 내용

안전관리체제에 포함되어야 하는 내용은 크게 나누어 아래와 같이 11가지이며, 해양사고가 발생했을 때 비상대응과 같은 내용도 포함되어야 한다. 준설선 등 해양수산부령으로 정하는 선박에 대해서는 일부를 포함시키지 아니할 수 있다.

① 해상에서의 안전과 환경 보호에 관한 기본방침

② 선박소유자의 책임과 권한에 관한 사항

③ 안전관리책임자와 안전관리자의 임무에 관한 사항

④ 선장의 책임과 권한에 관한 사항

⑤ 인력의 배치와 운영에 관한 사항

⑥ 선박의 안전관리체제 수립에 관한 사항

⑦ 선박충돌사고 등 발생 시 비상대책의 수립에 관한 사항

---

290) 「해사안전법 시행령」 제15조(안전관리체제를 수립·시행해야 하는 선박) ① 법 제46조제2항제5호에서 "대통령령으로 정하는 선박"이란 다음 각 호의 어느 하나에 해당하는 선박을 말한다.

1. 「해운법」 제23조에 따른 해상화물운송사업에 종사하는 선박으로서 총톤수 100톤 이상 500톤 미만의 유류·가스류 및 화학제품류를 운송하는 선박(기선과 밀착된 상태로 결합된 부선을 포함한다)
2. 「선박안전법 시행령」 제2조제1항제3호가목 본문에 따른 평수(平水)구역 밖을 운항하는 선박으로서 다음 각 목의 어느 하나에 해당하는 부선이나 구조물을 끌거나 미는 선박
   가. 총톤수가 2천 톤 이상이거나 길이가 100미터 이상인 부선
   나. 길이가 100미터 이상인 구조물
   다. 각각의 부선의 총톤수의 합이 2천톤 이상인 2척 이상의 부선
   라. 밀리거나 끌리는 각각의 구조물의 길이의 합이 100미터 이상인 2개 이상의 구조물
   마. 밀리거나 끌리는 부선이나 구조물의 길이의 합이 100미터 이상인 부선과 구조물
3. 국제항해에 종사하는 총톤수 500톤 이상의 준설선(浚渫船)

② 삭제 〈2019. 6. 18.〉

⑧ 사고, 위험 상황 및 안전관리체제의 결함에 관한 보고와 분석에 관한 사항
⑨ 선박의 정비에 관한 사항
⑩ 안전관리체제와 관련된 지침서 등 문서 및 자료 관리에 관한 사항
⑪ 안전관리체제에 대한 선박소유자의 확인·검토 및 평가에 관한 사항

안전관리체제를 수립·시행하여야 하는 선박소유자는 안전관리체제의 시행을 위하여 안전관리책임자와 안전관리자를 두어야 한다. 안전관리책임자와 안전관리자의 자격 기준·인원 등 필요한 사항은 대통령령으로 정한다.

3) 인증심사

선박소유자는 안전관리체제를 수립·시행하여야 하는 선박이나 사업장에 대하여 다음 각 호의 구분에 따라 해양수산부장관으로부터 안전관리체제에 대한 인증심사를 받아야 한다.

① 최초인증심사 : 안전관리체제의 수립·시행에 관한 사항을 확인하기 위하여 처음으로 하는 심사
② 갱신인증심사 : 선박안전관리증서 또는 안전관리적합증서의 유효기간이 끝난 때에 하는 심사
③ 중간인증심사 : 최초인증심사와 갱신인증심사 사이 또는 갱신인증심사와 갱신인증심사 사이에 해양수산부령으로 정하는 시기에 행하는 심사
④ 임시인증심사 : 최초인증심사를 받기 전에 임시로 선박을 운항하기 위하여 다음 각 목의 어느 하나에 대하여 하는 심사
가. 새로운 종류의 선박을 추가하거나 신설한 사업장
나. 개조 등으로 선종이 변경되거나 신규로 도입한 선박
⑤ 수시인증심사 : 최초, 갱신, 중간, 임시 인증심사 외에 선박의 해양사고 및 외국항에서의 항행정지 예방 등을 위하여 해양수산부령으로 정하는 경우에 사업장 또는 선박에 대하여 하는 심사

4) 인증심사 불합격 선박의 항행 금지

선박소유자는 인증심사에 합격하지 아니한 선박을 항행에 사용하여서는 아니 된다. 다만, 천재지변 등으로 인하여 인증심사를 받을 수 없다고 인정되는 등 해양수산부령으로 정하는 다음의 경우에는 그러하지 아니하다.

① 「선박안전법」 제8조부터 제12조까지의 규정에 따른 선박의 검사를 받기 위하여 해당 항만 또는 인근해역에서 시운전을 하는 경우(수면비행선박은 제외한다)
② 「선박안전법」 제18조 제1항에 따른 선박의 형식승인을 얻기 위하여 해당 항만 또는 인근해역에서 시운전을 하는 경우(수면비행선박은 제외한다)
③ 국제항해에 종사하지 아니하는 선박의 수리를 위하여 국제항해를 왕복하는 경우. 이 경우 왕복 횟수는 1회만 해당한다.
④ 외국으로부터 선박을 구입하여 국내(국내항으로 입항 전 수리·검사 등을 위하여 외국항으로 항해하는 경우를 포함한다)로 국제항해를 하는 경우
⑤ 그 밖에 천재지변 및 불가항력 등 해양수산부장관이 정하여 고시하는 불가피한 사유로 인하여 인증심사를 받을 수 없는 경우

5) 선박안전관리증서 등의 발급 등

해양수산부장관은 선박소유자가 인증심사에 합격한 경우 선박에 대하여는 선박안전관리증서를, 사업장에 대하여는안전관리적합증서를 각각 교부하고, 선박안전관리증서와 안전관리적합증서의 유효기간은 각각 5년이다. 그리고 사업장에는 안전관리적합증서의 원본을 비치하여야 하며, 선박에는 안전관리적합증서의 사본과 선박안전관리증서의 원본을 비치하여야 한다.

6) 증서의 발급 및 비치

해양수산부장관은 최초인증심사나 갱신인증심사에 합격하면 그 선박에 대하여는 선박안전관리증서를 내주고, 그 사업장에 대하여는 안전관리적합증서를 내주어야 한다. 또한 임시인증심사에 합격하면 그 선박에 대하여는 임시선박안전관리증서를 내주고, 그 사업장에 대하여는 임시안전관리적합증서를 내주어야 한다.

선박소유자는 그 선박에는 선박안전관리증서나 임시선박안전관리증서의 원본과 안전관리적합증서나 임시안전관리적합증서의 사본을 갖추어 두어야 하며, 그 사업장에는 안전관리적합증서나 임시안전관리적합증서의 원본을 갖추어 두어야 한다.

7) 안전관리대행업자의 위탁

안전관리체제를 수립·시행하여야 하는 선박소유자는 제51조에 따른 안전관리대행업자에게 이를 위탁할 수 있다. 이 경우 선박소유자는 그 사실을 10일 이내에 해양수산부장관에게 알려야 한다.

8) 증서의 유효기간

선박안전관리증서와 안전관리적합증서의 유효기간은 각각 5년이고, 임시안전관리적합증서의 유효기간은 1년, 임시선박안전관리증서의 유효기간은 6개월이다.

선박안전관리증서는 5개월의 범위에서, 임시선박안전관리증서는 6개월의 범위에서 해양수산부령으로 정하는 바에 따라 각각 한 차례만 유효기간을 연장할 수 있다.

9) 증서의 유효기간 기산 방법

선박안전관리증서 및 안전관리적합증서의 유효기간 기산은 다음 각 호의 구분에 따른다. 다만, 임시선박안전관리증서 및 임시안전관리적합증서의 경우에는 해당 인증심사의 완료일로 한다.

① 최초인증심사를 받은 경우 : 해당 인증심사의 완료일

② 유효기간 만료일 전 3개월 이내에 갱신인증심사를 받은 경우 : 유효기간 만료일의 다음 날

③ 유효기간 만료일 3개월 전에 갱신인증심사를 받은 경우 : 해당 인증심사의 완료일

10) 증서의 효력 정지

해양수산부장관은 선박소유자가 중간인증심사 또는 수시인증심사에 합격하지 못하면 그 인증심사에 합격할 때까지 해당 안전관리적합증서 또는 선박안전관리증서의 효력을 정지하여야 한다.

안전관리적합증서의 효력이 정지된 경우에는 해당 사업장에 속한 모든 선박의 선박안전관리증서의 효력도 정지된다.

11) 이의신청

인증심사에 불복하는 자는 심사결과를 통지받은 날부터 30일 이내에 그 사유를 적어 해양수산부장관이 정하는 바에 따라 이의신청을 할 수 있다.

인증심사에 관하여 이의가 있는 자는 이의신청 여부와 관계없이 「행정심판법」에 따른 행정심판청구 또는 「행정소송법」에 따른 행정소송을 제기할 수 있다.

1.8. 선박 점검 및 사업장 안전관리(제55조~제60조)

선박의 안전관리 상태를 현장에서 직접 확인하기 위한 제도로는 외국선박에 대한 항만국통제제도(PSC: Port State Control)와 국적선박에 대한 선박점검제도(FSC: Flag State Control)가 대표적이며, 안전관리를 독려하기 위하여 선박 안전도정보를 공표하거나 개선명령 등의 규정을 두고 있다.

1.8.1. 외국선박 통제(제55조)

항만국통제(PSC)는 선박이 기항하는 국가인 항만국(Port State)에서 자국의 관할권 내로 입항하는 외국적 선박에 대하여 해당 선박이 국제협약의 기준에 따른 시설과 운항능력을 확보하고 있는지를 점검함으로써 선원 및 선박의 안전과 해양환경 보호를 목적으로 하는 제도이다.

1997. 12. 17일 일부 개정된 「선박안전법」에서 처음으로 항만국통제에 관한 근거가 신설됨에 따라 해사법규에서 항만국통제라는 용어가 일반적으로 사용된다. 「해사안전법」에 있는 '외국선박 통제' 또한 항만국통제와 같은 용어이다. 항만국통제는 통제를 시행하는 주체를 기준으로, 외국선박통제는 통제대상을 기준으로 하고 있으며 다른 용어지만 같은 뜻이다.

「선박안전법」 제68조에서 항만국통제를 '외국선박의 구조·설비·화물운송방법 및 선원의 선박운항지식 등이 대통령령으로 정하는 선박안전에 관한 국제협약에 적합한지 여부를 확인하고 그에 필요한 조치'를 하는 것으로 정의하고 있다.[291)]

---

291) 「선박안전법」 제68조(항만국통제) ① 해양수산부장관은 외국선박의 구조·설비·화물운송방법 및 선원의 선박운항지식 등이 대통령령으로 정하는 선박안전에 관한 국제협약에 적합한지 여부를 확인하고 그에 필요한 조치(이하 "항만국통제"라 한다)를 할 수 있다.
② 해양수산부장관은 제1항의 규정에 따른 항만국통제를 하는 경우 소속 공무원으로 하여금 대한민국의 항만에 입항하거나 입항예정인 외국선박에 직접 승선하여 행하게 할 수 있다. 이 경우 당해 선박의 항해가 부당하게 지체되지 아니하도록 하여야 한다.
③ 해양수산부장관은 제1항에 따른 항만국통제의 결과 외국선박의 구조·설비·화물운송방법 및 선원의 선박운항지식 등이 제1항에 따른 국제협약의 기준에 미달되는 것으로 인정되는 때에는 해당선박에 대하여 수리 등 필요한 시정조치를 명할 수 있다.
④ 해양수산부장관은 제1항에 따른 항만국통제 결과 선박의 구조·설비·화물운송방법 및 선원의 선박운항지식 등과 관련된 결함으로 인하여 해당 선박 및 승선자에게 현저한 위험을 초래할 우려가 있다고 판단되는 때에는 출항정지를 명할 수 있다.
⑤ 외국선박의 소유자는 제3항 및 제4항에 따른 시정조치명령 또는 출항정지명령에 불복하는 경우에는 해당명령을 받은 날부터 90일 이내에 그 불복사유를 기재하여 해양수산부장관에게 이의신청을 할 수 있다.

점검기준이 되는 선박안전에 관한 국제협약은 「선박안전법 시행령」 제16조에서 ① 해상에서의 인명안전을 위한 국제협약, ② 만재흘수선에 관한 국제협약, ③ 국제 해상충돌 예방규칙 협약, ④ 선박톤수 측정에 관한 국제협약, ⑤ 상선의 최저기준에 관한 국제협약, ⑥ 선박으로부터의 오염방지를 위한 국제협약, ⑦ 선원의 훈련·자격증명 및 당직근무에 관한 국제협약으로 정하고 있다.[292)]

해양수산부장관은 대한민국의 영해에 있는 외국선박 중 대한민국의 항만에 입항하였거나 입항할 예정인 선박에 대하여 항만국통제를 실시할 수 있다. 이에 따른 확인 결과 외국선박의 안전관리체제, 선박의 구조·시설, 선원의 선박운항지식 등이 국제협약의 기준에 미치지 못하는 경우로서, 해당 선박의 크기·종류·상태 및 항행기간을 고려할 때 항행을 계속하는 것이 인명이나 재산에 위험을 불러일으키거나 해양환경보전에 장해를 미칠 우려가 있다고 인정되는 경우에는 그 선박에 대하여 항행정지(Detention)를 명하는 등 필요한 조치를 할 수 있다.

해양수산부장관은 위험과 장해가 없어졌다고 인정할 때에는 지체 없이 해당 선박에 대한 조치를 해제하여야 한다.

---

⑥ 제5항의 규정에 따라 이의신청을 받은 해양수산부장관은 소속 공무원으로 하여금 당해 시정조치명령 또는 출항정지명령의 위법·부당 여부를 직접 조사하게 하고 그 결과를 신청인에게 60일 이내에 통보하여야 한다. 다만, 부득이한 사정이 있는 때에는 30일 이내의 범위에서 통보시한을 연장할 수 있다.

⑦ 시정조치명령 또는 출항정지명령에 대하여 불복이 있는 자는 제5항 및 제6항의 규정에 따른 이의신청의 절차를 거치지 아니하고는 행정소송을 제기할 수 없다. 다만, 「행정소송법」 제18조 제2항 및 제3항의 규정에 해당되는 경우에는 그러하지 아니하다.

⑧ 제3항 내지 제7항의 규정에 따른 외국선박에 대한 조치 및 이의신청 등에 관하여 필요한 사항은 대통령령으로 정한다.

292) 「선박안전법 시행령」 제16조(항만국통제의 시행) ① 법 제68조제1항에서 "대통령령으로 정하는 선박안전에 관한 국제협약"이란 다음 각 호의 협약을 말한다.

1. 「해상에서의 인명안전을 위한 국제협약」
2. 「만재흘수선에 관한 국제협약」
3. 「국제 해상충돌 예방규칙 협약」
4. 「선박톤수 측정에 관한 국제협약」
5. 「상선의 최저기준에 관한 국제협약」
6. 「선박으로부터의 오염방지를 위한 국제협약」
7. 「선원의 훈련·자격증명 및 당직근무에 관한 국제협약」

② 제1항제5호의 「상선의 최저기준에 관한 국제협약」을 적용할 때 1994년 3월 31일 이전에 용골(龍骨)이 거치된 선박에 대하여는 같은 협약의 적용으로 인하여 선박의 구조 또는 거주설비의 변경이 초래되지 아니하는 범위에서 항만국통제를 실시한다.

1.8.2. 선박 점검 등(제56조)

해양수산부장관은 대한민국선박이 외국 정부의 선박통제에 따라 항행정지 처분을 받은 경우에는 그 선박의 사업장에 대하여 안전관리체제의 적합성 여부를 점검하거나 그 선박이 국내항에 입항할 경우 해양수산부령으로 정하는 바에 따라 관련되는 선박의 안전관리체제, 선박의 구조·시설, 선원의 선박운항지식 등에 대하여 점검을 할 수 있다. 다만, 외국 정부에서 확인을 요청하는 경우 등 필요한 경우에는 외국에서 점검을 할 수 있다.

해양수산부장관은 외국 정부의 선박통제에 따른 항행정지를 예방하기 위한 조치가 필요하다고 인정하는 경우 해양수산부령으로 정하는 바에 따라 관련되는 선박에 대하여 특별점검을 할 수 있다. 특별점검의 결과 선박의 안전 확보를 위하여 필요하다고 인정하면 그 선박의 소유자 또는 해당 사업장에 대하여 해양수산부령으로[293] 정하는 바에 따라 시정·보완 또는 항행정지를 명할 수 있다.

1.8.3. 선박안전도정보의 공표(제57조)

해양수산부장관은 국민의 선박 이용의 안전을 도모하기 위하여 다음 각 호에서 정하는 선박의 해양사고 발생 건수, 관계 법령이나 국제협약에서 정한 선박의 안전에 관한 기준의 준수 여부 및 그 선박의 소유자·운항자 또는 안전관리대행자 등에 대한 정보를 공표할 수 있다. 다만, 대통령령으로 정하는[294] 중대한 해양사고가 발생한 선박에 대하여는 사고개요, 해당 선박의 명세 및 소유자 등 해양수산부령으로[295] 정하

---

293) 「해사안전법 시행규칙」 제50조(선박 점검 등) ① 지방해양수산청장은 법 제56조제1항 및 제2항에 따라 점검(이하 "기국통제"라 한다)하려는 경우에는 그 점검대상, 점검시기 및 점검방법 등을 선박소유자에게 알려야 한다.
② 지방해양수산청장은 법 제56조제3항에 따른 시정·보완 또는 항행정지를 명하는 경우에는 해당 선박의 선장에게 별지 제26호서식의 기국통제점검보고서를 발급하여야 한다. 이 경우 해당 서류에는 법 제60조제1항에 따른 이의신청에 대한 안내문이 포함되어야 한다

294) 「해사안전법 시행령」 제19조의2(선박안전도정보의 공표) 법 제57조제1항 각 호 외의 부분 단서에서 "대통령령으로 정하는 중대한 해양사고가 발생한 선박"이란 선박의 구조·설비 또는 운용과 관련하여 다음 각 호의 어느 하나에 해당하는 해양사고가 발생한 선박을 말한다.
1. 사람이 사망하거나 실종된 사고
2. 선박이 충돌·좌초·전복(顚覆)·침몰 등으로 멸실되거나 감항능력(堪航能力)을 상실하여 선박에 대한 수난구호 또는 예인(曳引)작업이 이루어진 사고
3. 다음 각 목의 구분에 따른 유류(油類) 또는 기름이 유출된 사고
가. 「유류오염손해배상 보장법」 제2조제5호에 따른 유류: 30킬로리터 이상
나. 법 제14조제1항제1호에 따른 기름(가목에 따른 유류는 제외한다): 100킬로리터 이상

는 정보를 공표하여야 한다.

① 「해운법」 제3조에 따른 해상여객운송사업에 종사하는 선박으로서 해양수산부령으로 정하는 선박

② 「해운법」 제23조에 따른 해상화물운송사업에 종사하는 선박으로서 해양수산부령으로 정하는 선박

③ 대한민국의 항만에 기항(寄港)하는 외국선박으로서 해양수산부령으로 정하는 선박

④ 그 밖에 국제해사기구 등 해사안전과 관련된 국제기구의 요청 등에 따라 해당 선박의 안전도에 대한 정보를 제공할 필요가 있다고 해양수산부장관이 인정하는 선박

1.8.4. 지도·감독(제58조)

해양수산부장관은 해양사고가 발생할 우려가 있거나 해사안전관리의 적정한 시행 여부를 확인하기 위하여 필요한 경우 등 해양수산부령으로 정하는 경우에는 해사안전감독관으로 하여금 정기 또는 수시로 다음 각 호의 조치를 하게 할 수 있다. 다만,

---

295) 「해사안전법 시행규칙」 제51조(선박안전도정보의 공표 등) ① 법 제57조제1항제1호부터 제3호까지의 규정에서 "해양수산부령으로 정하는 선박"이란 다음 각 호의 어느 하나에 해당하는 선박을 말한다.

1. 해양사고를 야기한 선박
2. 법 제55조제2항에 따라 항행정지명령 등 필요한 조치를 받은 외국선박
3. 법 제56조제1항에 따른 외국정부의 항행정지 처분을 받은 선박

② 법 제57조제1항에 따라 해양수산부장관이 공표하는 선박안전도정보에는 다음 각 호의 사항이 포함되어야 한다. 이 경우 그 공표는 인터넷 홈페이지 또는 일간신문 등에 게재하는 방법에 따른다.

1. 해당 선박의 명세: 선박명, 총톤수, 선박번호, 국제해사기구번호
2. 해당 선박의 해양사고 발생건수 및 사고개요
3. 해당 선박의 안전기준 준수 여부 및 위반 실적
4. 선박소유자, 선박운항자, 안전진단대행업자 및 안전관리대행업자의 성명(상호)

③ 해양수산부장관은 선박의 안전을 도모하기 위하여 필요하다고 인정하는 경우에는 제2항에 따른 공표사항을 다음 각 호의 단체에 알릴 수 있다.

1. 「선박안전법」 제14조제4항·제60조제2항·제64조제1항 및 제65조제1항에 따른 두께측정지정업체·선급법인·컨테이너검정등대행기관 및 위험물검사등대행기관
2. 「한국해운조합법」에 따른 한국해운조합 또는 「민법」 제32조에 따라 설립된 한국선주협회
3. 「선주상호보험조합법」에 따른 한국선주상호보험조합 또는 「민법」 제32조에 따라 설립된 손해보험협회
4. 「한국해양교통안전공단법」에 따른 한국해양교통안전공단

「수상레저안전법」에 따른 수상레저기구와 선착장 등 수상레저시설, 「유선 및 도선 사업법」에 따른 유·도선, 유·도선장에 대해서는 그러하지 아니하다.

① 선장, 선박소유자, 안전진단대행업자, 안전관리대행업자, 그 밖의 관계인에게 출석 또는 진술을 하게 하는 것

② 선박이나 사업장에 출입하여 관계 서류를 검사하게 하거나 선박이나 사업장의 해사안전관리 상태를 확인·조사 또는 점검하게 하는 것

③ 선장, 선박소유자, 안전진단대행업자, 안전관리대행업자, 그 밖의 관계인에게 관계 서류를 제출하게 하거나 그 밖에 해사안전관리에 관한 업무를 보고하게 하는 것

지도·감독 업무를 수행하기 위하여 해양수산부에 해사안전감독관을 둔다. 다만, 제99조(권한의 위임·위탁) 제1항의 위임 규정에 따라 해양수산부장관의 지도·감독 권한의 일부를 위임하는 경우에는 그 권한을 위임받은 기관의 장이 소속된 기관에 해사안전감독관을 둔다.

지도·감독을 실시하려는 해사안전감독관은 지도·감독 실시일 7일 전까지 지도·감독의 목적, 내용, 날짜 및 시간 등을 서면으로 해당 지도·감독의 대상이 되는 자에게 알려야 한다. 다만, 긴급한 경우 또는 사전에 지도·감독의 실시를 알리면 증거 인멸 등으로 해당 지도·감독의 목적을 달성할 수 없다고 인정되는 경우에는 그러하지 아니할 수 있다.

지도·감독을 실시하는 해사안전감독관은 그 권한을 표시하는 증표를 지니고 이를 관계인에게 내보여야 한다. 지도·감독을 실시한 해사안전감독관은 그 결과를 서면으로 해당 지도·감독의 대상이 되는 자에게 알려야 한다.

1.8.5. 개선명령(제59조)

해양수산부장관은 지도·감독 결과 필요하다고 인정하거나 해양사고의 발생빈도와 경중 등을 고려하여 필요하다고 인정할 때에는 그 선박의 선장, 선박소유자, 안전관리대행업자, 그 밖의 관계인에게 다음의 조치를 명할 수 있다.

① 선박 시설의 보완이나 대체

② 소속 직원의 근무시간 등 근무 환경의 개선

③ 소속 임직원에 대한 교육·훈련의 실시

④ 그 밖에 해사안전관리에 관한 업무의 개선

해양수산부장관은 '선박 시설의 보완이나 대체' 조치를 명할 경우에는 선박 시설을 보완하거나 대체하는 것을 마칠 때까지 해당 선박의 항행정지를 함께 명할 수 있다.

1.8.6. 이의신청(제60조)

법 제55조(외국선박 통제) 제2항에 따른 항행정지명령 또는 법 제56조(선박 점검 등) 제3항에 따른 시정·보완 명령, 항행정지명령에 불복하는 선박소유자는 명령을 받은 날부터 90일 이내에 그 불복 사유를 적어 해양수산부장관에게 이의신청을 할 수 있다.

이의신청을 받은 해양수산부장관은 이의신청에 대하여 검토한 결과를 60일 이내에 신청인에게 통보하여야 한다. 다만, 부득이한 사정이 있을 때에는 30일 이내의 범위에서 통보시한을 연장할 수 있다.

법 제55조 제2항에 따른 항행정지명령 또는 법 제56조 제3항에 따른 시정·보완 명령, 항행정지명령에 이의가 있는 자는 이 규정에 따른 이의신청여부와 관계없이 「행정심판법」에 따른 행정심판청구 또는 「행정소송법」에 따른 행정소송을 제기할 수 있다.

심화학습

「해사안전법」에는 세 가지 이의신청 제도를 운영하고 있다.
우선, 사업자가 사업 인허가 기관을 경유하여 제출한 해상교통안전진단서를 제출받은 해양수산부장관이 진단서에 대한 검토의견을 진단서를 제출한 자에게 통보하는데, 이에 대해 이의가 있는 사업자는 30일 이내에 이의신청을 할 수 있다. 해양수산부 장관은 20일 이내에 이의신청에 대한 검토결과를 통보하여야 하며, 부득이한 경우에는 10일의 범위에서 통보기간을 연장할 수 있다.[296)]
둘째, 선박 및 사업장의 안전관리제도에서 인증심사에 불복하는 자는 30일 이내 이의신청을 할 수 있으며, 이의신청과 관계없이 「행정심판법」에 따른 행정심판을 청구하거나 「행정소송법」에 따른 행정소송을 제기할 수 있다.[297)]
셋째, 외국선박에 대한 항만국통제 및 대한민국 선박이 외국에서 항만국통제를 받거나 받을 것에 대비한 국적선박 점검에 따른 출항정지 또는 시정·보완 명령에 대해서 이의신청 절차를 두고 있으며 처분을 받은 날로부터 90일 이내에 이의신청을 할 수 있다. 해양수산부 장관은 60일 이내에 검토한 결과를 통보하며, 부득이한 경우에는 30일 이내에서 통보시한을 연장할 수 있다. 이 경우에 이의신청 여부와 관계없이 「행정심판법」에 따른 행정심판을 청구하거나 「행정소송법」에 따른

행정소송을 제기할 수 있도록 하고 있다.[298]
항만국통제의 근거 법률 중에 하나인 「선박안전법」에서는 항만국통제관의 조치에 대해 이의가 있는 경우에 「해사안전법」과 같이 90일 이내에 이의신청을 할 수 있도록 규정하고 있으며, 해양수산부 장관은 60일 이내에 검토한 결과를 통보한다. 다만 부득이한 경우에는 30일 이내에서 통보시한을 연장할 수 있도록 하고 있어 같은 내용으로 볼 수 있다. 다만 「선박안전법」에서는 이의신청 절차를 거치지 아니하고는 행정소송을 제기할 수 없도록 규정하고 있는 점에서 차이가 있다.
또한 대한민국 선박이 외국에서 항만국통제를 받거나 받을 것에 대비한 국적선박 점검에 따른 출항정지 또는 시정·보완 명령에 대한 불복절차가 「선박안전법」에는 마련되어 있지 않아 「해사안전법」과 차이를 보이고 있다.[299]

---

296) 「해사안전법」 제17조(검토의견에 대한 이의신청) ① 검토의견에 이의가 있는 사업자는 처분기관을 경유하여 해양수산부장관에게 이의신청을 할 수 있다. 이 경우 사업자는 검토의견을 통보받은 날부터 30일 이내에 처분기관에 이의신청서를 제출하여야 한다. 다만, 천재지변 등 부득이한 사정이 있을 때에는 그 기간을 제출기간에 산입하지 아니한다.
② 해양수산부장관은 제1항에 따른 이의신청 내용의 타당성을 검토하여 그 결과(이하 "검토결과"라 한다)를 해양수산부령으로 정하는 바에 따라 20일 이내에 처분기관을 거쳐 이의신청을 한 자에게 통보하여야 한다. 다만, 천재지변 등 부득이한 사정이 있을 때에는 10일의 범위에서 통보기간을 연장할 수 있다.
③ 제1항에 따른 이의신청의 방법, 절차 등에 필요한 사항은 해양수산부령으로 정한다.

297) 「해사안전법」 제50조(인증심사에 대한 이의신청) ① 인증심사에 불복하는 자는 심사결과를 통지받은 날부터 30일 이내에 그 사유를 적어 해양수산부장관이 정하는 바에 따라 이의신청을 할 수 있다. 〈개정 2013. 3. 23.〉
② 인증심사에 관하여 이의가 있는 자는 제1항에 따른 이의신청 여부와 관계없이 「행정심판법」에 따른 행정심판청구 또는 「행정소송법」에 따른 행정소송을 제기할 수 있다.

298) 「해사안전법」 제60조(이의신청) ① 제55조제2항에 따른 항행정지명령 또는 제56조제3항에 따른 시정·보완 명령, 항행정지명령에 불복하는 선박소유자는 명령을 받은 날부터 90일 이내에 그 불복 사유를 적어 해양수산부장관에게 이의신청을 할 수 있다.
② 제1항에 따라 이의신청을 받은 해양수산부장관은 이의신청에 대하여 검토한 결과를 60일 이내에 신청인에게 통보하여야 한다. 다만, 부득이한 사정이 있을 때에는 30일 이내의 범위에서 통보시한을 연장할 수 있다.
③ 제1항 및 제2항에 따른 이의신청, 검토 및 결과 통보 등에 필요한 사항은 대통령령으로 정한다.
④ 제55조제2항에 따른 항행정지명령 또는 제56조제3항에 따른 시정·보완 명령, 항행정지명령에 이의가 있는 자는 제1항에 따른 이의신청여부와 관계없이 「행정심판법」에 따른 행정심판청구 또는 「행정소송법」에 따른 행정소송을 제기할 수 있다.

299) 「선박안전법」 제68조(항만국통제) ⑤ 외국선박의 소유자는 제3항 및 제4항에 따른 시정조치명령 또는 출항정지명령에 불복하는 경우에는 해당 명령을 받은 날부터 90일 이내에 그 불복사유를 기재하여 해양수산부장관에게 이의신청을 할 수 있다.
⑥ 제5항의 규정에 따라 이의신청을 받은 해양수산부장관은 소속 공무원으로 하여금 당해 시정조치명령 또는 출항정지명령의 위법·부당 여부를 직접 조사하게 하고 그 결과를 신청인에게 60일 이내에 통보하여야 한다. 다만, 부득이한 사정이 있는 때에는 30일 이내의 범위에서 통보시

참고

□ 전국항만위치도

(출처 : 해양수산부)

한을 연장할 수 있다.

⑦ 시정조치명령 또는 출항정지명령에 대하여 불복이 있는 자는 제5항 및 제6항의 규정에 따른 이의신청의 절차를 거치지 아니하고는 행정소송을 제기할 수 없다. 다만, 「행정소송법」 제18조 제2항 및 제3항의 규정에 해당되는 경우에는 그러하지 아니하다.

⑧ 제3항 내지 제7항의 규정에 따른 외국선박에 대한 조치 및 이의신청 등에 관하여 필요한 사항은 대통령령으로 정한다.

2 선박의 입항 및 출항 등에 관한 법률

「선박입출항법」은 (구)「개항질서법」과 「항만법」에 분산되어 있는 선박의 입항 및 출항 등에 관한 규정을 통합함으로써 국민들에게 법령 이해의 편의를 제공하였다. 또한 이 법은 운항선박의 대형화 및 수상 레저활동 증가 등 선박의 입항 및 출항 환경변화에 따른 신규 수요를 반영하며, 항만관제 및 선박에 대한 통제를 강화하여 선박의 안전운항 여건 확보와 안보 위해 요소의 제거를 도모하고, 위험물 운송선박의 부두 이·접안 시 위험물 안전관리자를 현장에 배치하도록 하는 등 효율적이고 안전한 선박의 입항 및 출항을 도모하고자 하였다.[300]

이 법 제1조는 '무역항의 수상구역 등에서 선박의 입항·출항에 대한 지원과 선박운항의 안전 및 질서 유지에 필요한 사항을 규정함을 목적으로 한다.'고 규정하고 있다.

2.1. 적용 범위(제1조) 및 용어의 정의(제2조)

「선박입출항법」의 목적에서 '무역항의 수상구역 등에서 적용한다.'고 적용범위를 제1조에서 규정하고 있기 때문에 적용수역에 대한 범위를 다른 조에서 따로 정하고 있지 않다.[301] 따라서 제2조에서 정하고 있는 '무역항의 수상구역 등'의 정의는 매우 중요하다.

'무역항의 수상구역 등'이란 무역항의 수상구역과 「항만법」 제2조 제5호 가목 (1)의 수역시설 중 수상구역 밖의 수역시설로서 해양수산부장관이 지정·고시한 것을 말한다고 규정하고 있다.[302] 여기서 '무역항의 수상구역'이란 무역항의 항계 안의 수역을 말하고, '「항만법」 제2조 제5호 가목 (1)의 수역시설 중 수상구역 밖의 수역시설'이라 함은 '항로, 정박지, 소형선 정박지, 선회장(旋回場) 등 수역시설(水域施設)'을 말한다. 따라서 이 법은 31개 무역항의 수상구역과 수상구역 밖의 항로, 정박지, 소형선

300) 「선박의 입항 및 출항 등에 관한 법률(법률 제13186호, 2015. 2. 3., 제정)」 제정 이유

301) 일반적인 해사법령은 제1조(목적), 제2조(정의), 제3조(적용범위)로 구성되지만 「선박입출항법」의 구성에서는 이와 달리 제3조(적용범위)를 두고 있지 않다.

302) 「선박입출항법」 제2조(정의) 이 법에서 사용하는 용어의 뜻은 다음과 같다.

1. "무역항"이란 「항만법」 제2조제2호에 따른 항만을 말한다.
2. "무역항의 수상구역 등"이란 무역항의 수상구역과 「항만법」 제2조제5호가목(1)의 수역시설 중 수상구역 밖의 수역시설로서 해양수산부장관이 지정·고시한 것을 말한다.

정박지, 선회장(旋回場) 등 수역시설(水域施設)에 적용된다.

「선박입출항법」의 정박지와 항로는 「해사안전법」에서 규정하고 있는 항로가 아니고 「선박입출항법」 제2조 제7호 및 제11호에서 정의하는 바에 따른다.303)

1) 무역항

> 「선박입출항법」 제2조(정의) 이 법에서 사용하는 용어의 뜻은 다음과 같다.
> 1. "무역항"이란 「항만법」 제2조제2호에 따른 항만을 말한다.

(구)「개항질서법」에서 '"개항"이란 대한민국 또는 외국 국적의 선박이 상시 출입할 수 있는 항(港)을 말한다.'라고 규정하고 있으며, 그 의미가 「항만법」상 무역항과 동일하다.304)

즉 「항만법」에서 무역항은 '국민경제와 공공의 이해(利害)에 밀접한 관계가 있고 주로 외항선이 입항·출항하는 항만으로서 제3조 제1항에 따라 지정된 항만으로서 아래와 같이 31개 항이 지정되어 있다.

1. 경인항	2. 인천항	3. 서울항	4. 대산항	5. 평택·당진항
6. 태안항	7. 보령항	8. 장항항	9. 군산항	10. 목포항
11. 완도항	12. 여수항	13. 광양항	14. 하동항	15. 삼천포항
16. 통영항	17. 옥포항	18. 고현항	19. 마산항	20. 장승포항
21. 진해항	22. 부산항	23. 울산항	24. 포항항	25. 동해·묵호항
26. 호산항	27. 삼척항	28. 옥계항	29. 속초항	30. 서귀포항
31. 제주항				

303) 「선박입출항법」 제2조(정의) 이 법에서 사용하는 용어의 뜻은 다음과 같다.
7. "정박지"(碇泊地)란 선박이 정박할 수 있는 장소를 말한다.
11. "항로"란 선박의 출입 통로로 이용하기 위하여 제10조에 따라 지정·고시한 수로를 말한다.

304) 「항만법」 제2조(정의) 이 법에서 사용하는 용어의 뜻은 다음과 같다.
1. "항만"이란 선박의 출입, 사람의 승선·하선, 화물의 하역·보관 및 처리, 해양친수활동 등을 위한 시설과 화물의 조립·가공·포장·제조 등 부가가치 창출을 위한 시설이 갖추어진 곳을 말한다.
2. "무역항"이란 국민경제와 공공의 이해(利害)에 밀접한 관계가 있고 주로 외항선이 입항·출항하는 항만으로서 제3조제1항에 따라 지정된 항만을 말한다.

2) 우선피항선

"우선피항선"(優先避航船)이란 주로 무역항의 수상구역에서 운항하는 선박으로서 다른 선박의 진로를 피하여야 하는 아래의 부선(艀船), 노도선 등의 선박을 뜻하며, 이 법에서 우선피항선의 정의는 항법상 매우 중요한 의미를 갖는다.

> 5. "우선피항선"(優先避航船)이란 주로 무역항의 수상구역에서 운항하는 선박으로서 다른 선박의 진로를 피하여야 하는 다음 각 목의 선박을 말한다.
>   가. 「선박법」 제1조의2제1항제3호에 따른 부선(艀船)[예인선이 부선을 끌거나 밀고 있는 경우의 예인선 및 부선을 포함하되, 예인선에 결합되어 운항하는 압항부선(押航艀船)은 제외한다]
>   나. 주로 노와 삿대로 운전하는 선박
>   다. 예선
>   라. 「항만운송사업법」 제26조의3제1항에 따라 항만운송 관련 사업을 등록한 자가 소유한 선박
>   마. 「해양환경관리법」 제70조제1항에 따라 해양환경관리업을 등록한 자가 소유한 선박(폐기물해양배출업으로 등록한 선박은 제외한다)
>   바. 가목부터 마목까지의 규정에 해당하지 아니하는 총톤수 20톤 미만의 선박

가) 부선

(구)개항질서법에서는 '예인선(曳引船)과 부선(예인선에 결합되어 운항하는 압항부선(押航艀船)은 제외한다)'이라고 규정하여 예인선을 포함하였으나, 이 법에서는 예인선이 단독으로 운항할 때를 제외하였다.

부선의 경우 단독으로 운항할 수 있는 능력이 없음에도 포함한 것은 선박의 진로를 방해하는 장소에 정박하지 말라는 의미일 것이다.

나) 주로 노와 삿대로 운전하는 선박

'노도선'이라고도 하며 인력으로 움직이는 무동력 소형 선박을 말한다.

다) 예선

예선은 다른 선박을 끌거나 밀어서 이동시키는 선박으로서 「선박안전법」 제2조 제13

호에 따른 예인선에 해당한다. 그러나 이 법에서는 예인선 중 무역항에 출입하거나 이동하는 선박을 끌어당기거나 밀어서 이안(離岸)·접안(接岸)·계류(繫留)를 보조하는 선박을 '예선'으로 정의하였고, 이 예선만이 우선피항선에 해당한다.

라) 항만운송 관련 사업을 등록한 자가 소유한 선박

「항만운송사업법」상 '항만운송 관련 사업'이란 항만에서 선박에 물품이나 역무(役務)를 제공하는 항만용역업·선용품공급업·선박연료공급업·선박수리업 및 컨테이너수리업을 말하며, 항만용역업과 관련하여 통선, 줄잡이역무선, 폐기물운반선, 급수선 등이 있고, 선용품공급업과 관련하여 선용품운반선, 선박연료공급업과 관련하여 급유선 등이 있다.

따라서 '「항만운송사업법」 제26조의3 제1항에 따라 항만운송관련사업을 등록한 자가 소유한 선박'이라 함은 통선, 줄잡이역무선, 폐기물운반선, 급수선, 선용품운반선 및 급유선 등에 종사하는 선박을 말한다고 할 것이다.

마) 해양환경관리업을 등록한 자가 소유한 선박

「해양환경관리법」상 '해양환경관리업'이란 폐기물해양배출업, 해양오염방제업, 유창청소업(油艙淸掃業), 폐기물해양수거업, 퇴적오염물질수거업을 말한다.[305] 따라서 '「해양환경관리법」 제70조 제1항에 따라 해양환경관리업을 등록한 자가 소유한 선박 또는 「해양폐기물 및 해양오염퇴적물 관리법」 제19조 제1항에 따라 해양폐기물관리업을 등록한 자가 소유한 선박(폐기물해양배출업으로 등록한 선박은 제외한다)'는 것은 해양오염방제업, 유창청소업(油艙淸掃業), 폐기물해양수거업, 퇴적오염물질수거업에 종사하는 선박을 말한다고 할 것이다.

바) 총톤수 20톤 미만의 선박

이 외에도 위에서 언급하지 아니한 선박 중에 총톤수 20톤 미만의 선박을 말한다.

305) 「해양폐기물 및 해양오염퇴적물 관리법」이 2019. 12. 3일에 제정되어 2020. 12. 4일부터 시행되며. 이에 따라 2020. 12. 4일 부로 해양환경관리업에서 폐기물해양배출업, 폐기물해양수거업, 퇴적오염물질수거업이 삭제된다.

심화학습

○ **무역항의 수상구역 안에 위치한 어항을 출입하는 총톤수 20톤 미만 어선은 우선피항선인가?**

우선피항선은 '주로 무역항의 수상구역에서 운항하는 선박'이어야 한다는 것이다. 여기서 문구 '주로'는 예선 및 통선 등과 같이 선박의 주된 운항이 무역항의 수상구역에서 이루어지는 것을 의미한다고 할 것이다.
무역항의 수상구역 안에 위치한 어항을 출입하는 총톤수 20톤 미만의 어선은 조업차 어항을 출입할 때를 제외하고 대부분 무역항의 수상구역 밖에서 조업을 하기 때문에 '주로 무역항의 수상구역에서 운항한다'고 보기는 어렵다.
한편 (구)개항질서법에서 '잡종선'에는 '우선피항선'과 같이 전제 조건없이 총톤수 20톤 미만의 선박이 해당하였다. 그 이유는 무역항의 수상구역을 출입하는 대부분의 선박이 좁은 항로를 따라 항행함에 있어 조종에 제약을 받는 반면에, 총톤수 20톤 미만의 선박은 조종특성이 양호하고 항만의 사정에 밝기 때문이라고 판단되다. 참고로 우선피항선의 정의는 잡종선의 어감이 좋지 않은 것을 개선하고, (구)개항질서법 내 잡종선과 항내역무선을 포함하여 규정하고자 함에 있다고 할 것이다.
해양안전심판원에서는 우선피항선의 정의 배경과 총톤수 20톤 미만의 어선들이 항내 사정에 밝고 조종특성이 양호하며 실제 무역항의 수상구역을 출입하는 선박과 대등한 법적 지위를 갖는다고 할 경우 선박출입항법의 목적에 부합하지 않는다고 보아 '총톤수 20톤 미만의 어선'을 '우선피항선'으로 보고 있는 경향이다.
향후 우선피항선의 정의는 이러한 문제점을 반영하여 개정될 필요성이 있다고 본다.

3) 기타 용어의 정의

선박입출항법에서는 기타 다음의 용어에 대해 정의하고 있다.

6. "정박"(碇泊)이란 선박이 해상에서 닻을 바다 밑바닥에 내려놓고 운항을 멈추는 것을 말한다.
7. "정박지"(碇泊地)란 선박이 정박할 수 있는 장소를 말한다.
8. "정류"(停留)란 선박이 해상에서 일시적으로 운항을 멈추는 것을 말한다.
9. "계류"란 선박을 다른 시설에 붙들어 매어 놓는 것을 말한다.

10. “계선”(繫船)이란 선박이 운항을 중지하고 정박하거나 계류하는 것을 말한다.
12. “위험물”이란 화재·폭발 등의 위험이 있거나 인체 또는 해양환경에 해를 끼치는 물질로서 해양수산부령으로 정하는 것을 말한다. 다만, 선박의 항행 또는 인명의 안전을 유 지하기 위하여 해당 선박에서 사용하는 위험물은 제외한다.
13. “위험물취급자”란 제37조제1항제1호에 따른 위험물운송선박의 선장 및 위험물을 취급하는 사람을 말한다.

2.2. 다른 법률과의 관계(제3조)

「선박입출항법」은 무역항의 수상구역 등에서의 선박 입항·출항에 관하여는 다른 법률에 특별한 규정이 있는 경우를 제외하고는 이 법에 따른다. 따라서 해상교통과 관련하여 「선박입출항법」은 무역항의 수상구역 등에서 특별법의 지위를 가지며 「해사안전법」보다 우선 적용된다.

〈그림 4-10〉에서 2척의 선박은 서로 시계 안에서 충돌의 위험을 가지고 접근하고 있다면, 「해사안전법」상 ‘횡단하는 상태 항법’이 적용되어 다른 선박을 자선의 우현에 두고 있는 선박인 출항선이 피항선이 된다.

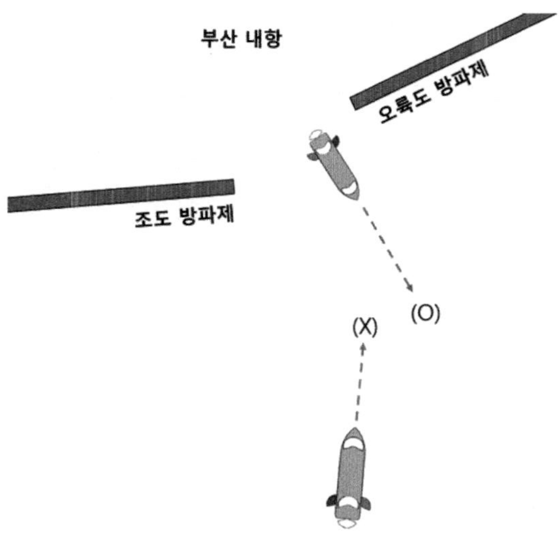

〈그림 4-10〉 방파제 항법

그러나 부산항은 무역항으로서 「선박입출항법」이 우선 적용되고, 2척의 선박이 방파제 부근에서 마주칠 우려가 있는 상황이므로 입항하는 선박이 방파제 밖에서 출항하는 선박의 진로를 피해야 한다.[306] 즉 이 경우에서는 입항하는 선박이 피항선이 된다.

2.3. 입항·출항 및 정박(제4조~제9조)

2.3.1. 출입 신고(제4조)

무역항의 수상구역 등에 출입하려는 선박의 선장은 대통령령으로[307] 정하는 바에 따라 관리청에[308] '신고'하여야 한다. 다만 아래 선박은 출입 신고를 하지 아니할 수 있다.[309]

1. 총톤수 5톤 미만의 선박
2. 해양사고구조에 사용되는 선박
3. 「수상레저안전법」 제2조 제3호에 따른 수상레저기구 중 국내항 간을 운항하는 모터보트 및 동력요트

---

306) 「선박입출항법」 제13조(방파제 부근에서의 항법) 무역항의 수상구역 등에 입항하는 선박이 방파제 입구 등에서 출항하는 선박과 마주칠 우려가 있는 경우에는 방파제 밖에서 출항하는 선박의 진로를 피하여야 한다.

307) 「선박입출항법 시행령」 제2조(출입 신고) 「선박의 입항 및 출항 등에 관한 법률」(이하 "법"이라 한다) 제4조제1항에 따른 출입 신고는 다음 각 호의 구분에 따른다. 다만, 내항어선(국내항 사이만을 항행하는 「어선법」 제2조제1호에 따른 어선을 말한다)의 출입 신고는 해양수산부령으로 정하는 바에 따른다.

1. 내항선(국내에서만 운항하는 선박을 말한다)이 무역항의 수상구역 등의 안으로 입항하는 경우에는 입항 전에, 무역항의 수상구역 등의 밖으로 출항하려는 경우에는 출항 전에 해양수산부령으로 정하는 바에 따라 내항선 출입 신고서를 해양수산부장관에게 제출할 것
2. 외항선(국내항과 외국항 사이를 운항하는 선박을 말한다)이 무역항의 수상구역 등의 안으로 입항하는 경우에는 입항 전에, 무역항의 수상구역 등의 밖으로 출항하려는 경우에는 출항 전에 해양수산부령으로 정하는 바에 따라 외항선 출입 신고서를 해양수산부장관에게 제출할 것
3. 무역항을 출항한 선박이 피난, 수리 또는 그 밖의 사유로 출항 후 12시간 이내에 출항한 무역항으로 귀항하는 경우에는 그 사실을 적은 서면을 해양수산부장관에게 제출할 것
4. 선박이 해양사고를 피하기 위한 경우나 그 밖의 부득이한 사유로 무역항의 수상구역 등의 안으로 입항하거나 무역항의 수상구역 등의 밖으로 출항하는 경우에는 그 사실을 적은 서면을 해양수산부장관에게 제출할 것

308) 기존에 신고 접수 및 허가 주체를 '해양수산부장관'으로 두고 있었으나 2020. 2. 18일에 개정된 법률에서는 '관리청'으로 변경되었다. 이 개정법률은 2020. 11. 1일부터 시행된다. 따라서 이 책은 개정되는 법률을 기준으로 설명한다. 이하 같다.

309) '신고'와 '허가'는 다른 개념이므로 신고와 허가를 구분하여야 한다.

4. 그 밖에 공공목적이나 항만 운영의 효율성을 위하여 해양수산부령으로 정하는 선박

다만 전시·사변이나 그에 준하는 국가비상사태 또는 국가안전보장에 필요한 경우에는 선장은 출입허가신청서, 승무원 명부, 승객 명부 등을 관리청에 제출하고 관리청의 허가를 받아야 한다.[310)]

관리청은 출입신고를 받은 경우 그 내용을 검토하여 이 법에 적합하면 신고를 수리하여야 한다.

2.3.2. 정박지의 사용과 정박 제한 등

1) 정박지의 사용(제5조)

관리청은 무역항의 수상구역 등에 정박하는 선박의 종류·톤수·흘수(吃水) 또는 적재물의 종류에 따른 정박구역 또는 정박지를 지정·고시할 수 있다.

무역항의 수상구역 등에 정박하려는 선박은 정박구역 또는 정박지에 정박하여야 한다. 그러나 우선피항선은 제외하고 있다. 다만, 다음의 사유가 있는 경우에는 정박구역 또는 정박지가 아닌 곳에 정박할 수 있으며, 이 경우 정박한 선박의 선장은 즉시 그 사실을 관리청에 신고하여야 한다.

1. 「해양사고의 조사 및 심판에 관한 법률」 제2조 제1호에 따른 해양사고를 피하기 위한 경우
2. 선박의 고장이나 그 밖의 사유로 선박을 조종할 수 없는 경우
3. 인명을 구조하거나 급박한 위험이 있는 선박을 구조하는 경우
4. 해양오염 등의 발생 또는 확산을 방지하기 위한 경우
5. 그 밖에 선박의 안전운항을 위하여 지방해양수산청장 또는 시·도지사가 필요하다고 인정하는 경우

우선피항선은 다른 선박의 항행에 방해가 될 우려가 있는 장소에 정박하거나 정류하여서는 아니 된다.

---

310) 현행 대통령령에는 '해양수산부장관'에게 제출하고 허가를 받도록 되어 있으나 법에서 '관리청'으로 바뀌었으므로 개정법 시행일 이전에 대통령령도 바뀔 것으로 보아 관리청으로 서술하였다. 이하 모두 같다.

2) 정박의 제한 및 방법 등(제6조)

선박은 무역항의 수상구역 등에서 다음 장소에는 정박하거나 정류하지 못한다.

1. 부두·잔교(棧橋)·안벽(岸壁)·계선부표·돌핀 및 선거(船渠)의 부근 수역
2. 하천, 운하 및 그 밖의 좁은 수로와 계류장(繫留場) 입구의 부근 수역

다만 다음의 경우에는 위의 장소에 정박하거나 정류할 수 있다.

1. 「해양사고의 조사 및 심판에 관한 법률」 제2조 제1호에 따른 해양사고를 피하기 위한 경우
2. 선박의 고장이나 그 밖의 사유로 선박을 조종할 수 없는 경우
3. 인명을 구조하거나 급박한 위험이 있는 선박을 구조하는 경우
4. 제41조에 따른 허가를 받은 공사 또는 작업에 사용하는 경우

선박의 정박 또는 정류의 제한 외에 무역항별로 무역항의 수상구역 등에서 정박 또는 정류 제한에 관한 구체적인 내용은 관리청이 정하여 고시한다.

무역항의 수상구역 등에 정박하는 선박은 지체 없이 예비용 닻을 내릴 수 있도록 닻 고정장치를 해제하고, 동력선은 즉시 운항할 수 있도록 기관의 상태를 유지하는 등 안전에 필요한 조치를 하여야 한다.

관리청은 정박하는 선박의 안전을 위하여 필요하다고 인정하는 경우에는 무역항의 수상구역 등에 정박하는 선박에 대하여 정박 장소 또는 방법을 변경할 것을 명할 수 있다.

2.3.3. 선박의 계선 신고 등(제7조)

총톤수 20톤 이상의 선박을 무역항의 수상구역 등에 계선하려는 자는 해양수산부령으로 정한 선박계선 신고서를 관리청에 제출하여야 한다. 관리청은 계선 신고를 받은 경우 그 내용을 검토하여 이 법에 적합하면 신고를 수리하여야 한다.

선박을 계선하려는 자는 관리청이 지정한 장소에 그 선박을 계선하여야 한다. 관리청은 계선 중인 선박의 안전을 위하여 필요하다고 인정하는 경우에는 그 선박의 소유자나 임차인에게 안전 유지에 필요한 인원의 선원을 승선시킬 것을 명할 수 있다.

2.3.4. 선박의 이동명령(제8조)

관리청은 다음의 경우에는 무역항의 수상구역 등에 있는 선박에 대하여 관리청이 정

하는 장소로 이동할 것을 명할 수 있다.

1. 무역항을 효율적으로 운영하기 위하여 필요하다고 판단되는 경우
2. 전시·사변이나 그에 준하는 국가비상사태 또는 국가안전보장을 위하여 필요하다고 판단되는 경우

2.3.5. 선박교통의 제한(제9조)

관리청은 무역항의 수상구역 등에서 선박교통의 안전을 위하여 필요하다고 인정하는 경우에는 항로 또는 구역을 지정하여 선박교통을 제한하거나 금지할 수 있다.

관리청이 이에 따라 항로 또는 구역을 지정한 경우에는 항로 또는 구역의 위치, 제한·금지 기간을 정하여 공고하여야 한다.

2.4. 항로 및 항법(제10조~제23조)

2.4.1. 항로 지정 및 준수(제10조)

관리청은 무역항의 수상구역 등에서 선박교통의 안전을 위하여 필요한 경우에는 무역항과 무역항의 수상구역 밖의 수로를 항로로 지정·고시할 수 있다.

'우선피항선' 외의 선박은 무역항의 수상구역 등에 출입하는 경우 또는 무역항의 수상구역 등을 통과하는 경우에는 지정·고시된 항로를 따라 항행하여야 한다. 다만, 해양사고를 피하기 위한 경우 등 해양수산부령으로[311] 정하는 사유가 있는 경우에는 그러하지 아니 하다.

선박이 항로를 따라 항행할 수 없는 사유는 이 법 제5조 제2항의 단서규정에서 선박이 정박구역 또는 정박지가 아닌 곳에 정박할 수 있는 사유와 동일하다.[312]

---

311) 「선박입출항법 시행규칙」 제8조(항로 준수의 예외) 법 제10조제2항 단서에서 "해양수산부령으로 정하는 사유"란 제6조제2항 각 호의 어느 하나에 해당하는 경우를 말한다.

- 「선박입출항법 시행규칙」 제6조(정박지의 지정 신청) ② 법 제5조제2항 단서에서 "해양수산부령으로 정하는 사유"란 다음 각 호의 경우를 말한다.
  1. 「해양사고의 조사 및 심판에 관한 법률」 제2조제1호에 따른 해양사고를 피하기 위한 경우
  2. 선박의 고장이나 그 밖의 사유로 선박을 조종할 수 없는 경우
  3. 인명을 구조하거나 급박한 위험이 있는 선박을 구조하는 경우
  4. 해양오염 등의 발생 또는 확산을 방지하기 위한 경우
  5. 그 밖에 선박의 안전운항을 위하여 지방해양수산청장 또는 시·도지사가 필요하다고 인정하는 경우

312) 「선박입출항법」 제5조(정박지의 사용 등) ② 무역항의 수상구역 등에 정박하려는 선박(우선피

2.4.2. 항로에서의 정박 등 금지(제11조)

선장은 항로에 선박을 정박 또는 정류시키거나 예인되는 선박 또는 부유물을 내버려 두어서는 아니 된다. 다만, 아래의 사유에 해당하는 경우는 정박 또는 정류할 수 있으나 아래에 해당하는 경우에는 그 사실을 관리청에 신고하여야 한다.

1. 「해양사고의 조사 및 심판에 관한 법률」 제2조제1호에 따른 해양사고를 피하기 위한 경우
2. 선박의 고장이나 그 밖의 사유로 선박을 조종할 수 없는 경우 : 이 경우에는 조종불능선에 해당하는 표시를 해야 한다.
3. 인명을 구조하거나 급박한 위험이 있는 선박을 구조하는 경우
4. 제41조에 따른 허가를 받은 공사 또는 작업에 사용하는 경우

2.4.3. 항로에서의 항법(제12조)

모든 선박은 항로에서 아래의 항법에 따라 항행하여야 한다.

1) 항로항행선박 우선

제12조(항로에서의 항법) ① 모든 선박은 항로에서 다음 각 호의 항법에 따라 항행하여야 한다.

1. 항로 밖에서 항로에 들어오거나 항로에서 항로 밖으로 나가는 선박은 항로를 항행하는 다른 선박의 진로를 피하여 항행할 것

항로를 항행하고 있는 선박은 일정한 침로와 속력을 유지하고 있는 반면에, 정박지 또는 부두 등 항로 밖에서 항로에 들어오는 선박은 일반적으로 속력을 점차 증가시키고 있을 것이고, 항로에서 항로 밖의 정박지 또는 부두로 향하는 선박은 속력을 점차 낮추게 될 것이다. 그리고 무역항의 수상구역에 지정·고시된 항로는 좁고 대부분 1~2마일 이내로 짧다. 따라서 항로를 항행하는 선박에게 우선권을 주었다고 볼 수 있다.

항선은 제외한다)은 제1항에 따른 정박구역 또는 정박지에 정박하여야 한다. 다만, 해양사고를 피하기 위한 경우 등 해양수산부령으로 정하는 사유가 있는 경우에는 그러하지 아니하다.

2) 나란히 항행 금지

> 2. 항로에서 다른 선박과 나란히 항행하지 아니할 것

무역항의 수상구역에 지정·고시된 항로는 좁기 때문에 2척의 선박이 같은 방향으로 나란히 항행할 경우에는 반대 방향에서 다른 선박이 접근하며 마주칠 때 안전하게 통항하는데 지장을 줄 수 있다. 따라서 항로에서 나란히 항행하지 못하도록 한 것이다.

3) 우측 항행

> 3. 항로에서 다른 선박과 마주칠 우려가 있는 경우에는 오른쪽으로 항행할 것

좁은 수로를 항행하는 선박은 다른 선박이 반대 방향에서 접근하는 것과 무관하게 사전 예방차원에서 가능한 한 수로의 오른쪽을 항행하도록 규정하고 있다.

반면에 무역항의 수상구역에서 지정·고시된 항로를 항행하는 선박은 항로의 폭이 좁기 때문에 당시 사정 및 조건에서 안전하게 항로 안에서만 항행하면 된다. 다만 반대 방향에서 다른 선박이 접근하면서 마주칠 우려가 있을 경우에는 항로의 오른쪽으로 항행함으로써 다른 선박과 좌현 대 좌현으로 통항하도록 규정하고 있다.

4) 원칙적으로 추월 금지

> 4. 항로에서 다른 선박을 추월하지 아니할 것. 다만, 추월하려는 선박을 눈으로 볼 수 있고 안전하게 추월할 수 있다고 판단되는 경우에는 「해사안전법」 제67조제5항 및 제71조에 따른 방법으로 추월할 것

무역항의 수상구역에 지정·고시된 항로에서 선박은 앞서 기술한 바와 같이 다른 선박과 나란히 항행하지 못하도록 하였다. 따라서 항로에서 다른 선박을 추월할 경우에는 필연적으로 나란히 항행하게 되므로 이를 금지하고 있다.

한편 항로의 폭이 넓은 인천항의 제1항로에서 여객선이 저속의 예인선열을 전방에 두고 접근하고 있을 때 반대 방향에서 다른 선박이 내려오고 있지 않고, 앞서가는 예인선열이 항로의 오른쪽으로 항행하며 도와준다면 추월할 수 있을 것이다. 그리고 이와 같은 항로 안에서 추월은 당시의 사정 및 조건에 따라 선박의 안전한 운항과 원활

한 통항에도 도움이 될 수 있다고 본다.

법에서는 이러한 사정을 고려하여 ① '추월하려는 선박을 눈으로 볼 수 있고 안전하게 추월할 수 있다고 판단되는 경우'와 ② 「해사안전법」 제67조 제5항 및 제71조에 따른 방법으로 추월을 허락하고 있다.

심화학습

추월에 관해 상세히 살펴보면,
첫째, '추월하려는 선박을 눈으로 볼 수 있어야 한다.' 즉 그 의미는 2척의 선박 사이가 '서로 시계 안에 있어야 한다.'는 것이다.
둘째, '안전하게 추월할 수 있다고 판단되어야 한다.' 즉 2척의 선박이 추월 중 나란히 항행하고 완전히 통과하는 시간 동안 다른 선박이 반대 방향에서 접근하지 않아야 하고, 양 선박 사이의 상호작용 등을 고려할 때 안전하여야 한다는 것이다.
셋째, 추월할 때에는 「해사안전법」 제67조 제5항 및 제71조에 따라 추월하는 선박은 기적을 울려 추월의도를 알려야 하고, 추월당하고 있는 선박은 기적을 울려 이에 동의한다는 의사표시를 하여야 한다는 것이다.
첫째 조건이 '서로 시계 안에 있어야 한다.' 것에 의문을 제기할 수 있을 것이나 「해사안전법」 제67조 제5항 및 제71조에 따라 울리는 추월의도 및 동의의 기적신호는 선박이 서로 시계 안에 있을 때에만 울려야 하므로 항로에서 추월은 '서로 시계 안에 있을 때'에만 가능하다는 것을 전제 조건으로 한다는 것에 의문의 여지가 없다고 판단된다.
따라서 항로에서 추월은 원칙적으로 금지되나, 서로 시계 안에서 다른 선박을 안전하게 추월할 수 있다고 판단되는 경우에 추월선이 기적을 울려 추월의도를 알리고, 피추월선이 이에 동의한다는 기적신호를 울리고 협조동작을 취했을 때 가능하다는 것이다. 셋째 조건의 기적신호는 상황에 따라 VHF 교신으로 추월의도와 동의 의사를 서로 표시하여도 무방하다고 본다.

5) 위험물운송선박 및 흘수제약선의 진로방해 금지

5. 항로를 항행하는 제37조제1항제1호에 따른 위험물운송선박(제2조제5호라목에 따른 선박 중 급유선은 제외한다) 또는 「해사안전법」 제2조제14호에 따른 흘수제약선(吃水制約船)의 진로를 방해하지 아니할 것

위험물운송선박은 해양사고가 발생할 경우 화재·폭발 및 해양오염의 위험이 매우 크

고, 흘수제약선은 좁은 항로 안에서 수심으로 인해 그 진로에서 벗어날 수 있는 능력이 매우 제한되기 때문에 이 선박들의 진로를 방해하지 않도록 규정하고 있다.

특히 위험물운송선박이란 위험물을 저장·운송하는 선박과 위험물을 하역한 후에도 인화성 물질 또는 폭발성 가스가 남아 있어 화재 또는 폭발의 위험이 있는 선박을 말하므로 급유선도 위험물운송선박에 해당한다. 따라서 급유선은 위험물운송선박과 우선피항선에 해당하지만 무역항의 수상구역 등에서는 위험물운송선박으로서 우선권을 가지지 못하고 우선피항선으로서 다른 선박의 진로를 방해하여서는 아니 된다는 것이다.

6) 범선의 지그재그 항행 금지

> 6. 「선박법」 제1조의2제1항제2호에 따른 범선은 항로에서 지그재그(zigzag)로 항행하지 아니할 것

범선은 단독으로 항행할 경우 일반적으로 지그재그로 항행하며 넓은 수역을 이용하게 됨으로써 항로 항행 중 다른 선박과 충돌의 위험이 높게 될 것이다. 따라서 범선은 무역항의 수상구역에서 항로를 항행할 경우 예선의 지원을 받으며 지그재그로 항해하지 않아야 한다.

7) 항로항법의 추가 고시 가능

관리청은 선박교통의 안전을 위하여 특히 필요하다고 인정하는 경우에는 항로에서의 항법 등에 관한 사항을 정하여 고시할 수 있다. 이 경우 선박은 이에 따라 항행하여야 한다.

2.4.4. 방파제 부근에서의 항법(제13조)

무역항의 수상구역 등에 입항하는 선박이 방파제 입구 등에서 출항하는 선박과 마주칠 우려가 있는 경우에는 방파제 밖에서 출항하는 선박의 진로를 피하여야 한다.

1) 방파제의 입구 및 그 부근

방파제는 무역항 수상구역 안으로 외해의 파도가 진입하는 것을 방지하여 안전한 수

면도 유지하여 선박과 항만시설 등을 보호하기 위해 설치하지만, 선박의 통항측면에서 보면 장해물에 해당한다. 또한 방파제의 입구는 가능한 한 좁게 설치되고, 외력의 영향을 받으며 무역항을 출입하는 선박의 통항이 집중되므로 충돌의 위험이 높고 선박의 조선도 어려워 주의하여야 한다.

출항선과 입항선은 방파제 부근에서도 마주칠 우려가 있는 경우 입항선이 출항선의 진로를 피하여야 한다. 이때 방파제 부근이라 함은 방파제 입구로부터 어느 정도의 거리와 위치를 말하는지 정의하고 있지는 않다.

일견으로 방파제를 정박 중인 다른 선박으로 보고 입항선과 출항선이 각각 안전한 속력으로 항행하며 방파제에 접근하던 중 방파제의 진입이 불가한 상황이 발생한 경우 즉 정박 중인 다른 선박과 충돌의 위험으로 근접 상황이 발생한 경우에, 당시 사정 및 조건 하에서 각 선박이 자선의 조종 특성을 고려하여 타와 기관을 사용하여 안전하게 피할 수 있을 정도의 거리로 보는 것이 적절하다고 판단된다.

정리하자면 선박이 당시 사정 및 조건 하에서 안전한 속력으로 방파제에 접근하던 중 피항동작을 취하여 방파제로부터 안전하게 벗어날 수 있을 정도의 거리라고 할 수 있다.

2) 마주칠 우려가 있는 경우

2척의 선박이 마주칠 우려가 있는 경우라 함은 출항선과 입항선이 서로 방파제 입구를 향해 접근 중인 상태에서 방파제 입구 또는 그 부근에서 마주치거나 마주칠 가능성이 있는 경우를 말한다고 할 것이다.

3) 방파제 입구 등에서 항행 방법

방파제 입구 및 그 부근의 특성 때문에 무역항에 출입하는 2척의 선박은 방파제 사이에서 서로 교행하는 것을 피하여야 한다.

그리고 무역항의 방파제를 기준으로 방파제 안의 수역은 방파제 밖의 수역보다 좁기 때문에 출항선의 가항수역이 입항선의 가항수역보다 상대적으로 좁아 조종성능도 더 나쁘다고 할 것이다. 따라서 입항선이 출항선보다 조종성능이 상대적으로 우수하므로 출항선의 진로를 피하라는 것이라고 볼 수 있다.

4) 입항선의 대기

입항선은 당시 사정 및 조건이 허락한다면 가능한 한 출항선의 좌현에 위치한 수역에서 대기하는 것이 좋을 것이다. 출항선은 방파제를 통과하여 벗어난 후 입항선과 마주치는 상태일 경우 우현 변침하여 좌현 대 좌현으로 통과할 수 있을 것이고, 또한 입항선과 횡단하는 상태에 있을 경우에도 유지선이 되어 안전하게 방파제 부근 수역을 벗어날 수 있기 때문이다.

2.4.5. 부두등 부근에서의 항법(제14조)

선박이 무역항의 수상구역 등에서 해안으로 길게 뻗어 나온 육지 부분, 부두, 방파제 등 인공시설물의 튀어나온 부분 또는 정박 중인 선박을 오른쪽 뱃전에 두고 항행할 때에는 부두 등에 접근하여 항행하고, 부두 등을 왼쪽 뱃전에 두고 항행할 때에는 멀리 떨어져서 항행하여야 한다.

부두 부근에서 항법은 항법의 대원칙인 우측 통항, 즉 다른 선박과 좌현 대 좌현으로 통항하기 위해서이다. 부두 및 정박선을 항로의 한계선으로 보고 그 부근에서 다른 선박과 충분한 안전거리를 유지하며 통과하고자 함에 있다 할 것이다.

2.4.6. 예인선 등의 항법(제15조)

예인선이 무역항의 수상구역 등에서 다른 선박을 끌고 항행할 때에는 다음의 방법에 따라야 한다.

1) 예인선열 길이 200미터 이하일 것

예인선의 선수(船首)로부터 피(被)예인선의 선미(船尾)까지의 길이는 200미터를 초과하지 아니할 것. 다만, 다른 선박의 출입을 보조하는 경우에는 그러하지 아니하다.

그럼에도 불구하고 지방해양수산청장 또는 시·도지사는 해당 무역항의 특수성 등을 고려하여 특히 필요한 경우에는 예인선열의 길이 규정에 따른 항법을 조정할 수 있다. 이 경우 지방해양수산청장 또는 시·도지사는 그 사실을 고시하여야 한다.

예인선열의 길이를 제한하는 이유는 예인선이 피예인선을 선미 예인할 경우 끌려오는 피예인선이 좌·우로 이동하며 넓은 수역을 이용함으로써 다른 선박의 항행에 지장을 주는 것을 방지하기 위함에 있다고 할 것이다.

COLREG에서 예인선열의 길이는 예인선의 선미에서 피예인선의 선미까지의 길이를 말한다. 따라서 외국항을 출항하여 국내항으로 입항할 경우에는 COLREG의 규정과 「선박입출항법」 상 예인선열의 길이 산정이 다르므로 이에 주의하여야 한다.

2) 예인선은 피예인선 2척까지 예인 가능

예인선은 한꺼번에 3척 이상의 피예인선을 끌지 아니하여야 한다. 즉 예인선은 무역항의 수상구역 등에서 최대 2척까지 예인할 수 있다.

2.4.7. 범선의 항법

범선이 무역항의 수상구역 등에서 항행할 때에는 돛을 줄이거나 예인선이 범선을 끌고 가게 하여야 한다.

범선은 앞서 기술한 바와 같이 무역항의 항로 안에서도 지그재그 항행을 금지하고 있으며, 이와 같은 취지에서 무역항의 항로 이외의 수역에서도 돛을 줄이거나 예인선이 끌도록 지원을 받도록 함으로써 다른 선박의 항행에 지장을 주지 않도록 하고자 함에 있다 할 것이다.

2.4.8. 진로방해의 금지(제16조)

1) 우선피항선의 진로방해 금지

우선피항선은 무역항의 수상구역 등이나 무역항의 수상구역 부근에서 다른 선박의 진로를 방해하여서는 아니 된다.

우선피항선은 주로 활동범위가 무역항의 수상구역 등이고, 무역항의 항내 사정에 밝으며, 소형선의 경우 비교적 조종성능이 우수하다. 반면에 화물을 적재하거나 여객을 태우고 무역항에 출입하는 선박들은 우선피항선에 비해 대형선으로서 선박의 통항이 많고 혼잡한 무역항의 좁은 수상구역 등에서 조종이 용이하지 않다. 따라서 무역항의 수상구역 등에서 선박운항의 안전 및 질서 유지를 위해 우선피항선으로 하여금 다른 선박의 진로를 방해하지 못하도록 규정하였다고 본다.

한편으로 우선피항선은 무역항의 수상구역 등에서 지정·고시된 정박구역 또는 정박지에 정박할 의무가 없고, 또한 지정·고시된 항로를 따라 항행할 의무가 없다.

심화학습

우선피항선에 정박과 항로 항행에 관해 상세히 살펴보면,
첫째, 모든 선박은 지정·고시된 정박구역 또는 정박지에 정박하여야 하나, 우선피

항선은 이를 준수할 의무가 없다. 다만 우선피항선은 다른 선박의 항행에 방해가 될 우려가 있는 장소에 정박하거나 정류하여서는 아니 된다.
둘째, 모든 선박은 무역항의 수상구역 등에 출입하는 경우 또는 무역항의 수상구역 등을 통과하는 경우 지정·고시된 항로를 따라 항행하여야 하나, 우선피항선은 이를 준수할 의무가 없다.

2) 공사선박 및 경기선박의 진로방해 금지

법 제41조 제1항에 따라 공사 등의 허가를 받은 선박과 법 제42조 제1항에 따라 선박경기 등의 행사를 허가받은 선박은 무역항의 수상구역 등에서 다른 선박의 진로를 방해하여서는 아니 된다.

무역항의 수상구역 등에서 허가를 받고 공사하는 선박과 허가를 받고 경기를 하는 선박은 허가받은 범위 안의 수역에서 작업 및 경기를 하며, 허가받은 수역을 벗어나 작업 및 경기를 함으로써 다른 선박의 진로를 방해하지 말도록 규정하고 있다 할 것이다.

2.4.9. 속력 등의 제한(제17조)

선박이 무역항의 수상구역 등이나 무역항의 수상구역 부근을 항행할 때에는 다른 선박에 위험을 주지 아니할 정도의 속력으로 항행하여야 한다.

해양경찰청장은 선박이 빠른 속도로 항행하여 다른 선박의 안전 운항에 지장을 초래할 우려가 있다고 인정하는 무역항의 수상구역 등에 대하여는 관리청에 선박 항행 최고속력을 지정할 것을 요청할 수 있다. 관리청은 최고속력 지정 요청을 받은 경우 특별한 사유가 없으면 무역항의 수상구역 등에서 선박 항행 최고속력을 지정·고시하여야 한다. 이 경우 선박은 고시된 항행 최고속력의 범위에서 항행하여야 한다.

심화학습

속력제한과 관련하여 대지속력인지 대수속력인지 명확히 규정하고 있지 않다. COLREG 및 「해사안전법」에서는 항법과 관련하여 안전한 속력과 대수 속력만을 규정하고 있다. 그러나 무역항의 수상구역 등에서 항행최고속력은 선박교통관제센터에서 관제대상 선박에게 해당 무역항의 속력제한 규정을 준수하도록 관찰확인·정보제공·조언·권고·지시를 하여야 하며, 이 센터에서는 관제대상선박의 대지속력만을 알 수 있다는 것이다. 그리고 관제대상 선박은 GPS를 설치하여 자선의 대지속력을 알 수 있다.
따라서 무역항의 수상구역 등에서 제한하고 있는 선박의 속력은 대지속력으로 명확히 규정할 필요가 있다고 본다.

각 지방해양수산청장은 「선박입출항법」의 규정에 의한 정박지, 항로, 항법 및 속력제한 등과 그 밖의 필요한 사항을 규정하고 있다. 인천항의 경우 「인천항·경인항 선박통항규칙」을 제정 시행하고 있으며, 부산항의 경우 「부산항 항법 등에 관한 규칙」을 제정 시행하고 있다.

○ 「부산항 항법 등에 관한 규칙」【별표 4】

항행최고속력

구 역	대상선박	최고 항행속력
1. 북내항 (내항 남방파제와 감만등표 ~ 영도대교)	총톤수 500톤 미만 여객선	12노트 이하
	기타 모든 선박	8노트 이하
2. 감천항 (동 · 서 방파제 내측해역)	모든 선박	10노트 이하
3. 다대포항 (해경 정비창 방파제 ~ 낫개 방파제 내측 해역)	모든 선박	7노트 이하
4. 북외항 [내항 남방파제와 감만등표 ~ 두지점 (35-05-22.4N,129-04-30.2E와 35-06-13.4N,129-04-30.2E)을 이은 선내 해역]	1,000톤 이상 선박	7노트 이하
5. 오륙도 및 조도 인근 좁은 수로	모든 선박	8노트 이하
6. 가덕수로(신항출입항로) 주의항로	모든 선박	12노트 이하 (대수속력)

○ 「인천항·경인항 선박통항규칙」【별표 3】

구역별 항행최고속력(제6조 관련)

항 별	구 역	최고속력
인천항	1. 다음 북측과 남측 사이의 해역 – 북측 : 영종대교 – 남측 : 인천대교 부근의 남(남서)측 경계선[인천대교로부터 남(남서)측으로 1마일까지를 잇는 선]	12노트 이하
	2. 남항부두 – 한일·대우 시멘트 돌핀과 석탄부두 남단을 잇는 선내 해역	8노트 이하
	3. 역무선부두 – 서측 방파제 끝단과 동측 방파제 끝단을 잇는 선내 해역	8노트 이하
	4. 연안부두 – 북측 방파제 끝단과 남측 방파제 끝단을 잇는 선내 해역	8노트 이하
	5. 선거내	8노트 이하
	6. 북항 – 북항 입구 서단, 북측 대항항공 돌핀 남단과 남측 대성목재부두 북단을 잇는 선내 해역	8노트 이하
경인항	경인아라뱃길을 제외한 항계 내 모든 수역	12노트 이하

※ 비고

인천대교 부근에서 총톤수 5만 톤 이상 선박은 10노트 이하, VLCC*는 입항 시 7노트 이하 공선출항 시 8노트 이하, 고속여객선 등 기관의 저속운전이 안전운항에 지장이 있는 선박의 경우 18노트 이하, 화물중량 16만 톤 이상을 적재한 선박은 6노트 이하

* VLCC란 17.5만~30만DWT급 이하 유조선이라 한다.

2.4.10. 항행 선박 간의 거리(제18조)

무역항의 수상구역 등에서 2척 이상의 선박이 항행할 때에는 서로 충돌을 예방할 수 있는 상당한 거리를 유지하여야 한다.

무역항의 수상구역 등에 지정·고시된 항로는 원칙적으로 2척의 선박이 안전한 거리를 두고 교행할 수 있을 정도의 폭으로 설정되어 있다. 그러나 2척의 선박이 항로의 좁은 수역 안에서 교행할 경우에는 선박 사이의 상호작용과 천수효과(Shallow water effect) 등으로 인한 보침성 저하 등으로 충돌의 위험이 높으므로 이를 예방하기 위함에 있다고 할 것이다.

여기서 '상당한 거리'라 함은 당시 해상 및 기상상태 등을 고려한 사정 및 조건에서 2척의 선박이 안전하게 교행할 수 있는 거리를 말한다고 할 것이다. 따라서 선박들은 필요 시 속력을 낮추거나 예선의 지원을 받는 등의 조치도 요구된다고 할 것이다.

2.4.11. 예선의 사용의무(제23조)

관리청은 항만시설을 보호하고 선박의 안전을 확보하기 위하여 관리청이 정하여 고시하는 일정 규모 이상의 선박에 대하여 예선을 사용하도록 하고 있다. 관리청은 예선을 사용하여야 하는 선박이 그 규모에 맞는 예선을 사용하게 하기 위하여 '예선사용기준'을 정하여 고시할 수 있다.

각 지방해양수산청장은 이 규정에 따라 무역항별 예선운영세칙을 제정·시행하고 있다.

2.5. 위험물의 관리, 선박 수리허가 등(제32조~제37조)

위험물을 무역항의 수상구역 등으로 들여오려는 자는 반입 24시간 전에 신고하여야 한다. 위험물 반입신고서에 위험물 일람표를 첨부하여 관리청에 제출하여야 한다.

관리청은 무역항 및 무역항의 수상구역 등의 안전, 오염방지 및 저장능력을 고려하여 들여올 수 있는 위험물의 종류 및 수량을 제한하거나 안전에 필요한 조치를 할 것을 명할 수 있다.

위험물운송선박은 관리청이 지정한 장소가 아닌 곳에 정박하거나 정류하여서는 아니된다. 관리청은 기상 악화 등 불가피한 사유로 무역항의 수상구역 등에서 위험물을 하역하는 것이 부적당하다고 인정하는 경우에는 그 하역을 금지 또는 중지하게 하거나 무역항의 수상구역 등 외의 장소를 지정하여 하역하게 할 수 있다.

위험물운송선박이나 총톤수 20톤 이상의 선박의 선장은 무역항의 수상구역 등에서 불꽃이나 열이 발생하는 용접 등의 방법으로 수리하려는 경우 선박수리 허가신청서 등을 첨부하여 관리청의 허가를 받아야 한다. 다만, 총톤수 20톤 이상의 선박으로서 위험물운송선박이 아닌 선박은 기관실, 연료탱크, 윤활유탱크, 페인트 창고 등 선박 내 위험구역에서 수리작업을 하는 경우에만 허가를 받아야 한다.

총톤수 20톤 이상의 선박을 위험구역 밖에서 불꽃이나 열이 발생하는 용접 등의 방법으로 수리하려는 경우에 그 선박의 선장은 관리청에 신고하여야 한다. 신고를 받은 관리청은 그 내용을 검토하여 이 법에 적합하면 신고를 수리하여야 한다.

선박을 수리하려는 자는 그 선박을 관리청이 지정한 장소에 정박하거나 계류하여야 한다. 관리청은 수리 중인 선박의 안전을 위하여 필요하다고 인정하는 경우에는 그 선박의 소유자나 임차인에게 작업시간의 조정, 수리장소의 일시적 변경 등 안전에 필요한 조치를 할 것을 명할 수 있다.

2.6. 수로의 보전(제38조~제44조)

2.6.1. 폐기물의 투기 금지 등(제38조)

누구든지 무역항의 수상구역 등이나 무역항의 수상구역 밖 10킬로미터 이내의 수면에 선박의 안전운항을 해칠 우려가 있는 흙·돌·나무·어구(漁具) 등 폐기물을 버려서는 아니 된다.

무역항의 수상구역 등이나 무역항의 수상구역 부근에서 석탄·돌·벽돌 등 흩어지기 쉬운 물건을 하역하는 자는 그 물건이 수면에 떨어지는 것을 방지하기 위하여 대통령령으로[313] 정하는 바에 따라 필요한 조치를 하여야 한다.

관리청은 폐기물을 버리거나 흩어지기 쉬운 물건을 수면에 떨어뜨린 자에게 그 폐기물 또는 물건을 제거할 것을 명할 수 있다.

심화학습

ㅇ '폐기물의 투기금지수역'은 '무역항의 수상구역 등이나 수상구역 밖 1킬로미터 이내의 수면'으로 하고 있다.

여기서 '10킬로미터'는 해리(nautical mile)로 수정하는 것이 바람직하다고 본다. 그 이유는 선박과 VTS센터에서 사용하는 해도, 레이더 또는 VTS관제장비 등에는 거리표시가 해리로 표시되어 있어 이 법을 준수하여야 하는 선장 및 항해사와 이

313) 「선박입출항법 시행령」 제15조(흩어지기 쉬운 물건의 추락 방지 조치) 법 제38조제2항에 따라 흩어지기 쉬운 물건을 하역하는 자는 덮개를 사용하거나 물건의 추락을 방지하기 위한 시설을 설치하고, 수면에 떨어진 물건이 떠돌아다니거나 흩어지는 것을 방지하기 위한 시설을 설치하여야 한다.

법의 준수 여부를 확인하여야 하는 VTS센터요원 등에게 해리의 사용이 보다 용이하다는 것이다. 10킬로미터를[314] 해리로 표시할 경우 약 5.4해리에 해당하므로 5.4해리로 대체될 수 있을 것이나 거리는 가능한 한 5해리 또는 6해리와 같이 정수로 표시하는 것이 적절할 것이다.[315]

○ 「해양환경관리법」은 MARPOL73/78협약을 국내 수용하여 폐기물의 해양배출에 따른 오염을 방지하기 위해 규정하고 있다.

「선박입출항법」에서 규정하고 있는 흙·돌은 수면에 가라앉을 수 있는 것으로서 해양환경관리지법에서 넝마·유리·금속·병·도자기 등과 유사한 폐기물에 해당하므로 제2해역인 영해기선으로부터 12해리 이상 떨어진 수역에서 대수속도 3노트 이상으로 항행 중에 처분하여야 한다.

「선박입출항법」에서 규정하고 있는 나무·어구는 수면에 뜨는 것으로서 해양환경관리지법에서 부유성 던니지·라이닝 및 포장물질과 유사한 폐기물에 해당하므로 제3해역인 영해기선으로부터 25해리 이상 떨어진 곳에서 대수속력 3노트 이상으로 항행중에 처분하여야 하며, 어구 중에서도 합성로프 및 합성어망 등 플라스틱 제품은 해상에 버릴 수 없다.

「선박입출항법」은 무역항의 수상구역 등 및 수상구역 밖 10킬로미터의 수역에서 선박운항의 안전 및 질서 유지를 확보하는데 그 목적이 있는 반면에 「해양환경관리법」은 해양오염물질의 배출을 규제하는 등 해양오염을 예방, 개선, 대응, 복원하는데 그 목적으로 하여 선박으로부터 오염물질이 해상에 누출·유출·투기 등 배출되는 것을 방지함으로서 해양환경의 보전에 있다고 할 수 있을 것이다. 결국 선박입출항법에 의한 폐기물의 투기금지와 「해양환경관리법」에 의한 폐기물의 배출금지는 보호법익의 위반에 대한 처벌의 목적을 달리하는 것이라 할 수 있어 이를 위반한 경우의 처벌도 별개인 것으로 해석될 수 있다는 의견도 있다.[316]

그러나 「선박입출항법」은 해상에 배출된 폐기물이 선박의 안전한 교통에 해할 우려가 있는 경우에 한하여 투기를 금지하고 있는 반면에 「해양환경관리법」은 폐기물이 선박의 안전한 운항에 해할 우려가 있는지 여부를 불문하고 폐기물의 해상처분 그 자체를 금지하고 있다. 그리고 「해양환경관리법」은 「선박입출항법」보다 폐기물의 해상 투기금지 위반 시 더 강력하게 처벌하는 등 엄격하게 규제하고 있다.

따라서 「선박입출항법」은 선박의 적양하작업 중 폐기물이 수면에 떨어지는 것을 방지하기 위한 규제를 제외하고 폐기물의 해상 투기 관련 규정을 삭제하는 조치가 필요하다고 본다.

2.6.2. 해양사고 등이 발생한 경우의 조치(제39조)

1) 선장의 조치사항

무역항의 수상구역 등이나 무역항의 수상구역 부근에서 해양사고·화재 등의 재난으로 인하여 다른 선박의 항행이나 무역항의 안전을 해칠 우려가 있는 조난선(遭難船)의 선장은 즉시 「항로표지법」에 따른 항로표지를 설치하는 등 필요한 조치를 하여야 한다.

조난선의 선장이 조치를 할 수 없을 때에는 해양수산부령으로 정하는 '위험 예방조치 요청서'를 지방해양수산청장 또는 시·도지사에게 제출에 제출해야 하며 긴급할 때는 구두로 조치해 줄 것을 요청할 수도 있다.

심화학습

조난선에 대한 표시의 주체를 다른 법령과 비교하여 보면, 「선박입출항법」에서는 조난선의 선장, 「항로표지법」에서는 침몰 또는 좌초된 선박의 선박소유자이고, 「해사안전법」에서는 해양사고가 발생한 경우의 조치와 관련하여 선박의 선장 또는 선박소유자이며, 항행장애물의 처리와 관련하여 선박의 선장, 선박소유자 또는 선박운항자로 규정하고 있다.
「선박입출항법」에서 조난선박의 선장으로 국한하여 규정하고 있는 것은 무역항의 수상구역 등 또는 수상구역 부근에서 조난을 당한 선박의 경우에는 해당 선박의 선장만으로 위험예방을 위해 필요한 조치를 취할 수 있으며, 또한 조난시점에 항만당국과 신속한 연락이 가능하기 때문일 것이다. 그러나 선박이 갑자기 침몰하는 경우에는 해당 선박의 선장도 아무런 조치를 취할 수 없을 것이다. 따라서 「선박입출항법」도 선박이 해양사고 발생으로 위험예방을 위하여 조난선에 대한 표지의 설치등 필요한 조치의 주체를 「해사안전법」과 동일하게 조난선의 선장 또는 선박소유자로 개정하거나, 항행장애물의 처리와 같이 조난선의 선장, 선박소유자 또는 선박운항자로 개정하는 것이 적절하다고 본다.[317)]

---

314) 「국가표준기본법」에서는 국가표준제도의 확립을 위한 기본적인 사항을 규정하고 있으며, 측정단위는 국제단위계에 따라 기본단위와 유도단위로 구분하고 있다. 길이의 측정단위는 동법 제10조(기본단위)에서 미터로 정하고 있으나 동법 제11조(유도단위)와 동법시행령 제9조 및 별표3에 의거하여 국제적으로 국제단위계와 함께 사용할 수 있는 유도단위로서 해리(1해리 = 1852m) 및 노트(knot) 등이 규정되어 있다. 그러므로 해양수산관련 법령에서 해상에서의 거리와 속도를 표시할 때는 해리와 노트를 사용하는 것이 바람직하다고 본다.

315) 정대율 외 2인, "해양사고의 조치 및 장해물 제거에 대한 국내 법령 비교", 「한국해법학회지」 제29권제1호, 한국해법학회, 2007. 4. 203쪽.

316) 이윤철, 앞의 책, 792쪽

2) 관할청의 조치사항

해양수산부장관이 조난선의 요청으로 필요한 조치를 하였을 때에는 그 선박의 소유자 또는 임차인은 그 조치에 들어간 비용을 해양수산부장관에게 납부하여야 한다. 해양수산부장관은 선박의 소유자 또는 임차인이 조치 비용을 납부하지 아니할 경우에는 국세 체납처분의 예에 따라 이를 징수할 수 있다.

해양수산부장관이나 관리청의 업무로 규정되어 있는 내용은 권한의 위임·위탁 규정에 따라[318] 실무에서는 지방해양수산청장 또는 시·도지사가 시행하고 있다.

2.6.3. 장애물의 제거(제40조)

1) 관할청의 장애물 제거 명령

관리청은 무역항의 수상구역 등이나 무역항의 수상구역 부근에서 선박의 항행을 방해하거나 방해할 우려가 있는 물건을 발견한 경우에는 그 장애물의 소유자 또는 점유자에게 제거를 명할 수 있다.

심화학습

장애물 제거의 적용수역은 '무역항의 수상구역 등이나 무역항의 수상구역 부근'으로서 '무역항의 수상구역 부근'이 어디까지인지 명확하지 않다. 한편 앞서 폐기물의 투기는 '무역항의 수상구역 등이나 무역항의 수상구역 밖 10킬로미터 이내의 수면'에서 금지하고 있다. 따라서 여기서 '무역항의 수상구역 부근'을 '무역항의 수상구역 밖 10킬로미터 이내의 수면'으로 보는 견해도 있다.

2) 관할청의 행정대집행

관리청은 장애물의 소유자 또는 점유자가 장애물 제거 명령을 이행하지 아니하는 경우에는 「행정대집행법」 제3조 제1항 및 제2항에 따라 대집행(代執行)을 할 수 있다.[319]

---

317) 정대율 외 2인, 앞의 논문, 204~205쪽.

318) 「선박입출항법 시행령」 제22조(권한의 위임·위탁) ① 해양수산부장관은 법 제53조제1항에 따라 「항만법」 제3조제2항제1호에 따른 국가관리무역항에 대해서는 다음 각 호의 권한을 지방해양수산청장에게 위임하고, 같은 항 제2호에 따른 지방관리무역항에 대해서는 다음 각 호의 권한을 특별시장·광역시장·도지사 또는 특별자치도지사에게 위임한다.

21. 법 제39조제2항·제3항에 따른 해양사고 등이 발생한 경우의 조치 및 조치에 들어간 비용 징수

3) 관할청의 행정대집행이 곤란한 경우 조치

관리청은 아래의 어느 하나에 해당하는 경우로서 행정대집행에 따른 절차에 따르면 그 목적을 달성하기 곤란한 경우에는 그 절차를 거치지 아니하고 장애물을 제거하는 등 필요한 조치를 할 수 있다. 다만 이러한 조치는 선박교통의 안전 및 질서유지를 위하여 필요한 최소한도에 그쳐야 한다.

1. 장애물의 소유자 또는 점유자를 알 수 없는 경우
2. 무역항의 수역시설을 반복적, 상습적으로 불법 점용하는 경우
3. 그 밖에 선박의 항행을 방해하거나 방해할 우려가 있어 신속하게 장애물을 제거하여야 할 필요가 있는 경우

장애물을 제거하는 데 들어간 비용은 그 물건의 소유자 또는 점유자가 부담하되, 소유자 또는 점유자를 알 수 없는 경우에는 대통령령으로[320] 정하는 바에 따라 공매로 그 물건을 처분하여 비용에 충당한다.

4) 관할청의 제거된 장애물의 보관 및 처리

관리청은 제거된 장애물을 보관 및 처리하여야 한다. 이 경우 전문지식이 필요하거나 그 밖에 특수한 사정이 있어 직접 처리하기에 적당하지 아니하다고 인정할 때에는 「한국자산관리공사 설립 등에 관한 법률」에 따라 설립된 한국자산관리공사에게 장애물의 처리를 대행하도록 할 수 있다.

관리청은 한국자산관리공사가 장애물의 처리를 대행하는 경우에는 「국세징수법」을

---

319) 「행정대집행법」 제3조(대집행의 절차) ① 전조의 규정에 의한 처분(以下 代執行이라 한다)을 하려 함에 있어서는 상당한 이행기한을 정하여 그 기한까지 이행되지 아니할 때에는 대집행을 한다는 뜻을 미리 문서로써 계고하여야 한다. 이 경우 행정청은 상당한 이행기한을 정함에 있어 의무의 성질·내용 등을 고려하여 사회통념상 해당 의무를 이행하는 데 필요한 기간이 확보되도록 하여야 한다.
② 의무자가 전항의 계고를 받고 지정기한까지 그 의무를 이행하지 아니할 때에는 당해 행정청은 대집행영장으로써 대집행을 할 시기, 대집행을 시키기 위하여 파견하는 집행책임자의 성명과 대집행에 요하는 비용의 개산에 의한 견적액을 의무자에게 통지하여야 한다.
③ 비상시 또는 위험이 절박한 경우에 있어서 당해 행위의 급속한 실시를 요하여 전2항에 규정한 수속을 취할 여유가 없을 때에는 그 수속을 거치지 아니하고 대집행을 할 수 있다.

320) 「선박입출항법 시행령」 제16조(장애물의 제거 등) ① 해양수산부장관은 법 제40조제4항에 따라 무역항의 수상구역 등이나 무역항의 수상구역 부근에서 선박의 항행을 방해하거나 방해할 우려가 있는 물건(이하 "장애물"이라 한다)을 처분하려는 경우에는 공매(公賣)로 처분한다. 다만, 그 물건의 가액(價額)이 공매비용에 미치지 못할 우려가 있는 경우에는 공매 외의 방법으로 처분할 수 있다.

준용하여 수수료를 지급할 수 있다.

한국자산관리공사가 장애물의 처리를 대행하는 경우에 한국자산관리공사의 임직원은 「형법」 제129조부터 제132조까지의 규정에 따른 벌칙을 적용할 때에는 공무원으로 본다.

장애물의 보관 및 처리, 장애물 처리의 대행에 필요한 사항은 대통령령으로[321] 정한다.

2.6.4. 공사 등의 허가(제41조)

무역항의 수상구역 등이나 무역항의 수상구역 부근에서 대통령령으로[322] 정하는 공사 또는 작업을 하려는 자는 공사·작업 허가신청서 등을 관리청에 제출하고 허가를 받아야 한다.

관리청장이 공사 또는 작업 허가를 할 때에는 선박교통의 안전과 화물의 보전 및 무역항의 안전에 필요한 조치를 명할 수 있다.

---

321) 「선박입출항법 시행령」 제17조(공매대행의 의뢰 등) ① 해양수산부장관이 법 제40조제6항 후단에 따라 제거된 장애물의 처리를 「금융회사부실자산 등의 효율적 처리 및 한국자산관리공사의 설립에 관한 법률」 제6조에 따라 설립된 한국자산관리공사(이하 "한국자산관리공사"라 한다)로 하여금 대행하게 하는 경우에는 다음 각 호의 사항을 적은 공매대행의뢰서를 한국자산관리공사에 보내야 한다.

1. 장애물의 소유자 등의 주소 또는 거소
2. 장애물의 종류·수량·품질 및 소재지
3. 장애물과 관련된 보험료 및 압류 현황
4. 그 밖에 장애물의 공매대행에 필요한 사항

② 해양수산부장관은 제1항에 따라 처리 대행을 의뢰한 경우에는 그 사실을 장애물의 소유자 등과 그 장애물에 전세권·질권·저당권이나 그 밖의 권리를 가진 자에게 알려야 한다.

③ 한국자산관리공사는 장애물의 소유자 등이 장애물의 제거 및 보관 등에 든 비용을 납부하는 등의 사유가 발생하여 해양수산부장관이 장애물 처리 대행의 중지를 요청하였을 때에는 즉시 장애물의 처리 대행을 중지하여야 한다.

④ 한국자산관리공사는 장애물의 처리 대행을 의뢰받은 날부터 2년이 지나도 처리하지 못하는 경우에는 해양수산부장관에게 그 장애물에 대한 처리 대행 의뢰를 해제하여 줄 것을 요구할 수 있다.

⑤ 제4항에 따라 요구를 받은 해양수산부장관은 특별한 사정이 있는 경우를 제외하고는 처리 대행 의뢰를 해제하여야 한다.

322) 「선박입출항법 시행령」 제18조(공사 등의 허가 범위) 법 제41조제1항에서 "대통령령으로 정하는 공사 또는 작업"이란 다음 각 호의 어느 하나에 해당하는 공사 또는 작업을 말한다. 다만, 「항만법」이나 「공유수면 관리 및 매립에 관한 법률」에 따라 해양수산부장관의 허가나 면허를 받은 공사 또는 작업은 제외한다.

1. 사람이나 장비를 수중(水中)에 투입하는 공사 또는 작업
2. 「항만법」 제2조제5호에 따른 항만시설 외의 시설물 또는 인공구조물을 신축·개축하거나 변경·제거하는 공사 또는 작업
3. 그 밖에 무역항의 안전을 위하여 해양수산부령으로 정하는 공사 또는 작업

2.6.5. 선박경기 등 행사의 허가(제42조)

무역항의 수상구역 등에서 선박경기 등 대통령령으로[323] 정하는 행사를 하려는 자는 해양수산부령으로 정하는 바에 따라 행사 허가신청서에 행사계획서 등을 관리청에 제출하고 허가를 받아야 한다.

관리청은 선박경기 등 행사의 허가 신청을 받았을 때에는 다음 중 어느 하나에 해당하는 경우를 제외하고는 허가하여야 한다.

1. 행사로 인하여 선박의 충돌·좌초·침몰 등 안전사고가 생길 우려가 있다고 판단되는 경우
2. 행사의 장소와 시간 등이 항만 운영에 지장을 줄 우려가 있는 경우
3. 다른 선박의 출입 등 항행에 방해가 될 우려가 있다고 판단되는 경우
4. 다른 선박이 화물을 싣고 내리거나 보존하는 데에 지장을 줄 우려가 있다고 판단되는 경우

관리청은 선박경기 등 행사의 허가를 하였을 때에는 해양경찰청장에게 그 사실을 통보하여야 한다.

2.6.6. 부유물에 대한 허가(제43조)

무역항의 수상구역 등에서 목재 등 선박교통의 안전에 장애가 되는 부유물에 대하여 다음의 어느 하나에 해당하는 행위를 하려는 자는 해양수산부령으로[324] 정하는 바에 따라 부유 등 허가신청서 등을 제출하고 관리청의 허가를 받아야 한다.

---

323) 「선박입출항법 시행령」 제19조(선박경기 등 행사) 법 제42조제1항에서 "선박경기 등 대통령령으로 정하는 행사"란 다음 각 호의 어느 하나에 해당하는 행사를 말한다.
1. 요트, 모터보트 등을 이용한 선박경기
2. 해양폐기물 수거 등 해양환경 정화활동
3. 해상퍼레이드 등 축제 행사
4. 선박을 이용한 불꽃놀이 행사
5. 그 밖에 선박교통의 안전에 지장을 줄 우려가 있는 행사

324) 「선박입출항법 시행규칙」 제28조(부유 등의 허가 신청) ① 법 제43조제1항에 따라 무역항의 수상구역 등에서 목재 등 선박교통의 안전에 장애가 되는 부유물(이하 "부유물"이라 한다)을 수상(水上)에 띄워 놓거나 운반 등을 하려는 자는 별지 제21호서식에 따른 부유 등 허가신청서를 지방해양수산청장 또는 시·도지사에게 제출하여야 한다.
② 지방해양수산청장 또는 시·도지사는 제1항에 따라 신청을 받은 부유물의 부유 또는 운반 등을 허가한 경우에는 별지 제21호서식에 따른 부유 등 허가신청서의 확인란에 날인하여 신청인에게 발급하여야 한다.

1. 부유물을 수상(水上)에 띄워 놓으려는 자
2. 부유물을 선박 등 다른 시설에 붙들어 매거나 운반하려는 자

관리청은 부유물에 대한 허가를 할 때에는 선박교통의 안전에 필요한 조치를 명할 수 있다.

2.6.7. 어로의 제한(제44조)

누구든지 무역항의 수상구역 등에서 선박교통에 방해가 될 우려가 있는 장소 또는 항로에서는 어로(漁撈)와 어구 등의 설치를 하여서는 아니 된다.

무역항의 수상구역 등에서 어로행위는 항로에서 금지되고, 항로 이외의 수역 중 선박교통에 방해가 될 우려가 있는 장소에서 금지하고 있다. 여기서 어로행위는 COLREG 및 「해사안전법」에서 규정하고 있는 '어로에 종사하고 있는 선박'과 달리 그물 등 어구로 인해 조종성능의 제한을 받는지 여부를 묻지 아니하며, 낚시를 포함하여 모든 어선의 어로행위를 말한다.

2.7. 불빛 및 신호(제45조~제46조)

2.7.1. 불빛의 제한(제45조)

누구든지 무역항의 수상구역 등이나 무역항의 수상구역 부근에서 선박교통에 방해가 될 우려가 있는 강력한 불빛을 사용하여서는 아니 된다. 관리청은 선박교통에 방해가 되 우려가 있는 불빛을 사용하고 있는 자에게 그 빛을 줄이거나 가리개를 씌우도록 명할 수 있다.

2.7.2. 기적 등의 제한(제46조)

선박은 무역항의 수상구역 등에서 특별한 사유 없이 기적(汽笛)이나 사이렌을 울려서는 아니 된다. 그러나 선박에 화재가 발생한 경우에는 기적(汽笛)이나 사이렌을 갖추고 있으면 기적이나 사이렌으로 장음 5회(▬▬▬▬▬)를 울려야 하고, 적당한 간격을 두고 반복하여야 한다.

참고

☐ 선교당직에 관한 선장 지시사항

○ 복무지침서(Captain's Standing Order)는 항시 준수하여야 할 사항이며 선교에 인쇄물로 게시된다.

1. **Call the captain** any time you require assistance to maintain a proper watch, or are in doubt.
2. Maintain a proper lookout at all times.
3. Your primary duties are watchkeeping, and navigation.
4. Give all traffic a wide berth
5. You are expected to know the position of the vessel at all times.
6. Courses, speeds and fix intervals as required by the voyage plan
7. Respond to alarms as per Master's Supplemental Instructions.
8. Bridge watch in accordance with principles of Bridge Team Management.
9. Use good seamanship.
10. If for any reason you are unable to comply with these standing orders you are to **call the captain** immediately.

○ 야간지시서(Night Order)는 야간 기상예보 등 그날의 상황에 따라 공책에 매일 다른 지시가 하달된다.

NIGHT ORDER BOOK

NAME OF VESSEL

VOYAGE No.

DATE FROM

DATE TO

제5장

IMO 권고사항

IMO는 항해당직자를 위한 권고서를 발간하였다.

제1절은 항해당직 기본원칙(Basic principles), 제2절은 항해당직 시행지침(Operational Guidance)으로 구성되어 있다.

이는 STCW A-Ⅷ/제2조 제3-1편 '항해당직 중 준수되어야 할 기본 원칙'과 관련된 내용이며, 해기교육과 능력평가의 기준이 된다.

1 항해당직 기본원칙

Basic principles for Navigational Watch

IMO RECOMMENDATION ON NAVIGATIONAL WATCHKEEPING

SECTION I

Basic principles to be Observed in Keeping a Navigational Watch

[Introduction]

1. The master of every ship is bound to ensure that the watchkeeping arrangements are adequate for maintaining a safe navigational watch. Under his general direction, the officers of the watch are responsible for navigating the ship safely during their periods of duty when they will be particularly concerned to avoid collision and stranding.
2. This Section includes the basic principles which shall at least be taken into account by all ships.

[Watch arrangements]

3. The composition of the watch, including the requirement for lookout(s), shall at all times be adequate and appropriate to the prevailing circumstances and conditions.
4. When deciding the composition of the watch on the bridge the following points are among those to be taken into account:
 (a) at no time shall the bridge be left unattended;
 (b) the weather conditions, visibility and whether there is daylight or darkness;
 (c) the proximity of navigational hazards which may make it necessary for the officer in charge to carry out additional navigational duties;
 (d) the use and operational condition of navigational aids such as radar or electronic position-indicating devices and any other equipment affecting the safe navigation of the ship;
 (e) whether the ship is fitted with automatic steering;
 (f) any additional demands on the navigational watch that may arise as a result of special operational circumstances.

1.1. 해석

항해당직 기본원칙

항해당직을 위한 IMO의 권고사항

제1절

항해당직 유지를 위해 지켜야 할 기본원칙

[소개]

1. 모든 선박의 선장은 당직배치가 안전한 항해당직을 유지하기 위하여 적합하도록 보장하여야 한다. 선장의 전반적인 지휘 하에서 항해 당직사관은 그의 당직시간 동안 선박을 안전하게 운항할 책임이 있고 특히 충돌과 좌초를 피하기 위해 주의하여야 한다.

2. 이 절은 모든 선박이 최소한 고려하여야 할 기본원칙을 포함하고 있다.

[당직의 배치]

3. 당직의 구성은 경계의 요건을 포함하여 항상 당시의 사정과 조건에 적합하고 적절하여야 한다.
4. 선교 당직자의 구성을 결정할 때에는 다음사항을 고려하여야 한다.

(a) 어떠한 경우에도 선교를 비워서는 아니 된다.
(b) 기상조건, 시정 및 밝거나 어두운지 여부
(c) 당직항해사가 추가적으로 항해직무를 수행할 필요가 있는 항해장애물의 존재

(d) 레이더 또는 전자적인 선위 표시장치 등과 같은 항해장비와 선박의 안전항해에 영향을 미치는 기타 다른 장비의 사용 및 작동상태

(e) 선박에 자동조타장치가 설치되었는지 여부
(f) 특수한 운항사정 때문에 항해당직 중 생길 수 있는 추가적인 요구 사항들

Basic principles for Navigational Watch

[Fitness for duty]

5. The watch system shall be such that the efficiency of the watch-keeping members of the crew is not impaired by fatigue. Accordingly the duties shall be so organised that the first watch at the commencement of a voyage and the subsequent relieving watches are sufficiently rested and otherwise fit when going on duty.

[Navigation]

6. The intended voyage shall be planned in advance taking into consideration all pertinent information and any course laid down shall be checked.
7. On taking over the watch the ship's estimated or true position, intended track, course and speed shall be confirmed; any navigational hazard expected to be encountered during the watch shall be noted.
8. During the watch the course steered, position and speed shall be checked at sufficiently frequent intervals using any available navigational aids necessary to ensure that the ship follows the planned course.
9. The safety and navigational equipment with which the ship is provided and the manner of its operation shall be clearly understood; in addition its operational condition shall be fully taken into account.
10. Whoever is in charge of a navigational watch shall not be as-signed or undertake any duties which would interfere with the safe navigation of the ship.

[Look-out]

11. Every ship shall at all times maintain a proper look-out by sight and hearing as well as by all available means appropriate in the prevailing circumstances and conditions so as to make a full appraisal of the situation and of the risk of collision, stranding and other hazards to navigation. Additionally, the duties of the look-out shall include the detection of ships or aircraft in distress, shipwrecked persons, wrecks and debris. In applying these principles the following shall be observed:

항해당직 기본원칙

[당직임무의 적합성]

5. 당직조직은 당직자들의 근무능률이 피로 때문에 방해를 받지 아니하도록 구성되어야 한다. 따라서 항해의 시작에서 처음 당직을 맡는 사람들과 다음에 교대하는 당직자들이 충분한 휴식을 취한 사람들이고 여러 면에서 당직임무에 적합한 사람들이 당직에 임할 수 있도록 당직을 조직하여야 한다.

[항해]

6. 항해계획은 모든 적절한 정보를 참작하여 사전에 수립되어야 하고 작도된 모든 침로는 다시 한 번 검토하여야 한다.
7. 당직 인수자는 선박의 추정위치 또는 진위치, 계획된 항로, 현침로 및 속력을 확인하여야 하고 자기 당직 중에 조우될 것으로 예정된 항행상의 장해물을 표시하여 두어야 한다.
8. 당직 중에는 모든 사용 가능한 항해계기를 이용하여 충분히 잦은 시간 간격으로 조타침로, 위치와 속력을 검토하고 선박이 계획된 항로상을 따르고 있는가를 확인하여야 한다.
9. 선박에 설치되어 있는 안전장비와 항해장비 및 조작방법에 대하여는 명확하게 이해하고 있어야 하며 추가로 작동상태를 충분히 고려하여야 한다.

10. 누가 항해당직을 맡든 간에 선박의 안전항해를 방해하는 임무를 그에게 부여해서는 아니 되고 또한 그러한 일에 착수하여서도 아니 된다.

[경계(Look-out)]

11. 모든 선박은 선박이 처하여 있는 상황과 충돌, 좌초 및 기타 항해상의 장애사항을 충분히 평가할 수 있도록 시각 및 청각뿐만 아니라 당시의 사정과 조건에 알맞은 모든 유용한 수단을 동원하여 항상 적당한 경계를 유지하여야 한다. 추가하여 경계의 임무는 조난을 당한 선박 또는 항공기, 조난자, 난파선 및 이의 잔해를 발견하는 것도 포함하여야 한다. 이러한 원칙들을 적용함에 있어서는 다음 사항을 준수하여야 한다.

Basic principles for Navigational Watch

(a) whoever is keeping a look-out must be able to give full attention to the task and no duties shall be assigned or undertaken which would interfere with the keeping of a proper look-out,

(b) the duties of the Person on look-out and helmsman are separate and the helmsman should not be considered the Person on look-out while steering; except in small vessels where an unobstructed all round view is provided at the steering position and there is no impairment of night vision or other impediment to the keeping of a proper look-out;

(c) there may be circumstances in which the officer of the watch can safely be the sole look-out in daylight. However, this practice shall only be followed after the situation has been carefully assessed on each occasion and it has been established without doubt that it is safe to do so. Full account shall be taken of all relevant factors including but not limited to the state of weather, conditions of visibility, traffic density, proximity of navigational hazards and if navigating in or near a traffic separation scheme. 'Assistance must be summoned to the bridge when any change in the situation necessitates this and such assistance must be immediately available.'

[Navigation with Pilot embarked]

12. Despite the duties and obligations of a pilot, his presence on board does not relieve the master or officer in charge of the watch from their duties and obligations for the safety of the ship. The master and the pilot shall exchange information regarding navigation procedures, locale conditions and the ship's characteristics.

[Protection of the marine environment]

13. The master and officer in charge of the watch shall be aware of the serious effects of operational or accidental pollution of the marine environment and shall take all possible precautions to prevent such pollution particularly within the existing framework of existing international regulations.

항해당직 기본원칙

(a) 누가 경계 임무에 맡든 간에 경계 임무에 열중하여야 하며 적절한 경계를 방해하는 임무가 부가되거나 또는 그러한 일에 착수하여서는 아니 된다.

(b) 경계 임무와 조타 임무는 별개의 일이고 따라서 조타 중에 있는 조타수를 경계 임무를 가진 사람으로 생각하여서는 아니 된다. 다만 조타 위치에서 사방을 볼 수 있는 소형선박에서는 적당한 경계를 방해하는 야경이나 다른 방해물이 없을 때에는 그러하지 아니하다.

(c) 주간에는 당직사관 혼자만으로 충분한 경계를 할 수 있는 경우가 있을 수 있다. 그러나 이렇게 하는 것은 각 경우에 상황을 충분히 검토하고 이렇게 하여도 안전하다는 것이 확인된 후에만 따라야 하는 것이다. 이러한 일에는 모든 관계요소들을 참작하여야 하며, 기상상태, 시정조건, 교통밀도, 항해장애물의 존재 여부 및 통항분리제도(TSS)의 부근 또는 그 안에서 항해하고 있는지 등에만 국한하여 생각할 문제는 아니다. '어떠한 사정의 변화 때문에 선교에서 보조원을 필요로 할 때에는 그를 즉시 소집하고 그 보조원은 즉시 배치될 수 있어야 한다.'

[도선사가 승선하고 있는 운항]

12. 도선사의 임무와 책임에도 불구하고 도선사가 승선하고 있기 때문에 선박의 안전을 위한 선장 또는 당직사관의 임무나 책임이 면제되는 것은 아니다. 선장과 도선사는 항해절차, 지역적인 조건 및 선박 특성에 관한 정보를 서로 교환하여야 한다.

[해양환경의 보호]

13. 선장과 당직사관은 운항과정이나 사고로 발생하는 해양환경 오염의 심각한 영향을 알고 있어야 한다. 그리고 현존하는 국제규칙의 테두리 내에서 해양오염을 방지할 수 있도록 모든 주의를 기울여야 한다.

2 항해당직 시행지침

Operational Guidance for Officer of the Navigational Watch

IMO RECOMMENDATION ON NAVIGATIONAL WATCHKEEPING

SECTION II

Operational Guidance for Officers in charge of a Navigational Watch

[Introduction]

1. This Section contains operational guidance of general application for officers in charge of a navigational watch, which masters are expected to supplement as appropriate. It is essential that officers of the watch appreciate that the efficient performance of their duties is necessary in the interest of safety of life and property at sea and the avoidance of pollution of the marine environment.

[General]

2. The officer of the watch is the master's representative and his primary responsibility at all times is the safe navigation of the vessel. He must at all times comply with the applicable regulations for preventing collisions at sea(see also paragraphs 23 and 24).
3. The officer of the watch should keep his watch on the bridge which he should in no circumstances leave until properly relived. It is of especial importance that at all times the officer of the watch ensures that an efficient look-out is maintained. In a vessel with separate chart room the officer of the watch may visit this, when essential, for a short period for the necessary performance of his navigational duties, but he should previously satisfy himself that it is safe to do so and ensure that an efficient look-out maintained.
4. There may be circumstances in which the officer of the watch can safely be the sole look-out in daylight. However, this practice shall only be followed after the situation has been carefully assessed on each occasion and it has been established without doubt that it is safe to do so. Full account shall be taken of all relevant factors including but not limited to the state of weather, conditions of visibility, traffic density, proximity of navigational hazards and if navigating in or near a traffic separation scheme. When the officer of the watch is acting as the sole look-out he must not hesitate to summon assistance to the bridge, and when for any reason he is unable to give his undivided attention to the look-out such assistance must be immediately available.

2.1. 해석

항해당직 시행지침

항해당직을 위한 IMO의 권고사항

제2절
항해당직사관을 위한 시행지침

[소개]

1. 본 절은 항해당직사관을 위한 일반적인 시행지침을 포함하고 있으며 선장은 여기에 적당한 지침을 추가할 수 있을 것이다. 해상에서 인명 및 재산의 보호와 해양환경의 오염을 예방하기 위해서 당직사관의 효율적인 임무 수행이 필수적이라는 것을 인식하고 있어야 한다.

[일반원칙]

2. 당직사관은 선장의 대행자이며 그의 기본임무는 항상 선박의 안전 운항이다. 그는 항상 해당하는 해상충돌예방규칙을 준수하여야 한다(제23항 및 제24항 참조).

3. 당직사관은 선교에서 당직을 서야 하며 여하한 경우라도 적절히 교대를 한 후가 아니면 선교를 이탈하여서는 아니 된다. 항상 유효한 경계를 유지하도록 확인하는 일은 당직사관에게 특별히 중요하다. 해도실이 별도로 구획되어 있는 선박에서 당직사관은 그의 항해임무 수행을 위하여 필요할 때에 잠깐동안 그곳에 갈 수 있다. 그러나 그곳에 들어가기 전에 그렇게 하더라도 안전하다는 것을 사전에 확인하고 또한 유효한 경계를 확보한 후에 들어가야 한다.

4. 주간에 있어서는 당직사관의 경계만으로 충분한 경우가 있다. 그러나 이렇게 하는 것은 각 경우에 상황을 충분히 검토하고 그리하여도 안전하다는 것이 확인된 후에만 시행하는 것이다. 이러한 결정에 있어서는 모든 상관요소들을 충분히 참작하여야 하며 기상사태, 시정조건, 교통밀도, 항해장해물의 존재 여부 및 통항분리방식의 부근이나 안에서 항행하고 있는가에만 국한하여 생각할 문제는 아니다. 당직사관이 혼자서 경계를 하고 있을 때에는 그는 선교에 보조원을 불러 올리는 일에 주저하여서는 아니 된다. 그리고 어떠한 이유에서든 간에 그는 그가 경계 임무에 주력할 수 없을 때에는 즉시 보조원을 이용할 수 있어야 한다.

Operational Guidance for Officer of the Navigational Watch

5. The officer of the watch should bear in mind that the engines are at his disposal and he should not hesitate to use them in case of need. However, timely notice of intended variations of engine speed should be given when possible. He should also keep prominently in mind the maneuvering capabilities of his ship including its stopping distance.
6. The officer of the watch should also bear in mind that the sound signalling apparatus is at his disposal and he should not hesitate to use it in accordance with the applicable regulations for preventing collisions at sea.
7. The officer of the watch continues to be responsible for the safe navigation of the vessel despite the presence of the master on the bridge until the master informs him specifically that he has assumed responsibility and this is mutually understood.

[Taking over the watch]

8. The officer of the watch should not hand over the watch to the relieving officer if he has any reason to believe that the latter is apparently under any disability which would preclude him from carrying out his duties effectively. If in doubt, the officer of the watch should inform the master accordingly. The relieving officer of watch should ensure that members of his watch are apparently fully capable of performing their duties and in particular the adjustment to night vision.
9. The relieving officer should not take over the watch until his vision is fully adjusted to the light conditions and he has personally satisfied himself regarding:
   (a) standing orders and other special instructions of the master relating to the navigation of the vessel;
   (b) the position, course, speed and draught of the vessel;
   (c) prevailing and predicted tides, currents, weather, visibility and the effect of these factors upon course and speed;
   (d) the navigational situation including but not limited to the following:
      (i) the operational condition of all navigational and safety equipment being used or likely to be used during the watch;
      (ii) errors of gyro and magnetic compasses;
      (iii) the presence and movement of vessels in sight or known to be in the vicinity;
      (iv) conditions and hazards likely to be encountered during his watch;
      (v) the possible effects of heel, trim, water density and squat on underkeel clearance.

항해당직 시행지침

5. 당직사관은 주기관의 사용은 그에게 맡겨져 있다는 것을 알고 필요할 때에는 사용하기를 주저하여서는 아니 된다. 그러나 가능할 때에는 적시에 속력의 변경 의도를 알려 주어야 한다. 그는 최단 정지거리를 포함하여 자선의 조종성능을 확실하게 파악하고 있어야 한다.

6. 당직사관은 음향신호기구가 자기에게 맡겨져 있음을 알아야 하고 해상충돌예방규칙에 합치 되게끔 이것을 사용하는데 주저하여서는 아니 된다.

7. 선장이 특별히 자기가 책임을 지고 조선하겠다는 것을 당직사관에게 알리고 그리고 그것이 상호간에 이해되기까지는 선장이 선교에 있다고 하더라도 선박의 안전항해에 관한 당직사관의 책임은 계속된다.

[당직의 인수]

8. 당직사관은 당직을 인수받을 사관이 당직임무를 유효하게 수행할 수 없는 상태에 있음이 분명하다고 믿을만한 이유가 있을 때에는 그에게 당직을 인계하여서는 아니 된다. 만약 의심스러운 경우에는 당직사관은 즉시 선장에게 그 취지를 보고 하여야 한다. 당직을 인수하는 사관은 자기 당직자들이 명백히 그들의 임무를 수행할 수 있다는 것을 확인하여야 하고 야간에 시력조정을 행하는 단계에서는 특히 확인하여야 한다.

9. 당직인수사관은 그의 시각이 당시의 명암조건에 충분히 조정되고 아래 사항에 관하여 자신이 직접 확인할 때까지는 당직을 인수하여서는 아니 된다.
   (a) 선박의 운항에 관하여 선장이 지시한 당직근무수칙 및 기타 특별한 지시사항
   (b) 선박의 위치, 현침로, 속력 및 흘수
   (c) 현재 우세한 조석류, 해류, 기상, 시계 및 향후 예측, 그리고 이 요소들이 침로 및 속력에 미치는 영향
   (d) 다음 사항을 포함한 모든 항해상태
      (i) 현재 사용되고 있거나 당직 중에 사용될 가능성이 있는 모든 항해 및 안전장비의 작동상태
      (ii) 자이로 및 자기컴퍼스의 오차
      (iii) 현재 보이거나 부근에 있는 것으로 알려진 선박의 존재 및 그 동정
      (iv) 그의 당직 중에 조우될 것으로 예상되는 조건과 장애물
      (v) 횡경사, 종경사, 물의 밀도 및 여유수심에 따라 선저가 해저로 붙으려는 천수효과

Operational Guidance for Officer of the Navigational Watch

10. If at the time the officer of the watch is to be relieved a manoeuvre or other action to avoid any hazard is taking place, the relief of the officer should be deferred until such action is completed.

[Periodic checks of navigational equipment]

11. The officer of the watch should make regular checks to ensure that:

(a) the helmsman or the automatic pilot is steering the correct course;

(b) the standard compass error is established at least once a watch and when possible, after any major alteration of course. The standard and the gyro compasses should be frequently compared; repeaters should be synchronised with their master compass;

(c) the automatic pilot is tested in the manual position at least once a watch;

(d) the navigation and signal lights and other navigational equipment are functioning properly.

[Automatic pilot]

12. Officers of the watch should bear in mind the need to station the helmsman and to put the steering into manual control in good time to allow any potentially hazardous situation to be dealt with in a safe manner. With a vessel under automatic steering it is highly dangerous to allow a situation to develop to the point where the officer of the watch is without assistance and has to break the continuity of the look-out in order to take emergency action. The change over from automatic to manual steering and vice versa should be made by, or under the supervision of, a responsible officer.

[Electronic navigational aids]

13. The officer of the watch should be thoroughly familiar with the use of electronic navigational aids carried, including their capabilities and limitations.

[Echo−sounder]

14. The echo-sounder is a valuable navigational aid and should be used whenever appropriate.

항해당직 시행지침

10. 만약 당직이 인계되어야 할 시간에 어떤 위험을 피하기 위하여 선박의 조종 또는 기타 동작이 취하여 지는 과정에서는 그러한 동작이 완료될 때까지 임무의 교대를 미루어야 한다.

[항해장비의 정기적인 점검]

11. 당직사관은 다음 사항을 확인하기 위하여 정기적으로 점검하여야 한다.
   (a) 조타수 또는 자동조타장치가 올바른 침로를 조타하고 있는지 여부
   (b) 당직 중 적어도 한 번은 기준 컴퍼스 오차를 확인하고 가능하면 대각도 변침 후에도 확인할 것. 기준 컴퍼스의 자이로 컴퍼스의 시도를 자주 비교할 것, 리피터 컴퍼스와 주 컴퍼스의 동기 상태도 확인

   (c) 당직 중 적어도 한번은 자동 조타를 수동 조타로 바꾸고 시운전할 것
   (d) 항해등 및 신호등과 기타 항해장비의 적당한 작동상태의 확인

[자동조타]

12. 당직사관은 어떤 잠재적인 위험을 안고 있는 경우를 안전한 방법으로 처리하기 위해서는 적시에 조타수를 배치하고 수동 조타를 할 필요가 생긴다는 것을 명심해야 한다. 자동조타를 하고 있는 선박에서 당직사관이 보조원이 없기 때문에 비상조치를 위하여 경계 임무를 그만 두지 아니할 수 없는 지경까지 사태가 발전한다는 것은 대단히 위험스럽다. 자동 조타에서 수동 조타로 또는 그와 반대되는 조치는 책임사관의 감독 하에 또는 책임사관 자신에 의하여 행해져야 한다.

[전자항해보조계기]

13. 당직사관은 설치된 전자항해계기의 성능과 한계를 포함하여 사용법을 완전히 숙지하고 있어야 한다.

[음향측심기]

14. 음향측심기는 매우 중요한 항해계기로 필요한 때에는 언제나 사용하여야 한다.

Operational Guidance for Officer of the Navigational Watch

[Navigational records]

15. A proper record of the movements and activities of the vessel should be kept during the watch.

[Radar]

16. The officer of the watch should use the radar when appropriate and whenever restricted visibility is encountered or expected and at all times in congested waters having due regard to its limitations.
17. Whenever radar is in use, the officer of the watch should select an appropriate range scale, observe the display carefully and plot effectively.
18. The officer of the watch should ensure that range scales employed are changed at sufficiently frequent intervals so that echoes are detected as early as possible and that small or poor echoes do not escape detection .
19. The officer of the watch should ensure that plotting or systematic analysis is commenced in ample time, remembering the sufficient time can be made available by reducing speed if necessary.
20. In clear weather, whenever possible, the officer of the watch should carry out radar practice.

[Navigation in coastal waters]

21. The largest scale chart on board, suitable for the area and corrected with the latest available information. should be used. Fixes should be taken at frequent intervals; whenever circumstances allow. fixing should be carried out by more than one method
22. The officer of the watch should positively identify all relevant navigation marks

[Clear weather]

23. The officer of the watch should take frequent and accurate compass bearings of a approaching vessel as a means of early detection of risk of collision; such risk may sometimes exist even when an appreciable bearing change is evident, particularly when approaching a very large vessel or a tow or when approaching a vessel at close range. He should also take early and positive action in compliance with the applicable regulations for preventing collisions at sea and subsequently check that such action is having the desired effect.

항해당직 시행지침

[항해기록]

15. 당직 중에 발생하는 선박의 움직임과 활동을 올바르게 기록하여 두어야 한다.

[레이더]

16. 당직사관은 레이더를 적절한 때 사용할 수 있으며, 시계가 제한되거나 제한될 것이 예측될 때와 선박이 폭주하는 해역에서는 언제나 레이더를 사용하여야 하며, 레이더의 성능한계에 충분히 유의하여야 한다.
17. 레이더를 사용할 때에 당직사관은 언제나 적절한 탐지거리를 선택하여 조작하고 영상을 주의 깊게 관찰하여 효과적으로 기점하여야 한다.
18. 당직사관은 자주 레이더의 탐지거리를 바꾸어 물표가 조기에 탐지되도록 하며, 작거나 희미한 영상도 놓치지 아니하도록 하여야 한다.

19. 당직사관은 필요하다면 감속을 함으로써 충분한 시간을 얻을 수 있다는 것을 상기하면서 충분한 시간적인 여유를 두고 물표를 플로팅하거나 체계적인 분석을 하여야 한다.
20. 당직사관은 청명한 날씨에는 가능하다면 언제나 레이더 연습을 실시하여야 한다.

[연안항해]

21. 선내에 있는 해도 중에 가장 대축척 해도에 최근 정보까지 소개정한 해도가 적합하다. 선위는 자주 측정하여야 하고 사정이 허락한다면 언제나 선위는 한 가지 이상의 방법으로 결정하여야 한다.

22. 당직사관은 항해와 관련 있는 모든 항로표지를 적극적으로 확인하여야 한다.

[청명한 날씨]

23. 당직사관은 충돌의 위험을 조기에 발견하는 방법으로써 접근하는 선박의 컴퍼스 방위를 자주 정확하게 확인하여야 한다. 충돌위험은 컴퍼스 방위에 상당한 변화가 생길지라도 있을 수 있는 경우가 있고, 특히 거대형 선박 또는 예인선열에 접근하거나 또는 지근거리에서 다른 선박에 접근할 때에는 그러하다. 당직사관은 해당하는 해상충돌예방규칙에 따라서 조기에 적극적인 동작을 취하여야 하고 동작을 취한 후에는 그러한 동작이 기대하였던 효과를 발생하고 있는지 검토하여야 한다.

Operational Guidance for Officer of the Navigational Watch

[Restricted visibility]

24. When restricted visibility is encountered or suspected, the first responsibility of the officer of the watch is to comply with the relevant rules of the applicable regulations for preventing collisions at sea, with particular regard to the sounding of fog signals, proceeding at a moderate speed and he shall have the engines ready for immediate maneouveres. In addition, he should:
   (a) inform the master (see paragraph 25);
   (b) post look-out(s) and helmsman and, in congested waters, revert to hand steering immediately;
   (c) exhibit navigation light;
   (d) operate and use the radar.

   It is important that the officer of the watch should have the maneuvering capabilities including the 'stopping distance' of his own vessel prominently in mind.

[Calling the master]

25. The officer of the watch should notify the master immediately under the following circumstances:
   (a) if restricted visibility is encountered or suspected;
   (b) if the traffic conditions or the movements of other vessels are causing concern;
   (c) if difficulty is experienced in maintaining course
   (d) on failure to sight land, a navigation mark or to obtain soundings by the expected time;
   (e) if land or a navigation mark is sighted or a change in soundings occurs unexpectedly;
   (f) on the breakdown of the engines, steering gear or any essential navigational equipment:
   (g) in heavy weather if in any doubt about the possibility of weather damage;
   (h) in any other emergency or situation in which he is in any doubt.

   Despite the requirement to notify the master immediately in the foregoing circumstances, the officer of the watch should in addition not hesitate to take immediate action for the safety of the ship. where circumstances so require.

항해당직 시행지침

[제한시계]

24. 제한시계에 다른 선박을 조우하거나 조우할 것으로 예측되면 당직사관의 일차적인 임무는 해상충돌예방규칙의 관계조항에 준수하는 일이며, 특히 무중신호를 울리고 적당한 속력으로 항행하도록 유의하여야 하고 즉각적인 조종이 가능하도록 기관을 준비하여야 한다. 추가하여 다음 업무를 수행하여야 한다.

(a) 선장에게 보고한다(제25항 참조).
(b) 경계원과 조타수를 배치하고, 선박이 폭주하는 해역에서는 즉각 수동 조타로 바꾼다.
(c) 항해등을 켠다.
(d) 레이더를 작동하고 사용한다.

당직사관이 자선의 정지거리를 포함한 제반 운동성능을 명확히 알고 있는 것이 대단히 중요하다.

[선장 호출]

25. 다음과 같은 사정이 있으면 당직사관은 즉시 선장에게 그 사정을 알려야 한다.

(a) 제한시계에 조우하거나 예상될 경우
(b) 교통조건 또는 다른 선박들의 동정이 불안을 조성할 경우
(c) 침로유지가 곤란한 경우
(d) 예정된 시간에 육지나 항로표지를 발견하지 못한 경우 또는 예정된 수심이 아닌 경우
(e) 예측하지 아니한 육지나 항로표지를 발견한 경우 또는 측심에 예측하지 아니한 변화가 생긴 경우
(f) 주기관, 조타장치 또는 기타 중요한 항해장비에 고장이 생겼을 경우

(g) 황천 속에서 악천후 때문에 생길 수 있는 손상에 대하여 의심이 있을 경우
(h) 비상시 또는 평상시를 막론하고 어떤 의문이 생겼을 경우

위의 모든 경우에는 즉시 선장에게 보고하여야 함은 물론, 부가하여 당직사관은 사정에 맞추어 선박의 안전을 위하여 즉각적인 동작을 취하는데 주저하지 말아야 한다.

Operational Guidance for Officer of the Navigational Watch

[Navigation with pilot embarked]

26. Despite the duties and obligations of a pilot, his presence on board does not relieve the officer of the watch from his duties and obligations for the safety of the ship. He should co-operate closely with the pilot and maintain an accurate check on the vessel's positions and movements. If he is in any doubt as to the pilot's actions or intentions, he should seek clarification from the pilot and if doubt still exists he should notify the master immediately and take whatever action is necessary before the master arrives.

[The watchkeeping personnel]

27. The officer of the watch should give the watchkeeping personnel all appropriate instructions and information which will ensure the keeping of a safe watch including an appropriate look-out.

[Ship at anchor]

28. If the master considers it necessary a continuous navigational watch should be maintained. In all circumstances, however, the officer of the watch should:
   - (a) determine and plot the ship's position on appropriate chart as soon as practicable and at sufficiently frequent intervals check when circumstances permit, by taking bearings of fixed navigational marks or readily identifiable shore objects, whether the ship is remaining securely at anchor;
   - (b) ensure that efficient look-out is maintained;
   - (c) ensure that inspection rounds of the vessel are made periodically;
   - (d) observe meteorological and tidal conditions and the state of the sea;
   - (e) notify the master and undertake all necessary measures if the vessel drags the anchor;
   - (f) ensure that the state of readiness of the main engines and other machinery is in accordance with the master's instructions;
   - (g) if visibility deteriorates notify the master and comply with the applicable regulations for preventing collisions at sea;
   - (h) ensure that the vessel exhibits the appropriate lights and shapes and that appropriate sound signals are made at all times;
   - (i) take measures to protect the environment from pollution by the ship and comply with the applicable pollution regulations.

항해당직 시행지침

[도선사 승선 운항]

26. 도선사의 임무와 책임에도 불구하고 도선사의 승선은 선박의 안전을 위한 당직사관의 임무와 책임을 면제하여 주지 아니 한다. 당직사관은 도선사와 긴밀하게 협력하여 선박의 위치와 이동을 정확하게 확인하여야 한다. 만약 도선사의 행동과 의도에 어떤 의심을 가지게 되면 도선사에게 그 의심을 풀 수 있는 설명을 요구하여야 하며 그리하여도 의심이 남아 있으면 즉시 선장에게 알리고 선장이 선교에 도착하기 전이라도 필요한 조치가 있으면 그 조치를 취하여야 한다.

[당직원]

27. 당직사관은 당직원에게 적절한 경계를 포함한 안전 당직을 유지하는 데 필요한 모든 지침과 정보를 제공하여야 한다.

[정박 중인 선박]

28. 선장이 필요하다고 판단하면 정박중일지라도 항해당직을 유지하여야 한다. 모든 경우에 당직사관은 다음사항을 이행하여야 한다.
   (a) 선위를 측정하여 적합한 해도에 표시하고 사정이 허락한다면 충분히 잦은 간격으로 고정된 항로표지 또는 쉽게 식별할 수 있는 육상물표의 방위를 측정하여 선박이 안전하게 정박하고 있는가를 확인한다.
   (b) 효과적으로 경계가 유지되는지 확인한다.
   (c) 일정한 시간간격으로 선내 순시점검을 하도록 한다.
   (d) 기상, 조석류 및 해면상태를 관측한다.
   (e) 만약 주묘하면 선장에게 보고하고 필요한 모든 조치를 취한다.
   (f) 주기관의 준비상태 및 다른 기계장비들이 선장의 지시와 일치된 상태에 있는지 확인한다.
   (g) 만약 시계가 악화되면 선장에게 보고하고 해당하는 해상충돌예방규칙를 이행한다.
   (h) 선박이 항상 적합한 등화와 형상물을 표시하고 적당한 음향신호를 울리고 있는가를 확인한다.
   (i) 선박에 의하여 일어날 수 있는 환경오염을 예방하도록 모든 조치를 다하고 해당 오염방지법규를 준수한다.

공저자 소개

❑ 김 인 철

- 목포해양대학교 항해정보시스템학부 교수(현재)
- 심판변론인, 1급항해사(상선)
- IMO 이사회, 총회 등 정부대표
- 목포해양대학교 해양안전시스템공학 전공(공학박사)
- 스웨덴 World Maritime University 해사안전·환경행정 전공 졸업
- 한국방송통신대학교 법학과 졸업
- 한국해양대학교 항해학과 졸업

❑ 정 대 율

- 목포지방해양안전심판원 원장(현재)
- 동해지방해양안전심판원 원장
- 중앙해양안전심판원 심판관
- 인천·부산·동해·목포지방해양안전심판원 심판관
- 한국해양수산연수원 교수
- 1급항해사(상선)
- IMO, ILO 정부자문위원
- 한국해양대학교대학원 해사법 전공(법학박사)
- 한국해양대학교 항해학과 졸업

해상교통법규 원론

초 판 1쇄 인쇄 —— 2020년 8월 20일
초 판 1쇄 발행 —— 2020년 8월 25일
지은이 —— 김 인 철 · 정 대 율
펴낸이 —— 전 두 표
펴낸곳 —— 도서출판 **두남**
서울시 강동구 성내로6길 34-16 두남빌딩
신 고 : 제25100-1988-9호
TEL : 02) 478-2065~7, 2311
FAX : 02) 478-2068
E-mail : dnbooks@dunam.co.kr
http://www.dunam.co.kr

정가 32,000원

ISBN 978-89-6414-886-0 93360